Kohlhammer

Stefan Schmidtchen

Allgemeine Psychotherapie für Kinder, Jugendliche und Familien

Ein Lehrbuch

Verlag W. Kohlhammer

Die Deutsche Bibliothek – CIP-Einheitsaufnahme

Schmidtchen, Stefan:
Allgemeine Psychotherapie für Kinder, Jugendliche und Familien : ein Lehrbuch /
Stefan Schmidtchen. – Stuttgart ; Köln : Kohlhammer, 2001
   ISBN 3-17-015496-6

1. Auflage 2001

Alle Rechte vorbehalten
© 2001 W. Kohlhammer GmbH
Stuttgart Berlin Köln
Verlagsort: Stuttgart
Umschlag: Gestaltungskonzept Peter Horlacher
Gesamtherstellung:
W. Kohlhammer Druckerei GmbH + Co. Stuttgart
Printed in Germany

Inhaltsverzeichnis

Einführung

Die Kinder- und Jugendlichenpsychotherapie nebst der dazugehörigen Familientherapie hat in den letzten Jahren in der Bundesrepublik Deutschland eine so rasante Entwicklung vollzogen, dass es nun möglich ist, einen fundierten Überblick über ihre verschiedenen Inhaltsbereiche zu geben. Dieser Überblick orientiert sich im Wesentlichen an wissenschaftlichen Befunden zur Klinischen Psychologie (vgl. Bastine, 1998; 1992; Baumann & Perrez, 1998) und zur Entwicklungspsychologie (vgl. Oerter & Montada, 1995). Die Befunde beziehen sich vorrangig auf das gestörte und gesunde Verhalten von Kindern und Jugendlichen sowie auf die biopsychosozialen Risiko- und Schutzfaktoren, die dieses Verhalten bedingen. Dabei interessiert insbesondere das Risiko- und Schutzverhalten der Familie (vgl. Schneewind, 1999).

Alle genannten klinischen und entwicklungspsychologischen Aspekte sind neuerdings im neuen Fach der **Klinischen Entwicklungspsychologie** (vgl. Oerter et al., 1999) bzw. der **Entwicklungspsychopathologie** (vgl. Petermann et al., 1998) zusammengefasst worden. Bei dieser Zusammenfassung kommt dem Oerterschen Konzept der Klinischen Entwicklungspsychologie u. a. deshalb eine große Bedeutung zu, weil in ihm ein Modell für eine gesunde und gestörte Entwicklung auf der Grundlage eines *systemischen Menschenbildes* vorgestellt wird. Letzteres geht davon aus, „dass der Mensch ein sich selbst organisierendes System ist, das sich im günstigsten Falle fortlaufend ausdifferenziert und die so entstehende Komplexität hierarchisch integriert" (Oerter, 1999, S. 1 f).

Des Weiteren wird im systemischen Menschenbild angenommen, dass das Menschsein eng mit dem Entwicklungsprinzip verzahnt ist, sodass alle Zustände der Entwicklung (ob gesunde oder gestörte) als typische Ausdrucksweisen des menschlichen Lebens angesehen werden können. Zudem geht man im systemischen Menschenbild davon aus, dass die Bereitschaft zur Entwicklung oder zur therapeutischen Veränderung aus dem System selbst heraus entsteht und die Außenwelt nur „Anstöße" zu diesem Prozess liefern kann. Damit bekommt der *Autonomie-Begriff* für das hier vertretene Menschenbild eine zentrale Bedeutung. Er beinhaltet die Erkenntnis, dass sich lebende Systeme selbst erzeugen, selbst regulieren und selbst erhalten und dass sie von außen nicht „determinierbar" bzw. „verfügbar" sind. Aus diesem Grunde ist eine „instruktive Interaktion" mit Außenpersonen nur begrenzt möglich. „Welche Zwangsmaßnahmen man auch immer anwenden mag, man kann einen Menschen nicht dazu bringen, einen anderen zu lieben oder freiwillig und gern mit ihm zusammenzuleben" (von Schlippe & Schweitzer, 1998, S. 69).

Aus der Konzeption des sich autonom verhaltenden Menschen ergibt sich des Weiteren die Annahme, dass das **Fortschreiten von Entwicklung** nicht nur als das Ergebnis von vergangenen Erfahrungen und reifungsmäßigen Anlagen angesehen werden kann, sondern auch als das Resultat „vorweggenommener zukünftiger Geschehnisse" (Oerter, 1995 a, S. 121). Damit können auch *Zielprojektionen* von Kindern, Jugendlichen oder Erwachsenen „zum Motor" der Entwicklung werden. Die Entwicklung eines Menschen wird somit nicht nur vom kausalen, sondern auch vom finalen Prinzip beeinflusst. Diese Prinzipienkombination kann beispielsweise bei der Entstehungsgeschichte psychischer Störungen (Pathogenese) zu der Möglichkeit führen, dass ein bestimmtes Störungsbild das Ergebnis von unterschiedlichen Entwicklungspfaden sein kann (Äquifinalitätsprinzip) oder dass aus einem Entwicklungspfad unterschiedliche Störungsbilder entstehen können (Multifinalitätsprinzip). Entscheidend sind somit nicht allein die Risikobedingungen für die Pathogenese, sondern auch die Interpretationen und Konsequenzen, die der Mensch aus den Risikobedingungen ableitet.

Nach Oerter (1999, S. 6) hat der Aspekt der **Multi-** und **Äquifinalität** sowohl für die Diagnose von psychischen Störungen als auch für deren Behandlung erhebliche Konsequenzen. Die Diagnosestellung sollte z. B. nicht nur mithilfe der Klassifikationssysteme der ICD-10 oder des DSM-IV (s. Kap. 3.1) geschehen, sondern auch die Analyse der *Entwicklungspfade einer Störung* beinhalten. In diesem Sinne sollten die Symptome eines bestimmten Störungsbildes als ein „Oberflächensyndrom" gesehen werden, „hinter dem unterschiedliche Entwicklungswege stehen können." Aus dieser Erkenntnis folgt für die Psychotherapie, „dass damit auch unterschiedliche Interventionswege angezeigt sind. Diagnose und Intervention müssen durch eine mehrdimensionale Betrachtungsweise und durch die Ermittlung von Entwicklungspfaden ergänzt werden. Somit wird aus einer Diagnose immer eine Entwicklungsdiagnose und aus einer Intervention eine entwicklungsorientierte Intervention."

In diesem Buch wird der Versuch unternommen, in Analogie zum Konzept einer *Allgemeinen Klinischen Psychologie* (vgl. Bastine, 1998) und *Allgemeinen Psychotherapie* (vgl. Grawe et al., 1994; Grawe, 1997; Wagner & Becker, 1999) eine **Allgemeine Psychotherapie für Kinder Jugendliche und Familien (APT-KJF)** zu entwickeln. In der APT-KJF sollen die Grundlagen dargestellt werden, die für ein umfassendes Verständnis einer Kinder- und Jugendlichenpsychotherapie erforderlich sind. Diese Grundlagen beziehen sich auf die definitorische Beschreibung wichtiger Begriffe der APT-KJF (z. B. den Störungs- und Gesundheitsbegriff); die Aufzählung von Risikofaktoren für die Störungsentstehung; die Darstellung von Entwicklungsaufgaben, deren erfolgreiche Bewältigung die Lebenskompetenz von Kindern und Jugendlichen vergrößert; die Information über die Ablaufphasen einer therapieorientierten Diagnostik und die Schilderung der wichtigsten Interventionsstrategien in der Psychotherapie von Kindern, Jugendlichen und Familien.

Die Grundlagen der APT-KJF sollen auf den wissenschaftlichen Erkenntnissen der Psychologie, Medizin, Pädagogik etc. beruhen und in ihrem Regelwerk einen wissenschaftlichen Bezug aufweisen. Diese Forderung betrifft insbesondere die Regeln zur Analyse der Pathogenese und zur Entwicklungs- und Heilungsförderung. Damit alle wissenschaftlichen Erkenntnisse vorurteilsfrei erfasst werden, sollten sie unabhängig von den Doktrinen der Therapieschulen ausgewertet werden. Ihre Nutzung sollte allein dem Ziel dienen, eine patientengerechte

Entwicklungs- und Heilungsförderung für alle Arten und Entwicklungspfade von psychischen Störungen bei Kindern und Jugendlichen zu gewährleisten.

Die APT-KJF wird von der Vision geleitet, dass sie zukünftig von den ideologischen Grenzen der psychotherapeutischen Schulen befreit sein wird (vgl. Grawe, 1998, S. 720) und dass nach jahrzehntelangen schulenspezifischen Ausdifferenzierungen und Abgrenzungen bald die Zeit gekommen sein wird, in der alle Forscher und Praktiker ihre Kräfte zusammenfassen, um eine wissenschaftlich fundierte Integration der schulenspezifischen Sonderannahmen zur Entstehung und Behandlung von psychischen Störungen bei Kindern und Jugendlichen vorzunehmen.

Leider lässt sich diese **Vision einer schulenunabhängigen Kinder- und Jugendlichenpsycho-therapie** im Moment noch nicht realisieren, weil insbesondere in der Bundesrepublik Deutschland die von den Krankenkassen finanzierte Gesundheitsversorgung gemäß den „Psychotherapie-Richtlinien" des Bundesausschusses der Ärzte und Krankenkassen nur durch zwei Therapieschulen vorgenommen werden darf, nämlich durch *psychoanalytisch begründete Verfahren* (in Form der „analytischen Psychotherapie" und der „tiefenpsychologisch fundierten Psychotherapie") und durch die *Verhaltenstherapie*.

An dieser Situation hat auch die Einführung der Gesetze vom 16. Juni 1998 zum „Psychologischen Psychotherapeuten" und zum „Kinder- und Jugendlichenpsychotherapeuten" keine Verbesserung gebracht, weil die bisherige schulenzentrierte Ausbildung und Versorgung festgeschrieben worden ist. Die diesbezüglichen Verfestigungsprozesse werden zudem noch durch die Aufforderung des Bundesausschusses der Ärzte und Krankenkassen unterstützt, dass die psychoanalytisch begründeten Therapiemethoden nicht mit denen der Verhaltenstherapie kombiniert werden dürfen, „weil die Kombination zu einer Verfremdung der methodenbezogenen Eigengesetzlichkeit des therapeutischen Prozesses führen kann" (Psychotherapie-Richtlinien 1998, Abschnitt 3.1.2.).

Um dennoch der Vision einer schulenübergreifenden APT-KJF gerecht zu werden, werden im vorliegenden Buch außer dem *tiefenpsychologischen* und *behavioral-kognitiven* Psychotherapieverfahren zwei weitere wissenschaftlich fundierte Verfahren in Form der *klientenzentrierten* und *familiensystemischen Therapie* (neben der *Psychopharmakotherapie*) vorgestellt. Des Weiteren wird außer einer schulenspezifischen Darstellung der Störungskonzepte (Kap. 6) eine schulenübergreifende Störungskonzeption (Kap. 5) vermittelt. Um die Integrationsbemühungen vieler Praktiker zu unterstützen und um im Behandlungsalltag eine optimale Patientenversorgung zu gewährleisten, werden außerdem die schulenmäßig dargestellten Psychotherapieverfahren in Interventionsstrategien zerlegt, die im Anwendungsfall schulenunabhängig kombiniert werden können.

Zu den Grundlagen der APT-KJF gehört auch die Berücksichtigung von **versorgungspolitischen Leitlinien**. Sie sind 1997 von der Deutschen Gesellschaft für Psychiatrie, Psychotherapie und Nervenheilkunde herausgegeben worden und enthalten Empfehlungen zur Behandlung von psychischen Störungen von Erwachsenen, die im Folgenden auch auf die Behandlung von psychischen Störungen bei Kindern und Jugendlichen übertragen werden sollen. Die Empfehlungen lauten u. a. (zit. a. Baumann, 1998 a, S. 324):

Überblick über versorgungspolitische Leitlinien zur Behandlung von psychischen Störungen
(1) **Bedarfsdeckung:** Oberstes Versorgungsprinzip ist, dass allen Behandlungsbedürftigen die von den Erfolgsaussichten und – bei mehreren vergleichbaren effektiven Verfahren – vom Kostenaufwand günstigste Therapieform ohne Barriere zugänglich gemacht wird.

(2) **Gleichstellung von psychisch und somatisch Kranken:** Diese umfasst rechtliche, finanzielle und soziale Aspekte und soll in Versorgungsnähe zur somatischen Medizin ermöglicht werden.

(3) **Gegliedertes Versorgungssystem:** Gefordert wird ein mehrstufig gegliedertes und zunehmend spezialisiertes Versorgungssystem, in dem nichtprofessionelle und professionelle Dienste miteinander arbeiten können.

(4) **Patientenorientierte, individualisierte Behandlung:** Im Versorgungssystem soll künftig stärker die Patientenzentrierung vor der Institutions- und Methodenzentrierung berücksichtigt werden. Da aber nicht jede Institution alle Interventionsvarianten anbieten kann, soll das Prinzip einer funktional vernetzten, abgestuften Versorgung mit fachlicher Schwerpunktbildung vorrangig beachtet werden.

(5) **Normalisierung der Hilfen:** Die stationären und ambulanten Versorgungseinrichtungen sollen in die allgemeinen Strukturen des Sozial- und Gesundheitswesens integriert werden. Auf diese Weise sollen die Versorgungsmodalitäten leichter zugänglich gemacht werden.

(6) **Wohnortnähe:** Die Versorgungsinstitutionen sollen möglichst nahe an der Gemeinde des jeweiligen Patienten angesiedelt sein. Die Erreichung mittels öffentlicher Verkehrsmittel sollte innerhalb einer Zeit von ca. 30–60 Minuten möglich sein.

(7) **Vorrang von ambulanter vor stationärer Therapie:** Diese Forderung basiert einerseits auf dem ethischen Grundsatz, dass ein geringerer Eingriff in die Lebensgewohnheiten dem umfassenderen vorzuziehen ist und andererseits auf Kosten-Nutzen-Überlegungen.

(8) **Koordination und Kooperation multiprofessioneller Behandlungsangebote:** Es ist darauf zu achten, dass Fehlplatzierungen und Mehrfachbetreuungen vermieden werden. Außerdem soll die Kontinuität der Behandlung über mehrere Institutionen hinweg gewährleistet sein. Dies ist beispielsweise bei dem Modell des Case-Managements durch eine Betreuungsperson oder ein kleines Betreuungsteam möglich.

(9) **Qualitäts- und Effizienzkontrolle:** Um eine optimale Behandlungsqualität zu erreichen, soll für Institutionen und Professionen eine kontinuierliche Effektivitätsprüfung stattfinden. Außerdem sind regelmäßige Weiterbildungen des Personals zu ermöglichen.

Aus diesen versorgungspolitischen Leitlinien der Deutschen Gesellschaft für Psychiatrie, Psychotherapie und Nervenheilkunde soll im Konzept der APT-KJF insbesondere der Aspekt der *patientenorientierten, individualisierten Behandlung* herausgestellt werden. Diese Art der Behandlung soll gewährleisten, dass psychisch kranke Kinder und Jugendliche ein spezifisches, auf sie zugeschnittenes psychotherapeutisches Maßnahmenangebot bekommen können, mit dessen Hilfe ihre seelische Störung gemäß der individuellen Pathogenese und Selbstheilungsressourcen der Kinder und Jugendlichen behandelt werden kann. Außerdem sollen die jeweiligen individuellen Ressourcen ihrer Familie sowie des Sozial- und Gesundheitswesens (z. B. des Kindergartens und der Schule) genutzt werden.

Das vorliegende Buch richtet sich vorrangig an Diplompsychologen, Ärzte, Sozialpädagogen, Pädagogen und andere Interessenten, die sich über die Psychotherapie für Kinder, Jugendliche und Familien informieren wollen. Da es in seinen Inhalten relativ eng an den Ausbildungsrichtlinien zum ärztlichen und psychologischen Psychotherapeuten sowie zum Kinder- und Jugendlichenpsychotherapeuten orientiert ist, kann es auch von diesen Ausbildungskandidaten benutzt werden. Des Weiteren kann es als Spezialliteratur in den Studiengängen für Diplompsychologen, Sonderpädagogen, Sozialpädagogen etc. Verwendung finden.

Das Buch ist in vier Abschnitte unterteilt worden. Im Abschnitt I werden die **theoretischen Grundlagen** der APT-KJF in acht Unterkapiteln vermittelt. Begonnen wird im Kapitel 1 mit der Definition der folgenden Begriffe: psychische Störung; psychische Gesundheit; Psychotherapie für Kinder, Jugendliche und Familien; Beratung; Rehabilitation; Krisenintervention und Prävention. Im Kapitel 2 wird ein Überblick über die Geschichte der APT-KJF, über die rechtlichen Rahmenbedingungen der Hilfen für psychisch gestörte Kinder und Jugendliche und über die ethischen Erfordernisse einer Therapiedurchführung gegeben.

Im Kapitel 3 werden Aspekte der Klassifikation von psychischen Störungen, der Epidemiologie, des Behandlungsbedarfs, der Versorgungseinrichtungen sowie der Stabilität und Komorbidität psychischer Störungen diskutiert. Im Kapitel 4 wird über die normalen Lebensvollzüge von Kindern und Jugendlichen vor dem Hintergrund ihrer Entwicklungsaufgaben informiert und im Kapitel 5 werden allgemeinwissenschaftliche Informationen über die Pathogenese psychischer Störungen gegeben. Im Kapitel 6 werden schulenspezifische Konzepte über die Störungsentstehung vorgestellt und im Kapitel 7 die Ziele einer Psychotherapie. Zum Abschluss des Grundlagenteils wird im Kapitel 8 über die Erfordernisse einer psychotherapieleitenden Diagnostik informiert.

Im Abschnitt II werden die **Rahmenbedingungen und Behandlungsmaßnahmen** der APT-KJF dargestellt. Die Rahmenbedingungen im Kapitel 9 betreffen Spezifika der individuums- und familienzentrierten Psychotherapie, der Einzel- und Gruppenbehandlung, der Länge einer Behandlung, der ambulanten und stationären Psychotherapie sowie des Therapeutenangebotes (Einzelbehandler oder Behandlungsteam). In den Kapiteln 10 bis 14 werden die Behandlungsmaßnahmen für Kinder, Jugendliche und Familien vorgestellt. Sie beziehen sich im Einzelnen auf das behavioral-kognitive Psychotherapieverfahren (Kap. 10), das klientenzentrierte Verfahren (Kap. 11), das tiefenpsychologische Verfahren (Kap. 12), das familiensystemische Verfahren (Kap. 13) und die Psychopharmakotherapie (Kap. 14). Im Kapitel 15 werden Kombinationsmöglichkeiten der Therapieverfahren und ihrer Behandlungsstrategien diskutiert.

Im Abschnitt III werden **Beispiele für eine störungsspezifische Anwendung** der APT-KJF gegeben. Im Kapitel 16 wird über die Behandlung von „Hyperkinetischen Störungen" informiert, im Kapitel 17 über die Behandlung der „Störung des Sozialverhaltens", im Kapitel 18 über die Behandlung des Einnässens[1] und im Kapitel 19 über die Behandlung von Angststörungen. Zum Abschluss des Buches wird im Abschnitt IV ein **Ausblick** auf die zukünftige Entwicklung der APT-KJF gegeben.

Bei der Erstellung des Buches habe ich mich vor dem Hintergrund von über vierhundert Literaturinformationen darum bemüht, einen möglichst umfassenden Überblick über die verschiedenen Themenbereiche der APT-KJF zu geben. Dabei musste ich zwischen (aus meiner Sicht) wichtigen und weniger wichtigen Informationen unterscheiden. Bei der Auswahl dieser Informationen ist es mir vermutlich nicht immer gelungen, allen Anforderungen gerecht zu werden.

Hilfreich für die Erstellung des Buches war die Benutzung von bereits vorhandenen Überblicksbüchern zur Kinder- und Jugendlichenpsychotherapie, von denen

---

[1] Im Folgenden werden nur die Störungsnamen in Anführungszeichen gesetzt, die mit der Bezeichnung des ICD-10 Klassifikationssystems (s. Kap. 3.1) identisch sind.

ich insbesondere die Bücher Remschmidt (1997, 1998), Knölker et al. (1997), Reinelt et al. (1997), Steinhausen (1996) und Petermann (2000) erwähnen möchte.

Mir ist bewusst, dass die zu lösenden Probleme der Allgemeinen Psychotherapie für Kinder, Jugendliche und Familien so zahlreich sind, dass ich mit Sicherheit Probleme übersehen oder zu eingeschränkt oder falsch dargestellt habe. Ich wäre dem Leser deshalb dankbar, wenn er mir Rückmeldungen über diesbezügliche Fehler oder Unterlassungen zukommen lassen könnte. Diesen Dank kann ich bereits an die Kollegen Dipl. Psych. C. M. Hockel (München), Prof. Dr. F. Mattejat (Marburg) und Dipl. Psych. Dr. H. J. Zienert (Hamburg) richten, die das Manuskript kritisch begutachtet haben. Danken möchte ich auch meiner ehemaligen Sekretärin Frau G. Loog für die mühevolle Schreibarbeit und meiner Studentin Frau N. Bradtke für die schreibtechnische Herstellung der Endfassung des Manuskriptes.

Hamburg, im Oktober 2000   Stefan Schmidtchen

I Grundlagen der Allgemeinen Psychotherapie für Kinder, Jugendliche und Familien

Die **Grundlagen** der Allgemeinen Psychotherapie für Kinder, Jugendliche und Familien (APT-KJF) beziehen sich im Wesentlichen auf die Beschreibung des Erscheinungsbildes von psychischen Störungen sowie auf die Darstellung der multidimensionalen *allgemeinen* und *speziellen* Störungsbedingungen (Kap. 5 u. 6). Einen großen Stellenwert haben auch die Informationen über den Inhalt der normalen Lebensvollzüge von Kindern und Jugendlichen, die in Form von siebzehn Entwicklungsaufgaben mitgeteilt werden (Kap. 4). Außerdem werden im Grundlagenkapitel Definitionen wichtiger Begriffe vorgestellt, die sich auf das Konzept von psychischer Störung, psychischer Gesundheit, Psychotherapie, Beratung, Rehabilitation Krisenintervention und Prävention beziehen (Kap. 1). Des Weiteren wird über geschichtliche, rechtliche und ethische Aspekte informiert (Kap. 2), über die Art und Auftretenswahrscheinlichkeit von psychischen Störungen bei Kindern und Jugendlichen (Kap. 3) sowie über die Ziele einer Psychotherapie (Kap. 7) und die Aufgaben einer therapieleitenden Diagnostik (Kap. 8).

Bevor die einzelnen Kapitel näher dargestellt werden, soll einführend ein kurzer Einblick in die **Erscheinungsweise und Pathogenese von psychischen Störungen** bei Kindern und Jugendlichen gegeben werden. Die psychischen Störungen von Kindern und Jugendlichen stellen genauso wie die seelischen Störungen von Erwachsenen eine „Beeinträchtigung der normalen Funktionsfähigkeit des menschlichen Erlebens und Verhaltens dar, die sich in emotionalen, kognitiven, behavioralen, interpersonalen und/oder körperlichen Beeinträchtigungen äußern können und die von der jeweiligen Person nicht oder nur begrenzt beeinflussbar sind" (Bastine, 1998, S. 19). Sie sind das Ergebnis der Wechselwirkung von belastenden Risikofaktoren und personalen Vulnerabilitäten (Verletzlichkeiten), die in krisenhaften Situationen und Lebensabschnitten die Verarbeitungskapazitäten der Kinder und Jugendlichen überfordern.

Der Erwerb einer psychischen Störung ist nicht zwingend, da im Rahmen der Pathogenese viele Risikofaktoren durch Schutzfaktoren und viele personale Vulnerabilitäten durch Störungsresilienzen (Widerstandskräfte) kompensiert werden können (Kap. 5). Damit hat die *subjektive Verarbeitung* von belastenden externen und internen Risikofaktoren auch bei der Störungsentstehung von Kindern und Jugendlichen einen großen Einfluss, denn nach Grawe (1998, S. 502) ist es nicht allein „die objektive Umgebung, sondern die subjektiv repräsentierte Wirklichkeit, die das Erleben und Verhalten bestimmt." Durch die Art und Weise, wie Kinder oder Jugendliche ihre Risikofaktoren und Vulnerabilitäten wahrnehmen, bewerten und verarbeiten, beeinflussen sie entscheidend mit, ob sich ein vorübergehendes problematisches psychisches Verhalten wieder zurückbildet oder zu einer zeitstabilen psychischen Störung entwickelt.

Wenn sich ein solches *zeitstabiles psychisches Störungsmuster* entwickelt hat, und dazu ist bei Kindern und Jugendlichen häufig ein Zeitbedarf von mehreren Monaten erforderlich, dann besteht die Gefahr, dass die Störung nach Grawe (1998, S. 502) einen guten Teil des Seelenlebens der betreffenden Menschen versklavt: „Sie führt dann gewissermaßen ein Eigenleben neben den bewusst verfolgten Zielen des betreffenden Individuums und breitet sich im Seelenleben aus. Sie ist nicht gewollt, sondern wird vom Individuum als außerhalb seiner Kontrolle erlebt. Ihre funktionale Autonomie wird von dem betroffenen Individuum schmerzhaft als Kontrollverlust angesehen."

Liegt ein solcher Zustand vor, dann haben sich bereits neuronale Erregungsmuster im Zentralen Nervensystem als Ausdruck und Auslöser des gestörten psychischen Verhaltens gebildet, deren „Eigenleben" sich häufig von den ursprünglichen Entstehungsbedingungen der Störung gelöst hat und funktional autonom geworden ist. Damit diese Form der neuronalen Musterbildung vermieden wird, sollten psychische Störungen von Kindern und Jugendlichen möglichst frühzeitig behandelt oder durch Präventivmaßnahmen verhindert werden.

Ein weiteres zentrales Thema des Grundlagenkapitels stellt die Berücksichtigung von **Entwicklungsprozessen des gesunden und gestörten Verhaltens** dar. Entwicklung bedeutet, dass sich die Lebensprozesse von Zuständen „einer relativ diffusen, undifferenzierten" Ausgangslage und Organisationsform zu Zuständen einer „größeren Artikulation und Komplexität durch Differenzierung und Konsolidierung" ausbilden (Cicchetti, 1999, S. 17). Des Weiteren ist zu berücksichtigen, dass sich die menschliche Entwicklung im Rahmen von sich selbst organisierenden (autopoietischen) Systemprozessen vollzieht, die von außen nur bedingt zu beeinflussen sind. Aus diesem Grunde kann die Entwicklung immer nur innerhalb der vorgegebenen Möglichkeiten der systemimmanenten Eigenzustände des Individuums und seines Lebensumfeldes geschehen (vgl. von Schlippe & Schweitzer, 1998, S. 68).

Bezieht man diese Aussagen auf die Entwicklung von gesunden und gestörten psychischen Verhaltensweisen von Kindern und Jugendlichen, dann ist anzumerken, dass die Unabhängigkeit von Entwicklungsprozessen insbesondere bei Kindern auf Grund ihrer hohen Umweltabhängigkeit sehr eingeschränkt ist, sodass dem *Lebensumfeld* der Kinder eine große Bedeutung zukommt. Aus diesem Grunde werden in der APT-KJF Entwicklungs- und Therapiemaßnahmen sowohl für Kinder oder Jugendliche als auch für Eltern bzw. Familien vorgestellt. Therapeutisch wird also sowohl individuell mit den Kindern oder Jugendlichen gearbeitet als auch parallel mit den Familien. Da beide Therapiesysteme eng miteinander verzahnt sind, müssen die therapeutischen Bemühungen optimal aufeinander abgestimmt werden.

Zu den Grundlagen der APT-KJF gehört auch ein **Phasenmodell der diagnostisch-psychotherapeutischen Arbeit** (s. Abb. 1.1), in dem die einzelnen Handlungsziele und Arbeitsschritte von der ersten Begegnung mit dem Kinder- bzw. Jugendlichenpatienten und seinen Eltern bis zur Therapiedurchführung und

Therapiebeendigung aufgeführt worden sind. Das Phasenmodell gliedert sich in folgende fünf Aufgaben, die in der angegebenen Reihenfolge durchlaufen werden müssen, bei Bedarf aber wiederholt werden können. Die einzelnen Aufgaben bzw. Phasen lauten (vgl. Kanfer et al., 1996, S. 139; Schulte, 1999, S. 70):

(1) **Klärung der Auftragslage und Abschluss eines Diagnostikvertrages:** In dieser Phase sollen die Behandlungswünsche der Eltern und Kinder (bzw. Jugendlichen) geklärt und spezifiziert

Phasen:	Ziele und Aufgaben:
(1) Klärung der Auftragslage und Abschluss eines Diagnostikver- trages	**Differenzierung und Akzeptanz des Diagnostik- und Behandlungsauftrages:** Klärung der Diagnostik- und Behandlungswünsche der Auftraggeber; Information über die Aufgaben des Kinder- oder Jugendlichenpatienten, seiner Eltern und des Thera- peuten; Information über das Multidimensionale Störungs- und Therapiekonzept; erste symptombezogene Datensammlung; Abschluß eines Diagnostikvertrages etc.
(2) Beziehungsgestaltung und Unterstützung der Heilungsmotivation	**Schaffung günstiger Voraussetzungen für die Zusammen- arbeit mit dem Kinder- und Jugendlichenpatienten und seinen Familienangehörigen:** Angebot einer therapeutischen Beziehung; Vermittlung von Heilungsoptimismus durch die Betonung der posi- tiven Wirkung von Schutzfaktoren und Resilienzen; Auf- forderung zur gemeinsamen Problemanalyse und (späte- ren) Problemlösung etc.
(3) Störungs- und Entwicklungsdiagnostik	**Analyse der biopsychosozialen Risiko- und Schutz- bedingungen; Entwicklungsdiagnostik und Störungs- klassifikation:** Klärung der Störungsvorgeschichte (Anamneseerstel- lung); Analyse der Risiko- und Schutzfaktoren; Erfassung der Bewältigungskompetenzen für Entwick- lungsaufgaben; Störungsklassifikation etc.
(4) Diagnosestellung und Abschluss eines Therapievertrages	**Diagnosemitteilung; gemeinsame Zielsetzung; Therapie- planung und Behandlungsvereinbarung:** Information über die Pathogenese; Mitteilung der Dia- gnose und der Behandlungsmöglichkeiten; gemeinsame Zielplanung; Abschluss eines Therapievertrages.
(5) Therapiedurchfüh- rung und Effektivitäts- überprüfung	**Zielgerichtete Anwendung von Interventionsmaß- nahmen unter beständiger Effektevaluation:** Durchführung der notwendigen Therapiemaßnahmen; Evaluation der Therapieeffekte innerhalb des Prozess- geschehens und am Therapieende; Nachbehandlung wenn erforderlich etc.

Abb. 1.1 Phasenmodell einer diagnostisch-psychotherapeutischen Arbeit mit Kindern, Jugend- lichen und Familien

werden. Des Weiteren wird über den Ablauf des Diagnostik- und Behandlungsgeschehens informiert sowie über die Aufgaben des Patienten und seiner Familienmitglieder. Um einen Einblick in die Wirkprozesse einer Therapie zu geben, wird über das Störungs- und Behandlungskonzept sowie über die Tätigkeiten des Therapeuten informiert. Anschließend wird ein Vertrag über die zu erbringende diagnostische Dienstleistung abgeschlossen.

(2) **Beziehungsgestaltung und Unterstützung der Heilungsmotivation:** Um die Bereitschaft zur Erteilung von Diagnostikinformationen und zur Mitarbeit im therapeutischen Prozess zu fördern, bietet der Therapeut dem Kinder- bzw. Jugendlichenpatienten sowie dessen Eltern eine psychologisch kompetente, vertrauensvolle und unterstützende Therapiebeziehung an. Des Weiteren betont er die Bedeutung von Schutzfaktoren und Resilienzen bei der Bewältigung von psychischen Störungen (s. Kap. 7.1) und die Notwendigkeit einer engagierten Mitbeteiligung des Patienten bei der Problemanalyse und Problemlösung.

(3) **Störungs- und Entwicklungsdiagnostik:** Die Diagnostikphase stellt einen wichtigen Arbeitsschritt im Handlungsmodell dar, da ohne eine detaillierte Diagnostik keine Störungserfassung, Analyse der biopsychosozialen Ursachen- und Schutzfaktoren sowie der Bewältigungskompetenzen für Entwicklungsaufgaben (s. Kap. 4) möglich ist.

(4) **Diagnosestellung und Abschluss eines Therapievertrages:** Als Ergebnis der Arbeitsschritte in Phase (3) wird eine Diagnose der Störungsbedingungen und Störungsarten vorgenommen. Die Befunde der Diagnose müssen den Kindern, Jugendlichen und Eltern in einer sprachlich verständlichen Weise mitgeteilt werden. Danach ist gemeinsam zu klären, welche Therapieziele anzustreben sind.

Aus diesen Zielen ergibt sich die Therapieplanung, die vom Therapeuten allein durchzuführen ist. Hier gilt es zu klären, welche Therapieziele mit welchen Maßnahmen zu behandeln sind. Wie lange und arbeitsintensiv die Behandlung wahrscheinlich sein wird? Welche Kosten anfallen werden und ob weitere Behandler (und wieviele) hinzuzuziehen sind? Auch diese Informationen müssen den Eltern und Kindern (bzw. Jugendlichen) in angemessener Weise mitgeteilt werden. Danach müssen die Auftraggeber entscheiden, ob sie das Behandlungsangebot annehmen wollen. Ist dieses der Fall, dann ist eine Therapievereinbarung abzuschließen. Wird keine Behandlung gewünscht, dann ist der Diagnostikauftrag erfüllt.

(5) **Therapiedurchführung und Effektivitätsüberprüfung:** Die Therapiedurchführung sollte mit Maßnahmen geschehen, die gezielt auf die Heilungspotenziale und Störungsursachen des Patienten und seiner Familie ausgerichtet sind. Es sollte also eine störungs- und patientenzentrierte Maßnahmenzusammenstellung vorgenommen werden und keine Behandlung, die sich nur an den (häufig begrenzten) Möglichkeiten eines bestimmten Therapieverfahrens orientiert. Damit die Bedingungen einer adaptiven Psychotherapie erfüllt werden können, sollte möglichst eine *schulenunabhängige Zusammenarbeit* von verschiedenen Psychotherapeuten in einem Behandlungsteam realisiert werden. Die Effekte der Maßnahmen sollten sowohl während des Therapieprozesses als auch nach Abschluss der Therapie überprüft werden. Sind die Therapieziele nicht zur Zufriedenheit der Beteiligten erreicht worden, so ist eine Nachbehandlung, u. U. mit anderen Maßnahmen, durchzuführen.

Im Folgenden sollen die einzelnen Grundlagenkapitel näher vorgestellt werden. Begonnen werden soll mit dem Kapitel über die Definition wichtiger Begriffe der Allgemeinen Psychotherapie für Kinder, Jugendliche und Familien.

1 Definition wichtiger Begriffe

Im folgenden Kapitel sollen **Definitionen wichtiger Begriffe** der Allgemeinen Psychotherapie für Kinder, Jugendliche und Familien (APT-KJF) vorgestellt werden. Diese Definitionen betreffen das Störungs- und Gesundheitskonzept, den Psychotherapiebegriff, das Beratungs-, Rehabilitations- und Kriseninterventionskonzept sowie den Präventionsbegriff.

Von herausragender Bedeutung für die APT-KJF ist das **Störungskonzept**. In ihm wird davon ausgegangen, dass das sichtbare krankhafte psychische Verhalten von Kindern und Jugendlichen auf zu Grunde liegende Ursachen in Form von dauerhaft *nicht bewältigten Problemen bzw. Konflikten* zurückzuführen ist. Diese Probleme und Konflikte sind dadurch entstanden, dass biopsychosoziale Risikofaktoren in der Auseinandersetzung mit Schutzfaktoren die Oberhand gewonnen und unter Stressbedingungen in einen belastenden Wechselwirkungsprozess mit den Vulnerabilitäten der Kinder und Jugendlichen eingetreten sind. Wenn das so verursachte krankhafte seelische Verhalten über längere Zeit (d. h. im Allgemeinen über mehrere Monate lang) anhält, dann besteht die Gefahr, dass es zu differenzierten *neuronalen Verknüpfungen* im Zentralen Nervensystem führt und den Charakter einer umfassenden psychischen Störung im Sinne der Klassifikationssysteme der ICD-10 oder des DSM-IV (s. Kap. 3.1) gewinnt.

Im Allgemeinen unterscheiden sich psychische Störungen in ihrer Entstehungsgeschichte nicht von „normalen" problematischen Bewältigungsformen belastender externer oder interner Konfliktsituationen. Einen Störungswert im Sinne der obigen Klassifikationssysteme gewinnen sie erst dann, wenn die problematischen Bewältigungsformen einen dauerhaften Charakter bekommen und sich neuronal ausdifferenzieren. Wichtig für die Zuerkennung eines Störungswertes ist damit kein qualitativer, sondern ein *quantitativer Aspekt*. Damit wird in modernen Störungskonzeptionen das Krankheitskonzept auf das Gesundheitskonzept zurückgeführt (und nicht umgekehrt das Gesundheits- auf das Krankheitskonzept).

In der Definition des **Psychotherapiebegriffes** wird deutlich gemacht, dass sich die Behandlung von psychischen Störungen bei Kindern und Jugendlichen nicht nur auf den Symptomträger Kind bzw. Jugendlichen bezieht, sondern auch auf die Familienmitglieder (insbesondere die Eltern). Damit ist der Personenkreis der Psychotherapieempfänger größer als in der Erwachsenenpsychotherapie. Diese Situation erfordert eine Erweiterung der therapeutischen Maßnahmen in Richtung auf eine *Mehrpersonen- bzw. Systembehandlung,* wobei der mehrpersonale Behandlungsfokus im Allgemeinen ein mehrpersonales Behandlungsteam (mindestens zwei Therapeuten) und eine gute Behandlungsplanung erfordert.

Im vorliegenden Kapitel werden außer der Psychotherapie noch weitere Hilfsangebote in Form einer Beratung, Rehabilitation oder Krisenintervention vorgestellt. Damit wird deutlich gemacht, dass die Bewältigungshilfe für problematische psychische Verhaltensweisen nicht nur innerhalb einer aufwändigen Psychotherapie gegeben werden kann, sondern auch im Rahmen anderer Maßnahmen.

Am Ende des Kapitels wird auf *präventive Maßnahmen* hingewiesen. Ihr früher Einsatz gewährleistet es, dass alle erwähnten Hilfen zum Störungsabbau nicht zur Anwendung kommen müssen, wenn durch eine rechtzeitige Reduzierung der Risikofaktoren und eine Stärkung der Schutzfaktoren die Entstehung von psychischen Störungen vermieden werden kann.

1.1 Psychische Störung

Der Begriff einer **psychischen Störung** lässt sich im Rahmen einer *wissenschaftlichen* und einer *legalen* Perspektive beschreiben. Während sich der Störungsbegriff unter der wissenschaftlichen Perspektive vorwiegend am internationalen Forschungs- und Definitionsstand orientiert, ist er unter der legalen Perspektive von den standespolitisch beeinflussten Interessen der Gesundheits- und Sozialpolitik abhängig. Im Folgenden sollen die beiden Perspektiven näher erläutert werden.

1.1.1 Wissenschaftliche Definition einer psychischen Störung

Unter einer **wissenschaftlichen Perspektive** lassen sich psychische Störungen nach Bastine (1998, S. 19) als „Beeinträchtigungen der normalen Funktionsfähigkeit des menschlichen Erlebens und Verhaltens bezeichnen, die sich in emotionalen, kognitiven, behavioralen, interpersonalen und/oder körperlichen Beeinträchtigungen äußern können und die von der jeweiligen Person nicht oder nur begrenzt beeinflussbar sind." Zudem können die gestörten Erlebens- und Verhaltensweisen nach Grawe (1998, S. 502 f) als Ausdruck einer „bestimmten Konstellation neuronaler Erregungsmuster" angesehen werden, die sich im Laufe der Zeit im Rahmen der Nichtbewältigung von äußeren und inneren Stressoren ausgebildet haben. Dabei ist das erworbene neuronale Störungsmuster nicht direkt von den äußeren und inneren Stressoren abhängig, sondern von der Wahrnehmung und Bearbeitung der Risikofaktoren durch das Individuum.

Psychische Störungen sind somit vorrangig das Ergebnis von belastenden äußeren und inneren Risikofaktoren (s. Kap. 5), die durch kognitiv-emotionale Prozesse von den gefährdeten Personen verarbeitet werden müssen und die bei einem Misslingen des Verarbeitungsverhaltens (Copingverhalten) entstehen. Liegen die gestörten psychischen Verhaltensweisen über einen längeren Zeitraum vor, dann können sie sich zu differenzierten *neuronalen Verknüpfungen* im Zentralen Nervensystem und zu einem komplexen Störungsbild im Sinne der ICD-10 oder des DSM-IV ausbilden.

Glücklicherweise findet die **Bildung differenzierter neuronaler Störungsmuster** bei Kindern und Jugendlichen im Allgemeinen nur selten statt, weil sich die Kinder und Jugendlichen in einem so schnellen *Entwicklungsprozess* befinden, dass sie gewöhnlich sehr wenig Zeit für die Ausbildung einer komplexen Störungsstruktur besitzen. Aus diesem Grunde führen viele kurzfristig auftretende Fehlanpassungen zu keiner definierten Störung im Sinne der Klassifikationssysteme der ICD-10 oder des DSM-IV (s. Kap. 3.1). Eine solche Störungsdiagnose wird erst dann gegeben, wenn die Kinder und Jugendlichen die Fehlanpassungen in der Länge eines in den Klassifikationssystemen genau genannten Zeitrahmens und in einer

Häufigkeit aufweisen, die von der jeweiligen Alters- bzw. Entwicklungsnorm abweicht. Da sich diese Norm im Verlauf der ersten achtzehn Lebensjahre häufig ändert und da sie innerhalb der verschiedenen Entwicklungsabschnitte sehr stark variiert, wird die Diagnose einer psychischen Störung bei Kindern und Jugendlichen erst nach einer sorgfältigen *Abwägung zeitlicher und normativer Aspekte* vorgenommen.

Im Folgenden soll in Bezug auf Remschmidt (1996, S. 5) eine **wissenschaftliche Definition** für psychische Störungen von *Kindern und Jugendlichen* gegeben werden. Als eine psychische Erkrankung von Kindern und Jugendlichen wird ein „Zustand unwillkürlich gestörter Lebensfunktionen bezeichnet, der durch Beginn, Verlauf und gegebenenfalls auch Ende eine zeitliche Dimension aufweist und ein Kind oder einen Jugendlichen entscheidend daran hindert, an den alterstypischen Lebensvollzügen aktiv teilzunehmen und diese zu bewältigen."

In Abhebung von psychischen Erkrankungen des Erwachsenenalters stellt Remschmidt (1996, S. 4) für seelische Erkrankungen von Kindern und Jugendlichen die Besonderheit der Entwicklungsdimension, der Wechselwirkung von Risiko- und Schutzfaktoren und der (mangelnden) Einsichtsfähigkeit in psychische Prozesse heraus. Im Einzelnen stellt Remschmidt diesbezüglich fest:

(a) „Die *Entwicklungsdimension* wirkt als ein prägender Faktor auf allen Altersstufen und führt zu einer stärkeren Variabilität der Krankheitserscheinung.

(b) Das *Wechselspiel* zwischen pathogenen und protektiven Faktoren ist angesichts der Vielgestaltigkeit und der Geschwindigkeit von Entwicklungsvorgängen im Kindes- und Jugendalter ebenfalls bedeutsamer als im Erwachsenenalter.

(c) Die *Einsichtsfähigkeit* in die Symptomatik und Auswirkungen der psychiatrischen Erkrankungen ist bei Kindern und Jugendlichen anders zu betrachten als bei Erwachsenen. Vielfach existiert auch bei schwerwiegenden Symptomen kein Krankheitsgefühl bzw. keine Krankheitseinsicht, während von der Umgebung das Verhalten als eindeutig krankhaft angesehen wird."

Um die normativen Aspekte des Entwicklungsgeschehens und der Verhaltensvariabilität bei der Störungsdiagnose angemessen berücksichtigen zu können, sollen im Folgenden kurz die wichtigsten **Normenkonzepte** vorgestellt werden, die bei der Feststellung einer psychischen Störung von Kindern und Jugendlichen Verwendung finden. Es handelt sich um ein statistisches, soziales, ideales, subjektives und funktionales Normenkonzept (vgl. Schulte, 1998, S. 22; Bastine, 1998, S. 168 ff):

Überblick über verschiedene störungsrelevante Normenkonzepte

(1) **Statistische Norm:** Bei ihrer Wahl wird die *Auftretenswahrscheinlichkeit* einer bestimmten Verhaltens- und Erlebensweise als Ausgangsgröße für die Störungsentscheidung benutzt. Als „normal" wird definiert, was innerhalb des Streubereiches um einen bestimmten Mittel- oder Medianwert variiert und als „gestört" wird die Variation in eine der Richtungen rechts oder links vom Mittelbereich bezeichnet. Im Falle der Diagnose einer „Intelligenzminderung" findet beispielsweise eine Abweichung links vom Mittelwert statt und im Falle der Diagnose einer bestimmten Angststörung eine Abweichung rechts vom Mittelwert.

(2) **Soziale Norm:** Hier werden die *Erwartungen* einer bestimmten sozialen Gruppe (z. B. Lehrer) an das Verhalten von Kindern als Störungskriterium gewählt. Beispielsweise wird ein häufiges Aufstehen und Herumlaufen im Klassenzimmer bei älteren Kindern als ein „gestörtes" Verhalten definiert, während das gleiche Verhalten bei jüngeren Kindern (z. B.

im Kindergarten) als Ausdruck eines intensiven sozialen Interesses und Kontaktbemühens angesehen wird.

(3) **Ideale Norm:** Es wird ein Zustand der *gewünschten Vollkommenheit* oder einer gesetzlich *festgelegten Regel* als Urteilsbasis gewählt. Als Beispiel für Störungsdiagnosen nach dieser Norm lassen sich u. a. die verschiedenen Arten von „Persönlichkeitsstörungen" erwähnen. Zur Erteilung dieser Störungsdiagnose muss jedoch eine differenzierte neuronale Verfestigungsstruktur vorliegen, die erst nach hinreichend langer Zeit erworben werden kann. Auf Grund dessen werden „Persönlichkeitsstörungen" erst im Jugendalter diagnostiziert.

(4) **Subjektive Norm:** Bei der Wahl dieses Störungskriteriums werden die *persönlichen Kriterien* des Patienten zur Beurteilung herangezogen. Da Kinder und Jugendliche häufig ihr gestörtes Verhalten nicht als subjektiv belastend erleben, findet diese Norm eher im Bereich der Erwachsenenpsychopathologie eine Anwendung.

(5) **Funktionale Norm:** Hier werden nach Bastine (1998, S. 172) „Beziehungen zwischen dem Zustand einer Person und den von ihr gezeigten Aktivitäten" hergestellt. Treten z. B. bei der Bewältigung einer Anforderung, die eigentlich von der betreffenden Person nach ihren Fähigkeiten her hätte gelöst werden können, Schwierigkeiten auf, dann wird von einer *funktionalen Beeinträchtigung* gesprochen. Als Beispiel für eine solche funktionale Beeinträchtigung kann z. B. eine „Lese- und Rechtschreibstörung" angesehen werden.

1.1.2 Legaldefinition einer psychischen Störung

Unter einer **gesetzlichen Perspektive** werden psychische Störungen in der Bundesrepublik Deutschland als *seelische Krankheiten* bezeichnet. Nach den Psychotherapie-Richtlinien des Bundesausschusses der Ärzte und Krankenkassen vom 11. Dezember 1998 werden sie wie folgt definiert:

Seelische Krankheiten werden als „krankhafte Störungen der Wahrnehmung, des Verhaltens, der Erlebnisverarbeitung, der sozialen Beziehungen und der Körperfunktionen verstanden. Es gehört zum Wesen dieser Störungen, dass sie der willentlichen Steuerung durch den Patienten nicht mehr oder nur z. T. zugänglich sind. Krankhafte Störungen können durch seelische oder körperliche Faktoren verursacht werden; sie werden in seelischen und körperlichen Symptomen und in krankhaften Verhaltensweisen erkennbar, denen aktuelle Krisen seelischen Geschehens, aber auch pathologische Veränderungen seelischer Strukturen zu Grunde liegen können."

Seelische Strukturen werden in den Richtlinien als die anlagemäßig disponierenden und lebensgeschichtlich erworbenen Grundlagen seelischen Geschehens verstanden, die direkt beobachtbar oder indirekt erschließbar sind. Auch *Beziehungsstörungen* können Ausdruck von seelischer Krankheit sein; sie sind aber für sich allein nicht schon Krankheiten im Sinne der Richtlinien, sondern können nur dann als solche gelten, wenn ihre ursächliche Verknüpfung mit einer krankhaften Veränderung des seelischen oder körperlichen Zustandes eines Menschen nachgewiesen wird (vgl. Psychotherapie-Richtlinien).

In dieser Legaldefinition von seelischer Krankheit wird ein Unterschied zwischen *Symptomen* (bzw. krankhaften seelischen Verhaltensweisen) und den diesen zu Grunde liegenden *pathologischen Strukturen und Funktionen* gemacht. Faber und Haarstrick (1991) weisen in diesem Sinne darauf hin, dass das Wesen einer seelischen Krankheit zwar an ihren Symptomen erkennbar ist, sich aber grundsätzlich von diesen unterscheidet. Des Weiteren liegt einer seelischen Krankheit häufig eine *aktuelle Krise* zu Grunde, die direkt beobachtet und konfliktzentriert behandelt werden kann. Außerdem kann die Krankheit Ausdruck einer lebensgeschichtlichen, etwa in der frühen Biografie erworbenen, *pathologischen Struktur* sein, die als solche nicht direkt beobachtet werden kann.

Eine seelische Krankheit im Sinne der Psychotherapie-Richtlinien kann nur dann im Rahmen des Erstattungsverfahrens der Krankenkassen in der Bundesrepublik Deutschland behandelt werden, wenn „das Krankheitsgeschehen als ein ursächlich bestimmter Prozess verstanden wird, der mit wissenschaftlich begründeten Methoden untersucht und in einem Theoriensystem mit einer Krankheitslehre definitorisch erfasst werden kann."

Aus der in den Psychotherapie-Richtlinien vorgenommenen Legaldefinition von psychischen Erkrankungen ergeben sich veränderte Bezeichnungen von psychischen Störungen. Diese decken sich leider nicht mit den Störungsnamen, wie sie in den wissenschaftlich entwickelten Klassifikationssystemen der ICD-10 und des DSM-IV üblich sind (s. Kap. 3.1). Will man also eine moderne Therapiediagnostik durchführen, müssen die legal definierten Krankheitskategorien der für Deutschland geltenden Psychotherapie-Richtlinien in Kategorien der ICD-10 oder des DSM-IV überführt werden. Informationshalber sollen die Störungsbezeichnungen der Psychotherapie-Richtlinien im Folgenden kurz vorgestellt werden.

Störungsbezeichnungen der Psychotherapie-Richtlinien

Nach den Richtlinien des Bundesausschusses der Ärzte und Krankenkassen (in der Fassung vom 11. Dezember 1998) werden die Kosten für die „Behandlung" und „psychosomatische Grundversorgung" für folgende Störungsformen von den Krankenkassen übernommen:

(1) **Psychoneurotische Störungen** (z. B. Angstneurosen, Phobien, neurotische Depressionen, Konversionsneurosen).

(2) **Vegetativ-funktionelle Störungen** und **psychosomatische Störungen** mit gesicherter psychischer Ätiologie.

(3.1) **Abhängigkeit** von *Alkohol, Drogen* oder *Medikamenten* nach vorangegangener Entgiftungsbehandlung.

(3.2) **Seelische Behinderungen** auf Grund *frühkindlicher emotionaler Mangelzustände.* In Ausnahmefällen seelische Behinderungen, die in Zusammenhang mit frühkindlichen oder körperlichen *Schädigungen* und/oder *Missbildungen* stehen.

(3.3) **Seelische Behinderungen** als Folge *schwerer chronischer Krankheitsverläufe,* sofern sie noch einen Ansatz für die Anwendung von Psychotherapie bieten.

(3.4) **Seelische Behinderungen** *auf Grund extremer Situationen,* die eine schwere Beeinträchtigung der Persönlichkeit zur Folge haben.

(3.5) **Seelische Behinderungen** als Folge *psychotischer Erkrankungen,* die einen Ansatz für spezifische psychotherapeutische Interventionen erkennen lassen.

1.2 Psychische Gesundheit

Als Ergänzungsbegriff zur psychischen Störung soll der Begriff der **seelischen Gesundheit** in Anlehnung an die Definition der Weltgesundheitsorganisation als ein „Zustand des völligen körperlichen und sozialen Wohlbefindens und nicht nur als des Freiseins von Krankheit und Gebrechen" definiert werden. In diesem Sinne haben Holler und Hurrelmann (1990, S. 60) Gesundheit als „den Zustand des objektiven und subjektiven Befindens" einer Person bezeichnet, der gegeben ist, wenn sich diese Person in den „physischen, psychischen und sozialen Bereichen ihrer Entwicklung in Einklang mit den eigenen Möglichkeiten und Zielvorstellungen und den jeweils gegebenen äußeren Lebensbedingungen befindet."

Seelische Gesundheit ist kein statischer Zustand, sondern das Ergebnis einer Vielzahl *aktiv zu unternehmender Tätigkeiten*, die sich nach Jahoda (1958) auf folgende sechs **Gesundheitsziele** beziehen können: (a) Aufbau einer positiven Einstellung zur eigenen Person; (b) Wachstum und Selbstverwirklichung; (c) Anstreben einer integrierten Persönlichkeitsentwicklung; (d) Autonomie und Selbstständigkeit; (e) adäquate Realitätswahrnehmung und (f) Kompetenzen zur Bewältigung von Umweltanforderungen.

Eine ähnliche Kategorisierung von gesunden Handlungsweisen hat Becker (1995) auf Grund einer *Fragebogenanalyse* vorgenommen. Dabei hat er folgende **drei Faktoren der seelischen Gesundheit** gefunden:
(1) Seelisches und körperliches *Wohlbefinden* mit den Aspekten der Sinnerfülltheit, Selbstvergessenheit und Beschwerdefreiheit;
(2) *Selbstaktualisierung* mit den Aspekten der Expansivität und Autonomie und
(3) selbst- und fremdbezogene *Wertschätzung* mit den Aspekten des Selbstwertgefühls und der Liebesfähigkeit.

Nach Schulte (1998, S. 25) macht die geschilderte Auflistung der verschiedenen Kriterien von psychischer Gesundheit deutlich, dass die Gesundheit im Allgemeinen nicht als ein *Durchschnittszustand* definiert wird, sondern als ein **Idealzustand**. Er meint aber mit Schorr (1995), dass „zwischen diesem Idealzustand des psychischen Gesundseins im Sinne einer optimalen Entwicklung bzw. einer voll funktionierenden Person (Rogers, 1973) einerseits und dem Extremwert des psychischen Krankseins (bzw. der Erscheinungsform einzelner psychischer Krankheiten) andererseits, vermutlich ein neutraler Mittelbereich des **Durchschnittlich – Normalen** anzunehmen ist."

Im Rahmen dieser Betrachtungsweise lassen sich die Prozesse des psychischen Krank- und Gesundseins als Extrempole eines Kontinuums mit fließenden Grenzwerten ansehen, die sich im neutralen Mittelbereich überlappen können. Die Annahme dieser Überlappung ist hilfreich, weil damit deutlich wird, dass psychisch gestörte Verhaltensweisen aus psychisch gesunden gebildet werden und dass zwischen ihnen kein qualitativer Unterschied besteht.

Da die Genese von psychischen Störungen jedoch nicht nur von biologischen und personalen Bedingungen in Form von Risiko- und Schutzfaktoren sowie Vulnerabilitäten und Resilienzen abhängig ist, sondern auch von *familiären* und *sozioökologischen* Bedingungen (s. Kap. 5), sind am aktiven **Prozess der Gesundheitsherstellung** nicht nur die Kinder und Jugendlichen beteiligt, sondern auch deren Eltern und Erzieher (z. B. im Kindergarten und in der Schule) sowie staatliche Instanzen als „Träger der öffentlichen Jugendhilfe" (s. Kap. 2.2). Letztere müssen z. B. dafür sorgen, dass eine allein erziehende Mutter mit einem oder mehreren Kindern genügend Geld für den Unterhalt ihrer Kinder und für die Miete einer angemessenen Wohnung erhält.

1.3 Psychotherapie für Kinder, Jugendliche und Familien

Nach Bastine (1992, S. 18) ist die Durchführung einer **Psychotherapie,** egal ob für Kinder, Jugendliche oder Erwachsene, durch die Realisierung folgender **sechs Therapiekriterien** gekennzeichnet: (a) eine helfende Rollenbeziehung zwischen Patient und Therapeut; (b) einen professionellen und zugleich auch persönlichen Charakter der therapeutischen Beziehung; (c) eine Unterstützung für die psychisch leidende, beeinträchtigte, kranke oder gestörte Person; (d) eine Hilfeleistung durch psychologische Mittel; (e) eine Zielgerichtetheit der Hilfe und (f) die Notwendigkeit einer wissenschaftlichen Begründung und Überprüfung der Vorgehensweise.

Die geschilderten Therapiekriterien dienen zur Abgrenzung gegenüber anderen Arten klinischer Hilfeleistungen (z.B. in Form von heilpädagogischen oder sozialtherapeutischen Maßnahmen, s. Kap. 1.5) oder gegenüber einer nicht-professionellen Unterstützung (z.B. im Rahmen einer Nachbarschaftshilfe). Sie machen deutlich, dass das Psychotherapiegeschehen durch eine Reihe von **Strukturbedingungen** gekennzeichnet ist, die sich nach Orlinsky und Howard (1986; s. a. Abb. 1.1 auf S. 9) auf folgende Aspekte beziehen: (1) Kontextbedingungen; (2) Personenbedingungen; (3) Vertrags-, Prozess- und Methodikbedingungen sowie (4) Wirksamkeitsbedingungen. Diese Bedingungen sollen für die Psychotherapie von Kindern, Jugendlichen und Familien kurz charakterisiert werden (vgl. Bastine, 1992, S. 181 ff):

Strukturbedingungen der Psychotherapie für Kinder, Jugendliche und Familien

(1) **Kontextbedingungen:** Die Kontextbedingungen einer Kinder- und Jugendlichenpsychotherapie umfassen einerseits die kulturellen *Werte und Normen* der Gesellschaft und andererseits die sozioökologischen und -ökonomischen *Lebensbedingungen* der Kinder und Jugendlichen sowie ihrer Familien. Eine große Bedeutung haben des Weiteren die *finanziellen* und *institutionellen Bedingungen* unter denen die Psychotherapie stattfindet. Beispielsweise ist es bedeutsam, ob die Therapie von der Krankenkasse, den Trägern der öffentlichen Jugendhilfe oder vom Patient (bzw. dessen Eltern) bezahlt wird und ob sie ambulant oder stationär stattfindet. Alle diese Bedingungen beeinflussen die Differenziertheit, Länge und Güte einer Behandlung.

(2) **Personenbedingungen:** „Wenn man die Patienten als *Rezipienten* und die Psychotherapeuten als *Anbieter* einer psychologischen Behandlung ansieht, entspricht das zunächst nur den äußeren Merkmalen der Rollensituation. Patienten sind rollenspezifisch vor allem durch Art, Schweregrad, Entstehung der Problematik, bestehende Fähigkeiten und Kompetenzen, ihre Behandlungsmotivation, vorangehende Behandlungserfahrungen und ähnliche Bedingungen charakterisierbar. Als rollenspezifische Merkmale von Therapeuten sind ihre personellen Eigenschaften wichtig, wie beispielsweise Status und Ausbildung sowie ihre therapeutischen Orientierungen, Kompetenzen und Erfahrungen" (Bastine, 1992, S. 183).

Insbesondere bei der psychotherapeutischen Behandlung von Kindern und Jugendlichen wirken direkt oder indirekt häufig auch noch *andere Beteiligte* an der Therapie mit; d. s. im Wesentlichen die Eltern, die Lehrer, die Mitarbeiter des Jugendamtes oder Familiengerichtes und andere Kinder und Jugendliche (z.B. bei Gruppentherapien).

(3) **Vertrags-, Prozess- und Methodikbedingungen:** Der *psychotherapeutische Vertrag* wird von Orlinsky und Howard (1986) als ein vorgesehener Plan (blue print) und nicht als die tatsächliche Verwirklichung der Psychotherapie definiert. Er enthält die ins Auge gefassten Behandlungsziele, die anzuwendenden Maßnahmen, die Angaben über das gewählte

Setting (z. B. Einzel- oder Gruppentherapie) sowie die zeitlichen Perspektiven. In der Regel handelt es sich beim Therapievertrag um eine Vereinbarung zwischen allen an der Therapie beteiligten Personen, also den Eltern, Kinder- oder Jugendlichenpatienten und dem (den) Therapeuten. Er beruht auf der Kenntnis der den Personen mitgeteilten Rahmenbedingungen der Psychotherapie und kann schriftlich oder mündlich festgelegt werden.

Die Prozess- und Methodikbedingungen der Psychotherapie betreffen das konkrete Geschehen innerhalb der psychologischen Behandlung. Die *Prozessbedingungen* beziehen sich dabei auf den zeitlichen Ablauf, das Ineinandergreifen der einzelnen Behandlungsmaßnahmen und die Abstimmung der Maßnahmen mit den Lernfortschritten des Patienten. Die *Methodikbedingungen* beziehen sich auf die Maßnahmenplanung und den Maßnahmeneinsatz.

(4) **Wirksamkeitsbedingungen:** Die Wirksamkeit einer Psychotherapie sollte während des *Therapieprozesses* (also innerhalb der therapeutischen Sitzungen) sowie am *Therapieende* (und einige Monate später) nachgewiesen werden. Dabei ist zu klären, welche der Therapieziele, in welchem Ausmaß, aus der Sicht welcher Beteiligter erreicht wurden und ob u. U. Verschlechterungen aufgetreten sind.

Unter der Berücksichtigung der genannten Therapiekriterien und Strukturierungbedingungen soll im Folgenden die Definition einer Psychotherapie für Kinder, Jugendliche und Familien vorgenommen werden (s. a. Strotzka, 1975, S. 4).

Die **Psychotherapie für Kinder-, Jugendliche und Familien** (PT-KJF) ist ein strukturierter und überprüfter interaktioneller Prozess, in dem die Kinder- oder Jugendlichenpatienten sowie deren Eltern eine professionelle psychologische Hilfe zur Bewältigung der psychischen Störungen der Kinder oder Jugendlichen erhalten. Die Bewältigungshilfe strebt Veränderungen im Erleben, Verhalten und in den Beziehungen der Kinder oder Jugendlichen zu ihrer sozialen Umwelt an. Sie besteht aus der Verwendung von wissenschaftlich begründeten Therapiemaßnahmen, die spielerische, verbale und behaviorale Kommunikationsmittel benutzen.

Die PT-KJF ist auf definierte Therapieziele hin auszurichten, die gemeinsam von dem Kinder- oder Jugendlichenpatienten, seinen Eltern und dem Therapeuten festzulegen sind. Die Zielpersonen der Psychotherapie sind der Kinder- oder Jugendlichenpatient und seine familiären Bezugspersonen sowie – wenn nötig – andere Sozialpartner.

Der psychotherapeutische Prozess besteht aus einem zielgerichteten und geplanten Maßnahmeneinsatz, der auf der Beziehung des Therapeuten zum Kinder- oder Jugendlichenpatienten sowie zu dessen Bezugspersonen gegründet ist und auf der Nutzung aller Ressourcen zur Entwicklungsförderung und Störungsbeseitigung. Die Maßnahmen stammen aus der psychologischen Grundlagen- und Anwendungswissenschaft, der Kinder- und Jugendpsychiatrie sowie anderen Wissenschaftsbereichen (z. B. der Pädagogik). Sie sind bezüglicher ihrer Wirksamkeit zu begründen und zu überprüfen.

Die geschilderten Charakteristika der PT-KJF weichen hinsichtlich einiger Aspekte von den Charakteristika einer Erwachsenenpsychotherapie ab und betreffen nach Schmidtchen (1995, S. 86 ff) folgende **Besonderheiten einer Kinder- und Jugendlichenpsychotherapie:** (a) geringes Ausmaß an Mündigkeit des Patienten; (b) größere Anzahl an Behandlungspersonen; (c) geringer zeitlicher Abstand zur Störungsentstehung; (d) mehrfache Zielsetzung und (e) breiteres Spektrum an Kommunikationsmitteln. Die Besonderheiten sollen kurz vorgestellt werden:

Besonderheiten einer Kinder- und Jugendlichenpsychotherapie

(a) **Geringes Ausmaß an Mündigkeit des Patienten:** Während beim Erwachsenenpatienten in der Regel immer eine vollständige Mündigkeit vorliegt, sind Kinder oder Jugendliche nur mit Einschränkungen psychologisch und gesetzlich mündig. Wegen dieser Unmündigkeit sind ihre Eltern (bzw. Erziehungsberechtigten) die zentralen Vertragspartner des Therapeuten und für alle wichtigen Entscheidungen zuständig. Gemäß des Kinder- und Jugendhilfegesetzes in der Bundesrepublik Deutschland (s. Kap. 2.2) sind jedoch die Kinder oder Jugendlichen in die vertraglichen Absprachen mit einzubeziehen.

(b) **Größere Anzahl an Behandlungspersonen:** Die Psychotherapie findet in der Regel mit den Kinder- bzw. Jugendlichenpatienten sowie deren Eltern statt, wobei die individuelle Behandlung des Kindes oder Jugendlichen parallel zur Familienbehandlung vorgenommen wird.

(c) **Geringer zeitlicher Abstand zur Störungsentstehung:** Wegen des geringeren zeitlichen Abstandes der Psychotherapie zur Störungsentstehung ergeben sich in der PT-KJF behandlungstechnische Vorteile gegenüber einer Erwachsenenpsychotherapie. Die Vorteile betreffen insbesondere die Möglichkeit, belastende biopsychosoziale Risikofaktoren sofort zu verändern und die Bildung von Schutzfaktoren zu fördern. Da des Weiteren häufig nur geringe neuronale Verfestigungen der Störungssymptome vorliegen, muss im Allgemeinen kein spezielles Störungsbewältigungsverhalten gelernt werden; stattdessen können gesundheits- und entwicklungsfördernde Kompetenzen vermittelt werden.

(d) **Mehrfache Zielsetzung:** Neben den Therapiezielen der *Gesundheits-* und *Entwicklungsförderung* wird ein *Symptomabbau* angestrebt (s. Kap. 7). Allgemein kann man davon ausgehen, dass die Unterstützung des Gesundheits- und Entwicklungsverhaltens zu einer Stressentlastung und damit indirekt zu einer Störungsentlastung führt. Ein Symptomabbau muss dann als ein weiteres Therapieziel gewählt werden, wenn die Symptome bereits Ausdruck eines verfestigten neuronalen Musters sind und sich durch die Gesundheits- und Entwicklungsförderung noch nicht zurückgebildet haben.

(e) **Breiteres Spektrum an Kommunikationsmitteln:** Wegen der primär nichtverbalen Kommunikations- und Lerngepflogenheiten von Kindern, sollten die Therapiemaßnahmen nicht nur *verbal* sondern auch *spiel-* und *aktionszentriert* (bzw. *behavioral*) ausgerichtet sein. Aus diesem Grunde sollten in der Familientherapie und der Jugendlichenbehandlung auch diese Kommunikationsmittel zur Anwendung kommen.

1.4 Beratung

Die **psychologische Beratung** ist eine Hilfsmaßnahme, bei der ein professioneller Berater eine kooperative Beziehung zu einem Klienten bzw. Patienten eingeht und vor allem im Gespräch versucht, diesen zu einer *bewussteren Wahrnehmung* seiner Probleme zu veranlassen. Des Weiteren will er ihm helfen, seine Fähigkeiten zur Problemlösung so einzusetzen, dass er aus eigener Kraft seine Probleme lösen und eine gesunde psychische Umgebung für sich und andere schaffen kann (vgl. Schmidtchen & Hirsch, 2000).

Die psychologische Beratung unterscheidet sich von einer Psychotherapie dadurch, dass der Berater nicht direkt am Entwicklungs- und Heilungsförderungsprozess seines Patienten beteiligt ist, sondern nur eine *informierende Hilfe* gibt. Da die Veränderungsprozesse nicht in der Gegenwart des Beraters stattfinden, ist der Indikations- und Wirkungsraum einer Beratung eingeschränkt. Insofern sollte eine Beratung für die Eltern von Kindern und Jugendlichen nur dann vorgenommen werden, wenn keine psychische Störungsproblematik mit Krankheitswert

(s. Kap. 3.1) vorliegt und wenn die zu beratenden Personen in der Lage sind, verbale Hilfen für die Lösung ihrer Schwierigkeiten zu nutzen.

Im Wesentlichen findet die Beratung in Form einer **Erziehungsberatung** statt (vgl. Körner & Hörmann, 1998; 1999), die in Erziehungsberatungsstellen und anderen Beratungsdiensten gemäß § 28 des Kinder- und Jugendhilfegesetzes (KJHG) durchgeführt wird (s. Kap. 2.2.1). Dabei sollen Kinder, Jugendliche, Eltern und andere Erziehungsberechtigte „bei der Klärung und Bewältigung individueller und familienbezogener Probleme und *deren* zu Grunde liegenden Ursachen, bei der Lösung von Erziehungsfragen sowie bei Trennungs- und Scheidungsproblemen unterstützt werden." Im Gesetz wird auch gewünscht, dass „Fachkräfte verschiedener Fachrichtungen, die mit unterschiedlichen methodischen Ansätzen vertraut sind, zusammenwirken." Des Weiteren kann sich der Inhalt der Beratung auf die Bewältigung von Sucht- und Gewaltproblemen beziehen (vgl. Romeike & Imelmann, 1999).

Nach Mattejat (1997, S. 123 f) findet eine **Erziehungsberatung** im Allgemeinen in folgenden fünf Teilschritten statt:

(a) *Beziehungsaufnahme* zu den Eltern und zum Kind, um den Beratungsauftrag zu verstehen und eine helfende und positive Resonanz für familiäre Selbsthilfebemühungen zu ermöglichen.

(b) *Herausarbeitung des Informationsanliegens* mit dem Ziel, die anstehenden Probleme in Form von Aufgabenstellungen zu isolieren.

(c) *Direkte Hilfe* im Rahmen der Problembewältigung, um z. B durch eine psychodiagnostische Untersuchung des Kindes dessen Schulreife oder Intelligenz zu ermitteln.

(d) *Informationsübermittlung* an die Eltern, um z. B. die Entstehung von psychischen Störungen zu erklären.

(e) *Durchführungshilfe,* um z. B. Tipps für ein verbessertes Bewältigungsverhalten zu geben.

1.5 Rehabilitation

Unter **Rehabilitation** (Wiederherstellung) versteht man den Einsatz von Maßnahmen zur Milderung und Kompensation der Auswirkungen von *Behinderungen* oder *chronischen Erkrankungen.* Die Maßnahmen werden mit dem Ziel gegeben, eine möglichst weit gehende schulische, berufliche oder gesellschaftliche Integration der Patienten zu erreichen und deren Lebensqualität zu verbessern (vgl. Mattejat, 1997 f; Petermann, 1997; Petermann & Warschburger, 1999).

In Abhebung zum Ursachenbeseitigungsprinzip der Psychotherapie oder Beratung unterliegt dem Rehabilitationskonzept ein **Finalitätsprinzip**. Rehabilitation ist auf das Ziel ausgerichtet, eine *Wiedereingliederung* in möglichst normale Entwicklungs- und Handlungsabläufe zu ermöglichen. Die Durchführung einer Rehabilitation ist in Deutschland durch eine Vielzahl von Gesetzen und Leistungsträgern wie z. B. der Jugendhilfe, Sozialhilfe, Kranken-, Unfall- und Rentenversicherung etc. abgesichert. Neben ärztlichen, psychologischen, sozialpädagogischen und heilpädagogischen Maßnahmen werden auch schulische und berufliche Hilfen angeboten. Da der Einsatz von rehabilitativen Maßnahmen vom *Behinderungskonzept* abhängig ist, soll dieses kurz vorgestellt werden:

20

Als **Behinderung** wird das Vorliegen einer relativ schweren, langandauernden, jedoch grundsätzlich verbesserbaren körperlichen, sinnesbezogenen, geistigen oder psychischen *Schädigung* bezeichnet. Zur Behinderung gehören im Bereich der Klinischen Kinder- und Jugendlichenpsychologie die ICD-10 Störungskategorien der „Intelligenzminderung" (als Ausdruck einer Geistigen Behinderung), der „Tief greifenden Entwicklungsstörungen" (als Ausdruck eines frühkindlichen Autismus , der „Umschriebenen Entwicklungsstörungen schulischer Fertigkeiten" und der „Umschriebenen Entwicklungsstörungen des Sprechens und der Sprache" etc. (vgl. Schmidt, 2000).

Nach Zuber et al. (1998, S. 487) verfügt die Bundesrepublik Deutschland „über ein in dieser Dichte vermutlich in der Welt einzigartiges System von medizinischer, schulischer und beruflicher Rehabilitation". Bezogen auf Kinder gab es in den alten Bundesländern 1990 knapp 700 dezentrale Frühförderstellen sowie 30 sozial- oder neuropädiatrische Zentren. In diesen Zentren sollen die Behinderungen von Kindern bereits nach der Geburt durch eine Frühförderung abgemildert oder korrigiert werden. Dabei soll die Fördermaßnahme grundsätzlich am individuellen Entwicklungsstand des Kindes orientiert sein.

Um eine umfassende Rehabilitation zu ermöglichen, sind individuelle Behandlungspläne zu erstellen, in denen die vorwiegend **heilpädagogischen Maßnahmen** koordiniert werden können. Außerdem ist die Zusammenarbeit mit den Eltern und Geschwistern des behinderten Kindes von grundlegender Bedeutung, da die Förderung – so weit wie möglich – im familiären Bereich stattfinden soll (Zuber et al., 1998, S. 492 f). Im Folgenden sollen die heilpädagogischen Maßnahmen der Rehabilitation von Kindern und Jugendlichen vorgestellt werden (Mattejat, 1997 f, S. 174 ff; vgl. Fengler & Jansen, 1999):

Heilpädagogische Rehabilitationsmaßnahmen

(a) **Funktionelle Übungsbehandlungen:** Mit diesen Maßnahmen sollen übend sensumotorische, visuelle, sprachliche, schulische etc. Fertigkeiten geschult werden. Die Übungen werden vorrangig von Motopädagogen, Krankengymnasten, Motologen etc. durchgeführt.

(b) **Ergotherapie:** Beschäftigungstherapie und Arbeitstherapie werden unter dem griechischen Begriff *ergon* (das Werk) zusammengefasst. In der Ergotherapie werden die Patienten zu einer praktischen Tätigkeit mit dem Ziel angeregt, die Arbeitsfähigkeit, die z. B. durch eine körperliche Erkrankung eingeschränkt sein kann, wieder herzustellen.

(c) **Schulische Fördermaßnahmen:** Zur rehabilitativen schulischen Förderung gehören Aufgaben der Umschulung und angemessenen Sonderbeschulung. In Deutschland existieren zu diesem Zweck *Sonderschulen* für Blinde und Sehbehinderte, Gehörlose und Schwerhörige, Geistig- und Lernbehinderte, Körperbehinderte, Sprachbehinderte oder Verhaltensgestörte. Ziel der Sonderschulen ist es, den Kindern durch eine gezielte individuelle Hilfe zu ermöglichen, langfristig in eine Regelschule integriert zu werden.

(d) **Sozialpädagogische Maßnahmen:** Die sozialpädagogischen Maßnahmen gehören im Wesentlichen dem Bereich der Jugend- und Sozialhilfe an und werden im KJHG (Kinder- und Jugendhilfegesetz) oder dem BSHG (Bundessozialhilfegesetz) beschrieben (s. Kap. 2.2). Zu ihnen gehören eine sozialpädagogische *Familienhilfe* und verschiedene Formen der *Fremdplatzierung* von Kindern und Jugendlichen (z. B. in Pflegefamilien, Tages- oder Wochenpflege, Wohngemeinschaften oder Heimen). Bei der Durchführung von sozialpädagogischen Maßnahmen ist im Allgemeinen eine enge Kooperation zwischen Erziehungsberatungsstellen, kinder- und jugendpsychiatrischen Einrichtungen, freien Praxen und Jugend- und Sozialämtern nötig.

(e) **Umfeldbezogene Maßnahmen:** Zu diesen Maßnahmen gehören organisatorische Veränderungen in den familiären Lebensumständen (z. B. durch eine sozialpädagogische Familienhilfe gemäß § 31 KJHG), Hilfen durch kirchliche Einrichtungen und Vereine, Hausaufgabenbetreuung, Kontakte mit Selbsthilfegruppen, schulische Betreuungen, Absprachen mit Polizei und Gericht etc.

Besonders hilfreich sind rehabilitative Maßnahmen zur Milderung der Folgen von **chronischen körperlichen Erkrankungen** bei Kindern und Jugendlichen (vgl. Petermann & Warschburger, 1999). Diese Erkrankungen beziehen sich im Wesentlichen auf Asthmaerkrankungen, Diabetis, Krebserkrankungen, Körperbehinderungen, orthopädische Erkrankungen, Sehfehler, Hörfehler, Taubheit, Epilepsie etc. Für die psychische Bewältigung der körperlichen und seelischen Probleme sind spezielle *Patientenschulungsprogramme* entwickelt worden, zu denen u. a. auch Informationsbroschüren gehören (vgl. Petermann, 1997 d).

1.6 Krisenintervention

Eine **Krisenintervention** ist darauf ausgerichtet, durch ein *frühzeitiges gezieltes Eingreifen* den Höhepunkt einer Krankheit (gr. krisis) so zu beeinflussen, dass eine Zuspitzung der Problematik (z. B. in Richtung auf einen Suizid) verhindert wird (vgl. Bastine, 1992, S. 377; Bogyi, 1997, S. 111). Im Gegensatz zu einer Psychotherapie (gr. therapeia = Dienst, Pflege, Warten), die aus einer längerfristigen Prozessarbeit besteht, handelt es sich um ein *kurzfristiges Eingreifen*.

Eine Krisenintervention bei Kindern und Jugendlichen sollte sowohl individuums- als auch umweltzentriert sein. Die **individuumszentrierte Intervention** sollte aus einer sofortigen psychologischen Betreuung des Kinder- oder Jugendlichenpatienten bestehen, um z. B. die Wirkungen eines Unfalls oder Entführungstraumas, sexuellen Missbrauchs oder einer elterlichen Gewaltanwendung zu kompensieren. Bei Suizidgefahr oder einer extremen Unterernährung (z. B. im Rahmen einer „Anorexia nervosa") ist häufig auch eine kurzfristige Einweisung in eine kinder- und jugendpsychiatrische Klinik erforderlich. Methodisch ist bei einer individuumszentrierten Krisenintervention darauf zu achten, dass umgehend eine tragfähige Beziehung aufgebaut, die äußere Gefahr beseitigt und das Selbstwertgefühl des Kindes oder Jugendlichen stabilisiert wird. Die sofortige Durchführung dieser Maßnahmen soll gewährleisten, dass sich die psychischen Probleme der Kinder und Jugendlichen nicht ausweiten und verfestigen können.

Die **umweltzentrierte Intervention** sollte aus einem sofortigen Abbau der familiären und sozioökologischen Krisenfaktoren bestehen (s. Kap. 5.3 u. 5.4). Ist die Familie und das Umfeld zu einem solchen Abbau und einer dazu erforderlichen Zusammenarbeit nicht bereit, dann muss nach § 42 KJHG die Möglichkeit einer *Inobhutnahme* des Kindes oder Jugendlichen durch das Jugendamt bedacht werden. Bei „*Gefahr im Verzug*" ist das Jugendamt des Weiteren befugt, die Kinder und Jugendlichen in einer geschützten und betreuten Wohnform unterzubringen (§ 43 KJHG; s. Kap. 2.2). Nach der kurzfristigen Durchführung dieser Maßnahmen sollte mit den Eltern oder Personensorgeberechtigten geklärt werden, ob die krisenhaften Umweltsituationen nicht so zu

bereinigen sind, dass die Kinder und Jugendlichen ins familiäre Milieu zurück-
kehren können.

1.7 Prävention

Zur **Prävention** (Vorsorge) gehören alle Maßnahmen, die die Entstehung von
psychischen Störungen verhindern sollen. Die Maßnahmen haben im Wesentlichen das Ziel, die vielfältigen biopsychosozialen Belastungsfaktoren (s. Kap. 5),
die das Auftreten von seelischen Erkrankugen bei Kindern und Jugendlichen
bedingen, abzubauen und den Erwerb von Schutzfaktoren zu fördern. Unter
diesem Aspekt stellt die Prävention von psychischen Erkrankungen einen Spezialfall der allgemeinen Gesundheitsförderung bzw. Gesundheitserziehung dar (vgl.
Bastine, 1998, S. 27; Perrez, 1998 c).

Nach Mattejat (1997 f, S. 133) sind besonders **Risikokinder,** die von einer
psychischen Störung oder Behinderung bedroht sind, eine wichtige Zielgruppe
präventiver Maßnahmen. Dies sind im Wesentlichen Kinder, die an zerebralen
Funktionsstörungen, körperlichen Behinderungen oder chronischen Erkrankungen
leiden sowie Kinder und Jugendliche von körperlich oder seelisch erkrankten
Eltern (vgl. Mattejat & Lisofsky, 1998). Gefährdet sind auch Kinder und Jugendliche, deren Eltern aus sozialen Randgruppen stammen oder deren Familien
desorganisiert sind.

Die Prävention geschieht im Allgemeinen in *Sozialpädiatrischen Zentren* oder
Frühförderstellen und deckt sich mit den Aufgaben einer Rehabilitation
(s. Kap. 1.5). Sie fußt auf einer intensiven psychologisch-medizinischen Diagnostik
(s. Kap. 8.1) und wird mit dem Ziel durchgeführt, möglichst frühzeitig Risikokinder zu erfassen und die Ausprägung von seelischen und körperlichen Störungen zu
verhindern. In den Zentren oder Frühförderstellen arbeiten in der Regel Psychologen, Ärzte, Sozialpädagogen, Pädagogen, Heilpädagogen etc. interdisziplinär
zusammen. Die Hilfsinstitutionen sollten möglichst gemeindenah angesiedelt sein
und eine Betreuung der Kinder und Jugendlichen im häuslichen Milieu ermöglichen (vgl. Schneewind, 1999, S. 237).

2 Geschichtliche, rechtliche und ethische Aspekte

Nach der Definition der wichtigsten Konzepte der Allgemeinen Psychotherapie für
Kinder, Jugendliche und Familien soll im folgenden Kapitel ein kurzer Abriss über
die *Geschichte* der Kinder- und Jugendlichenpsychotherapie gegeben werden sowie
über die *rechtlichen Rahmenbedingungen*, innerhalb derer in der Bundesrepublik
Deutschland die gesellschaftliche Fürsorge für Kinder und Jugendliche stattfindet.
Im Anschluss daran werden die *ethischen Prinzipien* der therapeutischen Arbeit
mit Kindern, Jugendlichen und Familien mitgeteilt.

2.1 Geschichte der Allgemeinen Psychotherapie für Kinder, Jugendliche und Familien

Die **Geschichte** der APT-KJF ist eng mit der Geschichte der Pädagogik und Heilpädagogik, der Kinder- und Jugendpsychiatrie, der Entwicklungs- und Familienpsychologie, der psychologischen Diagnostik, der Klinischen Psychologie und der verschiedenen Therapieverfahren für Kinder, Jugendliche und Familien verbunden. Im Kasten 2.1 werden einige bedeutende Ereignisse dieser Geschichte im Überblick angegeben (vgl. Harms, 1997; Knölker, 1997, S. 12 ff; Bastine, 1998, S. 12 f).

Den Anfang der Geschichte markieren vier Geschehnisse aus dem Bereich der Pädagogik und Heilpädagogik. Sie beziehen sich auf die Gründung einer „Armenanstalt" (1770) durch Pestalozzi; die Errichtung eines Erziehungsheimes (1816) durch Fröbel; die Schaffung des „Rauen Hauses" (1833) durch Wichern und die Veröffentlichung einer „Heilpädagogik mit besonderer Berücksichtigung der Idioten und Idiotenanstalten" (1861) durch Georgens und Deinhardt.

Die ersten kinderpsychiatrischen und -psychologischen Grundlagen wurden 1887 durch das Lehrbuch „Psychische Störungen im Kindesalter" des Freiburger Psychiaters Emminghaus gelegt und 1896 durch die Errichtung einer psychologischen Klinik durch den Amerikaner Witmer. In dieser Klinik wurden körperlich und geistig behinderte Kinder behandelt. Außerdem wurde 1899 erstmals der Begriff „Kinderpsychotherapie" durch den Franzosen Manheimer verwendet und 1909 in Chicago die erste „Child Guidance Clinic" eröffnet. Als ein weiteres historisches Ereignis kann das 1902 erschienene Buch „Das Jahrhundert des Kindes" der schwedischen Pädagogin Ellen Key angesehen werden, in dem moderne Perspektiven über die familiäre Kindererziehung und die gesellschaftliche Förderung von Kindern skizziert werden.

Der Beginn der APT-KJF im engeren Sinne kann auf das Jahr 1909 datiert werden. In diesem Jahr hat S. Freud seinen Aufsatz über die „Analyse der Phobie eines fünfjährigen Knaben" („Der kleine Hans") veröffentlicht, in dem Freud seine Erkenntnisse aus der Psychoanalyse von Erwachsenen dazu verwendet hat, um dem Vater des fünfjährigen Hans die psychischen Ursachen der Pferdephobie seines Sohnes zu erklären.

Während S. Freud nur mit dem Vater des Kindes psychotherapeutisch arbeitete, hat Hermine von Hug-Hellmuth 1913 in ihrer Schrift „Zur Technik der Kinderanalyse" erstmals Aussagen zur direkten therapeutischen Arbeit mit Kindern gemacht. Diese Aussagen wurden 1927 von Anna Freud in ihrem Buch „Einführung in die Technik der Kinderanalyse" und 1932 von Melanie Klein in dem Werk „Die Psychoanalyse des Kindes" vertieft. Parallel dazu wurden 1914 von W. Stern im Buch „Psychologie der frühen Kindheit" und 1923 von Piaget in den Büchern „Sprechen und Denken des Kindes" und „Das Weltbild des Kindes" (1926) entwicklungspsychologische Fundierungen der APT-KJF vorgenommen. Erwähnenswert ist auch die Gründung der ersten Erziehungsberatungsstelle 1919 in Wien durch A. Adler.

Das Jahr 1939 kann als die Geburtsstunde der heutigen „Deutschen Gesellschaft für Kinder- und Jugendpsychiatrie" angesehen werden, denn in diesem Jahr wurde

Kasten 2.1: Überblick über bedeutende Ereignisse in der Geschichte der Psychotherapie für Kinder, Jugendliche und Familien

1770	Gründung eines *Armenhauses* (Gut Neuhof) zur Aufnahme von Waisenkindern durch J. H. Pestalozzi (1746–1827).
1816	Gründung eines *Erziehungsheimes* durch F. Fröbel (1782–1852).
1833	Gründung des ersten *„Rauen Hauses"* zur Rettung verwahrloster Kinder durch J. H. Wichern (1808–1881).
1861	Veröffentlichung einer „Heilpädagogik mit besonderer Berücksichtigung der Idioten und Idiotenanstalten" von Georgens und Deinhardt.
1887	Veröffentlichung des ersten kinderpsychiatrischen Lehrbuches „Psychische Störungen des Kindesalters" durch H. Emminghaus.
1896	Einrichtung der ersten *„Psychologischen Klinik"* zur Behandlung von körperlich und geistig behinderten Kindern durch L. Witmer in Philadelphia.
1899	Einführung des Begriffes *„Kinderpsychotherapie"* durch den Franzosen N. Manheimer.
1902	Ellen Key schreibt das Buch *„Das Jahrhundert des Kindes"*.
1909	W. Healy gründet in Chicago die Erste *„Child Guidance Clinic"*.
1909	S. Freud (1856–1939) führt die *erste Psychotherapie eines Kindes* durch („Der kleine Hans").
1913	Hermine von Hug-Helmuth veröffentlicht ihre Schrift *„Zur Technik der Kinderanalyse"*.
1914	W. Stern (1871–1938) verfasst seine *„Psychologie der frühen Kindheit"*.
1919	A. Adler (1870–1937) gründet die erste *Erziehungsberatungsstelle* in Wien.
1923	J. Piaget (1896–1980) schreibt sein Buch *„Sprechen und Denken des Kindes"*; 1926 folgt *„Das Weltbild des Kindes"*.
1927	A. Freud (1895–1982) schreibt ihre *„Einführung in die Technik der Kinderanalyse"*.
1932	M. Klein (1882–1960) veröffentlicht *„Die Psychoanalyse des Kindes"*.
1939	Geburtsstunde der heutigen „Deutschen Gesellschaft für Kinder- und Jugendpsychiatrie" durch die Gründung einer *„Kinderpsychiatrischen Arbeitsgemeinschaft"*.
1941	Einführung der *Diplomprüfungsordnung für das Fach Psychologie* in Deutschland mit zahlreichen kindspezifischen Inhalten.
1947	Die Rogers-Schülerin V. Axline veröffentlicht ihr Buch „Play Therapy" (dt. 1972).
1950	E. Erikson veröffentlicht das Buch „Kindheit und Gesellschaft".
1952	H. Zulliger (1893–1965) schreibt sein Buch *„Heilende Kräfte im kindlichen Spiel"*.
1956	A. Dührssen schreibt ihr Buch *„Psychogene Erkrankungen bei Kindern und Jugendlichen"*.
1958	Der amerikanische Familienpsychologe N. W. Ackerman veröffentlicht das Buch *„The Psychodynamics of Familiy Life"*.
1958	Gründung des ersten *Lehrstuhles für Kinder- und Jugendpsychiatrie* in Marburg.
1963	H. E. Richter schreibt sein Buch *„Eltern, Kind, Neurose"*.
1974	S. Schmidtchen fasst empirische Forschungsergebnisse im Buch *„Klientenzentrierte Spieltherapie"* zusammen.
1974	Erster europäischer *Kongress für Gesprächspsychotherapie* in Würzburg mit zahlreichen Referaten zur klientenzentrierten Kinderpsychotherapie.
1978	Erste *wissenschaftliche Tagung zur Kinderpsychotherapie* vom Berufsverband Deutscher Psychologen in Hamburg in der Organisation von S. Schmidtchen, F. Baumgärtel und C. M. Hockel.

1978	Einrichtung einer *Professur für Kinderdiagnostik und Kinderpsychotherapie* am Psychologischen Institut II der Universität Hamburg.
1980	Erster *Kongress für Klinische Psychologie und Psychotherapie* in Berlin mit Veranstaltungen zur verhaltenstherapeutischen und klientenzentrierten Kinderpsychotherapie (Organisation DGVT und GwG).
1987	Anerkennung der *Verhaltenstherapie als Richtlinienverfahren.* Damit werden die Therapiekosten für eine Verhaltenstherapie von den Krankenkassen übernommen.
1996	F. Petermann veröffentlicht das erste deutschsprachige *„Lehrbuch der Klinischen Kinderpsychologie".*
1998	Verabschiedung der Gesetze zum *„Psychologischen Psychotherapeuten"* und *„Kinder- und Jugendlichenpsychotherapeuten".*

eine „Kinderpsychiatrische Arbeitsgemeinschaft" durch die Deutsche Gesellschaft für Psychiatrie gegründet. Für die Etablierung des Diplompsychologen-Berufes in der Bundesrepublik Deutschland und die Forschungsintensivierung ist das Jahr 1941 von Bedeutung, weil in diesem Jahr die erste Diplomprüfungsordnung für das Fach Psychologie eingeführt wurde.

Das Jahr 1947 ist wieder für die APT-KJF im engeren Sinne von Bedeutung, weil in ihm die Amerikanerin Virginia Axline ihr Buch „Play Therapy" veröffentlichte, in dem die klientenzentrierte Kinderpsychotherapie als Pendant zur Psychoanalyse vorgestellt wurde. Diese Therapieform ist 1974 unter dem Namen „Klientenzentrierte Spieltherapie" von Schmidtchen empirisch belegt worden.

In den folgenden Jahren bekam die Kinderpsychotherapie durch folgende psychoanalytisch orientierte Bücher wichtige Anregungen: ● Erikson (1950): „Kindheit und Gesellschaft"; ● Zulliger (1952): „Heilende Kräfte im kindlichen Spiel"; ● Dührssen (1956): „Psychogene Erkrankungen bei Kindern und Jugendlichen" ; ● Ackermann (1958): „The Psychodynamics of Family Life" ; ● Richter (1963): „Eltern, Kind, Neurose".

1958 wurde der erste Lehrstuhl für Kinder- und Jugendpsychiatrie an der Universität Marburg besetzt und 1978 eine Professur für Kinderdiagnostik und Kinderpsychotherapie am Psychologischen Institut II der Universität Hamburg eingerichtet.

In den Folgejahren fanden wichtige Kongresse zur Etablierung der klientenzentrierten und verhaltenstherapeutischen Kinder- und Jugendlichentherapie statt; 1974 der erste Europäische Kongress für Gesprächspsychotherapie in Würzburg; 1978 die erste wissenschaftliche Tagung zur Kinderpsychotherapie in Hamburg und 1980 der erste Kongress für Klinische Psychologie und Psychotherapie in Berlin.

Im Jahr 1987 wurde die Verhaltenstherapie in Deutschland vom Bundesausschuss der Ärzte und Krankenkassen neben der tiefenpsychologisch fundierten und analytischen Psychotherapie als „Richtlinienverfahren" anerkannt. 1996 veröffentlichte F. Petermann das erste deutschsprachige „Lehrbuch der Klinischen Kinderpsychologie" und 1998 wurden die Gesetze zum „Psychologischen Psychotherapeuten" und zum „Kinder- und Jugendlichenpsychotherapeuten" in der Bundesrepublik Deutschland verabschiedet.

Der kurze Abriss der Geschichte der APT-KJF macht deutlich, dass der überall in der Wissenschaft zu beobachtende Trend nach Ausweitung und Spezifizierung auch für den Gegenstandsbereich der Kinder- und Jugendlichenpsychotherapie feststellbar ist und dass sich in knapp 100 Jahren ein großes und differenziertes Wissen über Kinder, Jugendliche und Familien angesammelt hat. Damit ist die 1902 von Ellen Key geäußerte Vision verwirklicht worden, dass die Gesellschaft die Chancen erkennen möge, „die in der Gestalt des Kindes in ihren Armen schlummert."

2.2 Rechtliche Rahmenbedingungen der Hilfe für psychisch gestörte Kinder und Jugendliche

Bei der Ausübung der APT-KJF sind einige **rechtliche Rahmenbedingungen** zu berücksichtigen, die sich u. a. auf das *Sozialrecht, Zivilrecht, Familienrecht, Jugendrecht* und *Strafrecht* beziehen. Die Beachtung der Bedingungen ist notwendig, um Eltern, Kinder und Jugendliche angemessen beraten zu können. Außerdem müssen häufig Gutachten für verschiedene Institutionen (z. B. Schule, Jugendamt, Familiengericht etc.) erstellt werden, für deren Abfertigung ebenfalls Rechtskenntnisse erforderlich sind (s. Knölker, 1997 b, S. 192 ff).

Im Weiteren sollen Rechtsinformationen zu folgenden Themenbereichen gegeben werden: (a) staatliche Rechte und Hilfen für psychisch gestörte Kinder und Jugendliche; (b) Rechte der elterlichen Sorge und des Kindeswohls und (c) Jugendstrafrecht und Strafmündigkeit.

(a) Staatliche Rechte und Hilfen für psychisch gestörte Kinder und Jugendliche
Um alle Möglichkeiten zur therapeutischen Förderung und Rehabilitation von seelisch gestörten und behinderten Kindern und Jugendlichen in der Bundesrepublik Deutschland nutzen zu können, ist die Kenntnis folgender **staatlicher Rechte und Hilfen** notwendig. Diese Informationen werden im *Kinder- und Jugendhilfegesetz (KJHG)* gegeben, das in der Neufassung vom 8. Dezember 1998 Aussagen zur *Eingliederungshilfe* für seelisch gestörte und behinderte Kinder und Jugendliche macht, zur *Mitwirkungsberechtigung* bei der Erstellung eines Hilfeplanes und zu *staatlichen Hilfen zur Erziehung*. Die Aussagen sollen im Folgenden anhand von Gesetzestexten verdeutlicht werden:

§ 35a KJHG: Eingliederungshilfe für seelisch gestörte und behinderte Kinder und Jugendliche
(1) Kinder und Jugendliche, die seelisch behindert oder von einer solchen Behinderung bedroht sind, haben Anspruch auf *Eingliederungshilfe*. Die Hilfe wird nach dem Bedarf im Einzelfall (1) in ambulanter Form, (2) in Tageseinrichtungen für Kinder oder in anderen teilstationären Einrichtungen, (3) durch geeignete Pflegepersonen und (4) in Einrichtungen über Tag und Nacht sowie sonstigen Wohnformen zu geben (...).

(2) Ist gleichzeitig *Hilfe zur Erziehung* zu leisten, so sollen Einrichtungen, Dienste und Personen in Anspruch genommen werden, die geeignet sind, sowohl die Aufgaben der Eingliederungshilfe zu erfüllen, als auch den erzieherischen Bedarf zu decken. Sind

heilpädagogische Maßnahmen für Kinder, die noch nicht im schulpflichtigen Alter sind, in Tageseinrichtungen für Kinder zu gewähren und lässt der Hilfebedarf es zu, so sollen Einrichtungen in Anspruch genommen werden, in denen behinderte und nichtbehinderte Kinder gemeinsam betreut werden können.

§ 36 KJHG: Mitwirkungsberechtigte bei der Erstellung eines Hilfeplanes

(1) Der Personensorgeberechtigte und das Kind oder der Jugendliche sind vor ihrer Entscheidung über die Anspruchnahme einer Hilfe und vor einer notwendigen Änderung von Art und Umfang der Hilfe zu beraten und auf die möglichen Folgen für die Entwicklung des Kindes oder Jugendlichen hinzuweisen (...). Ist Hilfe außerhalb der eigenen Familie erforderlich, so sind die in Satz 1 genannten Personen bei der Auswahl der Einrichtung oder der Pflegestelle zu beteiligen. Der Wahl und den Wünschen ist zu entsprechen, sofern sie nicht mit unverhältnismäßigen Mehrkosten verbunden sind (...).

(2) Die Entscheidung über die im Einzelfall angezeigte Hilfeart soll, wenn Hilfe voraussichtlich für längere Zeit zu leisten ist, im Zusammenwirken mehrerer Fachkräfte getroffen werden (...).

(3) Erscheinen Hilfen nach § 35a erforderlich, so soll bei der Aufstellung und bei der Änderung des Hilfeplanes sowie bei der Durchführung der Hilfe ein Arzt, der über besondere Erfahrungen in der Hilfe für Behinderte verfügt, beteiligt werden. Erscheinen Maßnahmen für eine berufliche Eingliederung erforderlich, so sollen auch die Stellen der Bundesanstalt für Arbeit beteiligt werden.

Die genannten Hilfen betreffen im Wesentlichen Kinder und Jugendliche, die *vorübergehend* auf Grund von psychosozialen Risikofaktoren (s. Kap. 5.2–5.3) unter seelischen Störungen leiden. Treten *dauerhafte* seelische Störungen auf, die primär durch die Anlage des Kindes begründet sind (z. B. eine „Intelligenzminderung"), dann werden die Hilfen über das Bundessozialhilfegesetz (BSHG) geregelt. Hier sind insbesondere die §§ 39 und 40 über den Personenkreis und die Maßnahmen der Hilfen von Bedeutung.

Im Folgenden sollen die staatlichen Hilfen genannt werden, die nach dem KJHG für Kinder und Jugendliche gelten, die *vorübergehend* an psychischen Störungen leiden.

§§ 27–35 KJHG: Staatliche Hilfen zur Erziehung

In § 27 wird angegeben, wer Anspruch auf Hilfe zur Erziehung hat. Der Paragraph lautet: (1) Ein Personensorgeberechtigter hat bei der Erziehung eines Kindes oder eines Jugendlichen Anspruch auf Hilfe, wenn eine dem Wohl des Kindes oder des Jugendlichen entsprechende Erziehung nicht gewährleistet ist und die Hilfe für seine Entwicklung geeignet und notwendig ist. (2) Hilfe zur Erziehung wird insbesondere nach Maßgabe der §§ 28–35 gewährt. Art und Umfang der Hilfe richten sich nach dem erzieherischen Bedarf im Einzelfall; dabei soll das engere soziale Umfeld des Kindes oder des Jugendlichen einbezogen werden (...). Die Hilfen betreffen folgende **Erziehungsmaßnahmen**, die in den angegebenen Paragraphen näher definiert werden: § 28 Erziehungsberatung; § 29 soziale Gruppenarbeit; § 30 Erziehungsbeistand und Betreuungshelfer; § 31 sozialpädagogische Erziehungshilfe; § 32 Erziehung in einer Tagesgruppe; § 33 Vollzeitpflege; § 34 Heimerziehung und betreute Wohnformen; § 35 intensive sozialpädagogische Einzelbetreuung.

Neu gegenüber früheren Gesetzen ist, dass **Zwangsmaßnahmen**, die früher durch den Begriff der „öffentlichen Erziehung" gekennzeichnet waren (mit den Maßnahmen der Fürsorgeerziehung und Freiwilligen Erziehungshilfe) nicht mehr angeboten werden. Hilfe zur Erziehung gegen den Willen des Sorgeberechtigten kann nur noch auf Grund *gerichtlicher Anordnung* vor allem nach §§ 1666, 1666a des Bundesgesetzbuches (BGB) durchgeführt werden.

Bezüglich der Hilfe zur Erziehung liegt die **Berechtigung zur Inanspruchnahme** der staatlichen Leistungen nicht mehr beim Minderjährigen, sondern beim Personenberechtigten (§ 27 KJHG). Voraussetzung für die Gewährung von Hilfe zur Erziehung ist, dass ohne sie eine dem Wohl des Kindes oder Jugendlichen entsprechende Erziehung nicht gewährleistet ist. Des Weiteren wird im § 8 KJHG festgelegt, dass Kinder und Jugendliche bei allen Entscheidungen der öffentlichen Jugendhilfe ein *Beteiligungsrecht*, ein *Interventionsrecht* und ein *Beratungsrecht* haben.

Die Erziehungshilfe wird als eine **Hilfe zur Selbsthilfe** in der Familie und Gemeinschaft angesehen (s. Schellhorn, 1999). In *Notsituationen* (§ 20 KJHG) soll der Ausfall eines Elternteils, der die Betreuung eines Kindes überwiegend übernommen hat, aufgefangen werden, wenn der andere Ehegatte die Betreuung nicht übernehmen kann. Als weitere Leistung wird ein *Förderungsangebot* für die Erziehung in der Familie; eine *Beratung* in Fragen der Partnerschaft, Trennung und Scheidung; eine *Betreuung* in gemeinsamer Wohnform; eine Unterstützung bei notwendiger *Unterbringung* zur Erfüllung der Schulpflicht und eine Förderung von Kindern in *Tageseinrichtungen* (Kinderkrippen, Kindergärten, Horten etc.) angeboten. Des Weiteren besteht die Möglichkeit, eine *Tagespflege* zu beantragen.

Die genannten Hilfen erfordern ein sehr detailliertes Erziehungs-, Therapie- und Betreuungsangebot des Jugendamtes, das von diesem kostenlos gewährt wird. Es wird im Wesentlichen im Rahmen von *Erziehungsberatungsstellen* (s. Kap. 1.4) angeboten.

(b) Rechte der elterlichen Sorge und des Kindeswohls

Die **elterliche Sorge** und das **Kindeswohl** ist ein gesetzliches Schutzrecht, das den Interessen von minderjährigen Kindern dient. Die Überprüfung der rechtsgemäßen Ausführung dieser Schutzbedingungen obliegt dem *Vormundschaftsgericht*. Sind die Eltern nicht gewillt oder in der Lage, Gefahren für das körperliche, geistige oder seelische Wohl ihres Kindes abzuwenden, so kann das Gericht eingreifen. Dies geschieht z.B. bei körperlichen, seelischen oder sexuellen Misshandlungen des Kindes, aber auch bei der Weigerung der Eltern, eine notwendige Operation (z.B. eine Krebsbehandlung) durchführen zu lassen. Das Vormundschaftsgericht greift auch ein, falls die Eltern das Kind nicht zur Schule schicken oder zu strafbaren Handlungen anhalten. Auch die Vernachlässigung angemessener Wohnverhältnisse, ausreichender körperlicher Ernährung, psychischer Hygiene etc. kann zum Eingreifen führen.

An **Maßregelungen** kann das Vormundschaftsgericht *Ermahnungen* aussprechen, *Gebote* oder *Verbote* erlassen, die *Personensorge* einem Elternteil *entziehen* und dem Jugendamt übertragen. Bei besonderer Gefährdung des Kindes oder Jugendlichen ist das Jugendamt nach § 42 KJHG verpflichtet, das Kind oder den Jugendlichen durch eine *vorläufige Unterbringung* bei geeigneten Personen in Einrichtungen oder sonstigen betreuten Wohnformen in Obhut zu nehmen. Geschieht dies, dann ist der Personensorge- oder Erziehungsberechtigte unverzüglich zu unterrichten. Die Freiheitsentziehung ist ohne gerichtliche Entscheidung spätestens mit Ablauf des Tages nach ihrem Beginn zu beenden; ggf. hat das Jugendamt eine Entscheidung des Familiengerichts herbeizuführen.

Die elterliche Sorge muss die wachsende Einsichtsfähigkeit des Kindes oder Jugendlichen und dessen Grundrecht auf freie Entfaltung der Persönlichkeit berücksichtigen. Mit zunehmendem Alter hat das Kind Anspruch darauf, dass die Eltern mit ihm Zukunftsfragen besprechen und Entscheidungen partnerschaftlich treffen. Die elterliche Sorge beginnt mit der Geburt des Kindes und dauert bis zu dessen Volljährigkeit, also bis zur Vollendung des 18. Lebensjahres. Sie wird bei ehelichen Kindern von Vater und Mutter gemeinsam ausgeübt. Über Meinungsverschiedenheiten müssen sich die Eltern einigen; gelingt ihnen dies nicht, so kann das Vormundschaftsgericht einem Elternteil das alleinige Entscheidungsrecht übertragen. Im *Scheidungsfall* ist die Sorgerechtsregelung gemäß § 1671 BGB vom Familiengericht zu lösen. Ab dem 14. Lebensjahr muss in allen Fällen auch der Jugendliche vom Gericht angehört werden.

Bei extremen Belastungen des Kindes durch eine *missbräuchliche Ausübung der elterlichen Sorge* oder eine *Vernachlässigung* des Kindes ist nach § 1666 BGB ein **Sorgerechtsentzug** möglich. Der Entzug wird vom Vormundschaftsgericht vorgenommen und setzt eine ausführliche Prüfung voraus, bei der das Jugendamt, der zuständige Sozialarbeiter, die Eltern, das Kind oder der Jugendliche einbezogen sind. Bei Problemen wird häufig auch ein Gutachter befragt. Gründe für den Entzug des Sorgerechts sind meistens Misshandlungen oder Missbrauch des Kindes, das Vorliegen einer elterlichen Demenz, eine Alkohol- bzw. andersartige Suchterkrankung der Eltern oder eine grobe körperliche und seelische Vernachlässigung des Kindes durch die Eltern.

(c) Jugendstrafrecht und Strafmündigkeit

Im Gegensatz zum Erwachsenenstrafrecht, dem ein Vergeltungs- oder Sühnegedanke zu Grunde liegt, steht im **Jugendstrafrecht** grundsätzlich der *Erziehungsgedanke* im Vordergrund. Jugendlichen, die in einen Konflikt mit den Gesetzen der Gesellschaft geraten sind, soll primär durch Erziehungs- bzw. Therapiemaßnahmen Hilfestellungen gegeben werden. Erst wenn pädagogische oder therapeutische Einwirkungen versagt haben, werden *Freiheitsstrafen* verhängt, die in Form von Wochenendarresten, Freizeitarresten oder Jugendstrafen in Jugendstrafanstalten erfolgen können. Jugendstrafen werden von 6 Monaten (Mindeststrafe) bis zu 10 Jahren (Höchststrafe) verhängt.

Im Jugendstrafrecht werden drei **Altersgruppen** unterschieden:
- *Kinder bis zum 14. Lebensjahr:* Diese gelten als *strafunmündig,* so dass das Jugendgerichtsgesetz (JGG) auf sie nicht angewendet werden kann. Sind die Erziehungsberechtigten nicht in der Lage, positiv auf ihre Kinder (z. B. bei drohender Verwahrlosung) einzuwirken, so ist für sie das Vormundschaftsgericht zuständig.
- *Jugendliche zwischen 14 und 18 Jahren:* Sie gelten als *relativ strafmündig.* Bei ihnen findet das Jugendstrafrecht Anwendung. In der Regel muss bei ihnen von Sachverständigen die Strafreife (§ 3 JGG) und/oder die Schuldfähigkeit (§§ 20, 21 StGB) festgestellt werden.
- *Heranwachsende vom 18. bis 21. Lebensjahr:* Gutachterlich ist bei diesen jungen Menschen zu klären, ob auf sie noch das Jugendgerichtsgesetz Anwendung finden kann (§ 105 JGG).

Im Folgenden sollen die entsprechenden Gesetzestexte des JGG angeführt werden, nach denen die *Strafmündigkeit (bzw. Strafreife)* bei Jugendlichen zwischen 14 und 18 Jahren und bei Heranwachsenden von 18 bis 21 Jahren geklärt wird.

§ 3 JGG: Strafmündigkeit von Jugendlichen

Ein **Jugendlicher** ist *strafrechtlich verantwortlich,* wenn er zur Zeit der Tat nach seiner sittlichen und geistigen Entwicklung reif genug ist, das *Unrecht* der Tat einzusehen und nach dieser Einsicht zu handeln. Zur Erziehung eines Jugendlichen, der mangels Reife strafrechtlich nicht verantwortlich ist, kann der Richter dieselben Maßnahmen anordnen wie der Vormundschaftsrichter.

§ 105 JGG: Anwendung des Jugendstrafrechts bei Heranwachsenden

Begeht ein **Heranwachsender** eine *Verfehlung,* die nach den allgemeinen Vorschriften *mit Strafe bedroht* ist, so wendet der Richter die für einen Jugendlichen geltenden Vorschriften gemäß §§ 4 bis 32 an, wenn:

(1) die Gesamtwürdigung der Persönlichkeit des Täters bei Berücksichtigung auch der Umweltbedingungen ergibt, dass er zur Zeit der Tat nach seiner sittlichen und geistigen Entwicklung noch *einem Jugendlichen gleichstand* oder

(2) es sich nach der Art, den Umständen oder den Beweggründen der Tat um eine *Jugendverfehlung* handelt.

Wie oben bereits mitgeteilt, hat eine *Jugendstraftat* andere rechtliche Folgen als eine Straftat von Erwachsenen. Neben der Jugendstrafe können Erziehungsmaßregeln (Weisungen, Erziehungsbeistandschaft etc.) oder Zuchtmittel (Verwarnungen, Auflagen, Jugendarrest) verfügt werden. Auch für das Verfahren vor dem Jugendgericht gelten Sonderregelungen, wie z.B. die Einladung der Eltern zur Mitwirkung im Verfahren oder der Ausschluss der Öffentlichkeit.

Auch die **Deliktsfähigkeit,** also die *zivilrechtliche Verantwortlichkeit* für Schäden, die Kinder anderen zugefügt haben, ist altersgemäß abgestuft: Wer das 7. Lebensjahr noch nicht vollendet hat, ist nicht deliktsfähig. Wirft z.B. ein Sechsjähriger eine Scheibe ein, so haftet das Kind in der Regel für diesen Schaden nicht. Zwischen dem 8. und nicht vollendeten 18. Lebensjahr ist ein Kind oder Jugendlicher für einen Schaden nur dann *nicht verantwortlich,* „wenn es (er) bei Begehung der schädigenden Handlung nicht die zur Erkenntnis der Verantwortlichkeit erforderliche Einsicht hat" (§ 828 Abs. 2 BGB).

Eltern haften im Allgemeinen für die Taten ihrer Kinder nur dann, wenn sie ihre *Aufsichtspflicht* verletzt haben. Das Maß der gebotenen Aufsicht ergibt sich aus der Voraussehbarkeit des schädigenden Ereignisses und nach dem Alter und der Einsichtsfähigkeit des Kindes. Besonders hohe Anforderungen an die Überwachung werden an die Aufbewahrung und den Umgang mit Streichhölzern gestellt, weil durch das Entzünden eines Feuers schwere Sachschäden entstehen können.

2.3 Ethische Prinzipien

Der Begriff **Ethik** leitet sich vom griechischen Wort *ethos* ab und bedeutet *Gewohnheit, Herkommen, Sitte.* Ethik betrifft also die philosophische Wissenschaft vom Sittlichen und beschäftigt sich mit Fragen nach dem „höchsten Gut", „richtigen Handeln" und der „Freiheit des Willens" (s. Leixnering & Bogyi, 1997, S. 20).

Ethische Aspekte werden seit vielen Jahren insbesondere als Grundlage des ärztlichen Handelns („Eid des Hippokrates") thematisiert und haben an Ärztekammern, Universitäten etc. zur Einsetzung von Ethikkommissionen geführt, die als Berater des Arztes und als Kontrollinstanz für dessen praktische und forscherische Tätigkeit fungieren. Durch die zunehmende gerichtliche Verfolgung ärztlicher Behandlungsfehler werden ethische Fragen immer mehr auch rechtlich geregelt. Es ist sehr wahrscheinlich, dass die geschilderte Entwicklung in der Medizin langfristig auch einen Einfluss auf die Arbeit von Kinder- und Jugendlichenpsychotherapeuten haben wird.

Nach Reiter-Theil (1998; s. a. Reimer, 1996 b) orientiert sich die Ethik in der Medizin und im Gesundheitswesen vorrangig an der sog. **Prinzipienethik** von Beauchamp und Childress (1989). Letztere haben *vier zentrale Prinzipien* eingeführt, die nicht nur für die somatische Medizin, sondern auch für den gesamten Bereich heilberuflicher und klinisch-psychologischer Tätigkeiten nützlich sind. Die Prinzipien lauten: (1) Respekt vor der Autonomie des Patienten; (2) Schadensvermeidung; (3) Hilfeleistung und (4) Gerechtigkeit.

Nach Reiter-Theil (1998 S. 68) versuchen Beauchamp und Childress mit der Einführung dieser vier Prinzipien mehrere Strömungen zu vereinigen: „Die Tradition ärztlicher Ethik gemäß dem Eid des Hippokrates, der vor allem das Gebot, nicht zu schaden und die Verpflichtung zur Hilfeleistung hervorhebt (...); das Gedankengut der philosophischen Aufklärung und der amerikanischen Bürgerrechtsbewegung mit ihrer Betonung der Autonomie des Einzelnen sowie das Prinzip der Verteilungsgerechtigkeit in einem Gesundheitswesen der Hochleistungsmedizin. Die vier Prinzipien werden als universell gültige und weltanschaulich annähernd neutrale Orientierungspunkte für die Medizin und das Gesundheitswesen insgesamt betrachtet. Je nach Kontext der Anwendung sind unterschiedliche Akzente zu setzen und vor allem Konkretisierungen zu leisten. Ein prominentes Beispiel für die Konkretisierung des ersten Prinzips *Respekt vor der Autonomie des Patienten* stellt die Regel der informierten Zustimmung dar, die in weiten Bereichen der Psychotherapie oder der psychologischen Beratung nicht angemessen rezipiert oder praktiziert wird. Diese fordert, dass der Therapeut vor der Behandlung ausführlich über die Therapie, ihre Chancen, Risiken und Nebenfolgen sowie auch über therapeutische Alternativen informiert, damit der Patient eine bewusste Wahl treffen kann."

Die Beachtung der vier Prinzipien in der Arbeit von Kinder- und Jugendlichenpsychotherapeuten sollte sich vorrangig an den Interessen der Kinder und Jugendlichen orientieren, wie sie in der UN-Konvention über die Rechte des Kindes 1989 festgelegt worden sind und in denen Kindern und Jugendlichen die *Grundrechte* der Menschenrechtskonvention von 1948 sowie *Sonderrechte* zu ihrem besonderen Schutz zugestanden werden. Die Kindheit und Jugendzeit wird in dieser Konvention als ein Entwicklungsprozess angesehen, der der besonderen Unterstützung durch die Gemeinschaft und des Schutzes vor schädigenden Einflüssen bedarf (s. Cohen & Naimark, 1991).

Ein weiterer ethischer Orientierungspunkt (insbesondere zum Aspekt der Hilfeleistung und Gerechtigkeit) stellt der § 1 des Kinder- und Jugendhilfegesetzes (KJHG) von 1998 dar, in dem jungen Menschen folgende Rechte zugestanden werden: ● Förderung ihrer Entwicklung und Erziehung zu einer eigenverantwortlichen und gemeinschaftsfähigen Persönlichkeit; ● Beratung und Unterstützung; ● Schutz vor Gefahren; ● positive Lebensbedingungen und ● kinder- und familienfreundliche Umwelten. Des Weiteren wird im § 9 KJHG das Recht der Familie auf die Bestimmung der Erziehungsgrundrichtung und des Jugendlichen auf die der religiöse Erziehungsrichtung festgehalten. Auch die Gleichberechtigung von Jungen und Mädchen wird gefordert.

Für die konkrete **psychotherapeutische Arbeit mit Patienten** schlagen Reiter-Theil (1998, S. 70) die Berücksichtigung von fünf ethischen Perspektiven vor, die sich beziehen auf: (1) Die unterschiedlichen Interessen der am Therapieprozess beteiligten Personen (d. h. Patienten und Therapeuten); (2) das Beziehungsverhältnis der Personen; (3) die Beziehungssysteme der Familien und des institutionellen Rahmens der Therapeuten (z. B. therapeutisches Team); (4) die gesellschaftlichen Rahmenbedingungen (z. B. Gesetze und gesundheitspolitische Richtlinien) und (5) die universellen ethischen Prinzipien für Heilberufe. Die fünf ethischen Perspektiven sollen im Folgenden beispielhaft für die Durchführung einer APT-KJF diskutiert werden:

Übertragung ethischer Prinzipien auf die Therapie von Kindern, Jugendlichen und Familien

(1) **Ethische Interessen von Patienten und Therapeuten:** Bezüglich der ethischen Interessen des *Kinder- und Jugendlichenpatienten sowie seiner Eltern* ist gemäß z. B. der gesetzlichen Vorgaben des KJHG für die Bundesrepublik Deutschland festzustellen, dass diese bei allen therapeutischen Fragen (z. B. beim Abschluss eines Therapievertrages; bei der Festlegung des Therapiesettings in Form einer ambulanten oder stationären Psychotherapie; bei der Erstellung eines Hilfeplanes etc.) mitbestimmend beteiligt werden müssen. Dazu müssen die Personensorgeberechtigten und das Kind oder der Jugendliche vor ihren Entscheidungen über Art und Umfang der angebotenen therapeutischen Hilfe informiert und über mögliche Folgen bei der Unterlassung der Hilfe aufgeklärt werden.

Bezüglich der ethischen Interessen des *Psychotherapeuten* ist festzuhalten, dass er im Rahmen seines Dienstleistungsverhältnisses ein Recht auf die Anerkennung seiner Leistung (z. B. durch Bezahlung) hat und im Rahmen seines Leistungsangebotes sorgfältig die Therapie planen und deren Durchführung kontrollieren muss.

(2) **Ethische Aspekte des Beziehungsverhältnisses:** Hierzu gehört im Wesentlichen die elterngerichtete *Wahrung der Vertraulichkeit von Informationen*, die der Kinder- oder Jugendlichenpatient dem Therapeuten im Rahmen der individuellen Einzel- oder Gruppenpsychotherapie gegeben hat. Wünschen die Eltern diese Informationen auch zu erhalten, so müssen sie vom Kind oder Jugendlichen selbst erfragt werden (z. B. im Rahmen der Familientherapie). Weitere ethische Aspekte betreffen das Recht des Patienten, seiner Eltern und des Therapeuten nach Beendigung der *Probetherapiekontakte* (s. Kap. 8) von der Weiterführung der Therapie zurückzutreten. Sollte der Fall eintreten, dass der Therapeut von diesem Recht Gebrauch macht, dann sollte er den Eltern und Kindern andere Therapeuten empfehlen. Verweigern die Eltern eine notwendige Behandlung ihres Kindes, so ist der Therapeut „bei einer besonderen Gefährdung" des Kindes nach § 42 KJHG in Deutschland verpflichtet, das Jugendamt zu informieren (s. Kap. 2.2.1).

(3) **Ethische Probleme bei der Arbeit mit und in Beziehungssystemen:** Besonders gravierende ethische Probleme können sich dann ergeben, wenn der Therapeut mit Konflikten zwischen zwei oder mehreren *Beziehungssystemen* (z. B. zwischen der Schule und Familie) konfrontiert wird. In diesem Fall sollte er beide Systeme zusammenbringen und darauf hinwirken, dass eine einvernehmliche Konfliktlösung gefunden wird. In analoger Weise sollte er sich auch nicht von den Eltern eines Kindes oder Jugendlichen Aufgaben erteilen lassen (z. B. die Verbesserung der Schulleistungen), deren erfolgreiche Erfüllung nicht in seiner Hand liegt. Oberstes Prinzip bei der Konfliktbewältigung zwischen unterschiedlichen Beziehungssystemen sollte es sein, dass die Probleme von den am Konflikt beteiligten Personen und nicht durch die Drittperson des Therapeuten zu lösen sind. Bezüglich

möglicher *Beziehungsprobleme in kotherapeutischen Teams* gilt die Regel, dass diese Probleme im Vorfeld und im Supervisionskreis korrigiert werden müssen, sodass sie die therapeutische Arbeit nicht behindern können.

(4) **Ethische Probleme mit gesellschaftlichen Rahmenbedingungen:** Hierzu gehören die Beachtung der: • *juristischen Rechte* von Kindern, Jugendlichen und Eltern; • *sozialen Normen* in bestimmten gesellschaftlichen Schichten (z. B. bei der gemeinsamen Zielplanung) und • *gesundheitspolitischen Rahmenbedingungen der therapeutischen Arbeit.* Letztere bestimmen z. B., welche Therapieverfahren mit den Krankenkassen abgerechnet werden können. Dies sind in Deutschland die Verhaltenstherapie die „tiefenpsychologisch fundierte Psychotherapie" und die „analytische Psychotherapie". Die Beachtung von rechtlichen Bestimmungen ist insbesondere dann erforderlich, wenn beispielsweise im Rahmen einer kinder- und jugendpsychiatrischen Behandlung eine stationäre Aufnahme einer magersüchtigen Minderjährigen *gegen ihren Willen* zur Rettung ihrer Gesundheit notwendig ist oder wenn das Jugendamt bei „*Gefahr im Verzug* " nach § 43 KJHG eine Aufnahme in eine kinder- und jugendpsychiatrische Abteilung anordnen will.

(5) **Ethische Prinzipien für Heilberufe:** Als universelle ethische Prinzipien für Heilberufe gelten: • eine *fachlich-kompetente Hilfeleistung;* • die *Vermeidung von Schaden* und • eine *gerechte Nutzung finanzieller Ressourcen.* Für die Bereiche der Psychiatrie und Psychotherapie von Kindern und Jugendlichen kann noch der von Knölker (1997 b, S. 213) betonte Aspekt der Verantwortung (z. B. für die Berücksichtigung von Entwicklungsinteressen oder für die Betreuung von vernachlässigten oder misshandelten Kindern) herausgestellt werden. Im Übrigen können alle in diesem Buch angesprochenen *Wissens- und Fertigkeitsaspekte* als ethische Notwendigkeit einer fachlich-kompetenten Hilfeleistung für psychische Probleme von Kindern und Jugendlichen angesehen werden. Dies sind insbesondere Aspekte einer umfassenden biopsychosozialen Störungsanalyse, einer therapiebezogenen Diagnostik, einer kompetenten Erstellung eines Behandlungsplanes und einer problem- und fallspezifischen Durchführung der Therapiemaßnahmen.

Bezüglich der *Schadensvermeidung* sollte durch ein zurückhaltendes und supervidiertes Handeln gewährleistet sein, dass die seelische Belastungsfähigkeit des Patienten und seiner Bezugspersonen nicht überfordert wird. Des Weiteren ist im Rahmen der therapeutischen Arbeit darauf zu achten, dass Gewalttätigkeiten sowie der Missbrauch von Alkohol, Drogen und Medikamenten in ihrer Schädlichkeit deutlich markiert werden. Weiterhin sollten Informationen über den Patienten und seine Bezugspersonen im Rahmen von Krankenakten, Gutachten oder Arztbriefe *würdevoll* verfasst werden, sodass die ethischen Rechte der Betroffenen geachtet werden (vgl. Ethische Richtlinien der Deutschen Gesellschaft für Psychotherapie und des Berufsverbandes Deutscher Psychologinnen und Psychologen, 1998).

3 Art und Auftretenshäufigkeit von psychischen Störungen bei Kindern und Jugendlichen

Damit die verschiedenen **psychischen Störungen von Kindern und Jugendlichen** in eine eindeutig definierte Ordnung eingeteilt werden können, ist es sinnvoll, sie zu klassifizieren. Diese Klassifikation geschieht im Rahmen von zwei international genutzten Systemen: der *Internationalen Klassifikation von Krankheiten* (International Classification of Deseases, ICD) und des *Diagnostischen und Statistischen Manuals* (DSM) der American Psychiatric Association. Beide Klassifikationssysteme sind seit ihrer ersten Fassung 1948 (ICD-6) und 1952 (DSM-I) wiederholt überarbeitet worden und liegen jetzt in der zehnten Revision der ICD-10 (Dilling et al., 1993) und in der vierten Revision des DSM-IV (American Psychiatric Association, 1994; dt. Saß et al., 1998) vor.

Da die **ICD-10** der Weltgesundheitsorganisation das weltweit am häufigsten verwendete Klassifikationssystem darstellt, wird sie im Kap. 3.1 ausführlich beschrieben. Es handelt sich um ein hierarchisch aufgebautes Klassifikationssystem mit 10 Hauptklassen (F 0 bis F 9) und 398 Störungsdiagnosen. Alle Diagnosen werden mit einem speziellen Kode versehen, sodass anhand der Kode-Nummer eine eindeutige Zuordnung der Störung zu einer Hauptgruppe, Untergruppe oder Unter-Untergruppe möglich ist.

Nach Bastine (1998, S. 195 f) dienen Klassifikationssysteme dazu, Stellung und Beziehung der einzelnen psychischen Störungen im Gesamtzusammenhang aller pathopsychologischen Erscheinungen deutlich werden zu lassen und die Störungen bestimmten Unter- und Oberklassen zuzuordnen. Sie ermöglichen damit eine Taxonomie der Störungen und erleichtern die Kommunikation zwischen verschiedenen Psychodiagnostikern und Psychotherapeuten über die Störungsdiagnose und Therapieindikation. Außerdem ermöglichen sie die Erstellung von Verteilungsstatistiken über die Auftretenshäufigkeit bestimmter psychischer Krankheiten (Epidemiologie) sowie die Ermittlung des Behandlungsbedarfs und die Erfassung von Mehrfachstörungen (Komorbiditäten).

In den folgenden Unterkapiteln sollen Klassifikationsbezeichnungen zur Einordnung von psychischen Erkrankungen bei Kindern und Jugendlichen genannt und die wichtigsten seelischen Erkrankungsarten kurz vorgestellt werden (Kap. 3.1). Es folgt dann ein Überblick über die Auftretenshäufigkeit psychischer Störungen (Kap. 3.2), über den Behandlungsbedarf und die Versorgungseinrichtungen (Kap. 3.3) sowie über die Stabilität und Komorbidität psychischer Erkrankungen von Kindern und Jugendlichen (Kap. 3.4).

3.1 Klassifikation von psychischen Störungen bei Kindern und Jugendlichen

Der Begriff Klassifikation bezeichnet nach Bastine (1998, S. 197; s. a. Baumann & Stieglitz, 1998) „das Einteilen von bestimmten Phänomenen oder Personen in Gruppen oder Kategorien, die sich durch gemeinsame Merkmale oder Beziehungen auszeichnen. Grundlage dafür sind strukturelle Analysen von Merkmalskonfigurationen, mit denen einander ähnliche Phänomene einer gemeinsamen Klasse oder Kategorie zugeteilt werden können. Meistens werden diese Kategorien durch ein schrittweises Zusammenfassen von (psychologischen) Charakteristika auf verschiedenen Abstraktionsebenen gebildet (z. B. durch die Bildung von Syndromen aus häufig gemeinsam auftretenden Symptomkonfigurationen). Mit der Klassifikation soll eine sinnvolle und zweckmäßige Systematik – *ein Klassifikationssystem* – erstellt werden, d. h. eine wissenschaftlich fundierte und nach bestimmten Gesichtspunkten geordnete Einteilung der Kategorien oder Klassen."

Nach Rutter (1977; zit. a. Remschmidt, 1996, S. 22 ff) sollte man folgende *Anforderungen an ein Klassifikationssystem* für psychische Erkrankungen von Kindern und Jugendlichen stellen:

Anforderungen an ein Klassifikationssystem für psychische Erkrankungen von Kindern und Jugendlichen

(1) Die Klassifikation sollte nicht auf Konzepten, sondern auf Fakten beruhen. Die verwendeten Begriffe sollten *operational definiert* sein. Ein *Glossar* (Handbuch) sollte vorliegen, in dem die Begriffe beschrieben werden.

(2) Es sollten lediglich *Störungen bzw. Probleme* klassifiziert werden und nicht Menschen bzw. Patienten. Diese Unterscheidung ist erforderlich, weil die Kinder und Jugendlichen nicht nur gestörte Verhaltensweisen, sondern auch gesunde aufweisen und weil sich die psychischen Störungen im Verlauf der Entwicklung erheblich verändern können.

(3) Die Klassifikation psychischer Störungen von Kindern und Jugendlichen sollte einerseits die *Entwicklungsperspektive* berücksichtigen und andererseits nicht auf verschiedenen Altersstufen zu *unterschiedlichen Beschreibungen* der gleichen Störung führen.

(4) Die Klassifikation sollte *zuverlässig* sein, d. h. sie sollte von verschiedenen Diagnostikern mit dem gleichen Ergebnis nachvollzogen werden können. Hierfür ist ein Glossar unerlässlich.

(5) Die Klassifikation sollte eine angemessene *Differenzierung* der Störungen ermöglichen. Sie sollte dabei das gesamte Feld aller möglichen Störungen abdecken und dadurch ausschließen, dass wichtige Störungen nicht erfasst worden sind.

(6) Das Klassifikationssystem sollte in der *Alltagssituation praktikabel* sein und nicht auf Informationen beruhen, die in der üblichen klinischen Praxis nicht erhoben werden können. Das Klassifikationssystem sollte vom Praktiker in seiner täglichen Arbeit angewendet werden können und nicht zu kompliziert formuliert sein.

In der Praxis der Klinischen Kinder- und Jugendlichensychologie lässt sich die Klassifikation von psychischen Störungen mithilfe des US-amerikanischen *Diagnostic and Statistical Manuals* (IV. Fassung) oder mithilfe der *International Statistical Classification of Deseases* (10. Fassung) durchführen. Beide Klassifikationssysteme weisen große Übereinstimmungen auf, wobei das DSM-IV System zum Unterschied zur ICD-10 (Kapitel V) ein multiaxiales System ist. Im Folgenden sollen die beiden Klassifikationssysteme gesondert vorgestellt werden. Begonnen werden soll mit dem DSM-IV.

Das **DSM-IV** (Saß et al., 1998) ist in einem einzigen Land (USA) konzipiert worden und hat deshalb nicht die internationale Verbreitung wie die ICD-10. Es ist in Form eines Lehrbuchtextes verfasst worden und enthält folgende Informationen pro Störung: allgemeine Beschreibung des Störungsbildes; Kodierungsregeln; Alters- und Geschlechtsmerkmale; Auftretenshäufigkeiten (Prävalenzen); Verläufe; familiäre Verteilungsmuster und Differenzialdiagnosen. Es werden jedoch keine Angaben zur störungsspezifischen Behandlung gemacht. Das DSM-IV besteht aus folgenden fünf Achsen:

Klassifikationsachsen des DSM-IV

Achse I: **Klinische Störungen** und **andere klinisch relevanten Probleme** in Form von Zuständen, die nicht einer psychischen Störung zuzuschreiben sind, aber Anlass zur Beobachtung oder Behandlung geben.

Achse II: **Persönlichkeitsstörungen** und **geistige Behinderung.**

Achse III: **Medizinische Krankheitsfaktoren** (somatische Krankheiten).

Achse IV: Psychosoziale und umgebungsbedingte Probleme. Neun Hauptbereiche werden dabei angesprochen: u. a. Probleme mit Familienmitgliedern, der Schule, dem Arbeitsplatz, der ökonomischen Situation, den sozialen Hilfsdiensten und dem legalen System.

Achse V: Globale Erfassung des Funktionsniveaus auf einer Skala von 0 bis 100 %. Auf dem *niedrigsten* Skalenniveau wird eine suizidale Tendenz und eine permanente Gefahr, sich und andere schwer zu verletzen, signiert. Auf dem *höchsten* Skalenniveau wird eine außerordentliche Handlungsfähigkeit in einem breiten Bereich menschlicher Aktivitäten festgestellt. Als Referenzzeitraum für die Funktionsbeurteilung wird die aktuelle Situation gewählt oder das höchste Niveau über die letzten zwei Monate.

Die **ICD-10** (Dilling et al., 1994) ist von einem großen internationalen Praktiker- und Forscherteam entwickelt worden und wird weltweit zur Diagnostik aller Krankheiten von Erwachsenen, Kindern und Jugendlichen eingesetzt. Sie umfasst 21 Kapitel, wobei das Kapitel V die psychischen Störungen enthält. Auf Grund der Möglichkeit, in der ICD-10 sowohl psychische als auch körperliche Störungen zu signieren, kann auch mit diesem System eine umfassende psychische und somatische Diagnostik vorgenommen werden. Der Bereich psychischer Störungen ist in 10 Störungshauptklassen (F 0–9) und 398 Einzelstörungen unterteilt worden. Die einzelnen **Störungshauptklassen** lauten:

Störungshauptklassen der ICD-10
F 0: „Organische, einschließlich symptomatischer psychischer Störungen".
F 1: „Psychische und Verhaltensstörungen durch psychotrope Substanzen".
F 2: „Schizophrenie, schizotype und wahnhafte Störungen".
F 3: „Affektive Störungen".
F 4: „Neurotische, Belastungs- und somatoforme Störungen".
F 5: „Verhaltensauffälligkeiten in Verbindung mit körperlichen Störungen und Faktoren".
F 6: „Persönlichkeits- und Verhaltensstörungen".
F 7: „Intelligenzminderung".
F 8: „Entwicklungsstörungen".
F 9: „Verhaltens- und emotionale Störungen mit Beginn in der Kindheit und Jugend".

Obwohl in der ICD-10 (wie auch im DSM-IV) die meisten Diagnosen *nicht altersbegrenzt* sind, kann man mit Steinhausen (1996, S. 20 f) feststellen, dass das Spektrum der psychischen Störungen von Kindern und Jugendlichen durch die Einbeziehung der Klassen F 7 („Intelligenzminderung"), F 8 („Entwicklungsstörungen") und F 9 („Verhaltens- und emotionale Störungen mit Beginn in der Kindheit und Jugend") relativ gut abgedeckt ist. Die anderen Störungen von Kindern und Jugendlichen werden am Störungsbild von Erwachsenen operationalisiert. Deshalb gibt es zuweilen Probleme, die spezifischen Störungsbesonderheiten von Kindern herauszuarbeiten (z. B. bei der Diagnostik von „Affektiven Störungen"). Für beide Klassifikationssysteme gilt zudem die Feststellung, dass es sich primär um *Beschreibungssysteme* handelt, die nicht nach Ätiologiegesichtspunkten erstellt worden sind und dass man aus den erhaltenen Diagnosen keine Rückschlüsse auf die Störungsentstehung ziehen kann.

Speziell für die Klassifikation von psychischen Störungen bei Kindern und Jugendlichen ist ein **Multiaxiales Klassifikationsschema** (MAS) für psychiatrische Erkrankungen im Kindes- und Jugendalter (Remschmidt & Schmidt, 1994) entwickelt worden. Das Schema basiert im Wesentlichen auf Vorarbeiten der

Arbeitsgruppe um den englischen Psychiater Rutter und soll eine Anlehnung an die ICD-10 darstellen. Das MAS umfasst folgende sechs Achsen:

Klassifikationsachsen des MAS
 Achse I: Klinisch-psychiatrische Syndrome (ICD-10 Klassen F 0–6 u. F 9).
 Achse II: Umschriebene Entwicklungsstörungen (F 8).
 Achse III: Intelligenzniveau (Erweiterung der ICD-10 Klasse F 7).
 Achse IV: Körperliche Symptome.
 Achse V: Assoziierte aktuelle abnorme psychosoziale Umstände. Hier werden neun Bereiche mit Unterpunkten erfasst. Die Bereiche sind inhaltlich nicht vergleichbar mit der Achse IV des DSM-IV (z. B. Behinderung eines Elternteils, elterliche Überfürsorge etc.).
 Achse VI: Globalbeurteilung der psychosozialen Anpassung (analog zur Achse V des DSM-IV).

Um einen Überblick über die Erscheinungsweise der in der Praxis am häufigsten vorkommenden psychischen Störungen von Kindern und Jugendlichen zu geben, sollen die **wichtigsten Störungsbilder** in Orientierung an die Terminologie der ICD-10 (Kapitel V) kurz beschrieben werden. Zusätzlich wird am Ende einer jeden Störungsbeschreibung angegeben, mit welcher Wahrscheinlichkeit (Prävalenz) die psychische Störung im Verlauf der Spanne von Geburt bis zum Ende des Jugendalters auftritt. Die diesbezüglichen Häufigkeitsangaben entstammen im Wesentlichen den Studien von Esser et al. (1992), Lewinsohn et al. (1993) und Angaben im DSM-IV.

Da die Ermittlung von exakten *Prävalenzraten* schwierig ist, weil sich die psychischen Störungen sehr unterschiedlich auf die Geschlechter verteilen (in der Regel sind Jungen stärker belastet als Mädchen; s. Kap. 3.2) und die epidemiologischen Untersuchungen häufig nicht repräsentativ durchgeführt worden sind, werden nur Schwankungsbereiche der Prävalenz angegeben. Im Folgenden sollen die wichtigsten psychischen Störungen von Kindern und Jugendlichen kurz genannt und beschrieben werden:

Überblick über die wichtigsten psychischen Störungen von Kindern und Jugendlichen
 (1) „Depressive Episode" (F 32): Die Störung sollte mindestens zwei Wochen dauern und nicht auf einen Missbrauch psychotroper Substanzen oder auf organische Erkrankungen zurückzuführen sein. Sie kann in leichter, mittelgradiger und schwerer Form auftreten. Zu den *Symptomen* gehören u. a.: deutlicher Interessens- und Freudeverlust an Aktivitäten, die normalerweise angenehm waren; dauerhafte depressive Stimmung; verminderter Antrieb oder gesteigerte Ermüdbarkeit; eingeschränkte emotionale Reaktionsfähigkeit; Appetitverlust; Selbstvorwürfe; Schuldgefühle; Suizidgedanken; Konzentrationsstörungen; Schlafstörungen etc. (Ausf. Darstellung s. Essau & Petermann, 2000). Die *Prävalenzrate* beträgt ca. 18 bis 20 %.

(2) „Angststörungen" (F 41): Die Störungen bestehen aus folgenden Unterklassen: „Panikstörung", „Generalisierte Angststörung", „Angst- und depressive Störung gemischt" etc. Als Beispiel soll die „*Panikstörung*" kurz beschrieben werden. Sie besteht aus wiederholten Panikattacken, die nicht auf eine spezifische Situation oder ein spezifisches Objekt bezogen sind und die oft spontan auftreten. Sie sind u. a. mit folgenden vegetativen und psychischen *Symptomen* verbunden: Herzklopfen; Schweißausbrüche; Mundtrockenheit; Zittern; Atembeschwerden; Beklemmungsgefühl; Schwindelgefühl; Angst vor Kontrollverlust etc. (Ausf. Darstellung s. Kap. 19 u. Petermann et al., 2000). Die *Prävalenzrate* beträgt ca. 8 bis 10 %.

(3) „Störung des Sozialverhaltens" (F 91): Vorliegen eines persistierenden Verhaltensmusters, bei dem entweder die Grundrechte anderer oder die wichtigsten altersentsprechenden sozialen Normen oder Gesetze verletzt werden. Die Störung muss mindestens sechs Monate anhalten und aus einem Katalog von 23 Symptomen mindestens drei Symptome aufweisen. Die *Symptome* beziehen sich auf: aggressive Verhaltensweisen gegenüber Kindern und Erwachsenen; Betrügereien; Schuleschwänzen; Stehlen; Einbruch in Häuser und Autos etc. (Ausf. Darstellung der Störung s. Kap. 17 u. Scheithauer & Petermann, 2000). Die *Prävalenzrate* beträgt ca. 5 bis 9 %.

(4) „Reaktionen auf schwere Belastungs- und Anpassungsstörungen" (F 43): Die Störung weist folgende Unterklassen auf: „Akute Belastungsreaktion", „Posttraumatische Belastungsstörung", „Anpassungsstörungen" etc. Die Störung wird dann signiert, wenn die Kinder oder Jugendlichen einer außergewöhnlichen psychischen und physischen Belastung ausgesetzt waren. Im Fall einer *„Akuten Belastungsreaktion"* treten Symptome einer „Generalisierten Angststörung" auf oder folgende Symptome: Rückzug von erwarteten sozialen Interaktionen; Einengung der Aufmerksamkeit; Desorientierung; Verzweiflung oder Hoffnungslosigkeit etc. Die *Prävalenzrate* beträgt ca. 5 bis 7 %.

(5) „Hyperkinetische Störungen" (F 90): Die Störungen sind durch ein abnormes Ausmass an Unaufmerksamkeit, Hyperaktivität und Impulsivität charakterisiert. Die Symptome müssen situationsübergreifend sein und mindestens sechs Monate lang andauern. Zur *Unaufmerksamkeit* gehören: Sorgfaltsfehler; Vernachlässigung von Details bei Schularbeiten; ein Verlieren von Gegenständen oder ein Überhören von Aufträgen etc. Zur *Hyperaktivität* gehört: intensive motorische Unruhe; häufiges Verlassen des Platzes im Klassenraum; häufiges Herumklettern und lautes Rufen und Schreien beim Spielen etc. Zur *Impulsivität* gehört: dauerhaftes Reden; Unterbrechen und Stören anderer; Nichtwartenkönnen etc. (Ausf. Darstellung s. Kap. 16 u. Döpfner, 2000 a). Die *Prävalenzrate* beträgt ca. 3 bis 8 %.

(6) „Phobische Störungen" (F 40): Zur Störung gehören: „Agoraphobie", „Soziale Phobien" und „Spezifische Phobien" . Phobien sind durch eine deutliche und anhaltende *Furcht* vor Situationen und ein daraus resultierendes *Vermeidungsverhalten* gekennzeichnet. Die Situationen können z. B. aus Menschenmengen und öffentlichen Plätzen bestehen (im Fall der „Agoraphobie") oder aus Situationen, in denen man sich fürchtet, im Zentrum der Aufmerksamkeit zu stehen („Soziale Phobien"). Die vegetativen und psychischen *Symptome* entsprechen denen der o. g. „Angststörungen". Die *Prävalenzrate* beträgt ca. 3 bis 5 %.

(7) „Emotionale Störung mit Trennungsangst des Kindesalters" (F 93.0): Die *Symptome* dieser Störung bestehen aus: Angst vor Trennung von einer Bezugsperson; unrealistische Besorgnis über ein mögliches Unheil, das der Bezugsperson zustoßen könnte; wiederholte Alpträume zu Trennungsthemen; wiederholtes Auftreten somatischer Symptome wie Übelkeit, Bauchschmerzen, Kopfschmerzen beim Verlassen der Hauptbezugsperson. Die *Prävalenzrate* beträgt ca. 3 bis 4 %.

(8) „Umschriebene Entwicklungsstörungen schulischer Fertigkeiten" (F 81): Die Störung weist folgende Unterklassen auf: „Lese- und Rechtschreibstörung"; „ Isolierte Rechtschreibstörung"; „Rechenstörung" und die „Kombinierte Störung schulischer Fertigkeiten". In der zuletzt genannten Klasse werden Störungen erfasst, in denen sowohl die Rechen- als auch Lese- oder Rechtschreibfertigkeiten deutlich beeinträchtigt sind. (Ausf. Darstellung s. Esser & Wyschkon, 2000). Die *Prävalenzrate* beträgt ca. 3 bis 4 %.

(9) „Psychische und Verhaltensstörungen durch psychotrope Substanzen" (F 1): Diese Störungen werden vornehmlich bei Jugendlichen (und jungen Erwachsenen) diagnostiziert und beziehen sich auf den Missbrauch von Akohol, Canabis, Opiaten, Tabak etc. Die *Prävalenzrate* beträgt ca. 2 bis 5 %.

(10) „Sonstige Verhaltens- oder emotionale Störungen mit Beginn in der Kindheit und Jugend" (F 98): Die Störungen bestehen u. a. aus folgenden Unterklassen: • „Enuresis" (Einnässen; s. Kap. 18) mit einer *Prävalanzrate* von ca. 3 bis 7 %; • „Enkopresis" (Einkoten)

mit einer *Prävalenzrate* von ca. 1 % und ● „**Stottern**" mit einer *Prävalenzrate* von ca. 1 bis 2 %.

(11) „**Ess-Störungen**" (F 50): Die Ess-Störungen werden ab dem Jugendalter diagnostiziert. Es handelt sich im Wesentlichen um folgende Störungen: ● „**Anorexia nervosa**" (Magersucht), bei der willentlich ein *Gewichtsverlust* von mindestens 15 % unter dem alters- und körpertypischen Erwartungsgewicht herbeigeführt wird. Die *Prävalenzrate* beträgt ca. 1 bis 2 %. ● „**Bulimia nervosa**". Diese Störung drückt sich durch häufige *Essattacken* aus, die in einem Zeitraum von drei Monaten mindestens zweimal pro Woche auftreten müssen und bei denen anschließend die aufgenommene Nahrung erbrochen oder abgeführt wird. (Ausf. Darstellung der Ess-Störungen s. Fichter & Warschburger, 2000). Die *Prävalenzrate* beträgt ca. 1 bis 2 %.

(12) „**Intelligenzminderung**" (F 7): Die „Intelligenzminderung" ist mit ihren *Symptomen* der geringen kognitiven Fertigkeiten und niedrigen sozialen Kompetenzen nicht eindeutig definierbar. Sie wird im Wesentlichen durch *Intelligenztests* (s. Kap. 8.1.2) erfasst. Bezogen auf deren Ergebnisse wird zwischen einer *leichten* „Intelligenzminderung" (IQ zwischen 50 bis 69) und einer *schwersten* Minderung (IQ unter 20) unterschieden. Im letzten Fall liegt das mentale Alter unter drei Jahren (vgl. Kap. 5.1.1). Die Intelligenzminderung wird umgangssprachlich auch als Geistige Behinderung bezeichnet. (Ausf. Darstellung s. Schmidt, 2000). Die *Prävalenzrate* beträgt ca. 1 bis 2 %.

(13) „**Frühkindlicher Autismus**" (F 84.0): Diese angeborene schwere Störung manifestiert sich durch eine auffällige und *beeinträchtigte Entwicklung* des: (a) Sprachverhaltens: z. B. der Unfähigkeit, einen sprachlichen Kontakt zu beginnen oder überhaupt zu sprechen; (b) Interaktionsverhaltens: z. B. der Unfähigkeit, die Interaktion mit anderen durch Blickkontakt, Mimik oder Gestik zu regeln und (c) Spielverhaltens: z. B. der Unfähigkeit, Spielsachen in eine inhaltlich regulierte Spielhandlung einzuordnen (Ausf. Darstellung s. Kusch & Petermann, 2000; Probst, 2000). Die *Prävalenzrate* beträgt ca. 0.01 bis 0.02 %.

Die psychischen Störungen von Kindern und Jugendlichen müssen im Rahmen einer sorgfältigen psychologischen Diagnostik erfasst werden (s. Kap. 8.1). Dabei werden Verhaltensbeobachtungen, objektive Tests, Fragebögen, ärztliche Untersuchungen und Interviewleitfäden verwendet. Ein solcher Leitfaden liegt z. B. in Form des *Kinder-DIPS* (Diagnostisches Interview bei Psychischen Störungen im Kindes- und Jugendalter) vor. Dieser Interviewleitfaden stammt von Schneider et al. (1998) und erfasst in einer Kinder- und Elternversion die wichtigsten Fragen zur Klärung der häufigsten Störungen gemäß ICD-10 oder DSM-IV.

3.2 Epidemiologie von psychischen Störungen

Die **Epidemiologie** (gr. epi demou = was im Volke verteilt ist) hat zum Ziel, die Verteilung und Verbreitung (Prävalenz) von Krankheiten und deren Determinanten in der Bevölkerung zu untersuchen. Sie soll Schlussfolgerungen über die Risiken für psychische Störungen in der Gesamtbevölkerung ermöglichen und die Störungen in einen Zusammenhang mit verschiedenen Merkmalen (vor allem Geschlecht, Alter, Schulbildung, soziale Schicht etc.) bringen. Außerdem soll sie die Verteilungswahrscheinlichkeit von Krankheiten möglichst repräsentiv erheben (vgl. Bastine, 1998, S. 283; Petermann et al., 2000).

Bezüglich der Epidemiologie von psychischen Störungen bei Kindern und Jugendlichen interessiert zum einen die Erhebung der *administrativen Prävalenz* als Ausdruck der Auftretenswahrscheinlichkeit von psychischen Erkrankungen in medizinischen und psychosozialen Versorgungseinrichtungen und zum anderen die der *Behandlungsbedarfs-Prävalenz*, die die Verteilung von Störungen in unausgelesenen, repräsentativen Bevölkerungsstichproben angibt.

Die **administrative Prävalenz** von psychischen Störungen bei Kindern und Jugendlichen ist in den Jahren 1980 bis 1985 im Rahmen eines „Modellprogramms Psychotherapie" in der Region Marburg (Bundesrepublik Deutschland) erfasst worden. Bei dieser Erhebung wurden alle Benutzungen von kinder- und jugendpsychiatrischen bzw. -psychotherapeutischen Diensten registriert. Dabei wurde gefunden, dass innerhalb eines Zeitraumes von *einem Jahr* in insgesamt 70 ambulanten und stationären Einrichtungen 3578 Kinder und Jugendliche mit psychischen Auffälligkeiten vorgestellt worden sind. Bezogen auf die altersentsprechende Bevölkerung ist dies eine Rate von **ca. 3 %** psychisch kranker Kinder und Jugendlicher, die eine beratende oder therapeutische Hilfe gesucht haben (s. Walter, 1997, S. 12; Petermann et al., 2000, S. 50).

Im Rahmen des „Modellprogramms Psychotherapie" wurde des Weiteren die **Behandlungshäufigkeit bestimmter Altersgruppen** untersucht. Dabei wurde gefunden (s. Remschmidt, 1996, S. 11 ff), dass die Altersgruppe der 15–18-Jährigen am häufigsten mit psychischen Störungen vorgestellt wurde (insgesamt 652 Jugendliche), gefolgt von der Altersgruppe der 12–15-Jährigen (581 Jugendliche), der 6–9-Jährigen (576 Kinder), der 9–12-Jährigen (526 Kinder) der 3–6-Jährigen (335 Kinder) und der 0–3-Jährigen (276 Kinder). Diese Zahlen betreffen zu 95 % das Kontaktieren von *ambulanten* Versorgungseinrichtungen und zu 5 % das Aufsuchen von *stationären* Einrichtungen.

Bezüglich der **Schichtabhängigkeit** von psychischen Störungen wurde im Modellprogramm gefunden, dass Kinder und Jugendliche aus der oberen Mittelschicht und der Oberschicht ein deutliches Übergewicht in der Inanspruchnahme psychiatrisch-therapeutischer Versorgungseinrichtungen aufwiesen. Bezüglich der gestellten Diagnosen traten emotionale Störungen, Störungen des Sozialverhaltens, spezielle Syndrome und Entwicklungsstörungen am häufigsten auf. Eine Analyse des Zusammenhanges zwischen der Schichtzugehörigkeit und Auftretenshäufigkeit von psychischen Störungen ergab, dass Störungen des Sozialverhaltens am häufigsten in den unteren sozialen Schichten auftraten und emotionale Störungen am häufigsten in den oberen Schichten.

Mehrere Analysen der **Behandlungsbedarfs-Prävalenz** haben für Deutschland eine Rate von **ca. 10 bis 20 %** behandlungsbedürftiger Kinder und Jugendlicher mit psychischen Störungen ergeben. In ausländischen Prävalenzstudien wurden Werte von 5 bis 25 % gefunden. In keiner Untersuchung wurde ein Prävalenzanteil unter 5 % festgestellt. Dies scheint die absolute Untergrenze für die Häufigkeit von psychischen Störungen bei Kindern und Jugendlichen in Deutschland zu sein (vgl. Walter, 1997; Petermann et al, 2000).

Im Folgenden sollen die Aussagen zur Behandlungsbedarfs-Prävalenz von psychischen Störungen von Kindern und Jugendlichen anhand einer Studie von Esser et al. (1992) näher spezifiziert werden (s. Tab. 3.1). Die Autoren haben gefunden, dass 16 bis 17,8 % der von ihnen untersuchten repräsentativen Stichprobenkinder im Alter von acht, dreizehn und achtzehn Jahren unter psychischen Störungen litten.

Tab. 3.1: Prävalenzvergleich psychischer Störungen bei Kindern und Jugendlichen im Alter von 8, 13 und 18 Jahren (aus: Esser et al., 1992, S. 234)

Auftretenshäufigkeit von psychischen Störungen	8-Jährige (n = 216)	13-Jährige (n = 191)	18-Jährige (n = 181)
Gesamtzahl	16,2 %	17,8 %	16,0 %
nur Jungen	22,2 %	22,0 %	14,8 %
nur Mädchen	10,2 %	13,0 %	17,2 %
Schwere Formen	4,2 %	4,5 %	3,9 %
nur Jungen	8,3 %	6,0 %	6,8 %
nur Mädchen	0,0 %	3,0 %	1,1 %

Dabei wiesen Jungen vor der Pubertät mit 22,2 % Prävalenz höhere Werte auf als Mädchen (10,2 %). Nach der Pubertät im Alter von achtzehn Jahren waren hingegen Mädchen (17,2 %) stärker mit Störungen belastet als Jungen (14,8 %).

Isoliert man aus der Gesamtzahl der psychischen Störungen die schweren Störungsformen, dann blieb die Auftretenshäufigkeit **schwerer seelischer Erkrankungen** über die einzelnen Altersjahrgänge relativ konstant und schwankte zwischen **3,9 bis 4,5 %**. Eine Analyse der *Geschlechtsabhängigkeit* der schweren Störungen ergab, dass Jungen mit 6 bis 8,3 % stärker belastet waren als Mädchen mit 0 bis 3 %.

Vergleicht man die gefundenen Prävalenzzahlen der Untersuchung von Esser et al. mit der oben berichteten Zahl von ca. 3 % an Kindern und Jugendlichen, die mit ihren Eltern in der Regel eine Behandlungsinstitution aufgesucht haben, dann ist bezüglich der von Esser et al. berichteten ca. 16–18 % seelisch erkrankter Kinder und Jugendlicher festzustellen, dass sich letztlich nur ca. 3 % von ihnen behandeln lassen. Da anzunehmen ist, dass es sich bei diesen ca. 3 % nicht nur um Kinder und Jugendliche mit besonders schweren seelischen Erkrankungen handelt, scheint sich der Rest ohne professionelle Hilfe dem Stress der Erkrankung aussetzen zu wollen.

3.3 Behandlungsbedarf und Versorgungseinrichtungen

Wie aus den vorangegangenen Ausführungen zu ersehen ist, liegt der **Behandlungsbedarf** für psychische Erkrankungen von Kindern und Jugendlichen in Deutschland bei ca. **10–20 %**. Real nehmen aus diesem Bedürftigenkreis nur ca. 3 % die Beratungs-, Behandlungs- und Rehabilitationsangebote ärztlicher und psychiatrisch-psychotherapeutischer Versorgungseinrichtungen (zumindest in der Modellregion Marburg, s. o.) in Anspruch.

Von diesen 3 % suchen **1,5 % organmedizinische Einrichtungen** (z. B. einen Arzt für Allgemeinmedizin oder einen Pädiater) auf und keine psychotherapeutischen Versorgungsinstitutionen (Walter, 1997, S. 14). Versucht man dieses Phänomen zu erklären, dann scheinen die Schwellenängste der Eltern von psychisch erkrankten Kindern und Jugendlichen häufig so groß zu sein, dass sie Schwierigkeiten haben, sich in eine psychologisch-psychiatrische Behandlungseinrichtung zu begeben (vgl.

Petermann et al., 2000, S. 51). Jedenfalls wird dieser Schritt nur von ca. 1,5 % von Eltern und Jugendlichen (falls Letztere allein um eine Behandlung nachsuchen) getan.

Die Ursachen der *Schwellenängste* dürften aus vielfältigen Quellen stammen. Sie könnten vom schlechten Image der psychologisch-psychiatrischen Berufe in der Bevölkerung abhängig sein; von erwarteten Schuldvorwürfen seitens der Behandler an die Eltern (z. B ihre Kinder vernachlässigt oder schlecht erzogen zu haben) oder vom zu geringen Angebot an psychodiagnostischen und psychotherapeutischen Versorgungseinrichtungen. Auch ist es denkbar, dass die vorhandenen Einrichtungen nicht gemeindenah genug plaziert sind und deshalb der natürlichen Einbindung in das alltägliche Umfeld entbehren.

Um diesem Missstand abzuhelfen, sollte das Angebot an psychodiagnostischen und psychotherapeutischen Versorgungsinstitutionen erheblich erweitert und gemeindenäher angesiedelt werden. Im Einzelnen handelt es sich um den Ausbau von folgenden Versorgungseinrichtungen:

- Erziehungs- und Familienberatungsstellen;
- Praxen von psychologischen Psychotherapeuten und Kinder- und Jugendlichen-psychotherapeuten;
- Praxen von Kinder- und Jugendpsychiatern;
- Schulpsychologischen Diensten;
- ambulanten und stationären kinder- und jugendpsychiatrischen Diensten;
- Frühförderstellen des Jugendamtes und medizinischen Dienstes;
- Praxen von freiberuflichen Logopäden, Mototherapeuten und Heilpädagogen;
- Sondereinrichtungen für Geistige Behinderungen und Autismus etc.

3.4 Stabilität und Komorbidität von psychischen Störungen

Werden psychische Störungen nicht schnell genug behandelt, dann besteht die Gefahr, dass die Kinder und Jugendlichen mit zunehmender Zeit ein komplexes Störungsmuster entwickeln, das sich durch entsprechende *neuronale Verknüpfungen* im Zentralen Nervensystem verfestigen kann. Die Zeitdauer einer psychischen Störung bestimmt somit den Stabilitätsgrad einer seelischen Erkrankung (vgl. Bastine, 1998, S. 25 f).

Der Ablauf der Zeit kann aber nicht nur zu einer Verfestigung der Störung führen, sondern auch zu einer Störungsrückbildung. So haben Esser et al. (1992, S. 235 ff) in ihrer oben zitierten Studie gefunden, dass sich bei ca. 75 % der untersuchten Kinder mit psychischen Störungen bis zum Alter von achtzehn Jahren *Symtomrückbildungen* ergeben haben. Damit dürfte das **Stabilitätsausmaß** von psychischen Störungen, die erstmals im Alter von acht Jahren beobachtet werden, bei etwa **25 %** liegen. Diese Zahlen müssen jedoch durch weitere Studien bestätigt werden.

Generell ist zur Stabilität von psychischen Störungen bei Kindern und Jugendlichen anzumerken, dass die Störungen folgende verschiedene **Verlaufsbilder** aufweisen können (vgl. Petermann & Kusch, 1993; Remschmidt, 1998):

- das gestörte Verhalten kann *stabil* bleiben oder sich *ausweiten*;
- das gestörte Verhalten kann sich *zurückbilden*;
- das gestörte Verhalten kann sich *zuerst zurückbilden*, um sich dann jedoch wieder *auszuweiten*;
- die Kinder können ihre Störungssymptome *verändern* und andere Störungsarten ausbilden.

Die verschiedenen Verlaufsbilder einer psychischen Störung ergeben sich u. a. daraus, dass die Symptome der Störung nicht ihr Wesen ausmachen, sondern dass dieses durch die zu Grunde liegenden **Pathogenese- bzw. Entwicklungspfade** gekennzeichnet ist. Als Entwicklungspfad einer psychischen Störung bezeichnet man das Muster von Risiko- und Schutzfaktoren, das im Laufe der Zeit zur Ausbildung der Störungssymptome und Störungsverlaufsbilder geführt hat. Dabei ist es in Ergänzung zur obigen Aufzählung der verschiedenen Störungsverlaufsbilder möglich, dass trotz des Vorhandenseins von Risikofaktoren, insbesondere auf Grund des Einflusses von Schutzbedingungen und Resilienzen; (s. Kap. 5), auch eine durchgehend gesunde Entwicklung eintreten kann.

Im Einzelnen lassen sich nach Sroufe (1997; s. a. Petermann et al., 1998, S. 199 ff) mithilfe des Entwicklungspfad-Modelles *fünf Hauptannahmen zur Pathogenese* von psychischen Störungen bei Kindern und Jugendlichen machen:

Annahmen zur Pathogenese von psychischen Störungen bei Kindern und Jugendlichen

(1) Psychische Störungen sind **Abweichungen vom normalen Entwicklungsverlauf** eines Kindes oder Jugendlichen. Normalität wird dabei als eine gesellschaftlich definierte ideale Entwicklungsform (z. B. bezüglich des Bewältigungsgrades von Entwicklungsaufgaben) angesehen (s. Kap. 1.1 u. 1.2). Die Ursachen der Störungssymptome können sich somit aus einer *Fehlerfüllung von gesellschaftlichen Aufgaben* (z. B dem Erwerb eines unsicheren Bindungsmusters) ergeben.

(2) Unterschiedliche Entwicklungspfade können zum gleichen Symptombild führen. Dieses Phänomen bezeichnet man als **Äquifinalität**. Ein abweichendes Verhalten kann also aus einer Vielzahl von Ursachen entstehen.

(3) Gleiche Entwicklungspfade können andererseits auch zu unterschiedlichen Symptombildern (Störungsarten) führen. Dieses Phänomen wird als **Mulitfinalität** bezeichnet.

(4) Die Heilungen einer psychischen Fehlentwicklung ist zu vielen Zeit- bzw. Entwicklungspunkten möglich. Eine **Rückkehrmöglichkeit** zu einem gesunden Entwicklungsverlauf bleibt häufig immer erhalten. Eine psychische Störung ist deshalb als kein unveränderbarer Zustand anzusehen.

(5) Die **Heilungschance** einer psychischen Fehlentwicklung wird durch die *Anzahl* der Fehlanpassungen und deren *zeitliche Dauer* erheblich eingeschränkt. Je länger ein fehlangepasster Pfad durchlaufen wird, umso geringer ist seine Korrekturmöglichkeit. Dies gilt besonders für Entwicklungspfade, die zur Ausbildung einer aggressiv-dissozialen Symptomatik geführt haben (vgl. Loeber & Hay, 1997; Niebank & Petermann, 2000, S. 87 f; s. Kap. 17.1).

Eine weitere Erscheinungsform einer ungünstigen Störungsentwicklung besteht darin, dass sich auf Grund einer gleichen Grundproblematik oder mehrerer gestörter Entwicklungspfade eine **Komorbidität** (Mehrfachstörung) entwickelt hat. Nach Bastine (1998, S. 184) ist das gemeinsame Auftreten verschiedener Störungen in der Psychopathologie außerordentlich weit verbreitet. Dies gilt beispielsweise im **Erwachsenenbereich** für die Kombination folgender Störungen: Prüfungsängste und Lernstörungen; Ess-Störungen und Depression oder chronische Schmerzen und Depression.

Besonders häufig werden nach Grawe (1998, S. 576) im Erwachsenenbereich *„Somatoforme Störungen"* mit folgenden anderen Störungen kombiniert: • „Depressive Episode" (65 %) „Persönlichkeitsstörungen" (61 %) und • „Generalisierte Angststörungen" (33 bis 54 %). Außerdem besteht die Möglichkeit, dass die Komorbidität nicht nur aus zwei, sondern mehreren Störungen bestehen kann. Der diesbezügliche **multiple Komorbiditätsprozentsatz** beträgt für Erwachsene mit „Somatoformen Störungen" in einer (unausgelesenen) Bevölkerungsstichprobe ca. 5 bis 11 %. Betrachtet man jedoch Patienten aus einer allgemeinmedizinischen Praxis, dann liegt der multiple Komorbiditätswert bei ca. 33 %.

Komorbiditätsinformationen für den **Kinder- und Jugendbereich** liegen von Lewinsohn et al. (1993) vor. Die Forscher fanden bei 1710 Schülern (53 % weiblichen und 47 % männlichen Geschlechtes) im Alter von 14 bis 18 Jahren in zwei Großstädten und drei ländlichen Bezirken im Bundesstaat Oregon der USA vergleichbar hohe Komorbiditätsraten und ähnliche Störungskombinationen wie im Erwachsenenbereich. In der Tabelle 3.2 werden die Ergebnisse der Komorbiditätsanalyse vorgestellt.

Tab. 3.2: Komorbiditätskombinationen für psychische Störungen von Jugendlichen (aus Lewinsohn et al., 1993; zit. a. Schneider, 1996, S. 339)

Primäre Diagnose	Komorbiditätsdiagnose			
	Angststörung	Unipolare Depression	Aufmerksamkeits- und expansive Verhaltensstörung	Irgendeine andere Störung
Angststörung	–	48,7 %	13,3 %	61,3 %
Unipolare Depression	21 %	–	12,4 %	42,8 %
Aufmerksamkeits- u. expansive Verhaltensstörung	16 %	34,4 %	–	60 %
Irgendeine Störung	16 %	34,3 %	12,9 %	–

Aus der Tabelle ist zu ersehen, dass die Primärdiagnose einer *Angststörung* in 48,7 % der Fälle mit einer unipolaren Depression; in 13,3 % der Fälle mit einer Aufmerksamkeits- und expansiven Verhaltensstörung und in 61,3 % der Fälle mit irgendeiner anderen Störung aufgetreten ist.

Die Zahlen für die Kombination einer *unipolaren Depression* mit einer Angststörung betragen 21 %; mit einer Aufmerksamkeits- und expansiven Verhaltensstörung 12,4 % und mit irgendeiner anderen Störung 42,8 %. (Die Kombinationsangaben für die weiteren Primärdiagnosen sind aus der Tabelle 3.2 zu entnehmen).

Verglichen mit den von Grawe berichteten Komorbiditätsraten für „Somatoforme Störungen" im Erwachsenenbereich, die maximal zwischen 33 bis 65 % schwanken, sind die von Lewinsohn et al. (1993) gewonnenen Befunde für

Jugendliche etwa gleich hoch. Hier weisen insbesondere die Primärdiagnosen: *Angststörung* und *unipolare Depression* hohe Komorbiditätsraten auf. Sie schwanken zwischen 12,4 und 61,3 %.

Eine nährere Analyse der Komorbiditätskombination von „**Hyperkinetischen Störungen**" mit einer „**Störung des Sozialverhaltens**" hat ergeben (s. Petermann et al., 1998, S. 253 f), dass im Falle der Primärdiagnose: „*Hyperkinetische Störungen*" mit ca. 20 bis 50 %iger Wahrscheinlichkeit eine „Störung des Sozialverhaltens" mitauftritt und im Falle der Primärdiagnose „*Störung des Sozialverhaltens*" mit ca. 5 bis 45 %iger Wahrscheinlichkeit „Hyperkinetische Störungen".

Interessant ist des Weiteren der Befund, dass die „*Störung des Sozialverhaltens*" eine Kombinationsrate von ca. 9 bis 45 % mit einer depressiven Erkrankung aufweist. Liegt hingegen die Eingangsdiagnose einer *Depression* vor, dann schwankt die Kombinationswahrscheinlichkeit mit einer „Störung des Sozialverhaltens" von ca. 23 bis 83 %. Dieser Wert ist erheblich höher als der von Lewinsohn et al. in Tabelle 3.2 angegebene Wert von 12,4 %. Er mag darauf zurückzuführen sein, dass bei der Berücksichtigung von *klinischen Populationen* höhere Kombinationswerte auftreten.

Aus den hohen Komorbiditätsraten für Somatisierungsstörungen hat Grawe (1998, S. 578) Schlussfolgerungen für die **Therapie von Patienten mit Mehrfachstörungen** gezogen, die nicht nur für Erwachsene, sondern auch für Kinder und Jugendliche gelten können. Grawe meint, dass es nicht sinnvoll ist, jede Störung gesondert mit einer spezifischen Therapiemaßnahme (z. B. aus dem behavioralkognitiven Maßnahmenrepertoire) zu behandeln, sondern dass es ökonomischer und effektiver ist, die Behandlung am „Nährboden für die Entwicklung der psychischen Störungen" anzusetzen.

Als dieser *Nährboden* sind die oben skizzierten problematischen Entwicklungspfade von psychischen Störungen anzusehen. Die problematischen Entwicklungswege können sich aus einer unbefriedigenden Bewältigung von Entwicklungsaufgaben, aus einem zu zahlreichen Vorhandensein von biopsychosozialen Risikofaktoren und dem Vorhandensein von Vulnerabilitäten und einem Mangel an Resilienzen ergeben (s. die Aussagen zum Multidimensionalen Pathogenesemodell auf S. 67). Zu dem gestörten Nährboden kann jedoch auch die von Grawe besonders herausgestellte Mangelbefriedigung von zentralen Lebensbedürfnissen (z. B. nach Bindung, Selbstwerterhöhung, Kontrolle und Lustgewinn) beitragen. Diese Bedürfnisse werden im Kapitel 4 als Entwicklungsaufgaben bezeichnet und ausführlich beschrieben.

4 Lebensvollzüge von Kindern und Jugendlichen vor dem Hintergrund ihrer Entwicklungsaufgaben

Zu den Grundlagen einer APT-KJF gehört nicht nur die Auseinandersetzung mit gestörten Lebensprozessen, sondern auch die Kenntnis von **alterstypischen Lebensvollzügen**. Letztere ist notwendig, weil die Erscheinungsweisen von psychischen Störungen bei Kindern und Jugendlichen entscheidend von ihren Lebenserfahrungen abhängig sind und weil positive Lebenserfahrungen die Widerstandskräfte gegen Belastungen aller Art stärken können (s. Kap. 5). Die Lebenserfahrungen ergeben sich einerseits aus der Bewältigung von alltäglichen Problemen und andererseits aus der Lösung von *Entwicklungsanforderungen*. Letztere sind typisch für das Leben von Kindern und Jugendlichen, weil es von einer so intensiven Entwicklungsdynamik bestimmt wird, dass insbesondere im Säuglings- und Kleinkindalter fast monatlich neue sensumotorische, kognitive, emotionale und soziale Kompetenzen zu erwerben sind (vgl. Remschmidt, 1998).

Die Entwicklungsanforderungen werden in der Literatur als **Entwicklungsaufgaben** bezeichnet (vgl. Oerter & Montada, 1995; Keller, 1998). Sie bestehen aus einer Mischung aus normativen und deskriptiven Komponenten, wobei die *deskriptiven* Komponenten die Art der zu erwerbenden Verhaltenskompetenzen beschreiben und die *normativen* Komponenten die Ausprägungsintensität und den Altersrahmen angeben, in dem die Kompetenzen erworben werden sollen.

Inhaltlich beziehen sich die Entwicklungsaufgaben auf das körperliche und seelische Wohlbefinden, die Selbstentwicklung, das soziale Leben in der Familie und im Freundeskreis sowie auf das freizeitliche, schulische und berufliche Leben. In

Tab. 4.1: Entwicklungsaufgaben vom Säuglingsalter bis zur Adoleszenz (vgl. Oerter, 1995 a, S. 123 ff)

(1 a) Aufgaben des Säuglingsalters (0 bis 2 Jahre):
1. Ausbau von physiologischen Regulationsfertigkeiten.
2. Ausbau des Selbstsystems.
3. Erwerb von Bindungskompetenzen.
4. Ausbau von frühen Denk- bzw. Problemlösungskompetenzen.

(1 b) Aufgaben der Kindheit (3 bis 4 Jahre):
5. Ausbau von spielerischen Verarbeitungskompetenzen.
6. Erwerb von sprachlichen Kompetenzen.
7. Erwerb von moralischen Urteilskompetenzen (Gewissensnormen).

(2 a) Aufgaben des Vorschulalters (5 bis 6 Jahre):
1. Erwerb von Geschlechtsrollenkompetenzen.
2. Erwerb von Kompetenzen zum Umgang mit Altersgenossen und außerfamiliären Bezugspersonen.
3. Erwerb von Rollenkompetenzen des täglichen Lebens.

(2 b) Aufgaben des Schulalters (7 bis 12 Jahre):
4. Erwerb von schulspezifischen Kompetenzen.
5. Erwerb von Gruppenkompetenzen.

(3 a) Aufgaben der Pubertät (13 bis 15 Jahre):
1. Erwerb von freundschaftlichen Beziehungskompetenzen.
2. Erwerb von sexuellen Kompetenzen.

(3 b) Aufgaben der Adoleszenz (16 bis 18 Jahre):
3. Erwerb von Kompetenzen zum Schulabschluss und zur Berufsfindung.
4. Erwerb von Kompetenzen zur Identitätsfindung.
5. Erwerb von Kompetenzen zur Loslösung von den Eltern.

Tabelle 4.1 werden die Inhalte der einzelnen Entwicklungsaufgaben für die Lebensabschnitte des Säuglingsalters, der Kindheit, des Vorschulalters, des Schulalters, der Pubertät und der Adoleszenz angegeben.

Bevor die einzelnen Entwicklungsaufgaben vorgestellt werden, soll im Folgenden definiert werden, was unter einer Entwicklungsaufgabe zu verstehen ist:

Definition einer Entwicklungsaufgabe

Eine **Entwicklungsaufgabe** ist nach Havighurst (1982; zit. a. Oerter, 1995 a, S. 121) „eine Aufgabe, die sich in einer bestimmten Lebensperiode des Individuums stellt. Ihre erfolgreiche Bewältigung führt zu Glück und Erfolg, während ein Versagen das Individuum unglücklich macht, auf Ablehnung durch die Gesellschaft stößt und zu Schwierigkeiten bei der Bewältigung späterer Aufgaben führt." Die Entwicklungsaufgabe verbindet das Individuum mit seiner Umwelt und stellt an die Kinder und Jugendlichen gesellschaftliche Anforderungen, die mit altersspezifischen Leistungsmöglichkeiten bewältigt werden können. Eine erfolgreiche Bewältigung der Aufgaben erfordert von den Kindern und Jugendlichen eine *aktive* und *gestalterische Rolle*, an der sich auch die Eltern mitbeteiligen müssen.

Die biopsychosoziale Funktion einer Entwicklungsaufgabe orientiert sich am *Entwicklungskonzept* von Cicchetti (1999, S. 17 f). Nach diesem Konzept geschieht das Fortschreiten der Entwicklung „als qualitative Reorganisation innerhalb und zwischen den biologischen, sozialen, emotionalen, kognitiven, repräsentationalen und linguistischen Systemen" und führt zu einer immer stärkeren „Differenzierung und hierarchischen Integration und Organisation" der Systeme. Auf diese Weise werden die Einzelsysteme des menschlichen Wahrnehmens, Erlebens und Handelns immer komplexer und verbinden sich zunehmend organisierter zu einem hierarchisch vernetzten Ganzen.

Wichtig für das hier vertretene **Entwicklungskonzept** ist des Weiteren das Phänomen, dass das Fortschreiten der Entwicklung mit Oerter (1995 a, S. 121) „nicht nur als ein Ergebnis vergangener Ereignisse" und reifungsmäßiger Anlagen angesehen wird, sondern auch als das Resultat „vorweggenommener zukünftiger Geschehnisse". Damit bekommen *Zukunftserwartungen* einen hohen Stellenwert, der sie zu einem „entscheidenden Motor menschlicher Entwicklung" machen kann.

Unter der Perspektive des Erwerbs von Entwicklungsaufgaben besteht das tägliche Leben von Kindern und Jugendlichen primär darin, einerseits die Bedürfnisse nach Spiel, Freude und Entspannung zu befriedigen und andererseits die von der Biologie und Gesellschaft gestellten Entwicklungsaufgaben zu bewältigen. Zu diesem Bewältigungsverhalten benötigen sie eine intensive Unterstützung der Eltern und anderer wichtiger Sozialpartner (z. B. Lehrer, Freunde, Nachbarn etc.). Im Folgenden sollen die einzelnen Entwicklungsaufgaben beschrieben werden.

4.1 Entwicklungsaufgaben des Säuglingsalters und der Kindheit

Die entwicklungsorientierten Lebensvollzüge in den ersten vier Jahren eines Menschen betreffen die Bewältigung von sieben Entwicklungsaufgaben (s. Tabelle 4.1). Im **Säuglingsalter** (1–2 Jahre) handelt es sich um die Aufgaben des Ausbaus von: (1) physiologischen Regulationsfertigkeiten; (2) Selbstsystemkompetenzen; (3) Bindungskompetenzen sowie (4) frühen Denk- bzw. Problemlösungskompetenzen.

Generell lässt sich zu den ersten zwei Lebensjahren eines Säuglings feststellen, dass das ursprüngliche Bild eines passiven, undifferenzierten und seinen Trieben ausgelieferten Wesens auf Grund neuerer Forschung (vgl. Dornes, 1995) zu Gunsten eines aktiven, differenzierten und beziehungsfähigen sehr jungen Menschen aufgegeben worden ist. Dieser junge Mensch besitzt die Fähigkeit, sich in kompetenter Weise mit seiner Umwelt auseinander zu setzen und sein Überleben und seine Weiterentwicklung in einem auf ihn bezogenen sozialen Nahbereich aktiv selbst betreiben zu können (vgl. Klitzing, 1998; Papoušek, 1999).

Im Lebensabschnitt der **Kindheit** (3–4 Jahre) sind gemäß Tabelle 4.1 als Entwicklungsaufgaben folgende Fertigkeiten zu erwerben: (5) spielerische Verarbeitungskompetenzen; (6) sprachliche Kompetenzen und (7) moralische Urteilskompetenzen. In den Kindheitsjahren wird die dynamische Selbstorganisation der ersten beiden Lebensjahre auf einem höheren Regulations- und Adaptationsniveau fortgesetzt, wobei insbesondere die Entwicklung der Fähigkeit zum Spielen und Sprechen (d. h. zu einer symbolischen Repräsentation und Kommunikation) die Selbstständigkeit des Kindes erheblich erhöht (vgl. Oerter, 1995 b).

4.1.1 Ausbau von physiologischen Regulationsfertigkeiten

Zu Beginn ihres Lebens müssen Neugeborene eine Vielzahl von **physiologischen Regulationsfertigkeiten** erlernen. Sie beziehen sich u. a. auf die Atmung, den Kreislauf, die Körpertemperatur, die Verdauung, die Körperspannung, die Kraftbalance, die motorische Koordination sowie die Tonusbalance. Zudem müssen die Säuglinge ihre Schlaf- und Wachphasen regulieren, ihre Aufmerksamkeitszuwendung auf Bezugspersonen steuern und Spannungen auf Grund von Überreizung, Unwohlsein oder Unterstimulation bewältigen (vgl. Papoušek, 1999).

Die Lösung der genannten Aufgaben ist im Wesentlichen reifungsmäßig durch Reflexbahnungen vorgegeben; diese Bahnungen müssen im Verlauf der Säuglingszeit durch Lernprozesse und den Aufbau von neuronalen Verknüpfungen (vgl. Petermann et al., 1998, S. 59 ff) erweitert und differenziert werden. Insgesamt müssen Säuglinge in folgenden vier Funktionssystemen *Regulationsaufgaben* bewältigen. Dem: ● autonomen bzw. physiologischen System; ● motorischen System; ● System zur Regulierung des Bewußtseinsniveaus und ● System zur Stabilisierung des wachen Aufmerksamkeitsniveaus (s. a. Als et al., 1989). Die vier Systeme sollen im Folgenden kurz beschrieben werden:

Vier Systeme zur Regulation des Verhaltens von Säuglingen
(1) Das **autonome bzw. physiologische System** betrifft die Regulation der o. g. Funktionen wie Atmung, Kreislauf, Körpertemperatur etc. Es ist bei normal ausgetragenen Neugeborenen erheblich stabiler als bei zu früh Geborenen.
(2) Das **motorische System** funktioniert bei Neugeborenen dann gut, wenn die anstehenden Aufgaben vom ersten System voll befriedigt worden sind und es keine irgendwie gearteten Belastungen gibt. Treten diese jedoch auf, dann entstehen motorische Spannungen, die den Säugling schnell aus der Tonusbalance bringen können. Er beginnt dann zu nuckeln oder – bei stärkeren Belastungen – zu weinen. Beruhigen kann man ihn nur dadurch, dass man ihn auf den Arm nimmt und tröstet. Dieser Prozess wird als *Affektabstimmung* bzw. *Affektaustausch* (s. Stern, 1992, S. 198 f) bezeichnet.

(3) Die **Regulierung des Bewusstseinsniveaus** ermöglicht es dem Säugling, deutlich zwischen Schlaf- und Wachphasen zu unterscheiden und innerhalb der einzelnen Phasen ein ungestörtes Schlaf- resp. Wachniveau zu erreichen. Auch das Erlernen dieser Prozesse muss von den Eltern in einer angemessenen Weise unterstützt werden.

(4) Die **Stabilisierung des wachen Aufmerksamkeitsniveaus** dient dazu, die einzelnen Bewusstseinsvorgänge in der *Wachphase* so zu steuern, dass sich das Kind seinen anderen Entwicklungsaufgaben zuwenden kann. Da sich diese im Wesentlichen auf soziale Interaktionsprozesse und den Umgang mit Objekten beziehen, benötigen die Kinder relativ *stabile Sozial- und Objektumwelten,* um sich voll auf die Bewältigung der Entwicklungsaufgaben konzentrieren zu können.

Liegen Störungen in diesen vier Regulationssystemen vor, dann reagiert das Kind im Allgemeinen mit einem intensiven **Schreien**, welches die typische Ausdrucksform für das *Erleben von Stress* ist. Nach Rauh (1995, S. 197) ist Schreien „ein Notsignal und auch für den Säugling unangenehm. Bereits Neugeborene zeigen große interindividuelle Unterschiede in der Häufigkeit und Intensität des Schreiens bzw. darin, wie rasch und unvermittelt sie ins Schreien geraten und wie leicht sie sich wieder beruhigen lassen können."

Nach Wolke (1999, S. 352) beträgt die *Schreidauer* von „normalen" Säuglingen in den ersten sechs Wochen ca. 1,75–2,5 Stunden pro Tag und sinkt bis zum Ende des ersten Lebensjahres auf ca. 1 Stunde ab. Problematisch ist ein *exzessives Schreien,* das oft auch als Kolikenschreien bezeichnet wird und das durch „Schreien und Nörgeln für mehr als drei Stunden am Tag, für mehr als drei Tage pro Woche und für die Dauer der letzten drei Wochen" definiert wird. Die Behandlung der Schreiprobleme besteht nach Wolke (1999, S. 369) im Wesentlichen darin, verbesserte Umweltbedingungen für den Säugling zu schaffen, die ihm eine optimale Regulation seiner vier Funktionssysteme ermöglichen.

4.1.2 Ausbau des Selbstsystems

Wenn man das menschliche Verhalten nicht als ein Zufallsprodukt oder als ein nur von außen beeinflusstes Tun ansehen will, dann muss man den Menschen zum Akteur seines Handelns machen. Als dieser Akteur wird gemeinhin das **Selbst**- bzw. **Icherleben** angesehen. Das Selbst hat dabei nach Oerter (1995 c, S. 809) die Funktion, sich zum einen als ein eigenständiges autopoietisches System (s. Kap. 13) zu erzeugen und zum anderen Beziehungen mit anderen Menschen aufzubauen. Weil die Ausbildung beider Funktionen eng von den Erfahrungen in den ersten Lebensjahren abhängig ist, hat die frühkindliche *Entwicklung des Selbstsystems* eine große Bedeutung für das spätere Verhalten der Menschen.

Die einzelnen Komponenten des Selbsts entfalten sich nach Stern (1992) in vier Teilschritten. Dem: (1) auftauchenden Selbstempfinden; (2) Kernselbstempfinden; (3) subjektiven Selbstempfinden und (4) verbalen Selbstempfinden.

Entfaltungskomponenten des Selbstsystems

(1) **Auftauchendes Selbstempfinden:** Zwischen ca. ein bis zwei Monaten bildet sich das auftauchende Selbstempfinden heraus. Es beinhaltet die *Herstellung von Verbindungen* zwischen verschiedenen Ereignissen auf Grund von angeborenen Fähigkeiten und damit kombinierten Lernprozessen. Es ist durch ein Gefühl der *Regelmäßigkeit* und *Geordnetheit*

charakterisiert. Stern (1992, S. 72 f) hebt diesbezüglich hervor, dass das „Suchen und Wahrnehmen von Lernchancen zu den Fähigkeiten gehört, mit denen Säuglinge auf die Welt kommen." Auf Grund dieser Fähigkeiten sind sie in der Lage, zwischen ihrem Tun und den Konsequenzen dieses Tuns Beziehungen herzustellen. Diese Beziehungen stellen die Grundlage der ersten Selbsterfahrung dar.

(2) **Kernselbstempfinden:** Das Empfinden eines Kernselbsts entwickelt sich zwischen ca. drei bis neun Monaten und beinhaltet die Ausbildung von folgenden vier Unteraspekten. Der Erfahrung der: (a) *Urheberschaft* seines Handelns, die von Erlebnissen unterschieden wird, in denen die Außenwelt und nicht das Kind der Veranlasser einer Handlung ist; (b) *Selbst-Kohärenz,* womit das Empfinden gemeint ist, sich als vollständiges körperliches Ganzes zu erleben und von anderen Subjekten oder Gegenständen abgegrenzt zu sein; (c) *Selbst-Affektivität,* die sich daraus ergibt, dass der Mensch Zeit seines Lebens seine Affekte in einer gleich bleibenden Weise erlebt, sodass sie ihm ein Identitätserleben schaffen; (d) *Selbst-Geschichtlichkeit,* die es ihm ermöglicht, im Verlauf seines fortschreitenden Seins immer wieder bestimmte Regelhaftigkeiten zu entdecken, an denen er sein Identitätserleben verankern kann.

(3) **Subjektives Selbstempfinden:** Dieser Aspekt des Selbstempfindens entsteht zwischen ca. zehn und achtzehn Monaten und lässt das Kind zunehmend seine *Abgrenzung von anderen* erleben. Das Empfinden eines subjektiven Selbsts wird von Stern (1992, S. 179) als ein „Quantensprung in der Entwicklung des Selbstempfindens" bezeichnet. Es bedeutet, dass der Säugling entdeckt, dass er „ein Seelenleben besitzt und dass dieses auch auf andere Personen zutrifft." Der Säugling gelangt allmählich zu der „folgenschweren Erkenntnis, dass die innerlichen subjektiven Erfahrungen sowie die Inhalte seiner Gefühle und Gedanken mit anderen geteilt werden können." Langfristig führt die Entwicklung dieser Erkenntnis zur Ausbildung der Fähigkeit des *Intersubjektivitätserlebens*.

(4) **Verbales Selbstempfinden:** Ab ca. neunzehn Monaten entwickelt sich die Fähigkeit zum verbalen Selbstempfinden. Kinder können jetzt mithilfe der *Sprache* ihre Gedanken, Vorstellungen und Gefühlszustände anderen mitteilen und von anderen hören, wie sie gesehen werden. Auf diese Weise können sie sich ein Konzept (bzw. Bild) über sich machen. Dieses *Selbstkonzept* wird dann mit einer zunehmend verbesserten verbalen Kommunikationsfähigkeit immer weiter differenziert und ausgebaut.

Der Aspekt des verbalen Selbstempfindens und der damit verbundenen sprachlichen *Reflexionsfähigkeit* über sich selbst, führt zur Bildung eines **Selbstkonzeptes**. Es setzt die Fähigkeit voraus, zwischen einem „*I self*" und einen „*me self*" zu unterscheiden. Diese Fähigkeit ist mit ca. achtzehn Monaten vorhanden. Damit sich das so entstandene Selbstkonzept zügig entwickeln kann, ist es wichtig, dass die Bezugspersonen dem Kind helfen, zwischen den eigenen Attributionen und denen der Eltern (oder anderer Personen) zu unterscheiden. Wird diese Diskriminationshilfe nicht gegeben, dann besteht die Gefahr, dass sich ein *vermischtes, symbiotisches* Selbstkonzept entwickelt, das die weitere Selbstentwicklung erheblich behindern kann.

4.1.3 Erwerb von Bindungskompetenzen

Damit ein Kind in *angst- und stressauslösenden Situationen* die entstandenen seelischen Belastungen bewältigen kann, benötigt es eine tröstende, fürsorgliche und beruhigende Unterstützung durch eine erwachsene Person. Diesen Schutz findet es gemeinhin bei seiner primären Bezugsperson (Mutter und/oder Vater), an die es sich deshalb bindet.

Der Erwerb von **Bindungskompetenzen** ist ein interaktionelles Geschehen, das seinen entwicklungsmäßigen Ursprung in der *Überlebenssicherung* von Kleinkindern hat (vgl. Bowlby, 1975; 1983). Er geschieht in der Weise, dass das Kind ca. sechs bis neun Monate nach der Geburt damit beginnt, die erlebten Bindungserfahrungen mit der Bezugsperson im Rahmen eines *internen Repräsentationsmusters* (genannt: „internales Arbeitsmodell") im Gedächtnis zu symbolisieren. Mithilfe dieses Prozesses ist es ihm möglich, die gemachten externalen Bindungserfahrungen zu internalisieren. Diese Internalisierung hat die Funktion, das Kind langfristig von der Bindungsperson unabhängig zu machen und damit seine Autonomie zu erhöhen (vgl. Spangler & Zimmermann, 1999).

Um einen kurzen Einblick in die komplexen Teilschritte des Bindungsverhaltens und damit des zu repräsentierenden Musters zu geben, sollen die **bindungsrelevanten Verhaltensweisen** der Bezugspersonen und Kinder kurz aufgezählt werden (vgl. Petermann et al., 1998, S. 151; Resch, 1996, S. 60):

- Die Kinder versuchen in angst- und stressauslösenden Situationen die Bezugsperson durch Bindungssuchsignale dazu zu motivieren, *Körperkontakt* anzubieten und Trost auszusprechen (bzw. zu spenden).
- Die Kinder versuchen nach der so geschehenen Reduzierung des Angstniveaus, die stressauslösenden Bedingungsreize eigenständig zu klären (Aktivierung eines *Explorationsverhaltens*).
- Die Kinder zeigen dann *Unzufriedenheitssignale*, wenn sich die Bezugsperson zu früh von ihnen getrennt hat und wenn sie weiterhin Angst und Stress erleben.
- Die Kinder zeigen bei der Wiedervereinigung mit der Bezugsperson (nach einer Trennung) *Freude, Blickkontakt* und ein *Nähesuchverhalten*.
- Bei älteren Kindern kann die Bezugsperson in Belastungssituationen allein durch die Herstellung eines Blickkontaktes und/oder das Ansprechen mit einer tröstenden Stimme die *Beruhigungserfahrung* im repräsentierten Bindungsmuster auslösen. Die Herstellung eines engen Körperkontaktes ist häufig nicht mehr erforderlich.

Für die emotionale, soziale und intellektuelle Entwicklung eines Kindes ist es sehr wichtig, Bindungserfahrungen zu machen. Leider gibt es neben den positiven Erfahrungen, sie werden als **sicheres** Bindungsverhalten bezeichnet, auch negative Erfahrungen. Letztere werden als **unsicheres** Bindungsverhalten bezeichnet. Diese treten in den Qualitäten: *unsicher-ambivalente, unsicher-vermeidende* und *unsicher-desorganisierte* (bzw. *desorientierte)* Bindung auf. Die verschiedenen Bindungsformen sollen im Folgenden kurz beschrieben werden (vgl. Spangler & Zimmermann, 1999, S. 177 ff; s. a. Kap. 5.2.2):

Darstellung der verschiedenen Qualitäten des Bindungsverhaltens

Sicher gebundene Kinder haben ihre Bezugsperson in Belastungssituationen als *Trost spendend* und körperlich *nähegebend* erlebt. Sie können deshalb in der Gegenwart der Bezugsperson ihre Angstgefühle ausdrücken und sich beruhigen. Danach beginnen sie, die Reize der Belastungssituation zu explorieren.

Unsicher-ambivalent gebundene Kinder haben ihre Bezugsperson in Belastungssituationen als *unberechenbar* schwankend zwischen nähegebend und abweisend erlebt. Um deren

Schutz dennoch zu bekommen, reagieren sie früher als sicher gebundene Kinder mit Bindungssuchsignalen (z. B. Quengeln, Weinen, Festhalten etc.).

Unsicher-vermeidend gebundene Kinder meiden in emotionalen Belastungssituationen die Nähe der Bezugsperson, weil sie regelhaft erfahren haben, dass sie von ihr nicht getröstet, sondern zurückgewiesen worden sind. Um die *Zurückweisung zu vermeiden,* versuchen sie, ihre Angst (und später auch ihre Wut und Enttäuschung) zu unterdrücken und unterlassen es, Schutz- und Trostsuchsignale auszusenden.

Unsicher-desorganisiert gebundene Kinder sind in ihrer Entwicklung am stärksten gefährdet, weil sie ein Verhalten der Bezugsperson (z. B auf Grund einer depressiven oder psychotischen Erkrankung) erlebt haben, das durch einen extremen *Mangel an Empathie* und *Schutzgewährungsverhaltens* gekennzeichnet ist . Dieser Mangel kann dazu führen, dass die Kinder in ihren Bindungserwartungen so verwirrt werden, dass sie kurzfristig die Fähigkeit zur Stressregulation und Umweltorientierung verlieren und u. a mit einer Denkblockade, motorischen Unruhe oder einem exzessiven Schreien reagieren.

Längsschnittuntersuchungen von Kindern mit den geschilderten positiven und negativen Bindungsmustern haben gezeigt, dass Kinder mit einer *sicheren* Bindungserfahrung die günstigsten Entwicklungschancen haben und Kinder mit einer *unsicher-desorganisierten* Bindung die schlechtesten. Die letztgenannten Kinder laufen beim Vorliegen von weiteren Risikofaktoren Gefahr, psychische Störungen zu entwickeln (s. Kap. 5.2.2).

4.1.4 Ausbau von frühen Denk- bzw. Problemlösungs-kompetenzen

Der Ausbau von **frühen Denk- bzw. Problemlösungskompetenzen** ist eng mit der geistigen Entwicklung des Kindes (und späteren Jugendlichen) verbunden und geschieht nach Piaget (1983) in vier Stadien. Im Rahmen dieser Stadien bauen die Kinder unter der Mithilfe von Eltern, Kameraden, Kindergärtnerinnen und Lehrern ihre Fähigkeiten aus, zunehmend besser Probleme aller Art lösen zu können. Das sind sensumotorische Probleme, Probleme in der Objektwelt, soziale Probleme und mathematisch-intellektuelle Probleme. Die *vier Stadien der geistigen Entwicklung* lassen sich wie folgt kennzeichnen (vgl. Montada, 1995 b; Petermann et al., 1998, S. 117):

Stadien der geistigen Entwicklung

(a) Im **sensumotorischen** Stadium im Alter von ca. ein bis zwei Jahren werden einfache *sensorische und motorische Funktionen* wiederholt sowie *einfache Handlungsprogramme* (bzw. Schemata) koordiniert und auf neue Situationen experimentierend angewendet. Das Stadium endet mit ersten Sprach- und Denkversuchen.

(b) Im Stadium des **voroperatorischen, anschaulichen (bzw. präoperationalen) Denkens** im Alter von ca. drei bis fünf Jahren werden die erlebten Ereignisse aus einer *egozentrischen Perspektive* animistisch, artifizialistisch oder finalistisch erklärt. Die Kinder zentrieren ihr Denken auf einen oder wenige Aspekte und beziehen sich im Wesentlichen auf *sinnlich erfassbare Erkenntnisse.* Zunehmend können sie jedoch auch Symbole, Vorstellungsbilder und Worte dazu benutzen, um die Realität abzubilden. In diesem Stadium nimmt auch die *Fantasietätigkeit* einen breiten Raum ein (vgl. Dornes, 1998).

(c) Im Stadium des **konkret-operationalen Denkens** im Alter von ca. sechs bis neun Jahren kann das Kind *konkrete Probleme und Zusammenhänge* zwischen erlebten Sachverhalten durch *logische Operationen* erklären. Außerdem kann es *schlussfolgernd* denken, rechnen,

53

handeln und sprechen, sowie innerseelische Prozesse reflektieren, Widersprüche erkennen und Hierarchien bilden.

(d) Im **formal-operatorischen** Stadium im Alter von ca. zehn Jahren ist die Denkfähigkeit des Kindes (bzw. Jugendlichen) so weit ausgebildet, dass es (er) auch *abstrakte Informationen*, die erst durch ein planvolles Experimentieren, geistiges Probehandeln oder Nachschlagen in einem Lexikon gewonnen werden müssen, denkerisch verarbeiten kann. Des Weiteren können *mehrdimensionale Perspektiven* eingenommen, von Idealen geleitete Moralmaßstäbe erworben, politische Meinungen gegeneinander abgewogen und komplexe Probleme wissenschaftlich-schlussfolgernd bearbeitet werden.

Nach Oerter und M. Dreher (1995, S. 563 ff) kann man davon ausgehen, dass Säuglinge bereits wenige Wochen nach der Geburt die Fähigkeiten besitzen, einfache Probleme zu lösen. Die Fähigkeiten bestehen im Wesentlichen darin, zielgerichtet handeln zu können, Problembarrieren wahrzunehmen, Mittel zu ihrer Überwindung zu suchen und anzuwenden sowie den ganzen Prozess im Gedächtnis abzubilden (vgl. Dornes, 1995).

Dieses *frühe Problemlösungsverhalten* kann durch eine angemessene kindzentrierte Hilfe der Eltern bzw. Bezugspersonen gefördert werden. Dabei ist es notwendig, dass die Eltern die Problemlösungsbemühungen ihres Kindes (z. B. in der Realität oder im Spiel) wahrnehmen und geduldig abwarten, welche Lösungsschritte es unternimmt. Bringen sie diese Geduld nicht auf und versuchen an kindesstatt die Probleme zu lösen, dann wird die geistige Autonomieentwicklung des Kindes nicht gefördert (vgl. Schmidtchen, 1999 d).

4.1.5 Ausbau von spielerischen Verarbeitungskompetenzen

Nach Oerter (1997, S. 1) ist das **Spiel** „ein Handeln ganz besonderer Art". In ihm drückt sich, ähnlich wie im Problemlösungsprozess, eine *Zielgerichtetheit* (bzw. *Intentionalität)* sowie ein *Gegenstandsbezug* aus. Sowohl dem realen Handeln als auch dem spielerischen Tun liegt somit eine Absicht und Zielorientierung zu Grunde, mit der man ein bestimmtes Ziel, mit bestimmten Gegenständen (bzw. Mitteln), in bestimmter Weise erreichen kann. Typisch für eine Spieltätigkeit ist des Weiteren, dass sie in einer vom Kind konstruierten Realität (bzw. Fantasiewelt) stattfindet und um des Spaßes und der Befriedigung persönlicher Bedürfnisse willen durchgeführt wird. Häufig besteht der Spaß auch darin, bestimmte Tätigkeiten ritualhaft zu wiederholen.

Spiele haben einen **informationsverarbeitenden Charakter**, weil in ihrem Rahmen sensumotorische, geistige, soziale und emotionale Erfahrungen in vorhandene Muster eingepasst (assimiliert) werden können (vgl. Oerter, 1997, S. 66). Außerdem können komplexe soziale Handlungsabläufe (wie z. B. das Füttern eines Kindes; das Einkaufen beim Kaufmann oder ein Arztbesuch) in verschiedenen Komponenten und aus verschiedenen Perspektiven im Spiel geübt werden. In dieser Weise können emotional-kognitive Drehbücher (bzw. Skripte) über alltagstypische soziale Episoden durch Spielfähigkeiten erstellt und verbessert werden.

Die Drehbücher werden im Gedächtnis gespeichert und können das reale Verhalten der Kinder in der Alltagsumwelt steuern. Die Spieltätigkeit bekommt damit einen entwicklungsfördernden Charakter, weil das Kind mit ihrer Hilfe alle wesentlichen Vollzüge des täglichen Lebens üben und die Gedächtnisprogramme ausbauen kann. Sie stellt eine Werkstattssituation dar, in der Kinder lernen können, wie man lebt. In diesem Sinne bezeichnet Erikson (1968, S. 216) das Spiel als eine *Modellsituation,* die das Kind schafft „um darin Erfahrungen zu verarbeiten und die Realität durch Planung und Experiment zu beherrschen" (vgl. Kap. 11.1).

Eine Spieltätigkeit kann nach Oerter (1997, S. 93) in folgenden **Spielformen** auftreten: (a) sensumotorische Spiele; (b) symbolische (Als-Ob-) Spiele; (c) Parallelspiele; (d) Rollenspiele; (e) Regelspiele und (f) Sozialspiele. Die Art der gewählten Spieltätigkeit ist vom geistigen Entwicklungsstand (s. Kap. 4.1.4) und den Entwicklungsinteressen des Kindes abhängig. Jüngere Kinder bevorzugen sensumotorische und Parallelspiele und Vorschulkinder symbolische Rollenspiele. Ab dem Schulalter werden dann vorrangig Regel- und komplexe Sozialspiele durchgeführt.

Alle Spielformen fördern letztlich das **selbstentdeckende Lernen** (Piaget, 1969), das nach Rogers (1974) durch folgende Komponenten charakterisiert ist: Es ist intrinsisch motiviert; selbstinitiiert; beinhaltet ein persönliches Engagement; wird vom Spielenden selbst bewertet; ist sinnsuchend und sinnstiftend; durchdringt den ganzen Menschen und wird vom Lernenden eigenständig gestaltet (s. Kap. 6.2 u. 11.1).

4.1.6 Erwerb von sprachlichen Kompetenzen

Die Entwicklung von **sprachlichen Kompetenzen** findet mit etwa 1 $\frac{1}{2}$ Jahren statt und verläuft lange Zeit parallel zur Erweiterung des nichtsprachlichen Verhaltens (s. Papoušek, 1998). Sie beinhaltet linguistische und pragmatische Fertigkeiten, wobei sich die *linguistischen Sprachfertigkeiten* auf die Organisation von Sprachlauten (Phonologie), die Wortbildung (Morphologie), die Wortbedeutung (das Lexikon) und die Satzbildung (Syntax) beziehen. Obwohl die Sprachentwicklung bereits im Alter von sechs bis acht Wochen mit der Produktion von Sprachlauten (z. B. Gurren) und der Imitation von vorgesprochenen Vokalen (z. B. a, i oder o) beginnt, wird sie für Außenstehende vorrangig mit der Kenntnis von Wörtern und der Sprechleistung verbunden. Unter diesem Gesichtspunkt ist festzustellen, dass der Wortschatz von zweijährigen Kindern aus ca. 300 Wörtern besteht und der von dreijährigen aus ca. 1000 Wörtern (vgl. Langenmayr, 1997; Grimm, 1999).

Die *pragmatischen Sprachfertigkeiten* betreffen die Art der Sprachanwendung in unterschiedlichen sozialen Kontexten, die Berücksichtigung der unterschiedlichen Erwartungen der Gesprächspartner und die Fähigkeit, Sprachmitteilungen (z. B. Erzählungen) zu organisieren. Pragmatische Sprachfertigkeiten entwickeln sich bereits vom achten bis zehnten Lebensmonat an und beziehen sich besonders auf die Gestaltung der nichtsprachlichen Interaktionskomponenten, als da sind: Blickhin- und Blickabwendung, Benutzung der Gestik, Austausch von Affekten etc.

Da die Welt der Erwachsenen im Wesentlichen eine Welt der Sprache ist, dokumentiert sich die zunehmende Autonomie von Kindern primär in einer Verbesserung ihrer linguistischen und pragmatischen Sprachkompetenzen, sodass die Kinder vom etwa fünften Lebensjahr an eine so große sprachliche Fertigkeit erworben haben, dass sie viel Zeit mit dem Anhören von Radio- und Fernsehsendungen (bzw. Hör- und Videokassetten) sowie dem Lesen von Comics und Kinderbüchern verbringen können. Durch diese Beschäftigung können sie das sprachlich übermittelte kulturelle Wissen der Erwachsenenwelt erlernen und differenzierte begriffliche Strukturen ausbilden.

4.1.7 Erwerb von moralischen Urteilskompetenzen (Gewissensnormen)

Der Erwerb von **Fertigkeiten zum moralischen Urteilen** und zur moralischen Gestaltung des Lebens setzt die Fähigkeit voraus, moralische *Gewissensnormen* zu entwickeln. Diese können sich nach Kohlberg und Power (1981) in Abhängigkeit von der geistigen Entwicklung der Kinder oder Jugendlichen (s. Kap. 4.1.4) auf sechs Niveaustufen ausbilden, die bis zum Jugendalter durchlaufen werden müssen und den Erwerb folgender Gewissensformen beinhalten (s. Montada, 1995 c, S. 876 f):

Formen der Gewissensbildung auf der Grundlage unterschiedlicher Moralvorstellungen

(1) **Gehorsam aus Angst vor Strafe:** Die Kinder entscheiden sich für die Einhaltung einer bestimmten Norm aus Angst vor Bestrafung und Bereitschaft zum Gehorchen. „Ob eine Handlung gut oder böse ist, hängt von ihren physischen Konsequenzen ab. Die Vermeidung von Strafe und die Unterordnung unter die Autorität gelten als Werte an sich;" sie werden nicht durch eine tieferliegende Moralordnung vermittelt.

(2) **Bedürfnisorientierte Moral:** Die Kinder orientieren sich in ihrem moralischen Handeln an ihren Bedürfnissen. „Es gibt zwar Ansätze von Gegenseitigkeit und Sinn für eine gerechte Verteilung, dabei sind aber nicht allgemeine Gerechtigkeitsprinzipien, sondern die eigenen Interessen das Maß des Handelns."

(3) **Orientierung an Vorbildern:** Die Wahl der angelegten moralischen Normen orientiert sich am Vorbild persönlich bekannter Personen. Dies sind im wesentlichen Vater, Mutter, andere Familienangehörige sowie Autoritätspersonen (Kindergärtnerin, Lehrer, Nachbar etc.).

(4) **Orientierung an übergreifenden Rechtsordnungen:** Der Bezugskreis, aus dem man seine Normen übernimmt, erweitert sich auf übergreifende soziale Systeme. Zu diesen normengebenden Systemen gehört der Staat, die Religionsgemeinschaft oder die Peergruppe. „Die Erfüllung eines gegebenen Ordnungs- und Rechtssystems, das die Rechte, Pflichten und Ansprüche aller regelt, wird zum obersten Gebot. Der Gehorsam gegenüber dem System äußert sich in einer Haltung."

(5) **Persönlich erarbeitete Normen:** Die Gewissensnormen ergeben sich aus einem stillschweigend abgeschlossenen *Gesellschaftsvertrag* zwischen dem Kind bzw. Jugendlichen und staatlichen Institutionen. Dabei bestimmen häufig Nützlichkeitsüberlegungen die Einhaltung der Normen. Auf dieser Stufe der Urteilsbildung, die erst im Jugendalter ihren Höhepunkt erreicht, haben die Kinder bereits ein Bewusstsein ihrer Eigenständigkeit erlangt und erkannt, dass soziale Normen das Ergebnis von *Entscheidungsprozessen zwischen Menschen* sind. Diese Entscheidungen können in demokratischer oder autokratischer Weise getroffen worden sein, wobei die Art der getroffenen Entscheidungen häufig mitbestimmt, welche Normen man akzeptieren will.

(6) **Orientierung an ethischen Prinzipien:** Dieses moralische Urteilsprinzip ist in empirischen Untersuchungen selten gefunden worden. Es wird im Allgemeinen erst ab dem Jugendalter praktiziert. In ihm werden Gewissensnormen auf Grund von allgemein gültigen ethischen Prinzipien (wie z. B. dem Kant'schen *kategorischen Imperativ*) erworben. Bei der Aneignung dieser Normen gelten die Prinzipien der Diskursethik. Grundsätzlich kann dabei

„jede bestehende Ordnung jederzeit in Frage gestellt werden, wenn geltend gemacht werden kann, dass sie nicht fair ist".

Die moralische Erziehung von Kindern und Jugendlichen sollte so differenziert sein, dass nicht nur die Fertigkeiten der Stufen 1 bis 3 vermittelt werden, sondern auch die der folgenden Niveaus. Insbesondere die Orientierung an *übergreifenden Rechtsordnungen* sozialer Systeme (wie z. B. denen einer Religionsgemeinschaft oder des Staates) sollte als wichtige Leitlinie vermittelt werden. Die Vermittlung der beiden letzten Moralstufen dürfte etwa vom Jugendalter an möglich sein, denn sie bedarf einer eigenständigen Urteilsbildung. Um diese zu ermöglichen, muss bereits im Schulalter die *ethische Autonomie* von Kindern gefördert werden, damit sie später als Jugendliche in der Lage sind, Wahlentscheidungen über ihre moralischen Standards zu treffen.

Störungen der moralischen Entwicklung treten insbesondere dann auf, wenn die Eltern in ihrem eigenen Vorbildverhalten nur die Ersten drei Niveaustufen demonstrieren können und dabei insbesondere egozentrische Bedürfnisse in autoritärer und gewaltsamer Weise durchsetzen (s. Kap. 5.3.3). Belastend ist es auch, wenn die moralischen Normen eine große Beliebigkeit und keinen gesellschaftlichen Bezug im Sinne einer sozialen Verantwortung aufweisen.

4.2 Entwicklungsaufgaben des Vorschul- und Schulalters

Die Entwicklungsaufgaben des **Vorschul- und Schulalters** betreffen den Erwerb von Kompetenzen zum: (1) geschlechtsspezifischen Rollenverhalten; (2) Umgang mit Altersgenossen und außerfamiliären Bezugspersonen; (3) Übernehmen gesellschaftlicher Rollen; (4) Bewältigen von schulspezifischen und (5) gruppenspezifischen Anforderungen. In diesem Lebensabschnitt, der sich auf die Zeit von fünf bis zwölf Jahren erstreckt, müssen die Kinder an die sehr umfangreichen und hochdifferenzierten Fertigkeiten der *sozialen Kommunikation* und des *Arbeitslebens* herangeführt werden. Ohne eine erfolgreiche Bewältigung dieser Aufgaben wird es im späteren Jugend- und Erwachsenenalter schwierig sein, die hohen sozialen, intellektuellen und wissensmäßigen Ansprüche der Gesellschaft zu erfüllen.

Insbesondere der Erwerb von *schulischen Kompetenzen* ist so wichtig, dass dieser Lebensabschnitt durch die Begriffe Vorschulalter und Schulalter charakterisiert wird. Ganz im Gegensatz zu früheren Jahrhunderten werden die Kinder in der jetzigen Zeit von Arbeitsprozessen freigehalten und von den Eltern und vom Staat (z. B. durch Kindergeldzahlungen und steuerliche Freibeträge) finanziell unterstützt. Als Preis dafür müssen sie der gesetzlich vorgeschriebenen Schulpflicht nachkommen, die die Kinder und Jugendlichen für einen Zeitraum von mindestens zehn Jahren (zumindest im Rahmen der Hauptschule) zum Erlernen von Kulturtechniken (z. B. Lesen, Rechnen, Schreiben), Wissensinhalten und gesellschaftlichen Verhaltensregeln verpflichtet. Aus diesem Grunde prägt kein anderer Lebensabschnitt die Menschen gesellschaftlich so stark, wie die Schulzeit. Im Folgenden sollen die Entwicklungsaufgaben des Vorschul- und Schulalters näher vorgestellt werden.

4.2.1 Erwerb von Geschlechtsrollenkompetenzen

Da das Verhalten in unserer Gesellschaft sehr stark von **geschlechtsspezifischen Rollenkompetenzen** geleitet wird, müssen die Kinder schon sehr früh lernen, welche biologischen Unterschiede zwischen Jungen und Mädchen bestehen, welche stereotypen Annahmen bezüglich der weiblichen und männlichen Rollenattribute vorliegen und welche Erwartungen die Gesellschaft an Jungen und Mädchen (z. B. im Umgang mit Gefühlen, bei der Lösung sozialer Konflikte, beim Flirtverhalten etc.) hat. Des Weiteren müssen die Kinder lernen, ihr eigenes biologisches Geschlecht und ihre Geschlechtsrolle zu akzeptieren. Diese Akzeptanz ist notwendig, damit sie eine diesbezügliche Identität entwickeln, sich vom entgegengesetzten Geschlecht abgrenzen und in den späteren sexuellen und partnerschaftlichen Interaktionen geschlechtsspezifisch miteinander kommunizieren können (vgl. Alfermann, 1996; Breidenstein & Keller, 1998).

Nach Kohlberg (1974) wird das geschlechtstypische Verhalten nicht durch gesellschaftliche Konditionierungsprozesse vermittelt, sondern stellt ein aktives Gestalten der Kinder dar. Diese müssen sich mit den in den Medien und von den Eltern und anderen Erwachsenen vermittelten geschlechtstypischen Normen auseinander setzen und sie im Spiel und im Umgang mit Altersgenossen erproben. Dabei geschieht die *Entwicklung der Geschlechtsrollenkompetenz* in folgenden vier Stufen (s. Oerter, 1995 b, S. 272 f):

Entwicklungsstufen der Geschlechtsrollenkompetenz

(1) **Unterscheidung der Geschlechter:** Ein Kind muss erkennen können, dass es außer seinem Geschlecht noch ein weiteres gibt und dass dieses Geschlecht als *weiblich* oder *männlich* bezeichnet wird. Des Weiteren muss es erkennen, dass sich alle Menschen auf dieser Welt auf diese beiden unterschiedlichen Geschlechter verteilen und dass die Geschlechter in unserer Gesellschaft ganz bestimmte Aufgaben haben. Das sind Aufgaben, die das Rollenverhalten z. B. von Müttern und Vätern betreffen, die Art der Kleidung, die Art von Benimmregeln etc.

(2) **Identifikation mit einem Geschlecht:** Durch die gesellschaftliche Etikettierung der Geschlechter in Junge oder Mädchen bzw. „Er" oder „Sie" sowie durch die Zuerkennung bestimmter Geschlechtsattribute, erlernt ein Kind relativ schnell, welchem Geschlecht es zugehört und dass es wichtig ist, sich mit diesem Geschlecht zu identifizieren. Findet diese *Identifikation* nicht statt oder wird sie durch eine diesbezüglich unklare Erziehung vermieden, dann können wichtige *geschlechtstypische Einstellungen* nur unvollständig oder fehlerhaft erworben werden. Langfristig kann dies im späteren Alter zu „Störungen der Geschlechtsidentität", „Störungen der Sexualpräferenz" oder „Störungen der sexuellen Entwicklung und Orientierung" führen.

(3) **Auswahl von geschlechtstypischen Attributen:** Nachdem sich ein Kind einem bestimmten Geschlecht zugeordnet hat, muss es aus dem Angebot der Gesellschaft die Attribute auswählen, die zu diesem Geschlecht passen und die es für sich als angemessen erlebt. Dabei muss es die in der Gesellschaft vorliegenden Verhaltensmuster (z. B. in Form der Kleidung, der mimischen und haptischen Bewegungen, der Sprachbenutzung etc.) zu den eigenen Bedürfnissen und Erfahrungen in Beziehung setzen. Auf diese Weise kann jeder Junge oder jedes Mädchen trotz der biologisch vorgegebenen Typisierung eine *persönliche Gestaltung seiner Geschlechtsrolle* vornehmen.

(4) **Aufbau eines konstanten Geschlechtsrollenschemas:** Mit etwa fünf bis sechs Jahren können Kinder erkennen, dass ihr Geschlecht nicht mehr zu ändern ist und dass sie immer ein

Junge oder ein Mädchen bleiben, auch wenn sie sich wie das entgegengesetzte Geschlecht kleiden oder verhalten. Diese Erkenntnis ist ein Zeichen für den Erwerb eines kognitiven Schemas über die *Konstanz seiner Geschlechtsrolle*. Dieses Schema wird über den ganzen Lebensverlauf aufrecht erhalten. Durch seinen Erwerb ist es möglich, Variationen in der Ausgestaltung der Geschlechtsrolle vorzunehmen (durchaus auch in Richtung auf eine Integration von gegengeschlechtlichen Merkmalen), ohne das Identitätsgefühl zu verlieren oder zu einem geschlechtsmäßigen Neutrum zu werden. Der Erwerb eines konstanten Geschlechtsrollenschemas ist insbesondere auch deshalb notwendig, um später polarisierende Tendenzen im Umgang zwischen Mann und Frau (z. B. einen „Kampf der Geschlechter") zu vermeiden.

Die Art des Geschlechts spielt in der Klinischen Psychologie insofern eine Rolle, als dass Jungen (zumindest bis zum Jugendalter) psychische Störungen zwei bis dreimal häufiger als Mädchen aufweisen (siehe Kapitel 3.2) oder dass bestimmte psychische Erkrankungen wie z. B. die „Anorexia nervosa" (Magersucht) vorrangig beim weiblichen Geschlecht auftreten. Viele mangelhafte Kompetenzen des geschlechtstypischen Verhaltens drücken sich später jedoch weniger im Rahmen einer klinischen Störung aus, als in *Partnerschaftsproblemen* im Jugendalter (s. Kap. 4.3.1) oder in der Erwachsenenzeit (z. B. in Form von Trennungen oder Scheidungen; s. Kap. 5.3.6).

4.2.2 Erwerb von Kompetenzen zum Umgang mit Altersgenossen und außerfamiliären Bezugspersonen

Damit die Kinder in der Zeit des Vorschulalters ihre Familie für längere Zeit verlassen können, um sich im Kindergarten, beim Musikunterricht oder bei Freunden aufzuhalten, müssen sie in der Lage sein, mit anderen Kindern umzugehen und die Trennung von ihrer Bezugsperson zu ertragen. Dies ist bei *den* Kindern mit größerer Wahrscheinlichkeit möglich, die ein sicheres Bindungsmuster erworben haben (s. Kap. 4.1.3), mit dessen Hilfe sie den **Umgang mit Altersgenossen** besser bewältigen können. Im Einzelnen müssen sie lernen, ein interessanter Spielpartner zu sein, soziale Konflikte zu lösen und ein prosoziales Verhalten (z. B. Empathie aufbringen, Mitleid haben Geschenke und Freundlichkeiten verteilen etc.) zu zeigen. Außerdem müssen sie sich mit den Interessen und Perspektiven anderer Kinder auseinander setzen und bei Rangeleien oder Diffamierungen selbst verteidigen können (vgl. Petermann et al., 1998, S. 162 ff).

Ebenfalls von großer Bedeutung ist der Erwerb von Kompetenzen im Umgang mit **außerfamiliären Bezugspersonen**. Damit sind Personen wie die Kindergärtnerin, der Nachbar, der Arzt, der Polizist oder der Lehrer gemeint, die sich für die Erziehung der Kinder verantwortlich fühlen. Sie beanspruchen die Verantwortlichkeit insbesondere in Abwesenheit von Vater und Mutter und sehen sich quasi als *elterliche Stellvertreter*. Die Akzeptanz dieses Stellvertreteranspruches fällt insbesondere unsicher gebundenen Kindern schwer, weil sie kein Vertrauen zu Bezugspersonen haben. Deshalb verhalten sie sich häufig abweisend, trotzig-aggressiv oder ausweichend gegenüber den Autoritätspersonen und verwirren damit deren Verhalten.

4.2.3 Erwerb von Rollenkompetenzen des alltäglichen Lebens

Eine weitere Entwicklungsaufgabe von Vorschulkindern zur Verbesserung ihrer sozialen Fertigkeiten besteht im Erwerb von **Rollenkompetenzen des alltäglichen Lebens** (z. B. als Verkehrsteilnehmer, als Kunde, als Restaurantbesucher, als Patient etc.). Da die Ausübung dieser Rollen sehr eng mit dem Erwachsenenstatus verbunden ist, ist der diesbezügliche Kompetenzerwerb für die Kinder sehr attraktiv. Er geschieht im Wesentlichen durch die Beobachtung des Elternverhaltens sowie durch die Imitation von filmischen Vorbildern. (Zum Modell-Lernen s. a. Kap. 6.1.4). Die einzelnen Aufgaben des jeweiligen Rollenverhaltens werden in Form von Verhaltensdrehbüchern im Gedächtnis repräsentiert und im kindlichen Fantasiespiel geübt und vervollständigt.

Damit die Kinder einen möglichst realistischen Einblick in die komplexen Abläufe der verschiedenen gesellschaftlichen Rollenaufgaben erlangen können, sollten die diesbezüglichen Verhaltensweisen möglichst konkret und anschaulich vermittelt werden. Als eine dafür geeignete Lernsituation kann eine *gemeinsame Rollenausübung* (z. B. als Kunde bei einem Geschäftsbesuch oder als Gast bei einem Restaurantbesuch) angesehen werden, in der die Kinder das Rollenverhalten der Erwachsenen beobachten und imitieren können. Störungen beim Erwerb dieser Kompetenzen können dann auftreten, wenn die Kinder die entsprechenden Informationen fehler- oder lückenhaft verarbeitet haben oder wenn die Rollenkompetenzen mangelhaft vermittelt worden sind.

4.2.4 Erwerb von schulspezifischen Kompetenzen

Der **Erwerb von schulspezifischen Kompetenzen** stellt die zentrale Entwicklungsaufgabe des Schulalters (7–12 Jahre) dar. Die Bewältigung dieser Aufgabe ist deshalb so wichtig, weil die Schule nach Oerter (1995 b, S. 277 f) ein eigenständiges Lebenssystem darstellt, das stark durch das „Makrosystem der kulturellen Normen und gesellschaftlichen Arbeitsstruktur bestimmt ist. (…) Das Setting der Schule bewirkt, dass die Kinder im Großen und Ganzen über viele Jahre hinweg relativ gleich behandelt werden, nämlich als Schüler, obwohl sie in ihrer psychischen Entwicklung eine tief greifende Veränderung durchmachen. Schon der Erstklässler arbeitet an seinem Lernplatz letztlich wie der Viert- oder Neuntklässler. Er findet in der Regel eine Lehrperson und viele Schüler vor und die zu bearbeitenden Aufgaben werden von außen herangetragen und müssen innerhalb einer bestimmten Zeitspanne bewältigt werden."

Der Eintritt in das gesellschaftliche System der Schule ist für die meisten siebenjährigen Kinder deshalb eine große Belastung und Herausforderung, weil sich die Interaktions- und Arbeitsformen in der Schule deutlich von denen in der Familie unterscheiden. Der wichtigste Unterschied besteht wahrscheinlich darin, dass die schulischen Anforderungen nicht auf die individuellen Bedürfnisse des einzelnen Kindes zugeschnitten sind, sondern auf das Erlernen bestimmter *gesellschaftlicher Leistungskompetenzen* des späteren Arbeitslebens. Durch den Erwerb dieser normierten Fertigkeiten soll das Kind zu einem „gesellschaftlichen Wesen" erzogen werden und einen Teil seiner Individualität verlieren.

Im Einzelnen werden in der Grundschule folgende Kompetenzen vermittelt: Übernahme von vorgegebenen Leistungsnormen; Bemühen um eine qualifizierte Erfüllung der Normen; Arbeitsdisziplin; Gehorsam gegenüber Vorgesetzten; Zurückstellung persönlicher Bedürfnisse während des Arbeitsprozesses; Kooperation und Konkurrenz mit anderen. Außerdem sollen in der Schule die „Kulturtechniken" des Lesens, Schreibens, Rechnens sowie der Wissensaneignung über Biologie, Erdkunde, Physik, Geographie etc. erlernt werden.

Der beschriebene schul- und arbeitsorientierte Sozialisationsakt führt langfristig dazu, dass die Kinder ein **begabungs- und arbeitszentriertes Selbstkonzept** über sich aufbauen können. Dieses Konzept kann als handlungsleitendes Schema (z. B. in Form eines „guten" oder „schlechten" Lerners) das schulische Arbeitsleben entscheidend beeinflussen. Einen großen Einfluss hat es auch auf den Ausgang von *schulischen Selektionsprozessen* (z. B. in Form der Überweisung auf eine Sonderschule oder der Empfehlung zum Besuch einer Realschule oder eines Gymnasiums), die sehr früh die Weichen für das künftige berufliche und soziökonomische Leben der Kinder stellen. Wegen dieser großen Belastungen entwickeln viele Kinder erstmals in der Grundschule psychische Störungen (s. Remschmidt, 1996, S. 11; s. a. Kap. 3.2).

4.2.5 Erwerb von Gruppenkompetenzen

Eine weitere Entwicklungsaufgabe zur Förderung der sozialen Fertigkeiten besteht im Erwerb von Gruppenkompetenzen. Sie beziehen sich im Wesentlichen auf den Umgang mit *Altersgenossen* (bzw. *Peers*). Mit dem englischen Begriff Peers werden Kameraden und Kameradinnen bezeichnet, mit denen man vielfältige Interessens- und Statusgemeinsamkeiten aufweist und in spezifischer Weise als Spiel-, Schul-, Sport- oder Arbeitsgefährte zusammen lebt. Der Erwerb der Peergruppenkompetenzen beginnt im Kindergarten und in der Grundschule. Er setzt voraus, dass man seine egozentrische Position zu Gunsten einer Gruppenperspektive und eines Gruppenwirs aufgegeben hat.

Des Weiteren müssen die Kinder bereit sein, sich mit Kameradinnen und Kameraden auf ein gemeinsames Spiel- oder Arbeitsthema zu einigen, bei abweichendem Interesse die Mehrheitsmeinung zu akzeptieren und Führer- oder Gefolgschaftsrollen zu übernehmen. Besonders typisch für ein Gruppenleben ist die *Hierarchiebildung* (z. B. über den stärksten Jungen, das klügste Mädchen etc.), die eine wettbewerbsorientierte gesellschaftliche Etikettierung darstellt und beträchtliche Bemühungen erfordert, die zugeordnete Hierarchieposition zu akzeptieren. Besondere Schwierigkeiten mit der Akzeptanz von Gruppenpositionen haben abgelehnte Kinder, weil sich die Ablehnungserfahrung belastend auf alle sozialen Bedürfnisse und Lebensbereiche der Kinder ausdehnen kann.

Nach Resch (1996, S. 67) haben Peergruppenkompetenzen folgende *Bedeutung für den Sozialisationsprozess*:

Auswirkungen von Gruppenkompetenzen auf den Sozialisationsprozess
- Die Kinder lernen sich bezüglich ihres *Einflusses auf andere* und ihres *Ansehens in Gruppen* einzuschätzen.
- Gruppenerfahrungen haben zusätzlich zu den Bindungserfahrungen mit den Eltern und Freunden eine große Bedeutung für das *Selbstwertgefühl* der Kinder.

- Gruppenerfahrungen fördern die *Selbstkonzeptbildung* und den *Ablösungsprozess* von den Eltern.
- Kinder lernen in Gruppen, *Gemeinschaftsnormen* zu erwerben sowie *Affekte* in Gemeinschaften zu *kontrollieren*.
- wegen der statusmäßigen Gleichheit aller Gruppenmitglieder können *symmetrische Interaktionskompetenzen* erworben werden.

4.3 Entwicklungsaufgaben der Pubertät und Adoleszenz

Mit zwölf Jahren endet der Lebensabschnitt der Kindheit und beginnt der des *Jugendalters*. Zu ihm gehören der Zeitraum der **Pubertät** (13 bis 15 Jahre) und der der **Adoleszenz** (16 bis 18 Jahre). Aus der retrospektiven Sicht von Erwachsenen stellt das Jugendalter häufig die wichtigste Zeit des Lebens dar, die durch zahlreiche Schlüsselerlebnisse in Form von Freundschaftsbeziehungen, ersten sexuellen Erfahrungen, Identitätsproblemen, Berufsfindungsproblemen und Loslösungsbemühungen von den Eltern gekennzeichnet ist. Auch viele Lebenspartnerschaften haben im Jugendalter begonnen (vgl. Oerter & E. Dreher, 1995).

Obwohl die Jugendzeit häufig als eine *Übergangsperiode* vom Kinder- zum Erwachsenenstatus bezeichnet wird, finden in ihr so viele neue Lebensvollzüge statt, dass die Zeit besser als ein eigenständiger, sinnbringender Lebensabschnitt anzusehen ist. Dies gilt besonders dann, wenn man die Zeit des jungen Erwachsenenalters (also das Alter bis zu 25 Jahren) auch noch zur Jugendzeit zählt.

Im Jugendalter sind folgende Entwicklungsaufgaben zu bewältigen: (1) Erwerb von freundschaftlichen Beziehungskompetenzen; (2) Erwerb von sexuellen Kompetenzen; (3) Erwerb von Kompetenzen zum Schulabschluss und zur Berufsfindung; (4) Erwerb von Kompetenzen zur Identitätsfindung und (5) Erwerb von Kompetenzen zur Loslösung von den Eltern

4.3.1 Erwerb von freundschaftlichen Beziehungskompetenzen

Das Eingehen von **Freundschaftsbeziehungen** zu männlichen und weiblichen Altersgenossen bzw. -genossinnen hat eine wichtige Funktion im Leben von Jugendlichen, weil sie im Freund oder in der Freundin erstmals in ihrem Leben eine Bezugsperson finden können, zu dem (der) sie eine intensive *symmetrische Bindungsbeziehung* aufbauen können. Diese Beziehung ist durch ein hohes Ausmaß an Nähe und Zuneigung, gegenseitiger Unterstützung und Wertschätzung, emotionaler Sicherheit und Vertrautheit sowie ein enges Bündnis- bzw. Bindungsgefühl gekennzeichnet (vgl. Petermann et al., 1998, S. 162 ff).

Das Eingehen von Freundschaften im Jugendalter ist auch deshalb wichtig, weil die Freundschaften den Verlust der intimen Beratungs-, Hilfs-, Trost- und Schutzbeziehung zu den Eltern ersetzen können. Zum anderen ermöglichen sie neue Lebenserfahrungen in der *Ich-Du-Begegnung* und stellen neben den bereits erworbenen Kompetenzen im Umgang mit Altersgenossen (s. Kap. 4.2.2) und sozialen Gruppenanforderungen (s. Kap. 4.2.5) eine wichtige Basis für die Gestaltung der sexuellen Beziehungen und des späteren Familienlebens dar. Freundschaftliche

Beziehungserfahrungen können in gemeinsamen Gesprächen, Zukunftsplänen, Hobbys, Freizeitunternehmungen etc. geübt und erweitert werden und führen im Allgemeinen zu einer Verbesserung der internen *Selbstkommunikation* und des *Selbstbildes*. Außerdem ermöglichen sie eine Selbstoffenbarung und das Empfangen von personenbezogenen Rückmeldungen.

4.3.2 Erwerb von sexuellen Kompetenzen

Während im Vorschulalter geschlechtsspezifische Rollenkompetenzen zu erwerben sind (s. Kap. 4.2.1), müssen im Jugendalter Kompetenzen zum Aufbau von **intimen heterosexuellen Geschlechtsbeziehungen** erlernt werden. Diese Entwicklungsaufgabe ergibt sich aus der Geschlechtsreife, die bei Mädchen mit ca. 10 bis 11 Jahren und bei Jungen mit ca. 11 bis 13 Jahren beginnt. Die damit einhergehenden zahlreichen körperlichen Veränderungen markieren den biologischen Übergang vom Mädchen zur Frau (bzw. vom Jungen zum Mann) und zusätzlich die soziologische Transsition vom Kind zum Erwachsenen. Letztere drückt sich besonders in den Reaktionen der Umwelt gegenüber weiblichen Jugendlichen aus. Innerhalb einer kurzen Zeitspanne von ca. 1 bis $1\frac{1}{2}$ Jahren kann es z. B. geschehen, dass erwachsene Männer in den weiblichen Jugendlichen plötzlich ein Sexualwesen sehen und ihnen mit einem geschlechtsbezogenen Ansinnen begegnen, das die Jugendliche in ihrem vorangehenden Kinderleben noch nicht erfahren hat.

Um die Fertigkeiten zu einer erfolgreichen Gestaltung von heterosexuellen Beziehungen erwerben zu können, müssen die weiblichen und männlichen Jugendlichen eine Vielzahl von *geschlechtsbezogenen Interaktionserfahrungen* machen, die aus der Lösung folgender Aufgaben bestehen: • Akzeptanz des eigenen Geschlechts und seiner sexuellen Bedürfnisse; • Einüben von sexualitätsbezogenen Handlungsweisen (z. B. Flirtverhalten, Petting, Ausführen von Geschlechtsverkehr, Schwangerschafts- und Aidsverhütung etc.); • Bewältigung von sexualitätsbezogenen Affekten; • Regulierung von Nähe- und Distanzbedürfnissen zum Sexualpartner etc.

Der Erwerb von sexualitätsbezogenen Erfahrungen geschieht meistens im Rahmen von *intimen Beziehungen* zu Altersgenossen, wobei der Freundschaftskreis der Altersgenossen auch die Funktion hat, den Jugendlichen bei der Bewältigung ihrer sexuellen Probleme zu helfen. Da diese Hilfe, zumindest in der frühen Phase der Sexualentwicklung, selten bei den Eltern gesucht wird, können *die* Jugendlichen Schwierigkeiten mit dem Erwerb von sexuellen Kompetenzen bekommen, die sozial isoliert leben und keinen Freundeskreis besitzen.

4.3.3 Erwerb von Kompetenzen zum Schulabschluss und zur Berufsfindung

Der Erwerb von **Schulabschluss- und Berufsfindungskompetenzen** fällt vielen Jugendlichen schwer, weil sie aus unterschiedlichen Gründen Probleme mit dem Übergang von der Schul- in die Arbeitswelt haben. Diese Probleme drücken sich insbesondere in den letzten Hauptschuljahren durch Schulmüdigkeit, Schulschwänzen, Leistungsverweigerung und die Ausbildung von Verhaltensstörungen aus. Da jedoch Arbeit und Beruf in unserer Gesellschaft einen herausragenden Stellenwert haben, stellt der Erwerb eines erfolgreichen Schulabschlusses eine wichtige Entwicklungsaufgabe dar.

Obwohl diese Situation fast allen Jugendlichen und Eltern bekannt ist, ist der Anteil an *Hauptschülern ohne Schulbschluß* mit ca. 63.000 Jugendlichen in den alten Bundesländern Deutschlands (im Schuljahr 1992/93) relativ hoch (s. Hildeschmidt, 1995). Berücksichtigt man des Weiteren das geringe Angebot an Ausbildungsplätzen für Hauptschüler mit einem erfolgreichen Abschluss, dann wird erklärbar, warum viele Hauptschüler ohne Schulabschluss arbeitslos sind.

Die **arbeitslosen Jugendlichen** müssen zusätzlich zur Schmach des Schulabbruches noch die Entwicklungsaufgabe bewältigen, mit den Anforderungen der Arbeitslosigkeit fertig zu werden. Letztere erfordert im Wesentlichen die Ausbildung der motivationalen Stärke, sich trotz zahlreicher Ablehnungen immer wieder von Neuem um eine Arbeitsstelle zu bewerben. Da es ohne einen erfolgreichen Hauptschulabschluss aber häufig nicht gelingt, einen Arbeitsplatz zu finden, stellt die diesbezügliche Kränkung und das Fortbestehen der Arbeitslosigkeit sowie der häufig damit verbundenen Armut und Abhängigkeit von Sozialhilfe (s. Kap. 5.4.1) eine große Belastung für das zukünftige Leben der Jugendlichen dar.

4.3.4 Erwerb von Kompetenzen zur Identitätsfindung

Im Jugendalter müssen Jugendliche lernen, den Übergang vom Kindheits- zum Erwachsenenselbst herzustellen. Diese Aufgabe wird als **Identitätsfindung** bezeichnet. Ihre erfolgreiche Lösung beinhaltet im Wesentlichen die Beantwortung folgender Fragen: Wer bin ich? Wer war ich in meiner Kindheit? Wer will ich in meiner Erwachsenenzukunft sein? Wie kann ich mein Kindheitsselbst mit meinem Jugendlichen- und zukünftigen Erwachsenenselbst verbinden?

Die Suche nach Antworten auf diese Fragen kann nach Marcia (1980) zu folgenden vier *Zuständen der Indentitätsfindung* führen. Einer: (1) diffusen Identität; (2) übernommenen Identität; (3) Moratoriums- bzw. Übergangsidentität und (4) erarbeiteten Identität. Die einzelnen Identitätszustände sollen im Folgenden kurz beschrieben werden (s. Oerter & E. Dreher, 1995, S. 351 ff):

Darstellung verschiedener Zustände der Identitätsfindung
(1) Im Zustand der **diffusen Identität** besteht bezüglich der *Zukunftserwartung* eine *große Unsicherheit*. Es wird keine perspektivische Festlegung auf irgendwelche Ziele im Rahmen von Partnerschaft, Schule, Beruf etc. vorgenommen. Der diffuse Identitätszustand ist häufig mit einem niedrigen Selbstwertgefühl, eingeschränkten zukunftsorientierten Handeln, problematischen Beziehungsverhältnis zu den Eltern und impulsiven Denkstil verbunden.
(2) Im Zustand der **übernommenen Identität** werden die Zukunftsziele von anderen Personen, insbesondere den Eltern, festgelegt. Die kindliche *Abhängigkeit* wird im Jugendalter beibehalten und ist durch eine intensive *Eltern- und Traditionsbindung* gekennzeichnet.
(3) Der Zustand der **Moratoriums- bzw. Übergangsidentität** ist dadurch charakterisiert, dass sich die Jugendlichen z. B. auf Grund ihrer Schüler- oder Studentensituation einen langen *Überlegungszeitraum* für ihre Zukunftsklärung lassen. Das Selbstwertgefühl dieser jungen Menschen ist im Allgemeinen hoch und ihr kognitiver Stil reflexiv, sodass sie ihre *Selbstkonzepterweiterung* in planvoller und überlegter Weise vornehmen können.

(4) Der lange Überlegungszeitraum der Moratoriumsidentität führt häufig zu einer **erarbeiteten Identität.** Diese besteht aus einer *eigenständigen Festlegung* von gesellschaftlichen Wertpositionen, Partnerschaftserwartungen, Berufszielen etc. Der erarbeitete Identitätszustand stellt das Optimalziel einer Selbstentwicklung dar, weil er aus einer aktiv-reflektierenden und aktiv-erprobenden Beschäftigung mit seinen Möglichkeiten und Begrenzungen entstanden ist.

Aus den verschiedenen Identitätszuständen ergeben sich unterschiedliche Belastungen für das tägliche Leben der Jugendlichen. Die stärksten Risiken sind mit dem Zustand einer *diffusen Identität* verbunden, weil hier die Gefahr am größten ist, dass sich die Jugendlichen wegen ihres niedrigen Selbstwertgefühls und des Nichtvorhandenseins von Zukunftsperspektiven nur auf das Gegenwartsleben konzentrieren. Des Weiteren besteht die Gefahr, dass sie sich mit anderen Jugendlichen zusammenschließen, die ebenfalls ohne einen Zukunftsbezug leben und gemeinsam ihren Frust durch einen überhöhten Alkoholkonsum und/oder eine extreme Feindseligkeit gegenüber der Gesellschaft ausleben. In dieser Gruppe ist das Risiko zur Entstehung von psychischen Störungen in Form von Alkoholismus, Drogenabhängigkeit, aggressiv-dissozialen Verhaltensweisen etc. relativ hoch.

4.3.5 Erwerb von Kompetenzen zur Loslösung von den Eltern

Das Jugendalter wird als die Zeit angesehen, in der **Kompetenzen zur Loslösung von den Eltern** und zur Durchführung eines eigenständigen Lebens zu erwerben sind. Diese Aufgabe wird von vielen Jugendlichen oft nicht bewältigt, da sie wegen der langen Schul- und Studienzeiten und der hohen Lebenshaltungskosten häufig weiterhin von den Eltern abhängig sind, sodass sie nur eine teilweise Eigenständigkeit anstreben können. Aus diesem Grunde führen viele Jugendliche ihre Loslösung von den Eltern nicht in Form einer äußeren Trennung durch, sondern in Form einer inneren Trennung.

Die Realisierung der **inneren Trennung** erfordert von allen Beteiligten, also den Jugendlichen und Eltern, die Erkenntnis, dass es für beide Seiten nützlich ist, eine *partnerschaftliche gleichgewichtige Beziehung* aufzubauen. Dabei besteht der Nutzen auf Elternseite in einer geringeren Verantwortung für den Jugendlichen (und später Erwachsenen) und auf Jugendlichenseite in einer zunehmend größeren Eigenständigkeit. Des Weiteren besteht der Vorteil einer partnerschaftlichen Beziehung darin, dass Eltern und Jugendliche langfristig zu Freunden werden und auf dieser Basis die vielen anstehenden Entwicklungsaufgaben der nächsten Lebensabschnitte einvernehmlich bewältigen können. Zu diesen Aufgaben gehört aufseiten des jungen Erwachsenen z. B. das Eingehen einer Ehe, die Gründung einer Familie etc. und aufseiten der Eltern die Übernahme der Rolle von Schwiegereltern, die Betreuung möglicher Enkel etc.

Hinweise auf eine in diesem Sinne einvernehmliche und freundschaftliche Bewältigung der Loslösungsaufgabe der Jugendlichen von ihren Eltern liefern empirische **Befunde einer Jugendbefragung** von Seiffge-Krenke et al. (1996). In dieser Befragung wurde gefunden, dass die meisten Jugendlichen eine *positive Beziehung* zu ihren Eltern wünschen und dass die Loslösungsbemühungen nicht als die primären Stressoren des Jugendalters angesehen werden. Die positive Eltern-Jugendlichen-Beziehung drückt sich u. a. darin aus, dass viele Jugendliche ihre Eltern um Mithilfe bei der Lösung ihrer schulischen und beruflichen Probleme bitten.

Aus den Befunden von Seiffke-Krenke et al. wird ersichtlich, dass eine distanzierende oder feindschaftliche Trennung zwischen Jugendlichen und Eltern nicht die Regel ist, sondern eher die Ausnahme. In den meisten Fällen gelingt es den Jugendlichen nach einer kurzen Krisenzeit relativ schnell, einen partnerschaftlichen Kontakt zu den Eltern herzustellen und eine *bezogene Individuation* vorzunehmen (vgl. Stierlin, 1978; s. a. Kap. 6.3.3).

5 Allgemeine Grundlagen psychischer Störungen in Form von biopsychosozialen Risikofaktoren

In den beiden folgenden Kapiteln sollen allgemeine und spezielle Grundlagen psychischer Störungen vorgestellt werden. Die *allgemeinen* Grundlagen betreffen die Darstellung eines biopsychosozialen Ätiologiekonzeptes, in dem biologisch-organische, psychisch-personale und sozial-familiäre und sozial-ökologische Risikofaktoren als Verursachungsbedingungen für psychische Störungen angenommen werden. Da in dieses Konzept nur Risikowahrscheinlichkeiten aus klinischen Gruppenuntersuchungen eingehen, ist es für die Erfassung der jeweils individuellen Pathogenesebedingungen notwendig, auch die *speziellen* Grundlagen psychischer Störungen vorzustellen. Dies geschieht im Kapitel 6 auf der Basis von behavioral-kognitiven, klientenzentrierten, tiefenpsychologischen und familien-systemischen Störungskonzepten. Diese Störungskonzepte korrespondieren mit den in diesem Buch vorgestellten verschiedenen Psychotherapieverfahren für Kinder, Jugendliche und Familien.

Um die vielfältigen Bedingungen und Prozesse der Störungsentstehung besser verstehen zu können, soll einführend in Abbildung 5.1 auf der Basis eines **Multidimensionalen Pathogenesemodells** ein Überblick über die wichtigsten Einflussbedingungen der Störungsentstehung gegeben werden. Das Modell ist in Anlehnung an Resch (1996, S. 236; s. a. 1999) konzipiert worden und unterscheidet zwischen *biografischen Einflüssen* in Form von biopsychosozialen Risiko- und Schutzfaktoren, *aktuellen krisenhaften Einflüssen* in Form von kritischen Erlebnissen und Bewältigungsproblemen mit Entwicklungsaufgaben sowie *aufrechterhaltenden Einflüssen* in Form von internalen und externalen Verfestigungsprozessen. Letztere sind dafür verantwortlich, dass sich ein ursprünglich „nur" problematisches psychisches Verhalten zu einem gestörten Verhalten entwickeln kann.

Im Zentrum aller genannten Einflussbedingungen steht das *„System Mensch"* mit seinen Verarbeitungsmechanismen in Form von Vulnerabilitäten, Resilienzen, Copingmechanismen und Abwehrstrategien. Im Folgenden sollen die Wirkungsweisen der einzelnen Einflüsse näher erläutert werden:

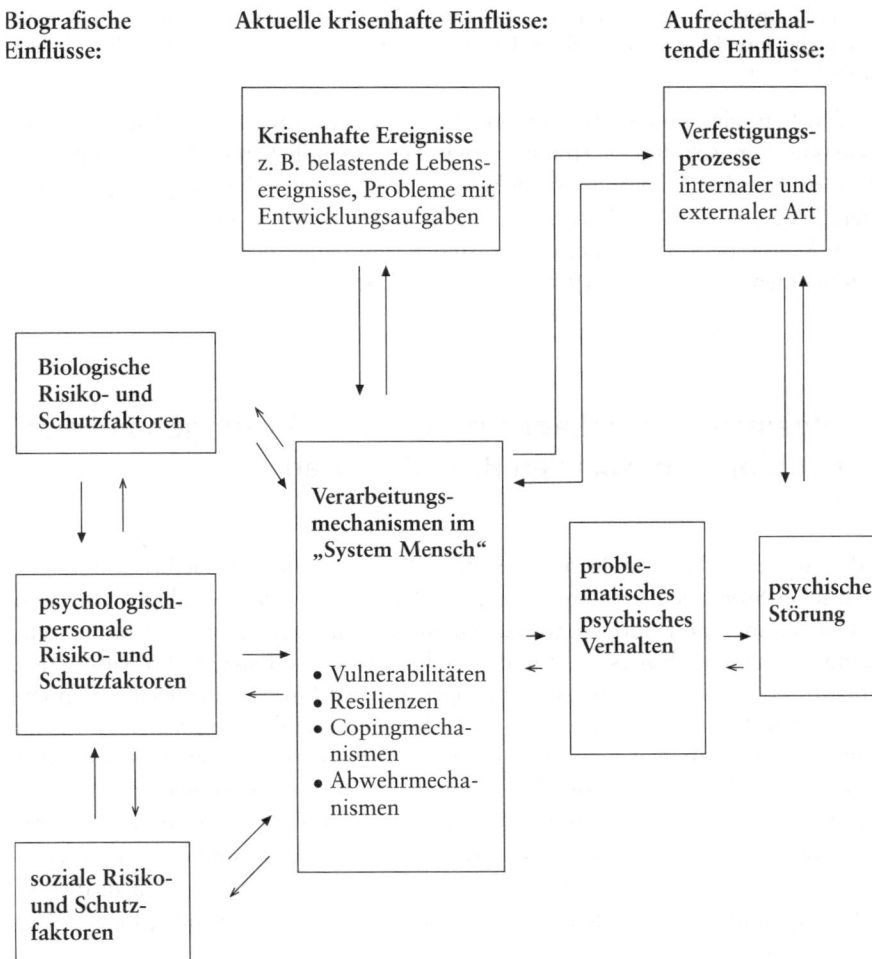

Biografische Einflüsse: Aktuelle krisenhafte Einflüsse: Aufrechterhaltende Einflüsse:

Krisenhafte Ereignisse z. B. belastende Lebensereignisse, Probleme mit Entwicklungsaufgaben

Verfestigungsprozesse internaler und externaler Art

Biologische Risiko- und Schutzfaktoren

Verarbeitungsmechanismen im „System Mensch"

psychologisch-personale Risiko- und Schutzfaktoren

- Vulnerabilitäten
- Resilienzen
- Copingmechanismen
- Abwehrmechanismen

problematisches psychisches Verhalten

psychische Störung

soziale Risiko- und Schutzfaktoren

Abb. 5.1: Multidimensionales Pathogenesemodell von psychischen Störungen bei Kindern und Jugendlichen (in Anlehnung an Resch, 1996, S. 236)

Einflussvariablen des Multidimensionalen Pathogenesemodells
Biografische Einflüsse: Biografische Einflüsse stellen relativ zeitstabile Bedingungen in der Außen- und Innenwelt des Individuums dar, die belastend und/oder schützend auf den Menschen einwirken. Sie werden von aktuellen krisenhaften Einflüssen (s. u.) unterschieden.

Einfluss von Risikofaktoren: Risiko- und Schutzfaktoren stellen allgemeine Rahmenbedingungen innerhalb und außerhalb des „Systems Mensch" dar, die die Wahrscheinlichkeit zur Ausbildung oder Verhinderung einer psychischen Störung beeinflussen. Im Verlauf des Kapitels werden vorrangig biologische, personale, familiäre und ökologische Risikofaktoren s. Kap. 5.1–5.4) vorgestellt.

Die *Wirkweise* der Risikofaktoren ist multidirektional und besteht aus komplexen Interaktionsabläufen zwischen einzelnen Risiko- und Schutzbedingungen (vgl. Bastine, 1998, S. 253 f). Als Beispiele für Risikofaktoren können gelten: genetische Belastungen, ein „unsicheres" Bindungsverhalten, ein feindseliges Familienklima oder Armut in der Familie (ausführlich s. Abb. 5.2).

Einfluss von Schutzfaktoren: Schutz- oder protektive Faktoren stellen Gegenkräfte zu Risikofaktoren dar und können deren Einfluss „abpuffern" oder aufheben. Sie lassen sich in analoger Weise zu den Risikofaktoren in *biopsychosoziale* Schutzfaktoren unterteilen und stellen z. B. genetische Stärken dar, ein „sicheres" Bindungsverhalten, ein liebevolles und wertschätzendes Familienklima oder Wohlstand in der Familie (vgl. Petermann et al., 1998, S. 220 ff; s. a. Kap. 7.1.1).

Aktuelle krisenhafte Ereignisse: Aktuelle krisenhafte Ereignisse haben eine *Auslösefunktion* für die Wirkung der biografischen Einflüsse. Sie stellen eine letzte Schwelle dar, deren Überschreitung die Krisen- und Risikoverarbeitungsmechanismen positiver und negativer Art im „System Mensch" auslösen. Zu krisenhaften Ereignissen können belastende Erlebnisse (z. B. Sitzenbleiben, schwere Erkrankung, Tod eines Elternteils etc.) oder Probleme mit der Bewältigung von Entwicklungsaufgaben gehören.

Einfluss von Vulnerabilitäten: Als Vulnerabilität „wird die individuelle Bereitschaft bezeichnet, unter Risikobedingungen einen negativen Entwicklungsverlauf zu nehmen" (Resch, 1996, S. 22). Die Vulnerabilität äußert sich „als besondere Empfindlichkeit" gegenüber internen und externen Belastungsbedingungen; sie stellt *die* Eigenschaft im „System Mensch" dar, die entscheidet, ob und wie bestimmte Risikobedingungen zur Wirkung kommen. Der Begriff Vulnerabilität wird häufig auch mit dem *Diathese-Stress-Modell* in Verbindung gebracht. Dieses Modell beschreibt die ererbte Neigung (die Diathese), unter Stressbedingungen eine psychische Störung auszubilden. Nach Bastine (1998, S. 263) kann eine Vulnerabilität auf Grund neuer Sichtweisen jedoch auch aus nicht ererbten Faktoren bestehen.

Einfluss von Resilienzen: Als Resilienz (Widerstandskraft) wird die Fähigkeit bezeichnet, sich von den nachteiligen Folgen belastender Erfahrungen zu erholen und in belastenden Lebensumständen ohne offensichtliche psychische Schädigungen leben zu können. Resilienzen stellen die positiven Gegenkräfte zu Vulnerabilitäten dar. Widerstandskräfte bestehen nicht das ganze Leben lang, sondern müssen immer wieder neu erworben werden. Sie können durch die erfolgreiche Bewältigung von Entwicklungsaufgaben oder Stressepisoden entstehen und variieren innerhalb von Lebensabschnitten (vgl. Petermann et al., 1998, S. 222 ff; s. a. Kap. 7.1.2).

Leider wird das Resilienzkonzept in der Literatur trotz seiner Fokussierung auf internale Bedingungen mit dem Schutzfaktorenkonzept vermischt. Es wäre deshalb mit Oerter (1999, S. 5) „wünschenswert, Vulnerabilität und Resilienz eindeutig dem Individuum als System und seinen Prozessen zuzuschreiben. (...) Was zunächst als unabhängiger Schutz- bzw. Risikofaktor wirken mag, wird im Laufe selbstorganisierender Prozesse zu einem Teil des Systems, z. B. in Form von Erlebnisverarbeitung, Handlungskonstruktion und vor allem von Veränderung des Selbstkonzeptes. Auf diese Weise werden Risiko- und Schutzfaktoren zu Bestandteilen von Vulnerabilität bzw. Resilienz."

Einfluss von Copingmechanismen: Als Copingmechanismen werden *Bewältigungsprozesse* bezeichnet, mit denen internale und externale Stressoren in einem häufig mehrstufigen Prozess verarbeitet werden können. Nach Bastine (1998, S. 360) findet die *Stressverarbeitung* primär in Form einer kognitiven Bewertung der Stressreize statt sowie der Ressourcen, die das Individuum zur Bewältigung der Stressoren besitzt. Je nach dem Ergebnis der Bewertung werden dann die entsprechenden Bewältigungshandlungen ausgeführt.

Einfluss von Abwehrmechanismen: Nach dem Konzept der Psychoanalyse haben Abwehrmechanismen die Funktion, bedrohliche Triebimpulse und Affekte so umzuformen, dass sie vom Ich verarbeitet werden können. Gelingt diese Umformung nicht, dann können die

bedrohlichen Impulse zur Grundlage von neurotischen Störungen werden. Als Abwehrmechanismen gelten u. a.: Spaltung, Projektion, Idealisierung, Entwertung, Verdrängung,
Affektisolierung, Reaktionsbildung, Ungeschehenmachen etc. (s. Kap. 6.3.2).

Einfluss des „Systems Mensch": Nach Oerter (1999, S. 1 f) kann der Mensch als ein *sich
selbst organisierendes* System angesehen werden, das bestrebt ist, Informationen so zu
verarbeiten, dass eine Ordnung entsteht und dass die Schutz- und Funktionsfähigkeit des
Systems erhalten bleibt. Systemische Fehlfunktionen können dann eintreten, wenn das
Individuum auf Grund von Vulnerabilitäten, mangelnden Resilienzen sowie problematischen Coping- und Abwehrmechanismen nicht in der Lage ist, die auf es einwirkenden
biopsychosozialen Risikofaktoren und krisenhaften Ereignisse erfolgreich zu bewältigen.

Problematisches psychisches Verhalten: Dieses Verhalten wird vom Individuum als Ergebnis
einer *Nichtbewältigung* der Risikofaktoren und krisenhaften Ereignisse produziert. Es
handelt sich um ein selbstreparatives Verhalten, das unter günstigen Bedingungen noch in
eine positive Richtung korrigiert werden kann. Die psychischen Störungsphänomene
befinden sich noch im Streubereich eines normalen Verhaltens (s. Kap. 1.2), sind aber
bereits als *„subklinische psychische Störungen"* anzusehen. Letztere sind noch nicht
verfestigt und in vieler Weise unspezifisch ausgebildet. Nach Oerter et al. (1999 b, S. 89 f)
ist die Häufigkeit der unspezifischen Störungsphänomene ca. zehn bis zwanzigmal so hoch
wie die von spezifischen Krankheitssymptomen. Beispielsweise finden sich etwa 20 %
subklinische Formen von Zwangsphänomenen bei Jugendlichen und nur 1 bis 3 %
„Zwangsstörungen" im eigentlichen Sinne. Ähnliches trifft auch für den Bereich der
Angststörungen, depressiven Erkrankungen oder dissoziativen Störungen zu.

Aufbau einer psychischen Störung durch Verfestigungsprozesse: Gelingt es dem Kind oder
Jugendlichen nicht, das problematische psychische Verhalten in eine positive Richtung zu
verändern, dann besteht die Gefahr, dass es sich ausweitet und zu einer neuronalen
Verfestigung führt. Tritt dieser Prozess ein, dann sind die psychischen Störungen nach
Grawe (1998, S. 485) „in ihrer Existenz nicht mehr von den ursprünglichen Entstehungsbedingungen abhängig. Sie sind *funktional autonome Attraktoren* geworden, die auf die
verschiedenste Weise aktiviert werden können. (…) Wenn sie aber erst einmal als gut
gebahnte neuronale Erregungsbereitschaften im Gedächtnis gespeichert sind, haben sie
durch Synchronizität (…) Verbindungen zu allen möglichen anderen Wahrnehmungen,
Gedanken, Gefühlen, Erinnerungen usw. hergestellt, die nichts mit den ursprünglichen
Entstehungsbedingungen zu tun haben."

Die *aufrechterhaltenden Bedingungen* psychischer Störungen sind noch relativ wenig
erforscht. Im Wesentlichen dürften es anhaltende Belastungen durch biografische Risikofaktoren und krisenhafte Ereignisse sein, die die Bewältigungsmechanismen des „Systems
Mensch" überfordern. Die produzierten psychischen Störungen stellen dann das Ergebnis
der Fehlbewältigung dar.

Die geschilderten Einflüsse des Multidimensionalen Pathogenesemodells stellen
das Ziel der diagnostischen Störungsanalyse und psychotherapeutischen Beeinflussung dar. Leider sind viele Einflüsse des Modells noch nicht Allgemeingut der
üblichen therapieschulen orientierten Störungstheorien, sodass sie erst langfristig
in die jeweiligen Störungslehren eingehen dürften (vgl. Kap. 6).

Im folgenden Kapitel soll der Aspekt der **biopsychosozialen Risikofaktoren**
näher vorgestellt werden. Er betrifft folgende vier zentrale Belastungsbedingungen: (1) biologische, (2) personale, (3) familiäre und (4) sozioökologische Risikofaktoren (s. Abb. 5.2).

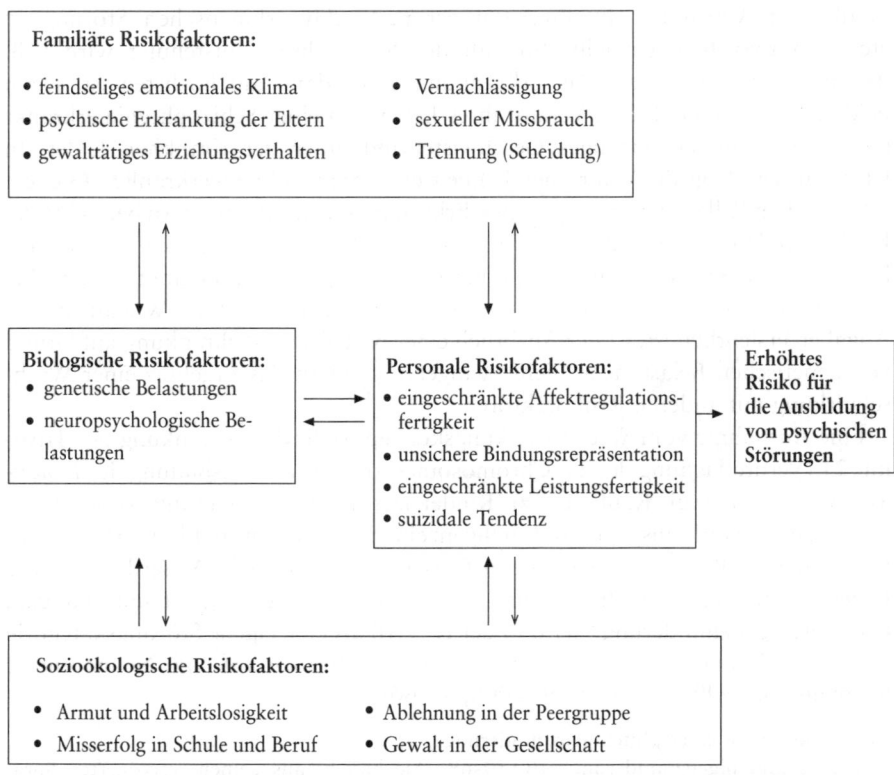

Familiäre Risikofaktoren:

- feindseliges emotionales Klima
- psychische Erkrankung der Eltern
- gewalttätiges Erziehungsverhalten

- Vernachlässigung
- sexueller Missbrauch
- Trennung (Scheidung)

Biologische Risikofaktoren:
- genetische Belastungen
- neuropsychologische Belastungen

Personale Risikofaktoren:
- eingeschränkte Affektregulationsfertigkeit
- unsichere Bindungsrepräsentation
- eingeschränkte Leistungsfertigkeit
- suizidale Tendenz

Erhöhtes Risiko für die Ausbildung von psychischen Störungen

Sozioökologische Risikofaktoren:

- Armut und Arbeitslosigkeit
- Misserfolg in Schule und Beruf

- Ablehnung in der Peergruppe
- Gewalt in der Gesellschaft

Abb. 5.2: Biopsychosoziale Risikofaktoren für die Ausbildung von psychischen Störungen bei Kindern und Jugendlichen

5.1 Biologische Risikofaktoren

Zu den **biologischen Risikofaktoren** sollen alle Arten von Belastungen gezählt werden, die über das Zentrale Nervensystem (ZNS) Einfluss auf den Organismus nehmen können. Dies sind im Wesentlichen Belastungen auf Grund *genetischer Störungen* und *neuropsychologischer Probleme* (z. B. Geburtskomplikationen, Infektionen, Schädel-Hirnverletzungen etc.). Die rechtzeitige Behandlung der neuropsychologischen Belastungsfaktoren ist sehr wichtig, weil die Entwicklung des neurobiologischen Systems nach einem relativ festgelegten Zeitplan geschieht, der sehr störanfällig ist. Dieser Zeitplan bestimmt u. a. den Ablauf der Synapsenentwicklung und beeinflusst damit die Wahrnehmung, Verarbeitung und Speicherung von Umweltreizen in den ersten Lebensmonaten des Kindes (vgl. Petermann et al., 1998, S. 59 ff). Im Folgenden sollen die genetischen und neuropsychologischen Belastungsfaktoren näher vorgestellt werden.

5.1.1 Genetische Belastungen

Nach Steinhausen (1996) und Bastine (1998) werden **genetische Belastungen** vorrangig für die Entstehung von schizophrenen und affektiven Störungen, frühkindlichem Autismus, „Intelligenzminderung", „Hyperkinetischen Störungen" etc. verantwortlich gemacht. Im Fall der Schizophrenieentstehung wird z. B. davon ausgegangen, dass das Erkrankungsrisiko dann am höchsten ist, wenn beide Eltern des Kindes im Verlauf ihres Lebens an einer Schizophrenie erkrankt sind oder wenn ein eineiiges Geschwisterkind unter der Krankheit leidet. In letzterem Fall liegt die Wahrscheinlichkeit einer Schizophrenieerkrankung bei ca. 48 % und im Falle einer schizophrenen Erkrankung von beiden Eltern bei ca. 46 %. In allen anderen Verwandschaftssituationen ist das Lebenszeitrisiko für die Ausbildung einer Schizophrenieerkrankung erheblich geringer; so sinkt es z. B. bei Verwandten zweiten Grades auf unter 5 % (vgl. Sarimski, 1997). Wie aus diesen Angaben ersichtlich ist, ist der Ausbruch einer psychischen Erkrankung auf Grund von genetischen Belastungen nicht zwingend, sondern das Ergebnis einer Wechselwirkung mit anderen Risikofaktoren.

Eine Ausnahme vom Wechselwirkungskonzept stellt die Erkrankung der **Trisomie 21** (Verdreifachung des 21. Chromosomes) dar, die zur Ausbildung des *Down-Syndroms* führt (vgl. Rauh, 1999). Kinder mit dieser Behinderung weisen mehr oder weniger stark ausgeprägte Intelligenzeinschränkungen und körperliche Auffälligkeiten (z. B. einen mongoloiden Gesichtsausdruck) auf. Außerdem ist ihre Lebenserwartung eingeschränkt und ihre Fortpflanzungsfähigkeit unterbunden. Die „Intelligenzminderung" wird in der ICD-10 als eine eigene Störungskategorie definiert (F7) und tritt in folgenden Erscheinungsformen auf (vgl. Neuhäuser & Steinhausen, 1999; s. a. Schmidt, 2000, S. 360):

Ausdrucksweisen einer „Intelligenzminderung"
Leichte „Intelligenzminderung" (IQ 50–69): Sie besteht aus „einem verzögerten Spracherwerb, einem verzögerten Lernen von Alltagsroutinen, Abstraktionsschwierigkeiten und einem erschwerten Erwerb der Kulturtechniken."
Mittelgradige „Intelligenzminderung" (IQ 35–49): Hier ist nach Schmidt (2000, S. 360) „die Entwicklung der passiven wie aktiven Sprache verlangsamt. Die sozialen Fertigkeiten sind auf einfache Funktionen beschränkt. Motorische Fertigkeiten, Blasen- und Mastdarmkontrolle sowie Fertigkeiten der Selbstversorgung werden verzögert erlernt. Nur ein Teil der Betroffenen erwirbt die Kulturtechniken. Dies begrenzt später eine unabhängige Lebensweise dieser Menschen."
Schwere und schwerste Intelligenzminderung (IQ unter 35): Hier ist die Ausbildung der sprachlichen Kommunikation massiv eingeschränkt. Damit können Aufforderungen und Anweisungen nicht mehr verstanden werden und die Lernmöglichkeiten sind nur auf ein Versuchs- und Irrtumslernen und die Imitation einfachster Vorbilder beschränkt. Da häufig auch das Zentrale Nervensystem beeinträchtigt ist, werden die Intelligenzminderungen von *sensumotorischen Defiziten* begleitet. Häufig ist auch die Blasen- und Mastdarmkontrolle eingeschränkt, sodass eine lebenslange Hilfe und Überwachung notwendig wird.

5.1.2 Neuropsychologische Belastungen

Zu den **neuropsychologischen Belastungen** zählen: traumatische Schädigungen, die z. B. im Zusammenhang mit dem Geburtsvorgang entstanden sind; Infektionen (z. B. durch Viren oder Bakterien); Ernährungs- und metabolische Störungen (z. B. eine angeborene Unterfunktion der Schilddrüse); Intoxikationen, die z. B. durch die Drogenabhängigkeit der Mutter während der Schwangerschaft entstanden sind oder hirnbeengende Prozesse (z. B. durch Tumore).

In der klassischen Psychopathologie wurden die durch diese Belastungen entstandenen Störungen häufig auch als *Hirnorganisches Psychosyndrom, Minimale cerebrale Dysfunktion* oder *Frühkindliche Hirnschädigung* bezeichnet. Nach Neuhäuser (1996, S. 282) kann sich eine neuropsychologische Störung in Schwierigkeiten beim Sprechen, Lesen, Schreiben oder Rechnen, in der Wahrnehmung, beim Planen oder Ausführen von Handlungen etc. ausdrücken. Außerdem können cerebrale Werkzeugstörungen wie Aphasien (Sprachstörungen) oder Apraxien (Handlungsstörungen) auftreten. Des Weiteren lassen sich unspezifische Hirnfunktionsstörungen wie eine eingeschränkte Merkfähigkeit, Psychomotorik oder Impulskontrolle beobachten.

Eine besondere Bedeutung für die Pathogenese neuropsychologischer Störungen haben **traumatische Geburtsschäden**. Dazu zählen die perinatale Anoxie (verminderte Sauerstoffversorgung des kindlichen Gehirns), mechanische Verletzungen des Hirngewebes während der Geburt und durch intrauterine Dystrophie ausgelöste Frühgeburten. Können die Eltern die kindlichen Probleme allein oder mit professioneller Hilfe z. B. im Rahmen der Frühförderung (s. Kap. 1.6) bewältigen, dann wächst die Wahrscheinlichkeit, dass sich die Kinder nach zwei bis drei Jahren von geringen oder mittleren cerebralen Schäden wieder erholen können. Weisen die Eltern jedoch Partnerschaftsprobleme, Persönlichkeitsprobleme, psychische Erkrankungen (z. B. Alkoholismus oder Drogensucht) etc. auf oder sind sie allein erziehend und für die Versorgung mehrerer Kinder zuständig, dann steigt die Wahrscheinlichkeit einer Chronifizierung der neuropsychologischen Belastung und späteren Ausbildung von „Hyperkinetischen Störungen" (Steinhausen, 2000).

Neben neuropsychologischen können auch **neurochemische Belastungen** in Wechselwirkung mit anderen Faktoren zu psychischen Störungen führen. Neurochemische Stoffwechselveränderungen (z. B. in Form von *Neurotransmitterstörungen)* werden insbesondere im Rahmen der Pathogenese von „Affektiven Störungen", „Schizophrenie" und Substanzmittelabhängigkeit (Alkohol- und Drogensucht) gefunden. Dabei ist bisher jedoch nicht eindeutig geklärt, ob die Stoffwechselveränderungen die Ursache oder das neurochemische Korrelat der Störungen sind.

5.2 Personale Risikofaktoren

Die **personalen Risikofaktoren** beziehen sich ähnlich wie die biologischen Faktoren auf die Person des Kindes oder Jugendlichen, unterscheiden sich von diesen aber dadurch, dass sie primär das Ergebnis von längerfristigen Lernprozessen sind, in denen soziale, emotionale und kognitive Prozesse zum Erwerb von *belastenden Verhaltensmustern* geführt haben. Durch diese Muster wird die Anpassungsfähigkeit der Kinder und Jugendlichen an ihre Umwelt erheblich gestört, sodass die Wahrscheinlichkeit zur Ausbildung von psychischen Störungen steigt, wenn diese Muster mit anderen Risikofaktoren zusammentreffen. Im Einzelnen sollen folgende personale Risikofaktoren vorgestellt werden: (1) eingeschränkte Affektregulationsfertigkeit; (2) unsichere Bindungsrepräsentation; (3) eingeschränkte Leistungsfertigkeit und (4) suizidale Tendenz.

5.2.1 Eingeschränkte Affektregulationsfertigkeit (Schwieriges Temperament)

Die **eingeschränkte Affektregulationsfertigkeit** bezieht sich im Wesentlichen auf die Verarbeitung von negativen Affekten und weist enge Bezüge zum *Emotionssystem* auf. Dieses lässt sich nach Krause (1998, S. 27) durch sechs Komponenten beschreiben, die sich im Verlaufe der Entwicklung ausbilden können. Es handelt sich um eine: (a) expressive Komponente, in der die angeborenen Affekte der Freude, Trauer, Wut, Überraschung, Furcht, Verachtung und des Ekels ausgedrückt werden können; (b) physiologische Komponente, die aus einer Aktivierung des autonomen und endokrinen Nervensystems besteht, das das Ausmaß der inneren Handlungsbereitschaft steuert; (c) motivationale Komponente, mit der die Verhaltensanbahnungen vorgenommen werden können; (d) gefühlswahrnehmende Komponente; (e) gefühlsbewusstmachende und (f) gefühlsbenennende Komponente. Emotionen haben im Wesentlichen eine aktivierende und sozial signalisierende Funktion und beeinflussen in sehr hohem Ausmaß in Form von Ängsten, depressiven Verstimmungen, Wut- und Aggressionsreaktionen, motorischen Unruhezuständen sowie Alexithymie (mangelnde Fähigkeit, „Gefühle zu lesen") das Verhalten von Menschen (vgl. Petermann et al., 1998, S. 122 ff).

Häufig drückt sich eine eingeschränkte Affektregulationsfertigkeit bei Kindern in der Ausbildung des komplexen Musters eines **Schwierigen Temperaments** aus, das nach Zentner (1998, S. 76 ff) durch folgende Charakteristika gekennzeichnet ist: ● eine unregelmäßige Regulation von biologischen Funktionen; ● das Zeigen von Vermeidungsreaktionen angesichts neuer Menschen und Situationen; ● ein langsames Anpassungsverhalten an neue Situationen ; ● eine hohe Intensität von Reaktionen; ● eine vorwiegend negative Stimmungslage; ● ein unregelmäßiges Ess- und Schlafverhalten und ● eine heftige emotionale Reaktion auf Frustrationen.

Als besonders belastend für die Affektregulation hat sich eine *hohe Ablenkbarkeit* (bzw. Irritabilität) erwiesen. Diese drückt sich im Wesentlichen durch eine Imbalance in den Orientierungs- und Regulationshandlungen von Kindern aus und tut sich häufig durch ein intensives und langes *Schreien* kund. Aus diesem Grunde werden die betroffenen Kinder häufig auch als „Schreikinder" bezeichnet.

Nach Rauh (1995, S. 197) ist **Schreien** „ein häufiges Ausdrucksmittel für Hunger, allgemeine Unruhe, Schmerzen und Unwohlsein; aber auch für Schwierigkeiten beim Wechsel vom Aufwachen zum Einschlafen sowie für Überforderung und Unterforderung. Schreien ist ein *Notsignal* und auch für den Säugling unangenehm. Bereits Neugeborene zeigen große interindividuelle Unterschiede in der Häufigkeit und Intensität des Schreiens bzw. darin, wie rasch und unvermittelt sie ins Schreien geraten und wie leicht sie sich wieder beruhigen lassen" (vgl. Papoušek, 1999; Wolke, 1999; s. a. Kap. 4.1.1).

Kinder mit dem Verhaltensmuster einer eingeschränkten Affektregulationsfertigkeit stellen für die Bezugspersonen eine große Belastung dar. So haben Van den Boom und Hoeksma (1994) gefunden, dass Mütter von Kindern mit einem *positiven* Temperament mehr Blick- und Körperkontakt zu ihnen pflegten, für positive Emotionssignale empfänglicher waren und sie effektiver stimulierten als Mütter von Kindern mit einem *schwierigen Temperament*. Diese verbrachten sehr viel Zeit damit, ihre Kinder zu beruhigen oder hatten es sich angewöhnt, auf die innere Unruhe der Kinder überhaupt nicht zu reagieren. Dieses Nichtbeachten der unangenehmen Affekte ihrer Kinder führte leider dazu, dass die Mütter gegen Ende des ersten Lebensjahres häufig eine unsichere Bindung zu ihren Kindern aufgebaut hatten.

Wie Lebenslaufanalysen der Kinder mit einem Schwierigen Temperament gezeigt haben, weisen diese Kinder eine erhöhte Wahrscheinlichkeit für die Ausbildung von „Hyperkinetischen Störungen" und der „Störung des Sozialverhaltens" auf (vgl. Scheithauer & Petermann, 2000; s. a. Kap. 16 u. 17).

5.2.2 Unsichere Bindungsrepräsentation

Damit ein Kind in angst- und stressauslösenden Situationen seelisch nicht verzweifelt und psychisch zusammenbricht, benötigt es eine tröstende, fürsorgliche und beruhigende Unterstützung durch eine erwachsene Person. Diese Unterstützung wird gemeinhin durch die Mutter und den Vater gegeben, an die (den) sich das Kind dann „bindet". Das *Bindungsverhalten* wird im Lauf der frühkindlichen Entwicklung (in der Regel bereits am Ende des ersten Lebensjahres) mit den kindlichen Bindungsbedürfnissen und den erlebten elterlichen Befriedigungsreaktionen in Form eines *Bindungsschemas* im Gedächtnis repräsentiert, wobei das Schema zwischen den Qualitäten einer *sicheren* und mehreren Komponenten einer *unsicheren* Bindung variieren kann. Bietet die Bezugsperson bei einem Auftreten von seelischem Stress dem Kind eine zuverlässige, körperkontaktorientierte, beruhigende und tröstende Hilfe an, dann liegt die Qualität einer sicheren Bindung vor (s. Kap. 4.1.3).

Eine **unsichere Bindungsrepräsentation** ist dadurch charakterisiert, dass die geschilderten elterlichen Eigenschaften nicht regelmäßig, gar nicht oder in problematischer Weise dem Kind in Belastungssituationen vermittelt werden. Auf Grund dessen erwirbt das Kind ein unsicheres Bindungsmuster, das es auf den Kontakt mit anderen Menschen überträgt und das seinen Umgang mit Stress-Situationen, neuen Umweltbedingungen und Lernanforderungen in negativer Weise beeinflusst. Das unsichere Bindungsmuster kann sich bei Kindern isoliert oder in Kombination folgender drei Bindungsrepräsentationen ausdrücken (vgl. Petermann et al., 1998, S. 151 ff):

Ausdrucksweisen einer unsicheren Bindungsrepräsentation
- **Unsicher-ambivalentes Bindungmuster:** Kinder mit dieser Bindungserfahrung sind nicht gewiss, ob die Bindungsperson in Belastungssituationen eine tröstende Hilfe anbieten wird oder vom Kind verlangt, die Stress-Situation selbst zu bewältigen. Um sich den Bindungsschutz dennoch zu sichern, reagieren Kinder mit diesem Muster häufig sehr früh mit dem Senden von Bindungssuchsignalen und entwickeln eine *starke Abhängigkeit* von ihren Eltern, die häufig durch die Ausbildung von Trennungsängsten und Autonomiehemmungen gekennzeichnet ist (vgl. Carlson & Sroufe, 1995).
- **Unsicher-vermeidendes Bindungsmuster:** Kinder mit diesem Muster vermeiden es in Notsituationen auf Grund einer regelhaft erfahrenen Zurückweisung durch die Eltern, diese um Hilfe zu bitten. Obwohl das kindliche Vermeidungsverhalten auf den ersten Blick als sehr selbstständig erscheint, sind diese Kinder häufig in Stress-Situationen überfordert, weil sie ihre Ängste, Enttäuschungen, Wutreaktionen etc. nicht selbst bewältigen können und das Vertrauen zu Bezugspersonen verloren haben. Sie neigen deshalb zu *Gefühlsverdrängungen* und *Überforderungsreaktionen*.

- **Unsicher-desorganisiertes Bindungsmuster:** Kinder mit diesem Muster sind in ihrer Entwicklung am stärksten gefährdet, weil sie regelhaft ein Verhalten ihrer Bezugsperson erlebt haben, das sie im extremen Ausmaß *verwirrt* hat. Dies kann eine emotional desinteressierte Reaktion der Eltern gewesen sein (z. B Lachen, Wegreden etc. von Bindungsbedürfnissen), eine Nichtbeachtung der Bedürfnisse auf Grund einer depressiven Erkrankung oder eine Bestrafung für die Äußerung dieser Bedürfnisse durch Misshandlungen.

In einer Zusammenfassung der wenigen prospektiven Studien über den Zusammenhang eines unsicheren Bindungsmusters und der Ausbildung von psychischen Problemen kommen Spangler und Zimmermann (1999, S. 186) zu dem Fazit, dass Bindungsunterschiede nachweislich einen Einfluss auf die pathologische Entwicklung im Kindes-, Jugend- und Erwachsenenalter haben, dass aber die Art der Bindungsorganisation nicht allein für eine pathologische Entwicklung verantwortlich ist, weil ein „einzelner Risikofaktor in der Regel kein abweichendes Verhalten vorhersagen kann."

5.2.3 Eingeschränkte Leistungsfertigkeit

Da das Verhalten von Kindern mit zunehmendem Alter in unserer Gesellschaft immer mehr unter einem Leistungsaspekt betrachtet wird, ist eine **eingeschränkte Leistungsfertigkeit** als ein wichtiger personaler Risikofaktor anzusehen. Die Einschränkung kann sich auf Leistungen im sozialen, intellektuellen, gestalterischen, sportlichen, handwerklichen etc. Bereich beziehen und betrifft den Leistungswillen sowie die Sorgfalt und Ausdauer einer Leistung. Des Weiteren ist die Leistungsfertigkeit von den angeborenen Talenten (z. B intellektueller, sportlicher, musischer etc. Art) der Kinder und Jugendlichen abhängig. Dieser Aspekt ist Teil der genetischen Ausstattung (s. Kap. 5.1.1).

Eine eingeschränkte Leistungsfertigkeit kann sich in einer Vielzahl von psychischen Störungen ausdrücken, die im Wesentlichen den schulischen Bereich („Umschriebene Entwicklungsstörungen schulischer Fertigkeiten") und den sozialen Bereich („Störung des Sozialverhaltens") betreffen. Da der Erwerb einer positiven Leistungsfertigkeit sehr von den Anregungen, Hilfen und Vorbildern des elterlichen und außerfamiliären Milleus abhängig ist, besteht zwischen einer eingeschränkten Leistungsfähigkeit und familiären und sozioökologischen Risikobedingungen eine enge Wechselbeziehung. Im Folgenden sollen kurz die oben genannten Leistungskomponenten beschrieben werden:

Der **Leistungswille** bzw. die **Leistungsmotivation** ergibt sich aus der ursprünglichen *Freude am Selbermachen* und dem *Selbstwirksamkeitsmotiv*. Insbesondere Letzteres ermöglicht es Kindern bereits ab dem Alter von dreieinhalb Jahren, einen Zusammenhang zwischen der eigenen Leistungsbereitschaft und den Ergebnissen dieser Bereitschaft herzustellen. Insofern können sie schon recht früh ihre Leistungsfertigkeit in Wettbewerbssituationen mit anderen Kindern üben und verbessern (s. Oerter, 1995 c, S. 788 ff).

Einschränkungen der Leistungsfertigkeit können sich durch die Unterdrückung des Selbstwirksamkeitsmotivs und damit aller intrinsisch-motivierten Tätigkeiten ergeben (s. die entsprechende Annahme des klientenzentrierten Störungskonzeptes; Kap. 6.2.1) oder durch eine erzieherische Abwertung der Leistungsbereitschaft und der vom Kind erzielten Leistungsergebnisse. Auf diese Weise werden leistungshemmende Selbstattributionen und Minderwertigkeitsgefühle aufgebaut.

Die **Leistungssorgfalt und -ausdauer** ist eine andere wichtige Komponente der Leistungsfertigkeit. Sie ist vom Anspruchsniveau des Leistenden, seinem Aufgabenverständnis und seiner Selbstrückmeldung über das Ausmaß der Aufgabenbewältigung abhängig. Das *Anspruchsniveau* gründet sich auf die Erwartungen bezüglich der einzusetzenden Leistungsbemühungen und die erwartungsmäßige Vorwegnahme des Leistungserfolges oder –misserfolges (vgl. Heckhausen, 1987). Ist das Anspruchsniveau niedrig, so geben die Kinder und Jugendlichen bereits sehr früh mit ihren Leistungsbemühungen auf oder vermeiden die Lösung von Aufgaben, die ihnen als „zu schwer" erscheinen. Dieses Phänomen wird im behavioral-kognitiven Störungskonzept von Bandura (1979) als eine *gestörte Wirksamkeitsund Ergebniserwartung* bezeichnet (s. Kap. 6.1.4).

Eine weitere Komponente der Leistungssorgfalt und -ausdauer stellt das *Aufgabenverständnis* und das *Selbstrückmeldungsverhalten* über das erreichte Ausmaß der Aufgabenbewältigung dar. Probleme mit einem angemessenen Aufgabenverständnis sind im klinischen Bereich insbesondere im Zusammenhang mit der Lösung von komplexen sozialen Aufgaben (z. B. in Form von Konflikten oder schwierigen Situationen) untersucht worden. So haben z. B. Crick und Dodge (1994) oder Dodge und Schwartz (1997) gefunden, dass Kinder und Jugendliche mit einer „Störung des Sozialverhaltens" Schwierigkeiten mit der Kodierung und Interpretation von sozialen Reizen haben sowie mit dem Entwurf von Lösungsplänen und dem Finden von Lösungsantworten für die Bewältigung von sozialen Anforderungen (vgl. Scheithauer & Petermann, 2000; s. a. Kap. 17.1).

5.2.4 Suizidale Tendenz

Das Verhaltensmuster einer **suizidalen Tendenz** ist nach Bründel (1993, S. 227) u. a. durch starke Belastungsgefühle und die Neigung zur Hoffnungslosigkeit gekennzeichnet. Die *Belastungsgefühle* ergeben sich im Wesentlichen durch chronische Misserfolgs- und Konfliktsituationen sowie tiefe Gefühle von Perspektiv- und Sinnlosigkeit. Die Neigung zur *Hoffnungslosigkeit* kann auf eine niedrige Selbstwertschätzung und ein ängstlich vermeidendes Verhalten zurückgeführt werden.

Der Risikofaktor der suizidalen Tendenz kann im Zusammenwirken mit anderen Risikobedingungen zur Ausbildung von *autoaggressiven Störungen* (vgl. Resch, 1996, S. 299) in Form von Selbstverletzungen (z. B. Ausreißen der Haare) oder der Durchführung von lebensgefährlichen Aktionen (z. B. S-Bahnsurfen) führen.

Besonders deutlich drückt sich die suizidale Tendenz im Selbsttötungsverhalten aus. **Selbstmord** ist nach Oerter und E. Dreher (1995, S. 359 f) die zweithäufigste Todesursache (nach tödlichen Unfällen) bei Jugendlichen. Da viele Todesfälle von Jugendlichen und jungen Erwachsenen durch eine Überdosis von Drogen herbeigeführt werden, ist auch der Drogentod als ein maskierter Suizid anzusehen, an dem im Jahre 1992 2100 Jugendliche und junge Erwachsene gestorben sind.

Häufig geschieht ein Suizidversuch oder ein erfolgreicher Suizid im Rahmen einer „Depressiven Episode". Kinder und Jugendliche, die unter dieser Krankheit leiden, weisen mindestens zwei Wochen lang zwei der folgenden drei Symptome auf: (a) eine anhaltende depressive Stimmung; (b) ein Interessens- oder Freudeverlust an Aktivitäten, die normalerweise als angenehm erlebt wurden und (c) einen verminderten Antrieb oder eine gesteigerte Ermüdbarkeit.

Des Weiteren treten neben den Suizidgedanken mehrere Symptome aus folgenden Bereichen auf: ● Verlust des Selbstvertrauens oder Selbstwertgefühles; ● Selbstvorwürfe; ● verminderte Denk- und Konzentrationsfähigkeit; ● psychomotorische Agitiertheit oder Hemmung; ● Schlafstörungen; ● Appetitverlust oder gesteigerter Appetit.

Obwohl die Ursache einer Depressionserkrankung bisher noch nicht eindeutig geklärt worden ist, besteht eine große Wahrscheinlichkeit, dass das Verhaltensmuster der suizidalen Tendenz als ein Risikofaktor für die Pathogenese einer Depressionserkrankung anzusehen ist.

5.3 Familiäre Risikofaktoren

Da die Familie nach Bastine (1998, S. 463) „eine der wichtigsten gesellschaftlichen Instanzen der Sozialisation ist, die – zumindest bis zum Kindergarten und Schuleintritt – nahezu konkurrenzlos die kindliche und später auch weitere Entwicklung des Menschen beeinflusst", haben **familiäre Belastungsfaktoren** ein besonders großes Gewicht bei der Pathogenese und Aufrechterhaltung von psychischen Störungen bei Kindern und Jugendlichen. Sie werden deshalb getrennt von anderen sozialen Belastungsfaktoren, die in der Rubrik *sozioökologische Faktoren* zusammengefasst werden, angeführt. Im Einzelnen sollen folgende familiäre Belastungsfaktoren näher dargestellt werden: (1) feindseliges emotionales Klima; (2) psychische Erkrankung der Eltern (3) gewalttätiges Erziehungs-verhalten; (4) Vernachlässigung; (5) sexueller Missbrauch; (6) Trennung (Scheidung).

5.3.1 Feindseliges emotionales Klima

Empirische Untersuchungen im Rahmen der *Expressed Emotions Forschung* (vgl. Hahlweg, 1996a) haben ergeben, dass ein **feindseliges emotionales Klima** zwischen Eltern und Kindern (bzw. Jugendlichen) einen negativen Einfluss auf den Verlauf von psychischen Störungen (z. B. Schizophrenie, Asthma, Neurodermitis, Ess-Störungen oder Depression) hat. Das negative emotionale Klima ist durch folgende Merkmale gekennzeichnet: *Feindseligkeit, Kritik* und *emotionales Überengagement* in Form übertriebener affektiver Reaktionen. Die Merkmale bestimmen primär im Rahmen der nicht-verbalen Kommunikation das elterliche bzw. partnerschaftliche Beziehungsverhalten. Sie bestehen u. a. aus dem Vermeiden von Blickkontakt, einer feindseligen oder abweisenden Mimik und Gestik, einer gereizten oder emotional „kalten" Stimme und einer unkontrollierten affektiven Ablehnungsreaktion (vgl. Resch, 1996, S. 212 ff).

Wie empirische Untersuchungen gezeigt haben, liegt die Rate für das erneute Auftreten von schizophrenen Symptomen bei einer hohen Ausprägung des feindseligen familiären Beziehungsklimas bei ca. 50 %. Bei einem niedrigen Ausprägungsgrad des feindseligen emotionalen Klimas liegt die Rückfallsrate hingegen nur bei ca. 20 % (Bastine, 1998, S. 467). Die Befunde werden damit erklärt, dass das feindselige Klima die genetischen Risikofaktoren und personalen Vulnerabilitäten der Patienten aktiviert.

5.3.2 Psychische Erkrankung der Eltern

Eine große Belastung für die gesunde Entwicklung eines Kindes oder Jugendlichen stellt eine **psychische Erkrankung der Eltern** dar. Dieses Risiko liegt besonders dann vor, wenn es sich um die Erkrankung einer *allein erziehenden* Mutter handelt und wenn die Erkrankung über längere Zeit anhält (vgl. Remschmidt & Mattejat, 1994; Mattejat & Lisofsky, 1998). Besonders hoch ist der Belastungsgrad von Kleinkindern, weil Säuglinge noch sehr stark von einer regelmäßigen und angemessenen affektiven Zuwendung und Bedürfnisbefriedigung durch ihre Mütter abhängig sind.

Gut erforscht worden ist der **negative Einfluss von Müttern mit einer Depressionserkrankung** auf die seelische Befindlichkeit ihrer Kinder. Dabei wurde gefunden, dass folgende Merkmale der mütterlichen Erkrankung folgende Auswirkungen auf die Säuglinge haben können (s. Rutter, 1990; zit. a. Petermann et al., 1998, S. 208):

- Die negative mütterliche Stimmung kann im Rahmen des Affektaustausches mit dem Säugling zu einer negativen kindlichen Stimmung führen.
- Die kindliche Regulation von starken unangenehmen Affekten kann durch die mütterlichen Schwierigkeiten, Affektentlastungen ihrer Kinder vorzunehmen, eingeschränkt werden.
- Eine intensive depressive, ichbezogene Wahrnehmung kann die Mütter dazu veranlassen, bedürfnisbezogene Hinweisreize ihrer Kinder zu übersehen.
- Wegen eines generellen Überlastungsgefühls sind depressive Mütter häufig nicht in der Lage, ihre Kinder hinreichend zu versorgen und insbesondere deren Bedürfnisse nach Spiel, Freude und Exploration zu befriedigen.

In ähnlicher Weise sind die Einflüsse von Müttern mit einer schizophrenen Erkrankung oder mit einer Angst- oder Alkoholstörung auf Kleinkinder untersucht worden (vgl. Bastine, 1998, S. 249; Zobel, 1999). Dabei wurde gefunden, dass die seelische Erkrankung der Mutter nur dann eine pathogene Wirkung auf die Kinder hat, wenn der belastende mütterliche Einfluss nicht durch positive Merkmale des anderen Elternteils oder einer anderen Bezugsperson aufgefangen werden kann.

5.3.3 Gewalttätiges Erziehungsverhalten

Ein **gewalttätiges Erziehungsverhalten** von Eltern tritt in der Regel in Form einer seelischen und körperlichen **Misshandlung** der Kinder auf. Die *seelische* Misshandlung bezieht sich nach Bastine (1998, S. 458) auf eine „tief greifende Ablehnung, Demütigung und Isolation" des Kindes und die *körperliche* Misshandlung auf Tätigkeiten der Eltern, die das Kind körperlich verletzen. Diese Tätigkeiten bestehen u. a. aus Schlägen oder dem Zulassen von Gefahrensituationen (z. B. in Form einer bewussten elterlichen Unachtsamkeit im Straßenverkehr), die dem Kind körperliche Schäden zufügen können.

Misshandlungen können die Grundlage für fast alle psychischen Störungen von Kindern und Jugendlichen sein. Da sie häufig in Kombination mit einer Vernachlässigung oder einem sexuellen Missbrauch auftreten (vgl. Remschmidt, 1997 d), stellen sie sehr große Belastungen für die seelische Entwicklung der Kinder dar, die sich durch die Ausbildung von Komorbiditäten kundtun können und den Erwerb von „Persönlichkeitsstörungen" im Jugendalter (vgl. Petermann et al. 1998, S. 210 ff).

Wegen des gewalttätigen elterlichen Verhaltens werden nicht nur die kindlichen Beziehungsbedürfnisse schwer traumatisiert, sondern auch *aggressive elterliche Verhaltensstile* vorbildhaft vermittelt. Diese können zu großen sozialen und kommunikativen Problemen mit anderen Kindern und Erwachsenen führen. Wie Scheithauer und Petermann (2000) bei der Zusammenstellung der diesbezüglichen Forschungsbefunde festgestellt haben, erhöht ein gewalttätiges Erziehungs- und Kommunikationsverhalten der Eltern, das häufig auch durch männliche Gewalttaten gegenüber Frauen gekennzeichnet ist, das Risiko für die Ausbildung einer „Störung des Sozialverhaltens" in beträchtlicher Weise.

Da ein gewalttätiges Erziehungsverhalten zudem oft mit einem *inkonsequenten Erziehungsstil* der Eltern verbunden ist, führt die erzieherische Mischung aus elterlicher Strenge und Normenambivalenz nach Montada (1995 c, S. 869) häufig dazu, dass die Kinder in ihren *moralischen Urteilskompetenzen* eingeschränkt werden. Diese Einschränkung kann sich u. a. darin ausdrücken, dass die Kinder ihre Gewissensnormen einerseits an Bestrafungssignalen der Umwelt orientieren und andererseits, falls diese Signale ausbleiben, an ihren egozentrischen, häufig sehr unsozialen Bedürfnissen. Durch diese problematische Gewissensbildung wird die soziale Orientierungsfähigkeit und Problemlösungskompetenz der Kinder erheblich behindert (vgl. Kap. 4.1.7 u. 5.2.3).

5.3.4 Vernachlässigung

Nach Bastine (1998, S. 458) besteht eine **Vernachlässigung** (bzw. **Deprivation**) von Kindern und Jugendlichen in der Unterlassung wichtiger versorgender, schützender und erzieherischer elterlicher Handlungen. Die Vernachlässigung ist oft das Ergebnis einer mütterlichen Überforderung (besonders bei allein erziehenden Müttern mit mehreren Kindern), einer erzieherischen Inkompetenz und einer mütterlichen bzw. elterlichen Erkrankung (z. B. Drogenabhängigkeit). Als Folge der Mangelversorgung und der häufig damit einhergehenden emotionalen Vernachlässigung können die Kinder eine unsicher-desorganisierte Bindungsrepräsentation (s. Kap. 5.2.2) und ein Hospitalisierungssyndrom ausbilden.

Das **Hospitalisierungssyndrom** ist erstmals von Spitz (1946) entdeckt worden und bezieht sich auf ein Symptommuster bei vernachlässigten Säuglingen, die in einem Hospital aufwuchsen, in dem sie zwar hygienisch gut versorgt, aber emotional und kognitiv vernachlässigt wurden. Diese Säuglinge zeigten nach einer längeren Leidenszeit Symptome wie: Weinerlichkeit, Traurigkeit, Ablehnung der Umwelt, Appetitverlust, Nahrungsverweigerung, Schlaflosigkeit, Gewichtsverlust, Entwicklungsverzögerungen etc. Die Hospitalisierungssymptome können sich aber auch in einer „Enuresis" oder in Daumenlutschen, Nägelkauen sowie Angststörungen ausdrücken. Sie treten insbesondere auf Grund von Vernachlässigungserfahrungen in den beiden ersten Lebensjahren auf (vgl. Remschmidt, 1997e, S. 402 ff).

5.3.5 Sexueller Missbrauch

Als **sexueller Missbrauch** wird die Vergewaltigung von Kindern zur Befriedigung sexueller Wünsche von Erwachsenen bezeichnet. „Darunter werden sowohl sexuelle Handlungen mit und an Minderjährigen als auch die Beteiligung von Kindern an sexuellen Handlungen ohne direkten körperlichen Kontakt verstanden. Meistens ist damit irgendeine Form von Zwang, Drohung oder Ausnutzung von Autorität verbunden" (Bastine, 1998, S. 458). Eine häufige Form des sexuellen Missbrauchs ist der *Inzest,* worunter man die Ausübung des Geschlechtsverkehrs von Familienangehörigen mit Kindern versteht. Dabei sind sexuelle Beziehungen zwischen Vater und Tochter (bzw. Stiefvater und Stieftochter) am häufigsten.

Nach Remschmidt (1997 e, S. 414) ist der sexuelle Missbrauch nicht primär als das Versagen eines Elternteiles anzusehen, sondern als eine **Störung des gesamten Familiensystems.** „Nach dieser Sichtweise ist z. B. der Inzest nicht der Beginn, sondern die Folge einer länger bestehenden schwer wiegenden intrafamiliären Kommunikationsstörung. *Inzestfamilien* haben Schwierigkeiten, mit den Grenzen zwischen den Familienmitgliedern umzugehen (sog. verstrickte Familien). Sie neigen dazu, zwischen der Familie und der Umwelt besonders starre Grenzen zu errichten. (…) Dies führt dazu, dass sich nahezu alle Aktivitäten innerhalb der Familie abspielen, während nach außen hin eine Abriegelung betrieben wird. Diese Abriegelung führt zur Isolation der Familie und zu einer großen wechselseitigen Abhängigkeit der Familienmitglieder." Durch diese Abhängigkeit werden die *Generations- und Rollengrenzen* zwischen den Erwachsenen und Kindern verwischt und unangemessene Erwartungen an die Kinder (z. B. in Form eines Sexualpartnerersatzes) herangetragen.

Als langfristige Folgen eines chronischen sexuellen Missbrauchs sind spätere sexuelle Befriedigungs- und Partnerschaftsstörungen zu erwarten, Störungen der Identitätsentwicklung, Borderline-Persönlichkeitsstörungen, depressive Verstimmungen mit Suizidgedanken und massive Lern- und Leistungsstörungen. Im Übrigen treten häufig die Symptome einer „Posttraumatischen Belastungsstörung" mit anhaltenden Erinnerungslücken auf, Ein- und Durchschlafstörungen, Reizbarkeit, erhöhter Schreckhaftigkeit, Hypervigilanz und Konzentrationsstörungen.

5.3.6 Trennung (Scheidung)

Da Kinder und Jugendliche bestrebt sind, zu beiden Elternteilen eine *sichere Bindungsbeziehung* (s. Kap. 4.1.3) aufzubauen, hat eine **Trennung** (bzw. **Scheidung**) der Eltern einen belastenden Einfluss auf das Leben der Kinder und Jugendlichen. Dieser besteht im Wesentlichen aus dem Miterleben der oft jahrelangen verdeckten und offenen emotionalen Unstimmigkeiten zwischen den Eltern. Außerdem sind die Eltern durch ihre Beziehungskrise häufig so sehr mit sich beschäftigt, dass ihre emotionale Verfügbarkeit für die Kinder erheblich reduziert ist. Ein weiteres Problem besteht in dem Einbezug der Kinder in die Partnerschaftskonflikte mit der Aufforderung zur Parteinahme. Dieser Einbezug kann zu einem Loyalitätsdilemma und der Bildung eines *malignen Dreiecks* (Triangulation) führen, in dem sich ein Elternteil mit einem Kind gegen den anderen Elternteil verbündet.

Eine weitere Belastung stellt das *Leben nach der Scheidung* dar. So wuchsen 1990 in Westdeutschland 661.000 Kinder bei geschiedenen Eltern und davon 201.000 Kinder bei *allein erziehenden Elternteilen* (meistens der Mutter) auf. Insbesondere diese Situation stellt eine erhebliche Risikobedingung für die Ausbildung von psychischen Störungen dar, denn nach einer repräsentativen Umfrage von Walper (1991) leben mehr als drei viertel aller allein erziehenden Mütter in den alten Bundesländern von Sozialhilfe. Da zu den finanziellen Schwierigkeiten häufig weitere Risikobedingungen hinzukommen, besteht die große Gefahr, dass sich die durch die Trennung entwickelten psychischen Störungen verfestigen und chronifizieren können (vgl. Figdor, 1997).

5.4 Sozioökologische Risikofaktoren

Neben den geschilderten biologischen, personalen und familiären Risikobedingungen beeinflussen auch negative soziologische, ökonomische, kulturelle und gesellschaftliche Faktoren das psychische Verhalten von Kindern und Jugendlichen. Einige dieser Bedingungen sollen im Folgenden in Form von **sozioökologischen Risikofaktoren** vorgestellt werden. Es handelt sich um die Faktoren: (1) Armut und Arbeitslosigkeit; (2) Misserfolg in Schule und Beruf; (3) Ablehnung in der Peergruppe und (4) Gewalt in der Gesellschaft

5.4.1 Armut und Arbeitslosigkeit

Als größter ökonomischer Belastungsfaktor gilt die **Armut und Arbeitslosigkeit**. Beide Kriterien bedingen sich gegenseitig, weil eine langandauernde Arbeitslosigkeit beider Elternteile oder eines allein erziehenden Elternteiles zum Empfang von *Sozialhilfe* führt und dies als zentrales Armutskriterium gilt. Nach Untersuchungen des statistischen Bundesamtes im Datenreport 1997, lebten Ende 1995 mehr als 2,5 Millionen Personen (in etwa 1,3 Millionen Haushalten) in Armut, wobei die Armut in 39 % der Fälle in Haushalten mit drei und mehr Kindern auftrat. Dies waren vorwiegend *Ein-Eltern-Haushalte* (42 %).

Die genannten Daten dokumentieren eine ungleiche Verteilung des Armutsrisikos im Verlauf des Lebenszyklus' von Menschen. Dieses Risiko betrifft insbesondere Kinder; es schränkt erheblich deren Entwicklungschancen ein und kann zu großen psychosozialen und gesundheitlichen Belastungen führen. Will man diese Belastungen reduzieren, so müssen die Ein-Eltern-Haushalte durch intensive finanzielle Zuwendungen in die Lage versetzt werden, den drei und mehr Kindern günstige Entwicklungschancen zu ermöglichen. Besonders wichtig ist dabei auch die soziale Unterstützung des allein erziehenden Elternteils. Diese müsste so geartet sein, dass der Mutter oder dem Vater genügend Zeit für die Versorgung der Kinder und den Aufbau eines eigenen privaten Lebens ermöglicht wird.

Auf Grund zahlreicher epidemiologischer Untersuchungen kann mittlerweile als bewiesen angesehen werden, dass zwischen dem **sozioökonomischen Status** und dem Ausmaß an psychischen Störungen ein umgekehrter Zusammenhang besteht. Als Beispiel kann das Ergebnis der *Midtown-Manhattan-Studie* von Srole et al. (1962; zit. a. Bastine, 1998,

S. 516) genannt werden. Die Autoren fanden, dass in der *höchsten* sozioökonomischen Schicht 30 % der Befragten als „gesund" und 12,5 % als „psychisch beeinträchtigt" diagnostiziert worden waren, während in der niedrigsten Schicht nur 4,6 % als „gesund" und 47,3 % als „psychisch beeinträchtigt" beurteilt wurden. Dieser Trend ist auch in neueren Untersuchungen bestätigt worden (vgl. Dohrenwend & Dohrenwend, 1977).

Zur Erklärung dieses Phänomens werden folgende zwei Hypothesen angeboten: Einmal wird in der Hypothese der *sozialen Kausalität* angenommen, dass belastende sozioökonomische Bedingungen die Ursache für die Ausbildung von psychischen Störungen sind und zum anderen wird in der Hypothese der *sozialen Selektion* angenommen, dass die Menschen in der niedrigsten sozialen Schicht deshalb so viele psychische Störungen aufweisen, weil sie auf Grund dieser Störungen in diese soziale Schicht abgeglitten sind. Dieser Abgleitungseffekt wird auch als „Drift-Hypothese" bezeichnet; er wird durch die „Residual-Hypothese" ergänzt, die besagt, dass die Ansammlung psychisch gestörter Menschen in der niedrigsten sozialen Schicht damit zu erklären ist, dass diese Menschen wegen ihrer vielfachen körperlichen und seelischen Erkrankungen und der geringen ökonomischen Mittel keine Chancen zum Verlassen der untersten Schicht haben.

5.4.2 Misserfolg in Schule und Beruf

Ein **Misserfolg in Schule und Beruf** drückt sich einerseits in einem fehlenden Schul- oder Berufsabschluss aus und andererseits durch die damit verbundenen häufigen negativen Erfahrungen mit Lehrern, Vorgesetzten, Leistungsanforderungen, Schul- und Arbeitskollegen etc. Durch diese oft jahrelang vorhandenen Stressoren wird die Grundlage zu einer Chronifizierung von psychischen Störungen gelegt.

Als eine besonders große Belastung wird ein Verlassen der Hauptschule (bzw. Sonderschule) *ohne Schulabschluss* angesehen. Diese Misserfolgsbedingung betraf 1993 ca. 63.000 Jugendliche; das waren 12 % aller Hauptschulabsolventen. Unter diesen Jugendlichen befanden sich auch 72 % Sonderschüler aus Schulen für Verhaltensgestörte und Lernbehinderte ohne Abschluss. Besonders problematisch an diesen Zahlen ist, dass ca. 90 % dieser Jugendlichen in der Folge *keinen Arbeitsplatz* fanden, sodass sie von Sozialhilfe leben mussten (vgl. Hildeschmidt, 1995).

Die schulischen Misserfolge haben eine multidimensionale Ursache und sind im Wesentlichen als das Ergebnis von personalen, schulischen und familiären Belastungsbedingungen anzusehen. Zu den *personalen* Belastungsbedingungen gehören u. a.: Leistungsmängel, Selbstkonzeptprobleme, affektive Regulationsschwierigkeiten und soziale Schwierigkeiten mit Lehrern, Vorgesetzten, Eltern und Peers. Zu den *schulischen* Belastungsbedingungen gehören u. a.: zu große Klassen, überlastete Lehrer, überfrachtete Lehrpläne, die Ansammlung von „Problemschülern", ein hoher Ausländeranteil und zu den *familiären* Belastungsbedingungen können gerechnet werden: Ablehnung schulischer Forderungen durch die Eltern, schlechte Schulerfahrungen der Eltern, mangelhafte Schularbeitenhilfe, unangemessene Kritik an den Kindern, elterliches Desinteresse etc.

Die aufgezählten Belastungsbedingungen für die Risikoerhöhung eines schulischen oder beruflichen Misserfolges sind in ihrer Vielzahl so gravierend, dass die Wahrscheinlichkeit zur Ausbildung von psychischen Störungen und Komorbiditäten sehr groß ist.

5.4.3 Ablehnung in der Peergruppe

Die **Ablehnung in der Peergruppe** hat für Jugendliche einen sehr hohen Belastungs-
wert, weil die Gleichaltrigen im Jugendalter neben den Eltern zum Hauptbezugs-
punkt des sozialen Lebens geworden sind (s. Kap. 4.3.1). In der Gruppe der Peers
kann der Jugendliche zum ersten Mal in seinem Leben eine *symmetrische
Beziehung* aufbauen, die durch ein sensibles gegenseitiges Verständnis, eine gute
Kameradschaft und eine Toleranz für individuelle Eigenarten gekennzeichnet ist.
Wegen der großen Bedeutung dieser Erfahrungen wirken Ablehnungsreaktionen
der Peers in Form von Ausstoßung, Isolierung oder Verspottung für Jugendliche als
ein großer sozialer Stressor (vgl. Resch, 1996, S. 66 ff).

Die soziale Ablehnung drückt sich u. a. im *Gruppensoziogramm* aus und ist
durch viele negative Benennungen (z. B. „Ich möchte keinen Kontakt zu X haben")
gekennzeichnet. Solche Klassifikationen sind relativ stabil und führen häufig zu
einem fehlangepassten Sozialverhalten, das bereits im Schulkindalter
(s. Kap. 4.2.5) auftreten kann. Es ist u. a. durch aggressiv-dissoziale Verhaltensweisen gekennzeichnet, sozialen Rückzug, depressive Verstimmtheit, suizidale
Tendenzen, soziale Ängste, Schulschwierigkeiten und Selbstwertprobleme.

Da die Ablehnung durch die Peergruppe zudem in einer engen Wechselwirkung
mit vielen der bereits genannten anderen Risikofaktoren wie z. B. einem feindseligen familiären Klima, einem vernachlässigenden oder misshandelnden Eltern-
haus sowie Armut und Arbeitslosigkeit von Jugendlichen steht, wirken die Effekte
additiv belastend und können schon früh zur Ausbildung von psychischen
Störungen, meistens in Form von Komorbiditäten, führen (vgl. Scheithauer &
Petermann, 2000).

5.4.4 Gewalt in der Gesellschaft

Ein weiterer sozioökologischer Belastungsfaktor stellt die Akzeptanz von **Gewalt
in der Gesellschaft** dar. Sie bezieht sich im Wesentlichen auf die *Absenkung der
Gewaltschwelle*. Die Absenkung kann dazu führen, dass bereits acht- und neun-
jährige Kinder durch Erpressungen anderer Kinder, Diebstähle, Beraubung älterer
Leute oder andere aggressiv-dissoziale Relikte auffällig werden. Nach Bründel und
Hurrelmann (1994, S. 33) führt besonders das Verschwinden von sozial-integra-
tiven Normen und Werten in einer „catch-as-catch-can-Gesellschaft" zur Auslösung von Gewalt und zu den beobachtbaren geringen pädagogischen und
staatlichen Reaktionen auf die Gewaltakte. Diese werden durch eine gewaltför-
dernde Politik u. a. in den Bereichen Ausländerintegration, Jugendarbeitslosigkeit,
Verkehrs- und Städteplanung, Justiz und Strafverfolgung etc. verstärkt.

Einen besonderen Stellenwert für die Propagierung und Imitation von Gewalt
hat die *staatlich-legitime Gewaltanwendung*, die sich dann nach Schneider (1994,
S. 51) in eine kriminelle Gewalt verwandeln kann, wenn „eine Gesellschaft Gewalt
legal anwendet, um gesellschaftlich erstrebenswerte Ziele zu erreichen". Zu diesen
Zielen gehören beispielsweise die „Aufrechterhaltung der Ordnung in den Schulen,
die Abschreckung kriminell gefährdeter Menschen, die Verteidigung gegen Aggressionen aus dem Ausland" etc. Je offener und selbstverständlicher die staat-

lichen Gewaltakte ausgeübt werden, umso „größer wird die Neigung potenzieller Rechtsbrecher, Gewalt zur Erreichung ihrer illegitimen Ziele zu gebrauchen."

Auch die Darstellung von *medialer Gewalt* in Illustrierten, Filmen und im Fernsehen unterstützt die genannten Tendenzen. Je häufiger Kinder und Jugendliche sehen, dass Gewalt ein übliches Mittel ist, um die eigenen Interessen durchzusetzen, umso wahrscheinlicher werden sie dieses Mittel auch selbst ohne Furcht vor Strafe einsetzen. Diese Haltung ergibt sich insbesondere auf dem Hintergrund der „Desintegrations-Hypothese", die besagt, dass die einzelnen gesellschaftlichen Gruppen immer weiter auseinander driften und dass der Einzelne immer weniger in gesellschaftliche Bezugsgruppen eingebunden ist. Stattdessen wird eine Orientierung propagiert, die nach Borg-Laufs (1997, S. 158 f) dafür sorgt, „dass Anerkennung und Aufmerksamkeit nur den Erfolgreichen zukommt. Deshalb darf es nicht verwundern, wenn vor allen Dingen Angehörige benachteiligter Bevölkerungsgruppen mit wenig Aussicht auf einen gesellschaftlichen Aufstieg (...) ein gewälttätiges Verhalten zeigen."

6 Spezielle Grundlagen psychischer Störungen auf der Basis von schulenspezifischen Störungsannahmen

Die **speziellen Grundlagen von psychischen Störungen** bei Kindern und Jugendlichen betreffen vorrangig problematische Informationsverarbeitungsmechanismen des „Systems Mensch" sowie problematische soziale Beziehungsbedingungen. Die speziellen Grundlagen werden im Rahmen von *therapie-schulenspezifischen Störungskonzepten* vermittelt, weil es einerseits noch keine allgemeinakzeptierte Störungslehre (deren mögliche Grundlagen in der Einleitung zu Kap. 5 vorgestellt wurden) gibt und weil andererseits ein direkter Bezug zur schulenspezifischen Vorstellung der Psychotherapieverfahren in den Kapiteln 10–13 hergestellt werden soll. In Tabelle 6.1 werden die zentralen Grundannahmen des behavioral-kognitiven, klientenzentrierten, tiefenpsychologischen und familiensystemischen Störungskonzeptes überblicksweise genannt.

Ein Vergleich der Annahmen zeigt, dass insbesondere zwischen dem klientenzentrierten und tiefenpsychologischen Störungskonzept bei durchaus vorhandenen Unterschieden Überlappungen auftreten. Sie beziehen sich im Wesentlichen auf die Betonung der Gefahren eines schlechten Beziehungsverhältnisses zwischen Eltern und Kindern und auf die Nachwirkungen von nicht gelösten existenziellen Konflikten.

Des Weiteren wird deutlich, dass jede schulenspezifische Störungskonzeption im Vergleich zu den Annahmen des im Kapitel 5 dargestellten Multidimensionalen Pathogenesemodells (s. S. 67) Lücken aufweist, sodass keine der Therapieschulen bisher den Anspruch auf eine vollständige Erklärung der Störungsentwicklung erheben kann. Im Folgenden sollen die einzelnen Störungsannahmen schulenspezifisch vorgestellt werden.

Tab. 6.1: Überblick über die speziellen Störungsannahmen der vier wichtigsten Psychotherapieverfahren für Kinder, Jugendliche und Familien

(1) Behavioral-kognitive Störungsannahmen:

- Problematisches klassisches Konditionierungslernen.
- Problematisches operantes Konditionierungslernen.
- Poblematisches Lernen nach dem Zwei-Faktoren-Modell von Mowrer.
- Problematisches sozial-kognitives Lernen.

(2) Klientenzentrierte Störungsannahmen:

- Gestörte selbstinitiierte, intrinsisch-motivierte Erfahrungsprozesse.
- Inkongruenzen zwischen der Allgemeinen Aktualisierungstendenz und Selbstsystemprozessen.
- Gestörtes Beziehungsverhältnis zu sich und anderen.

(3) Tiefenpsychologische Störungsannahmen:

- Gestörte trieb- und affektmotivierte Entwicklung.
- Gestörte Verhaltensregulation durch Abwehrmechanismen auf Grund unbewusster Konflikte.
- Gestörte Selbst- und Sozialentwicklung auf Grund problematischer frühkindlicher Objektbeziehungen.

(4) Familiensystemische Störungsannahmen:

- Problematische familiäre Zielsetzungen, Aufgabenverteilungen und Abgrenzungen.
- Fehlerhafte Abstimmung zwischen familiären Erhaltungs- und Entwicklungsfunktionen.
- Problematische familiäre Kommunikation und Bedeutungsgebung.

6.1 Behavioral-kognitive Störungsannahmen

Die **behavioral-kognitive Psychotherapie** wird nach modernem Verständnis als eine Einheit angesehen, wobei der kognitive Aspekt eine notwendige Ergänzung des behavioralen Aspektes darstellt (vgl. Reinecker, 1999 b). Diese Ergänzung war erforderlich, um den in der orthodoxen Verhaltenstherapie bewusst leergelassenen „schwarzen Kasten" innerseelischen Verhaltens zu füllen und um zu beweisen, dass menschliche Lernprozesse nicht allein durch eine Außensteuerung zu beeinflussen sind. Zu den Einflussgrößen dieser Außensteuerung gehören im klassischen behavioralen Konzept: *Stimulusbedingungen* (S), *Verstärkerbedingungen* (C von engl. consequences) und *Kontingenzbedingungen* (K). Sie wirken auf einen sehr eingeschränkt definierten *Organismus* (O) ein und bedingen das *abhängige Verhalten* (R von engl. response). Formelhaft lässt sich das **klassische Beeinflussungskonzept** mit folgender „Verhaltensgleichung" beschreiben (vgl. Reinecker, 1999 b, S. 89 f):

$$S - O - R - C - K.$$

S bezeichnet *Reizbedingungen* von komplexer Natur (genannt: *Stimuli*), die zeitlich der aufzubauenden Reaktion (R) vorgelagert sind.

O bezeichnet Variablen des *Organismus,* die als relativ konstante Moderatoren von R anzusehen sind und die im klassischen Konzept durch körperliche Merkmale wie Alter, Geschlecht, Trainingszustand, physiologischer Zustand etc. beschrieben werden. Im modernen „kognitiven" Konzept werden darunter Verarbeitungsmechanismen in Form von gedanklichen, motivationalen und emotionalen Prozessen verstanden.

R bezeichnet das aufzubauende *Reaktionsverhalten,* das durch die Außensteuerungsbedingungen geformt und gefestigt wird.

C bezeichnet die dem Verhalten R nachfolgenden *Konsequenzen,* die als *Verstärker* den Aufbau des Verhaltens wesentlich mitbeeinflussen.

K bezeichnet die *Kontingenzen* in Form von zeitlichen und quantitativen Verknüpfungen von R und C. Diese Verknüpfungsbedingungen legen fest, wie löschungsstabil ein R ist.

Das klassische S-O-R-C-K-Modell wurde in der Folge, d. h. nach Vollzug der „kognitiven Wende", in ein **Systemmodell** menschlichen Verhaltens überführt (s. Abb. 6.2 auf S. 91). In diesem Modell wird davon ausgegangen, dass sich die S-, O-, R- und C-Komponenten der „Verhaltensgleichung" durch drei *Bedingungsebenen* beschreiben lassen, die mit den griechischen Buchstaben α, β und γ bezeichnet sind. Dabei kennzeichnet die *α- Ebene* nach Reinecker (1999 b, S. 90) „externe situative Bedingungen", die *β- Ebene* „verdeckte gedankliche Prozesse" und die *γ-Ebene* „überdauernde biologische und physiologische Ausstattungen" und „aktuelle somatische und physiologische Aspekte" des Menschen.

Im Folgenden sollen die Störungsannahmen der behavioral-kognitiven Psychotherapie vorgestellt werden. Es handelt sich um problematische Prozesse des: (1) klassischen Konditionierungslernens; (2) operanten Konditionierungslernens; (3) Lernens nach dem Zwei-Faktoren-Modell von Mowrer und (4) sozial-kognitiven Lernens.

6.1.1 Problematisches klassisches Konditionierungslernen

Im Rahmen des **klassischen Konditionierungslernens** (synonym: *respondentes* Konditionieren, Lernen *bedingter bzw. konditionierter Reaktionen, Signallernen)* wird eine zeitliche und räumliche Koppelung zwischen einem biologisch wichtigen Stimulus (genannt: unkonditionierter Reiz) und einer zunächst neutralen Reizbedingung mit dem Ziel vorgenommen, eine neue Verhaltenskette herzustellen, in der die neutrale Reizbedingung die gleiche biologische Reaktion hervorrufen kann wie der ursprünglich unkonditionierte Reiz. Dieses auf der Bildung von *Assoziationsketten* beruhende Prinzip geht auf Tierexperimente von Pawlow (1849–1936) zurück, der in Experimenten mit Hunden einen ursprünglich neutralen Reiz (z. B. ein Glockensignal) solange mit einem biologisch wichtigen Auslösereiz (z. B. Futter) kombinierte, bis der neutrale Reiz die Speichelsekretion hervorgerufen hat, ohne dass der Futterreiz gezeigt wurde. Damit wurde der neutrale Reiz zum konditionierten Reiz.

Nach Reinecker (1999 b, S. 91) kann dieses Experiment durchaus auch auf Menschen übertragen werden, wobei der unkonditionierte positive „Futterreiz" im **Humanbereich** durch unkonditionierte negative Reize in Form von chronischen

Belastungen, unlösbaren Konflikten und interpersonellen Stress-Situationen ersetzt werden kann. Diese Reize rufen eine organisch bedingte Reaktion (z. B. Angst oder „Somatoforme Störungen") hervor. Da die unkonditionierten Reize häufig auch mit neutralen Situationen verknüpft sind, verbindet das Individuum diese neutralen Situationen im Rahmen des Konditionierungslernens mit den unkonditionierten Reaktionen und kann später in Gegenwart der neutralen Auslöser die Angstreaktionen oder „Somatoformen Störungen" hervorrufen.

Die Gesetzmäßigkeit des klassischen Konditionierens stellt ein Prinzip von Lernen dar, das in der Natur als universell angesehen werden kann. Dabei orientieren sich Lebewesen in ihrer Umwelt so, dass sie Assoziationen zwischen für sie überlebenswichtigen neutralen Hinweisreizen (z. B. bestimmten territorialen Merkmalen) und biologisch wichtigen Reizen wie Futter, Wasser oder Gefahrensituationen herstellen. Insofern stellen die gelernten konditionierten Reaktionen *einfache Prozesse der „Hypothesenbildung"* dar, die als **gelernte Orientierungsreaktionen** das Überleben der Organismen gewährleisten.

Diese Orientierungsreaktionen können jedoch zu psychischen Problemen oder Störungen führen, wenn Verknüpfungen mit neutralen Reizen hergestellt werden, die keinen lebensnotwendigen Hinweischarakter haben. Diese Lernprozesse werden als *problematisches* klassisches Konditionierungslernen bezeichnet. Sie haben nach Bastine (1998, S. 340) eine „außerordentlich große Wirkung für die Klinische Psychologie".

6.1.2 Problematisches operantes Konditionierungslernen

Beim **operanten Konditionierungslernen** (synonym: *instrumentelles* Konditionieren) wird die Auftretenswahrscheinlichkeit eines bestimmten Verhaltens dadurch erhöht, dass es bestärkt bzw. belohnt wird. Der zentrale Unterschied zum klassischen Konditionieren besteht darin, dass dort eine Lernverbindung zu einem vorrangehenden neutralen Reiz aufgebaut wird, während beim operanten Konditionieren eine Verbindung zu einer nachfolgenden Verstärkersituation geschaffen wird. Folgeereignisse beeinflussen somit die Auftretenswahrscheinlichkeit des vorangehenden Verhaltens. Wird durch diese Ereignisse die Auftretenswahrscheinlichkeit des Verhaltens erhöht, dann spricht man von *positiven Verstärkern* (z. B. in Form von sozialen Belohnungen, angenehmen Erlebnissen, Süßigkeiten etc.). Wird die Auftretenswahrscheinlichkeit durch sie verringert, dann spricht man von *Bestrafungsreizen* (s. u.).

Will man ein bestimmtes Verhalten durch den Einsatz von Verstärkern aufbauen, so ist darauf zu achten, dass diese in einem bestimmten zeitlichen und häufigkeitsmäßigen *Kontingenzverhältnis* zum aufzubauenden Verhalten stehen. Dabei sollte in der ersten Aufbauphase von einem Verhältnis von 1:1 ausgegangen und in der Folge zu einem unregelmäßigen Verhältnis (z. B. 4:1) übergegangen werden, wobei die Verstärkung auch zeitlich verzögert gegeben werden kann. Diese intermittierende Verstärkung führt zu einer Stabilisierung des Verhaltens.

Eine besondere Bedeutung für die Verringerung der Auftretenswahrscheinlichkeit eines Verhaltens haben **Bestrafungsreize**. Diese können aus vielen Ereignissen bestehen (z. B. Kritik, Liebesentzug, Wegfall einer Vergünstigung, körperliche

Züchtigung etc.). Viele aggressive und dissoziale Verhaltensweisen von Kindern und Jugendlichen werden durch Bestrafungsreaktionen der Eltern erworben und löschungsresistent gemacht, weil die Eltern die aggressiven und dissozialen Verhaltensweisen ihrer Kinder nicht regelmäßig in einem Verhältnis von 1:1 bestrafen, sondern häufig die Bestrafung unterlassen, sodass das Ausbleiben der Bestrafung von den Kindern als *negative Verstärkung* aufgefasst wird und zu einer Stabilisierung des problematischen Verhaltens führt. Zudem wird die Aufrechterhaltung des Problemverhaltens häufig noch durch ein elterliches Vorbildverhalten unterstützt.

Will man im Rahmen der Erziehung von Kindern und Jugendlichen auf Bestrafungen nicht verzichten, dann sollte man folgende Empfehlungen von Petermann und Petermann (1997 a, S. 39 f) beachten:

Empfehlungen für ein pädagogisch sinnvolles Bestrafungsverhalten

(1) **Sinnvoll strafen:** „Ein unangemessenes Verhalten und eine Strafe müssen im Zusammenhang stehen. Hat ein Kind beispielsweise unerlaubt ferngesehen und darf es deshalb am nächsten Tag nicht fernsehen, so ist dies ein sinnvoller Zusammenhang. Aber: Erhält ein Kind Fernsehverbot, weil es in der Schule etwas angestellt hat, so ergibt diese Strafe für das Kind keinen Sinn."

(2) **Kontingenz beachten:** „Damit eine Strafe die Wahrscheinlichkeit des vorangehenden Verhaltens verringern kann, muss sie in einem engen zeitlichen Zusammenhang zu diesem Verhalten stehen. Dieser ist nicht gegeben, wenn z. B. ein Kind am Nachmittag aus Wut Geschirr auf den Boden geworfen hat und die Mutter daraufhin eine Bestrafung für den Abend ankündigt."

(3) **Strafende Person konstant halten:** „Ist ein Erwachsener bei einem Fehlverhalten eines Kindes anwesend oder erlebt er mit dem Kind eine Konfliktsituation, so muss der betreffende Erwachsene selbst strafend reagieren. Der Satz einer Mutter: Warte nur, bis der Papa heute Abend nach Hause kommt, verdeutlicht eine mangelnde Personenkonstanz."

(4) **Zeitliche Begrenzung der Strafe:** „Eine Bestrafung muss immer zeitlich begrenzt sein. Spricht z. B. eine Mutter mit ihrem Kind zur Strafe den ganzen Tag nicht oder verhängt sie für eine Woche Fernsehverbot, so sind dies (...) zu lange Zeitspannen für Strafen; Strafen werden nur selten dadurch wirkungsvoller, dass sie lange anhalten."

Ein problematisches Konditionierungslernen besteht nicht nur aus dem geschilderten fehlerhaften Bestrafungsverhalten, sondern auch aus der positiven Selbstverstärkung von problematischen Verhaltensweisen. Die kann z. B. darin bestehen, dass problematische hyperaktive Tätigkeiten, Zwangsgedanken, depressive Reaktionen etc. von den Kindern oder Jugendlichen als Entlastung erlebt werden, sodass sie sich nicht weiter darum bemühen, passendere Bewältigungsformen zu suchen. Häufig werden diese Selbstverstärkungsprozesse noch durch Fremdverstärkungen unterstützt, wenn z. B. die Eltern das Zeigen eines problematischen Verhaltens durch Aufmerksamkeitszuwendungen belohnen.

6.1.3 Problematisches Lernen nach dem Zwei-Faktoren-Modell von Mowrer

Die Formulierung des **Zwei-Faktoren-Modells** geht maßgeblich auf Mowrer (1969) zurück. Der Grundgedanke des Modells besteht darin, dass die *Entstehung* einer psychischen Störung mit dem Konzept der klassischen Konditionierung erklärt wird und die *Aufrechterhaltung* der Störung mit dem Konzept des operanten Konditionierens. Versucht man z. B. die Entstehung einer Angststörung zu erklären, dann wird im Rahmen der klassischen Konditionierung angenommen, dass eine bedrohliche Erfahrung (z. B. eine Vergewaltigung) zu Angst- und Panikreaktionen geführt hat und dass die ursprünglich neutralen Umgebungsreize (wie z. B. eine bestimmte Straße) ebenfalls die Angst- und Panikreaktionen auslösen können. Wenn sich in der Folge die vergewaltigte Person darum bemüht, die angstauslösende Straße zu meiden, hat dieses *Vermeidungsverhalten* die Konsequenz, dass keine Angstreaktion auftritt. Es findet somit eine negative Verstärkung durch das Ausbleiben der Angst- und Panikreaktionen statt. Analysiert man die dem Geschehen zu Grunde liegenden Lernprozesse, so lässt sich der erste Lernvorgang mit dem Konzept der klassischen Konditionierung erklären (erster Faktor) und der zweite Lernvorgang mit dem der operanten Konditionierung (zweiter Faktor).

Nach Reinecker (1999 b, S. 96) leistet das Zwei-Faktoren-Modell einen wichtigen theoretischen und klinischen Beitrag, weil es insbesondere die *Löschungsresistenz* konditionierter emotionaler Reaktionen (wie z. B. das Vermeiden der angstauslösenden Straße) erklärt. Nach dem Prinzip des klassischen Konditionierens müsste nämlich die Angstreaktion langfristig verschwinden, weil durch das Vermeidungsverhalten keine Kopplung zwischen dem neutralen Reiz und dem Vergewaltigungserleben hergestellt wird. Damit wären die Bedingungen für den Prozess der Löschung gegeben. Da jedoch das Vermeidungsverhalten im Sinne der operanten Konditionierung durch das Ausbleiben der Angstreaktion negativ verstärkt wird, bleibt die Angst- und Panikstörung erhalten.

In der Praxis hat es sich gezeigt, dass nicht alle neutralen Reizbedingungen eine Auslösefunktion für Angstreaktionen bekommen können. Diese Erkenntnis hat Seligman (1971) dazu veranlasst, eine **Preparedness-Hypothese** aufzustellen. Nach dieser Hypothese können nur diejenigen Reize einen *Angstauslösecharakter* erlangen, die im Rahmen der Evolution darauf „vorbereitet" worden sind, schnelle und stabile Verknüpfungen mit Bewältigungsreaktionen von Gefahren herzustellen. Das sind z. B. bestimmte Umgebungsreize, Dunkelheit, gefährliche Tiere etc. Nach Reinecker (1999 b, S. 98) erklärt das Konzept von Seligman auch, „warum Menschen Phobien in der Regel nicht vor Türklinken, Schreibmaschinen, Bügeleisen, sondern vor Höhen, Dunkelheit, Spinnen etc. entwickeln."

6.1.4 Problematisches sozial-kognitives Lernen

Nach Bastine (1998, S. 341 f) geht die **sozial-kognitive Lerntheorie** davon aus, „dass das menschliche Erleben und Verhalten durch die subjektiv wahrgenommene Realität und Bedeutungsgebung bestimmt wird und dass Personen aktiv und gestaltend auf ihre Umgebung einwirken." Die Theorie geht im Wesentlichen auf Ellis (1962), Bandura (1979) und Beck et al. (1981) zurück. Sie stellt eine Zusammenfügung verschiedener Teilkonzepte dar, die sich auf soziale und kognitive Komponenten des Verhaltens beziehen. Ein wichtiges Ziel der sozial-kognitiven Lerntheorie ist es, Prozesse des *Modell-Lernens* zu erklären, die aus einer Beobachtung eines Vorbildverhaltens und einer Übernahme bestimmter Elemente des Vorbildverhaltens in das eigene Verhalten bestehen.

Nach Hautzinger (1996, S. 211 f) lässt sich die sozial-kognitive Lerntheorie durch folgende Einzelprozesse beschreiben:

Prozesse des sozial-kognitiven Lernens

(1) **Aktive Wahrnehmungskonstruktion:** „Bei der Analyse menschlichen Verhaltens muss in Rechnung gestellt werden, dass die Umgebung (als Stimulus) aktiv von den Menschen wahrgenommen und organisiert wird."

(2) **Subjektive Bewertung:** „Abhängig von der biologischen Ausstattung, der Lerngeschichte und dem momentanen Zustand (z. B. Hunger, Durst, Ermüdung etc.), werden Situationen von Individuen unterschiedlich bewertet."

(3) **Planvolle Informationsverarbeitung:** „Selbst in einfachen Lernversuchen werden Funktionen wahrgenommen, gespeichert, transformiert und zu sinnvollen Einheiten zusammengesetzt."

(4) **Erwartungsbildung:** „Dabei ist zu unterscheiden zwischen Erwartungen hinsichtlich der Spezifika von Situationen, eigenen Handlungen und des Handlungsausgangs."

(5) **Selbstregulation:** „Unter der Fähigkeit zur Selbstregulation versteht man die Tatsache, dass Menschen in der Lage sind, das eigene Verhalten vor dem Hintergrund biologischer und situativer Variablen bis zu einem gewissen Grad selbst zu steuern. Den Prozess der Selbstkontrolle kann man in die Elemente der Selbstbeobachtung, Selbstbewertung und Selbstverstärkung unterteilen."

Diese primär *kognitiven* Charakteristika des Lernens sind Ausdruck der „kognitiven Wende", die die klassische Verhaltenstherapie genommen hat. Sie stellen theoretische Ausfüllungen der Organismus-(O)Variablen in der eingangs erwähnten „Verhaltensgleichung dar". Die kognitiven Charakteristika haben auch dazu geführt, dass menschliches Verhalten heute in moderner Weise durch ein Systemmodell erklärt wird.

Nach Reinecker (1999 b, S. 109) findet im **Systemmodell menschlichen Verhaltens** eine Kombination der klassischen und operanten Konditionierung sowie des Zwei-Faktoren-Modells mit den eingangs erwähnten α-, β- und γ-Variablen statt. In Abbildung 6.2 wird das Systemmodell menschlichen Verhaltens dargestellt.

Wie aus der Abbildung zu erkennen ist, wird das menschliche Verhalten (R-) als eingebettet in auslösende (S-) sowie aufrechterhaltende Bedingungen (C-) angesehen. Außerdem wird ein *Selbstregulationssystem* angenommen. Alle Aspekte der „Verhaltensgleichung" sind durch α-, β- und γ-Variablen gekennzeichnet, wobei aus verständlichen Gründen das Selbstregulationssystem nur durch β- und γ-Variablen charakterisiert ist.

Im Modell beschreiben die **α-Variablen** nach Reinecker (1999 b, S. 90) „externe situative Bedingungen, aber auch beobachtbare Merkmale des Verhaltens selbst, wenn sie z. B. als Auslöser oder als Konsequenz ein Element der Verhaltenskette darstellen." Die **β-Variablen** umfassen „verdeckte gedankliche Prozesse, die ebenfalls als Auslöser, als Merkmale oder Konsequenzen des menschlichen Verhaltensablaufes gesehen werden können" und die **γ-Variablen** umfassen sowohl „die überdauernde biologische und physiologische Ausstattung des Menschen (z. B. Alter, Geschlecht etc.), als auch aktuelle somatische und physiologische Aspekte (z. B. Medikation, Alkohol etc.)."

Der **dynamische Interaktions- und Rückkoppelungscharakter** kommt in der Abbildung 6.2 durch die dicken und dünnen *Pfeile* zum Ausdruck. Der Interaktionscharakter vermittelt nach Reinecker (1999 b, S. 111) die Erkenntnis, „dass

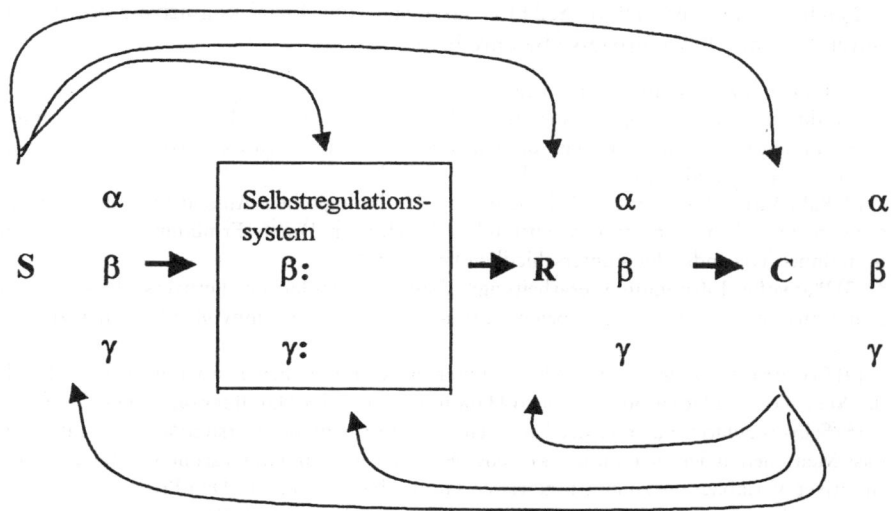

Abb. 6.2: Darstellung des Systemmodells menschlichen Verhaltens (Reinecker, 1999 b, S. 109)

menschliches Verhalten nicht nur als Reaktion auf situationale Bedingungen gesehen (werden kann), sondern dass die situativen Bedingungen, Umgebungen etc. auch Ergebnisse eines aktiven Eingriffes von Menschen in externe und z. T. interne Bedingungen darstellen."

In diesem Zusammenhang ist auch auf das **Selbstwirksamkeitskonzept** von Bandura (1979) zu verweisen, das im Rahmen der β-Variablen zwischen Ergebnis- und Wirksamkeitserwartungen unterscheidet. Die *Wirksamkeitserwartungen* entspringen der Überzeugung einer Person, die Fähigkeit zu besitzen, einen aktiven Einfluss auf die Umwelt nehmen und viele Bedürfnisse selbst befriedigen zu können; und die *Ergebniserwartungen* beziehen sich auf die Überzeugungen einer Person, bestimmte Kompetenzen zu besitzen, um mit ihrer Hilfe bestimmte Handlungsergebnisse zu erreichen. Liegen beide Erwartungsaspekte vor, dann besitzt der Mensch ein ausgeprägtes Selbstwirksamkeitskonzept (vgl. Petermann & Petermann, 1997 a).

Mit dem Systemmodell des menschlichen Verhaltens ist es möglich, einen für die APT-KJF wichtigen Aspekt der Störungsentstehung und Störungsbewältigung zu erklären, nämlich den des **Modell-Lernens** (vgl. Bandura, 1979). Nach Hautzinger (1996, S. 213) muss das Modell-Lernen als ein komplexer sozial-interaktiver Prozess zwischen folgenden internen und externen Bedingungen angesehen werden:

Interne Bedingungen des Modell-Lernens

- **Aufmerksamkeits- und Bewertungsprozesse:** Sie sind auf die zu erlernenden Verhaltensweisen des Modells gerichtet.
- **Behaltensprozesse:** Sie ermöglichen es, das zu erlernende Zielverhalten zu erinnern.
- **Motorische Reproduktionsprozesse:** Mit ihrer Hilfe kann das erinnerte Verhalten ausgeführt werden

- **Motivationale- und Verarbeitungsprozesse:** Sie ermöglichen es, das zu erlernende Verhalten zu imitieren und in das eigene Verhalten aufzunehmen.

Externe Bedingungen des Modell-Lernens

- **Attraktive Modelle:** Ihre Verhaltensweisen sollen einem Kind oder Jugendlichen imponieren, damit sie kopiert werden können.

- **Externe Verstärkungs- und Reizbedingungen:** Sie sind erforderlich, damit die vom Modell übernommenen Verhaltensweisen in das Alltagsverhalten eingebettet werden können.

- **Situative Anwendungsmöglichkeiten:** Sie sind erforderlich, damit die vom Modell übernommenen Verhaltensweisen eingesetzt werden können.

- **Akzeptanz des imitierten Verhaltens:** Damit das neu gelernte Verhalten beibehalten wird, muss es vom Modell oder der Peergruppe für gut befunden werden.

Die geschilderten internen und externen Bedingungen des Modell-Lernens dienen vorwiegend zum: *Aufbau neuer Verhaltensweisen*; zur *Hemmung oder Stärkung von Kontrollmechanismen* und zur *Markierung von Diskriminationsreizen*. Die geschilderten Lernziele sollen im Folgenden kurz beschrieben werden (s. Reinecker, 1999 c, S. 234 ff):

Der **Aufbau neuer Verhaltensweisen** durch Modell-Lernprozesse geschieht im Wesentlichen durch die Beobachtung eines attraktiven Vorbildverhaltens und die Imitation dieses Verhaltens. Auf diese Weise lassen sich vorrangig prosoziale Verhaltensweisen erlernen. Unter einer klinischen Perspektive können jedoch auch gestörte Verhaltensweisen wie z. B. ein gestörtes Essverhalten, Ängste, Kommunikationsschwierigkeiten, irrationale Überzeugungen etc. durch die Nachahmung von Vorbildern erlernt werden.

Eine **Hemmung von Kontrollmechanismen** durch Modell-Lernprozesse wird dann erworben, wenn ein Kind oder Jugendlicher z. B. bei der Beobachtung der Konsequenzen eines dissozialen oder aggressiven Vorbildverhaltens feststellt, dass statt der erwarteten Strafreize *keine Reaktionen* erfolgen und dass das dissoziale oder aggressive Verhalten zu Vorteilen führt. Nach dem gleichen Prinzip des stellvertretenden Lernens kann auch eine modellbedingte **Stärkung von Kontrollmechanismen** stattfinden, wenn z. B. durch die Beobachtung von Eltern oder Geschwistern als Vorbildern festgestellt wird, dass die Unterdrückung von symptomatischen Verhaltensweisen in Form von Ängsten, Phobien, Kopfschmerzen etc. zu Verhaltensvorteilen führt (z. B. positives Selbstwertgefühl, Erfüllung des vorgenommenen Arbeitspensums etc.), deren Erwerb für den Beobachter attraktiv ist.

In Analogie zur Nutzung von stellvertretenden Verstärkungskonsequenzen kann im Rahmen von Modell-Lernprozessen auch eine **Markierung von Diskriminationsreizen** vorgenommen werden. Bei diesem Prozess wird die Aufmerksamkeit der lernenden Person auf die *Auslösebedingungen* des Zielverhaltens beim Vorbild gelenkt, sodass die Auslösereize eine steuernde Funktion für das zu erlernende Vorbildverhalten bekommen können.

Aus den Ausführungen zu den einzelnen Prozessen des Modell-Lernens wird ersichtlich, dass durch eine gezielte Beeinflussung und Auswahl der internen und externen Bedingungen des Vorbildverhaltens und eine gezielte Hilfe bei der Nachahmung des Modellverhaltens viele neue Verhaltensweisen erlernt werden können. Dies können gesunde, aber auch gestörte Verhaltensweisen sein.

6.2 Klientenzentrierte Störungsannahmen

Die **klientenzentrierte Kinder- und Jugendlichenpsychotherapie** geht auf den amerikanischen Psychologen C. R. Rogers (1902–1987) zurück. Sie ist in Deutschland unter der Bezeichnung *nicht-direktive, klientenzentrierte* oder *person-zentrierte* Kinderpsychotherapie bekannt. Die verschiedenen Kennzeichnungen spiegeln unterschiedliche Entwicklungsphasen der Theorienbildung wider, die in der Erwachsenenpsychotherapie nicht zu vergleichbaren Benennungen geführt haben. Hier wird durchgehend der Name **Gesprächspsychotherapie** benutzt. Da die wesentlichen theoretischen Aussagen von Rogers (1987, engl. 1959) als *„client centered"* bezeichnet worden sind, soll diese Namensgebung auch hier verwendet werden.

In Deutschland ist die klientenzentrierte Kinder- und Jugendlichenpsychotherapie erstmals von V. Axline (1972; engl. 1947) unter dem Namen „Kinderspieltherapie im nicht-direktiven Verfahren" bekannt gemacht worden. Ein wesentlicher Vertreter der modernen Erforschung und Theorienbildung des Verfahrens ist Schmidtchen (1995; 1996; 1999 a, b, c). Er hat den ursprünglichen nicht-direktiven Ansatz um störungsspezifische Behandlungselemente erweitert. Diese Erweiterung beinhaltet auch die Entwicklung einer *differenziellen Störungslehre* für Kinder und Jugendliche. Gemäß dieser Lehre lassen sich die meisten psychischen Probleme von Kindern und Jugendlichen auf die Fehlbewältigungen von Entwicklungsaufgaben und Defizite im Selbstsystem zurückführen. Aus diesem Grunde ist die Therapie primär darauf ausgerichtet, eine Entwicklungs- und Selbstbildungsförderung vorzunehmen.

Nach der klassischen Störungslehre von Rogers sind psychische Störungen das Ergebnis von **Inkongruenzen** zwischen Strebungen der *Allgemeinen Aktualisierungstendenz* und der *Selbstaktualisierungstendenz*. Das Ziel einer klientenzentrierten Psychotherapie besteht deshalb darin, diese divergenten Strebungen zu harmonisieren. Dies geschieht im Wesentlichen durch eine korrigierende Unterstützung von Selbstprozessen und eine Förderung von organismischen Erhaltungs- und Entwicklungsprozessen der Allgemeinen Aktualisierungstendenz.

Der Begriff **Allgemeine Aktualisierungstendenz** (Verwirklichungstendenz) bezeichnet nach Rogers (1987, S. 21 f) „die Tendenz des Organismus zur Differenzierung seiner selbst und seiner Funktionen. Er beinhaltet Erweiterung im Sinne von Wachstum, die Steigerung der Effektivität durch den Gebrauch von Werkzeugen und die Ausweitung und Verbesserung durch Reproduktion. Er bezeichnet eine Entwicklung hin zur Autonomie und weg von Heteronomie oder Kontrolle durch äußere Zwänge."
    Satir und Baldwin (1988, S. 193) verstehen die organismische Verwirklichungstendenz als eine „allgemeine seelisch-körperliche *Wachstumstendenz,* die die Identität des Einzelnen durch die Entwicklung spezifischer Talente seiner Person bestimmt. Jeder Mensch wird mit einem Potenzial geboren, das sich während seiner Existenz auf diesem Planeten erfüllen kann. Dieses Potenzial ist von Mensch zu Mensch unterschiedlich, aber größere Fähigkeiten geben keinem Menschen eine Vorrangstellung vor anderen. (...)
    Im Wachstumsmodell ist der Mensch prinzipiell gut. Das heißt nicht, dass er unschuldig oder gut zur Welt kommt, sondern dass es eine Art *körperliche Weisheit* gibt und dass sich deshalb Kinder genauso wie Pflanzen unter angemessenen Bedingungen aller Wahrscheinlichkeit nach zu gesunden Lebewesen entwickeln können. (...) Im Wachstumsmodell wird Veränderung als ein *permanenter Lernprozess* betrachtet, der sich auf der Ebene des Mikro-

wie des Makrokosmos abspielt. Veränderung wird als eine Möglichkeit begrüßt, neue Bereiche zu entdecken."

Damit sich Menschen auf der Grundlage dieser Allgemeinen Aktualisierungstendenz gesund entwickeln können, müssen bestimmte **günstige Umweltbedingungen** gegeben sein. Sie beziehen sich im Wesentlichen auf eine *gute Eltern-Kind-Beziehung*, die elterlicherseits charakterisiert sein sollte durch: (a) eine unbedingte Anerkennung (bzw. Wertschätzung für das Kind); (b) ein einfühlsames Verständnis (Empathie) und (c) ein kongruentes (echtes, authentisches) Verhalten. Liegen diese elterlichen Beziehungsbedingungen vor, dann können die Kinder gesunde Beziehungsrepräsentanzen aufbauen, die durch eine Selbstwertschätzung, soziale Bezogenheit, Autonomie, sichere Bindung und ein komplexes und gut differenziertes Selbstsystem gekennzeichnet sind.

Da sich die Strebungen der Allgemeinen Aktualisierungstendenz nicht unmittelbar im Verhalten ausdrücken können, müssen sie über die *erlernten* Komponenten und Prozesse des Selbstsystems vermittelt werden (s. Rogers, 1987, S. 22). Aus diesem Grund hat die **Funktionsweise des Selbstsystems** (Rogers spricht von „Selbststruktur") einen herausragenden Stellenwert in der klientenzentrierten Störungs- und Gesundheitslehre, wobei die Wahrscheinlichkeit zur Entwicklung von psychischen Störungen dann groß ist, wenn die Interessen der Allgemeinen Aktualisierungstendenz vom Selbstsystem nicht erfüllt werden. Wegen der großen pathogenetischen Bedeutung der Funktionsprozesse des Selbstsystems, sollen diese in der Sichtweise des orthodoxen Konzeptes von Rogers (1987; s. a. Biermann-Ratjen et al., 1995) kurz beschrieben werden:

Klientenzentrierte Annahmen zu gesundheits- und störungsbildenden Prozessen des Selbstsystems

● **Machen von eigenen Erfahrungen:** Rogers misst dem *Urhebererleben* der eigenen Erfahrungen (vgl. das Selbstwirksamkeitskonzept von Bandura a. S. 91) eine zentrale Bedeutung für die Ich– bzw. Selbstwerdung und die Abgrenzung des Ichs vom Anderen zu (s. Kap. 4.1.2). Gelingt der Prozess der selbstbezogenen Erfahrungsbildung gut, dann sind die Grundlagen für eine gesunde Ich- (bzw. Selbst-) Entwicklung gegeben, weil dann die Interessen der Allgemeinen Aktualisierungstendenz kongruent erfüllt werden könnten.

Durch die Betonung des Erfahrungmachens wird die *existenzialistische Grundlage* des klientenzentrierten Konzeptes sichtbar (vgl. Eckert, 1996, S. 124). Sie besagt, dass jeder Mensch sein Leben so akzeptieren muss, „wie es ist" und dass es unsinnig und seelisch ungesund ist, sich Fiktionen und Wunschbilder (z. B. im Rahmen von Ideal-Ich-Vorstellungen) zu machen. Deshalb sollte es das Ziel der Erziehung und Therapie von Kindern und Jugendlichen sein, realistische Erfahrungsprozesse zu ermöglichen. Dies sind im Wesentlichen Erfahrungen, die mit den eigenen Bedürfnissen und Fähigkeiten übereinstimmen und nicht mit den Meinungen oder Erfahrungszuschreibungen anderer Personen. Aus dieser Zielsetzung ergibt sich, dass die Kinder und Jugendlichen selbst entscheiden müssen, welche Erfahrungen sie machen und wie sie sie gewichten und deuten wollen.

● **Erleben von Gefühlen:** Das Erleben von Gefühlen (bzw. Affekten) hat in der klientenzentrierten Störungs- und Gesundheitslehre eine große Bedeutung, weil Gefühle deutlicher als jedes andere Signal vermitteln können, ob eine Erfahrung den *organismischen Interessen* der Aktualisierungstendenz entspricht oder nicht. Das Erleben von angenehmen Gefühlen wird dabei als ein Hinweis für eine Übereinstimmung der Selbstsystem-

interessen mit denen der Aktualisierungstendenz gewertet und das Erleben von unangenehmen Gefühlen als eine Inkongruenz zwischen den Interessen. Die Gefühle stellen also
wichtige gesundheitsfördernde *Bewertungsinstanzen* dar.

- **Gewahrwerden (bzw. Symbolisieren) von Erfahrungen:** Damit die gemachten Erfahrungen vom Selbstsystem genutzt werden können, müssen sie symbolisiert, d. h. *im Gedächtnis repräsentiert* werden. Diese Repräsentation kann von sprachlicher oder
  nichtsprachlicher Art sein. Sie drückt sich bei Kindern häufig in Erinnerungen aus, die
  nur auf der nicht-verbalen Spielebene aktiviert werden können. Wegen des nicht-verbalen
  Charakters vieler symbolisierter Erfahrungen sind sie dem Bewusstsein häufig nur
  bruchstückhaft zugänglich.

- **Prozesse des Wahrnehmens:** Eng mit den im Gedächtnis repräsentierten Erfahrungen und
  den gefühlsmäßigen Bewertungsprozessen sind die Prozesse des Wahrnehmens verknüpft.
  Sie haben durch ihre *Auswahlfunktion* von Außen- und Innenreizen eine große Bedeutung
  für die Handlungsorganisation. Können sich die Wahrnehmungen an kongruenten
  Erfahrungsrepräsentationen und Gefühlsbewertungen orientieren, dann führen sie zu
  einer „gesunden" Handlungsorganisation; sind die zu Grunde liegenden Repräsentationen und Bewertungsmaßstäbe jedoch mit den organismischen Tendenzen inkongruent, so
  ist die Wahrnehmung gestört und führt zu einer „gestörten" Handlungsorganisation. Eine
  gestörte Wahrnehmung kann sich u. a. in *Wahrnehmungsverzerrungen*, *Wahrnehmungs-
  verleugnungen* oder *Wahrnehmungsabwehrmechanismen* ausdrücken.

Im Folgenden sollen die wichtigsten Annahmen der klientenzentrierten Störungslehre vorgestellt werden. Es handelt sich um die Annahmen über: (1) gestörte
selbstinitiierte, intrinsisch-motivierte Erfahrungsprozesse; (2) Inkongruenzen zwischen der Allgemeinen Aktualisierungstendenz und Selbstsystemprozessen und
(3) gestörte Beziehungsverhältnisse zu sich und anderen.

6.2.1 Gestörte selbstinitiierte, intrinsisch-motivierte Erfahrungsprozesse

Im klientenzentrierten Konzept wird das Streben des Organismus nach *erhaltungs-
und entwicklungsfördernden Erfahrungen* als die zentrale zielgebende Komponente angesehen. Diese Erfahrungen müssen selbst gemacht und können nicht
durch Vorbilder oder Informationen von anderen vermittelt werden. Deshalb
können letztlich nur die betroffenen Kinder, Jugendlichen oder Erwachsenen
selbst entscheiden, was sie wann und wie lernen wollen. Die internen Bedingungen
für diesen Lernprozess werden im Konzept des **selbstinitiierten, intrinsisch-
motivierten Erfahrungsprozesses** näher charakterisiert. Das Konzept wird von
Rogers (1974, S. 13) als Basis der *klientenzentrierten Lerntheorie* benutzt und
weist folgende Aspekte auf:

Spezifika des klientenzentrierten Lernkonzeptes

(1) Das *erfahrungsmachende Lernen* schließt **persönliches Engagement** ein; die ganze
Person steht sowohl mit ihren Gefühlen als auch mit ihren kognitiven Aspekten im
Lernvorgang.

(2) Es ist **selbstinitiiert**; sogar dann, wenn der Antrieb oder Reiz zum Lernen von außen
herrührt, kommt das Gefühl des Entdeckens, des Hinausgreifens, Ergreifens und Begreifens
von innen.

(3) Es **durchdringt den ganzen Menschen**; es ändert das Verhalten und die Einstellung,
vielleicht sogar die Persönlichkeit des Lernenden.

(4) Es wird **vom Lernenden selbst bewertet;** er allein weiß, ob sein Handeln von seinen *inneren Bedürfnissen geleitet* wird; ob es zu dem führt, was er wissen will; ob es auf den von ihm erlebten dunklen Fleck der Unwissenheit ein Licht wirft. Man könnte sagen, dass der geometrische Ort des Bewertens zweifelsfrei im Lernenden selbst liegt.

(5) Sein wesentliches Merkmal ist **Sinn**; wenn ein derartiges Lernen stattfindet, dann ist in der gesamten Erfahrung enthalten, dass der Lernende Sinn darin sieht."

Damit diese Form des erfahrungmachenden Lernens stattfinden kann (Piaget nennt es „selbstentdeckendes Lernen"), müssen dem Kind, Jugendlichen oder Erwachsenen im familiären, schulischen oder therapeutischen Umfeld **lernunterstützende Hilfen** gegeben werden, die ihm die Fokussierung auf die intrinsisch-motivierten Seins-erfahrungen und deren angemessene Symbolisierung ermöglichen. Zu diesen Hilfen gehören u. a.: • ein personenzentriertes Beziehungsverhältnis; • eine sprachliche und spielerisch-szenische Rückmeldung wichtiger Erfahrungsprozesse und • ein erfah-rungsstimulierendes Angebot von Lernmedien (z. B. in Form von Spielsachen).

Störungen des erfahrungmachenden Lernens können durch problematische Au-ßen- und Innenbedingungen entstehen. Die problematischen *Außenbedingungen* betreffen vorrangig Negativausprägungen der elterlichen Lernhilfen (s. Kap. 6.2.3) und die problematischen *Innenbedingungen* beziehen sich auf Mangelausprägungen der oben skizzierten fünf Teilprozesse des erfahrungmachenden Lernens. Liegen diese problematischen Außen- und Innenbedingungen langfristig vor, dann besteht die Gefahr, dass die Kinder, Jugendlichen oder Erwachsenen ein angstvolles, entfremde-tes, ungeordnetes, sinnleeres oder fremdgesteuertes Verhalten erlernen und nicht in der Lage sind, ihr Leben aus einem inneren Zentrum heraus zu gestalten. Dieser Zustand kann die Basis zur Entwicklung von psychischen Störungen sein (vgl. Greenberg et al., 1994; 1998; Sachse, 1999).

6.2.2 Inkongruenzen zwischen der Allgemeinen Aktualisierungs-tendenz und Selbstsystemprozessen

Ähnlich wie im tiefenpsychologischen Störungskonzept (s. Kap. 6.3) wird auch im klientenzentrierten Konzept davon ausgegangen, dass den manifesten psychischen Störungen ein *Konflikt* zu Grunde liegt. Dieser Konflikt wird als **Inkongruenz** bezeichnet. Er kennzeichnet eine Dissonanz- bzw. Widerspruchssituation zwischen Strebungen der Allgemeinen Aktualisierungstendenz und denen des Selbstsystems. Rogers (1987, S. 29) beschreibt diesen Vorgang wie folgt:

Klientenzentrierte Annahmen zur Entstehung von Inkongruenzen
„Häufig entwickeln sich **Widersprüche** zwischen dem *wahrgenommenen Selbst* und den tatsächlichen *organismischen Erfahrungen*. Das Individuum nimmt sich als jemand wahr, das die Charakteristika *a, b* und *c* besitzt und die Gefühle *x, y* und *z* erlebt. Eine exakte Symbolisierung dieser Erfahrung würde jedoch die Charakteristika *c, d* und *e* und die Gefühle *v, w* und *x* aufweisen. Das Individuum befindet sich also in einem Zustand der Inkongruenz von Selbst und Erfahrung, weil solche Widersprüche bestehen. Dies ist ein Zustand der Spannung und *inneren Konfusion*, weil das Verhalten hinsichtlich einiger Aspekte durch die Allgemeine Aktualisierungstendenz und hinsichtlich anderer Aspekte durch die Selbstaktualisierungstendenz geregelt wird. Dadurch entsteht ein ungeordnetes und unverständliches Verhalten."

Die Entstehung von Inkongruenzen wird im klientenzentrierten Konzept im Wesentlichen auf **problematische Prozesse im Selbstsystem** zurückgeführt. Zu diesen Prozessen gehören problematische Erfahrungs-, Gefühls-, Wahrnehmungs- und Symbolisierungsprozesse (s. o.). Sie können nach Schmidtchen (1999 a) als Ausdruck einer *gestörten Informationsverarbeitung* und *Handlungsplanung* gesehen werden, wobei im Rahmen des Planungsprozesses insbesondere der Zielgebungsaspekt gestört ist. Die problematische *Zielgebung* ergibt sich daraus, dass die Ziele nicht in Übereinstimmung mit den Strebungen der Allgemeinen Aktualisierungstendenz ausgewählt worden sind, sondern vorrangig auf Grund von Selbstideal-Interessen .

Das große Problem (bzw. die große Herausforderung) einer klientenzentrierten Erziehung und Therapie von Kindern und Jugendlichen besteht somit darin, Ziele zu finden, die möglichst mit den organismischen Erhaltungs- und Entwicklungsbedürfnissen der Kinder und Jugendlichen übereinstimmen. Wie empirische Prozessuntersuchungen von klientenzentrierten Spieltherapien gezeigt haben (vgl. Schmidtchen, 1999 a, S. 20 f), decken sich diese Ziele weitgehend mit den im Kapitel 4 vorgestellten Entwicklungsaufgaben.

Im Folgenden soll noch einmal kurz auf die **Wirkung von Inkongruenzprozessen** eingegangen werden. Sie drückt sich nach Rogers (1987, S. 29 f) in einem „Zustand der Spannung und inneren Konfusion" aus, der zur Produktion eines „ungeordneten oder unverständlichen Verhaltens" führt. Des Weiteren führt eine dauerhaft vorliegende Inkongruenz zu einer psychischen „Verletzlichkeit", die den Menschen für Angst-, Bedrohungs- und Desorganisationsprozesse anfällig macht und ihn zum Erwerb von Abwehrverhaltensweisen und Fehlanpassungen veranlasst. Liegen diese seelischen **Verletzlichkeiten** im Bereich wichtiger Entwicklungs- und Erhaltungsthemen vor (z. B. bezüglich des Bindungs-, Selbstwertschätzungs- oder Identitätsverhaltens), dann ist der *Nährboden* für die Entstehung von psychischen Störungen gegeben. Damit ist das Rogersche *Vulnerabilitätskonzept* mit dem in Kapitel II (s. S. 67) skizzierten Multidimensionalen Pathogenesemodell der APT-KJF kompatibel.

Interessanter Weise hat Grawe (1998, S. 570 f) in seiner Pathogenesekonzeption die Rogersche Vulnerabilitätsposition zumindest teilweise übernommen, indem er feststellt: „Der eigentliche Nährboden für die Entwicklung psychischer Störungen ist die **Nichterfüllung von menschlichen Grundbedürfnissen**. Psychische Störungen sind eine Imergenz des psychischen Geschehens. Ein Mensch, der in seinen Grundbedürfnissen nicht verletzt und beeinträchtigt worden ist, entwickelt keine schwer wiegenden psychischen Störungen."

6.2.3 Gestörtes Beziehungsverhältnis zu sich und anderen

In Übereinstimmung mit der modernen Bindungsforschung (z. B. Spangler & Zimmermann, 1995; Dornes, 1998) wird im klientenzentrierten Störungskonzept angenommen, dass ein gestörtes elterliches **Beziehungsverhältnis zu den Kindern** als ein schwer wiegender Risikofaktor für die zukünftige Entwicklung des kindlichen Selbstsystems anzusehen ist (vgl. Kap. 4.1.2). Die Risiken des Beziehungsverhältnisses bestehen nach Rogers (1987, S. 61 ff) im Wesentlichen in einer Mangelausprägung folgender kindzentrierter Verhaltensweisen (vgl. a. Biermann-Ratjen, 1995, S. 15 ff):

Klientenzentrierte Annahmen zu wichtigen elterlichen Beziehungsmerkmalen

- **Unbedingte Anerkennung (bzw. Wertschätzung):** Damit ist die *volle Akzeptanz* aller Organismus- und Selbstsystemprozesse des Kindes oder Jugendlichen durch die Eltern oder andere Bezugspersonen gemeint. Sie ist für ein kongruentes Fühlen, Denken und Handeln der Kinder oder Jugendlichen notwendig. Ist die Akzeptanz vorhanden, dann können sich Letztere als *eigenständige Personen* erleben und ein Sensorium für ihre Bedürfnisse, Interessen, Bewertungsmaßstäbe, Erfahrungsprozesse, Symbolisierungen etc. entwickeln.

  Störungen im elterlichen Wertschätzungsverhalten drücken sich darin aus, dass die Eltern ihre Kinder und Jugendlichen dazu veranlassen, primär die elterlichen Interessen zu verfolgen und die elterlichen Bewertungsmaßstäbe und Erfahrungen anzunehmen. Auf diese Weise erwerben die Kinder fremde Erfahrungen und Handlungsmaßstäbe, die in Inkongruenz mit ihren eigenen Erfahrungen und Lebensinteressen stehen können.

- **Einfühlendes Verständnis (bzw. Empathie):** Eine empathische elterliche Haltung ist eine Voraussetzung dafür, dass die unbedingte Anerkennung möglich ist und wirksam wird. Das empathische Verhalten setzt von den Eltern die Fähigkeit voraus, sich ganz *in die Position des Kindes* oder *Jugendlichen* zu versetzen und elterliche Interessen und Bewertungen für einen Moment zurückzustellen. Nur durch Empathie und Wertschätzung ist es möglich, dass ein Kind ein Urheberschaftsgefühl, ein Kernselbstempfinden und ein Selbstkonzept aufbauen kann (s. Kap. 4.1.2). *Störungen* im elterlichen Empathieverhalten können zu Einfühlungsproblemen des Kindes in sich und andere führen. Sie werden als Grundlage für eine gestörte Selbst- und Sozialentwicklung angesehen.

- **Kongruentes Verhalten:** Da das *Vorbildverhalten* im klientenzentrierten Konzept eine herausragende Bedeutung hat, wird von den Eltern oder anderen Bezugspersonen gefordert, dass auch sie sich bezüglich der Berücksichtigung ihrer organismischen und Selbstinteressen kongruent verhalten sollen.

  Störungen im elterlichen Kongruenzverhalten liegen dann vor, wenn die Eltern z. B. Diskrepanzen zwischen ablehnenden Gefühlssignalen und lobenden Verbaläußerungen zeigen. Die Gefahr von regelmäßig gezeigten inkongruenten elterlichen Verhaltensweisen besteht im Wesentlichen darin, dass die Kinder keine Hinweise über die Herstellung der eigenen Kongruenzprozesse bekommen (vgl. Satir et al., 2000)

Die Aspekte des elterlichen Beziehungsverhaltens sind eng miteinander vernetzt und werden als **personzentriertes Beziehungsverhältnis** bezeichnet. Sie wurden von Rogers 1959 konzeptualisiert und können als Vorläufer der Bowlbyschen Bindungsmerkmale von 1969 angesehen werden.

Leider erklärt die Theorie der zwischenmenschlichen Zweier-Beziehung von Eltern und Kindern nicht das wechselseitig-interaktive Zusammenleben in Gemeinschaften (z. B. in einer Familie). Generell fehlt in der klientenzentrierten Gesundheits- und Störungslehre eine **systemtheoretische Perspektive**, in der die gegenseitige Abhängigkeit der einzelnen Gemeinschaftsmitglieder erklärt wird.

Aus diesem Grund sind in der modernen klientenzentrierten Familientherapie (vgl. Schmidtchen, 1999 a) **Konzeptimporte** aus der Familienpsychologie und Systemtheorie vorgenommen worden. Aus der *Systemtheorie* ist z. B. das Konzept der Selbstorganisation (Autopoiese), der Abgrenzung zwischen den Systemmitgliedern und des Aufbaues von internen Erfahrungsmodellen (z. B. in Form von Familienkonzepten) übernommen worden (vgl. Kriz, 1994).

Aus der *Familienpsychologie* stammt z. B. das Konzept über die Entwicklungsaufgaben von Familiensystemen (s. Kasten 6.4 a. S. 109) und über gesunde und gestörte Abläufe in Familienbeziehungen (vgl. Schneewind, 1999).

6.3 Tiefenpsychologische Störungsannahmen

Die **tiefenpsychologischen Störungsannnahmen** basieren vorrangig auf den Konzepten der **Psychoanalyse**. In diesen Konzepten wird die Entstehung von psychischen Krankheiten auf das Wirken von *unbewussten Faktoren* (sie stellen die „Tiefenregion" des menschlichen Verhaltens dar) zurückgeführt. Diese Faktoren werden im klassischen Ansatz von S. Freud (1856–1939) als Triebe und in modernen Ansätzen als affektgesteuerte Motive (vgl. Krause 1997; 1998) bezeichnet.

Psychische Störungen entstehen nach Ansicht der Psychoanalyse dann, wenn Triebe oder affektgesteuerte Motive im **Konflikt** mit antagonistischen Tendenzen (z. B. Überich-Anforderungen) vom Ich abgewehrt und in das Unbewusste gedrängt werden. Psychische Störungen sind somit das Ergebnis einer nicht gelungenen Berücksichtigung der Interessen von tiefendynamischen Faktoren. Die Nichtberücksichtigung führt jedoch nicht zu einer Annulierung der Trieb- und Affektmotive, sondern zu einer vom Ich nicht kontrollierten Einflussnahme auf das menschliche Handeln (vgl. Rudolf, 1996, S. 114 f).

Des Weiteren werden im psychoanalytischen Konzept Aussagen zur *Bewältigung von psychischen Störungen* gemacht. Diese Aussagen beziehen sich vorrangig auf die Therapie von Erwachsenen und betreffen die Bewusstmachung der unterschiedlichen Konfliktkomponenten im Rahmen einer therapeutischen Übertragungsbeziehung (vgl. Bettighofer, 1998).

Die **Bewusstmachung** geschieht durch (a) eine *Analyse* (daher der Name „Psychoanalyse") der unbewussten Konfliktfaktoren im Rahmen von Übertragungsdeutungen; (b) der Aufdeckung von Abwehrmechanismen und (c) der Arbeit mit den Gegenübertragungsreaktionen des Therapeuten. Dabei ist insbesondere die Bewusstmachung von früh verdrängten Trieb- und Affektmotiven gegenüber den Elternfiguren von Bedeutung. Diese Motive werden in der **Übertragungsbeziehung** auf die Person des Psychoanalytikers projiziert, der sie dann erkennen und dem Patienten rückmelden kann. Damit die Übertragungsprojektionen stattfinden können, verhält sich der psychoanalytische Therapeut sehr zurückhaltend (vgl. Mertens, 1992, S. 192).

Eine psychoanalytische Therapie ist nicht primär auf die Beseitigung von psychischen Symptomen ausgerichtet, sondern auf die Aufdeckung der den Symptomen zu Grunde liegenden unbewussten Entstehungsbedingungen. Da diese Aufdeckungsarbeit sehr zeitintensiv ist und sich über mehrere Jahre mit mehrmaligen Therapiekontakten pro Woche hinziehen kann, sind in der Folge verschiedene Abwandlungen der Psychoanalyse in Form von **tiefenpsychologischen Schulen** entstanden. Diese Schulen haben vorwiegend veränderte Behandlungsmodalitäten entwickelt, weisen jedoch ansonsten folgende Gemeinsamkeiten auf (s. Rapaport, 1973; zit. a. Remschmidt & Quaschner, 1997, S. 81):

Gemeinsame Annahmen von tiefenpsychologischen Therapieschulen

(1) **Topisch-strukturelle Annahmen:** Die bekannteste räumlich-strukturelle Vorstellung von psychischen Funktionen stammt von S. Freud und besteht aus den drei Instanzen des Es, Ich und Überich. Das *Es* beinhaltet die triebhaften Impulse und arbeitet nach dem Lustprinzip. Das *Ich* stellt den Vermittler zwischen Es-Impulsen und Überich-Beschränkun-

gen dar und arbeitet nach dem Realitätsprinzip und das *Überich* enthält die internalisierten Moralvorstellungen und hat die Funktion eines Gewissens.

Zum topischen Aspekt gehört des Weiteren die Annahme von unbewussten, bewussten und vorbewussten Wahrnehmungen. Nach Bastine (1998, S. 84) stellt das **Unbewusste** „ein dem Bewussten und Vorbewussten entgegengesetztes und anderen Regeln folgendes System des psychischen Apparates dar, das hauptsächlich von *verdrängten Triebrepräsentanzen* gebildet wird. Durch den Verdrängungsvorgang werden die Inhalte unbewusst, jedoch nicht wirkungslos, da sie ihre Triebenergien beibehalten. Diese trachten in entstellter Form (z. B. als Symptome) ins Bewusstsein zurückzukehren."

Nach Rudolf (1996, S. 108) haben unbewusste Prozesse eine *eigene Logik*, „die gerade nicht der bewussten Erwachsenenlogik der Begriffsbildung, Unterscheidung und Schlussfolgerung entspricht. Sie stellt vielmehr eine Gefühlslogik dar, wie sie im Traum oder im Mythos vorherrscht. Bewusste und unbewusste Prozesse verlaufen somit auf unterschiedlichem Funktionsniveau." Sie treten vorwiegend in Form von *unbewussten Fantasien* auf und „handeln von Vorstellungen, Gefühlen, Handlungsimpulsen und Beziehungsgestalten, die um lebensgeschichtlich frühe Erfahrungen gruppiert sind. Sie erscheinen körpernah, vital und triebhaft."

(2) **Dynamische Annahmen:** Alle tiefenpsychologischen Therapiekonzepte basieren auf einer dynamischen Psychologie. Als *dynamisch* wird das hinter allen menschlichen Verhaltensweisen antreibende Element in Form von Trieben, Bedürfnissen und Gefühlen bezeichnet, wobei die tiefenpsychologischen Schulen nur ganz *wenige Triebe* anerkennen, mit deren Hilfe sie die unterschiedlichsten Verhaltensweisen zu erklären versuchen. S. Freud beispielsweise kommt in seinen frühen Schriften mit einem einzigen Trieb, dem Sexualtrieb (Libido), aus.

(3) **Psychogenetische Annahmen:** Diese Betrachtungsweise befasst sich mit der *seelischen Entwicklung* des Menschen. Im Mittelpunkt des Interesses stehen dabei die ersten Lebensjahre, die nach tiefenpsychologischem Verständnis für die Entstehung von seelischen Störungen ausschlaggebend sind. Die bekannteste und einflussreichste Entwicklungslehre ist die orale, anale, phallisch-ödipale und genitale *Phasenlehre* von S. Freud. Sie wird im Kapitel 6.3.1 ausführlich beschrieben.

(4) **Soziokulturelle Annahmen:** In allen tiefenpsychologischen Konzepten wird ein Bezug zur Umwelt und ihren *kulturellen Normenvorstellungen* hergestellt. Dieser Bezug wird einerseits in der Instanz des Überichs mit seinen Moralvorstellungen sichtbar wie auch in der Aufgabe des Ichs, Realitätsanforderungen zu berücksichtigen. Soziokulturelle Maßstäbe drücken sich des Weiteren in den verschiedenen Entwicklungsaufgaben (s. Kap. 4) aus, die Kinder und Jugendliche bewältigen müssen sowie in den sozioökologischen und sozioökonomischen Lebensbedingungen ihrer Familien.

Eng mit dem Konzept der Entwicklungsaufgaben verknüpft ist die *psychosoziale Phasenlehre* von Erikson (1981). Danach haben Kinder und Jugendliche bestimmte Entwicklungskrisen zu bewältigen, die sich auf die Lösung folgender Konflikte beziehen: (a) Urvertrauen vs. Misstrauen; (b) Autonomie vs. Scham und Zweifel; (c) Initiative vs. Schuldgefühl; (d) Leistung vs. Minderwertigkeitsgefühl; (e) Identität vs. Rollenkonfusion; (f) Intimität vs. Isolierung.

Neben diesen klassischen Konzepten werden in modernen tiefenpsychologischen Störungs- und Therapietheorien auch Konzepte der *Ich-Psychologie,* der *Objektbeziehungs-Psychologie* und der *Selbst-* und *Affektpsychologie* verwendet (vgl. Mertens, 1992; Rudolf, 1996; Krause, 1997; 1998; Bettighofer, 1998). Der Vorteil dieser Konzeptimporte besteht u. a. darin, dass sie eine Verbindung zu empirischen Befunden der modernen Entwicklungs-, Sozial- und Allgemeinen Psychologie herstellen.

Im Folgenden sollen die drei wichtigsten tiefenpsychologischen Störungsannahmen vorgestellt werden. Es handelt sich um die Annahmen einer: (1) gestörten trieb- und affektmotivierten Entwicklung; (2) gestörten Verhaltensregulation durch Abwehrmechanismen auf Grund unbewusster Konflikte und (3) gestörten Selbst- und Sozialentwicklung auf Grund problematischer frühkindlicher Objektbeziehungen

6.3.1 Gestörte trieb- und affektmotivierte Entwicklung

Nach Auffassung der klassischen Psychoanalyse lassen sich psychische Störungen von Kindern, Jugendlichen und Erwachsenen auf gestörte **frühkindliche Entwicklungsphasen** zurückführen. Diese Phasen werden im Wesentlichen vom Sexualtrieb (Libido) und sozialgerichteten Affekten und Motiven gesteuert und beziehen sich auf die orale, anale, phallisch-ödipale und genitale Entwicklung, wobei sich zwischen den beiden letzten Entwicklungsabschnitten eine Latenz- (bzw. Ruhe-) phase befindet (vgl. Rapaport, 1997; Rudolf, 1996; Krause, 1998). Die Phasen sollen im Folgenden kurz beschrieben werden:

Psychoanalytische Annahmen über frühkindliche Entwicklungsphasen

- Die **orale Phase** erstreckt sich von der Geburt bis zum Alter von etwa 1 1/2 Jahren und dient der Entwicklung der auf die *Mundregion* konzentrierten Libido. Diese Phase ist im Wesentlichen durch die sensible Wahrnehmung von Trink- und Essvorgängen gekennzeichnet. In moderner Auffassung soll in der Reifungsstufe der **Oralität** (Rudolf, 1996, S. 95) die Mutter bzw. das „gute Objekt" als Ganzes in die eigene Person introjiziert werden, wobei nicht bloß die „harmonische Verschmelzung von Selbst und Objekt" gemeint ist, sondern die triebhaft-gierige Appetenz, das Gute durch die Aktivität des Saugens und Schluckens oral in sich hineinzunehmen. Der lustvollen Gier des oralen Aufnehmens folgt dann die Befriedigung des Satt- und Vollseins, unter der die orale Appetenz erlischt."

- Die **anale Phase** bezieht sich auf den Zeitraum von etwa 1 1/2 bis 2 Jahren. Hier dominieren *Ausscheidungsvorgänge* und – in sozial bezogener Interpretation – auch erste einschränkende Erziehungsvorgänge im Zusammenhang mit der Reinlichkeitserziehung. In moderner Interpretation dieser Phase wird der Aspekt der **Analität** mit dem der *motorischen Entwicklung* und *Aggressivität* verbunden (Rudolf, 1996, S. 97): „Der starke Impuls mit Neugier, Muskelkraft und motorischer Geschicklichkeit an die Dinge heranzugehen, sie zu explorieren, in Besitz zu bringen (ad-gredi), hat fließende Übergänge zu der Tendenz, die Dinge auseinander zu nehmen und zu zerstören (Aggression). Im Falle lebender Objekte kommt es zum Kräftemessen und Rivalisieren, zu handgreiflichen Auseinandersetzungen im Kampf um begehrte Gegenstände und Vorrechte, wobei auch quälerische Impulse auftauchen. Da in dem gleichen Entwicklungsabschnitt die Hervorbringung und Steuerung von Affekten eine wichtige Rolle spielt, lässt sich das Quälen auch als ein Spiel mit den Affekten des anderen verstehen."

- Die **phallisch-ödipale Phase** bezieht sich auf den Altersabschnitt von etwa 3 bis 5 Jahren. Hier beschäftigt sich das Kind mit seiner *Genitalregion,* in der die libidinöse Energie gebunden ist. Wegen dieser Konzentration auf die Geschlechtlichkeit entsteht auch die sog. *Ödipussituation,* mit der die Zuneigung des Jungen zur Mutter und die des Mädchens zum Vater beschrieben wird und aus der sich mit dem gleichgeschlechtlichen Elternpart zahlreiche Konflikte ergeben können. Werden diese Konflikte nicht gelöst, so entsteht ein **Ödipuskomplex.** Eine erfolgreiche Bewältigung der Ödipussituation geschieht durch eine *Identifikation* des Kindes mit dem gleichgeschlechtlichen Partner, sodass die auf den anderen Elternteil gerichteten triebhaften Bedürfnisse in sublimer Weise durch die Identifikation bearbeitet werden können.

Nach Rudolf (1996, S. 100) wird die Auffassung von der libidinösen Zentrierung des Kindes auf den gegengeschlechtlichen Elternteil heute nicht mehr aufrecht erhalten. „Die primäre Bindung des Kindes an seine wichtigen Bezugspersonen lässt sich auch ohne das Konzept eines libidinösen Triebes verstehen. Seine zärtliche Zuwendung, der offensichtliche Besitzanspruch und die Eifersucht sind nicht sexuell motiviert, auch wenn sie den Gefühlen liebender Erwachsener in der Erscheinung ähneln. Das Interesse des Kindes an sexuellen Vorgängen ist Bestandteil seines neugierigen Interesses an allen wichtigen Themen des Lebens (wie z. B. Zeugung, Schwangerschaft, Geburt und Tod). Die Nähewünsche und Zärtlichkeit des Kindes gehen über die spielerische Erotisierung und eine Probeidentifizierung mit einem geschlechtstypischen Rollenverhalten nicht hinaus."

- Die **Latenzphase** bezieht sich auf den Zeitraum von ca. 6 bis 10 Jahren. In dieser Zeit ruhen die libidinösen Impulse. Das Kind kann sich voll auf seine soziale und schulische Entwicklung konzentrieren. Es ist ein Zeitraum, der durch eine große *seelische und körperliche Ausgeglichenheit* gekennzeichnet ist.

- Die **genitale Phase** erstreckt sich auf die Zeit von ca. 11 bis 18 Jahre. In dieser Zeit findet im Rahmen der Pubertät eine verstärkte Auseinandersetzung mit den **sexuellen Triebbedürfnissen** statt, deren erfolgreiche Bewältigung im Erwerb von heterosexuell gerichteten Geschlechts- und Partnerschaftsverhaltensweisen besteht. Nach Rudolf (1996, S. 100 f) bauen sich „Bedürfnisspannungen auf, welche mit Fantasievorstellungen von Sexualpartnern, sexuellen Handlungen und sexuellem Lusterleben einhergehen." Verbunden mit diesem sexuellen Begehren ist jedoch auch das „Bedürfnis nach einer emotionalen Bindung an einen geliebten Menschen."

  Störungen in der genitalen Phase (und damit der Sexualität) resultieren nach Rudolf (1996, S. 101) aus neurotischen Fehlentwicklungen der unterschiedlichsten Art: „Ein Zuviel an gestauter Aggressivität kann die zärtlich-sexuelle Annäherung gefährlich machen; ein Zu-wenig an aggressiven Möglichkeiten erlaubt es nicht, sich dem Sexualpartner anzunähern; Angst vor der analen Erlebniskategorie kann dazu führen, dass das Sexuelle als schmutzig kategorisiert und abgewehrt wird; passiv-orale Bedürfnisse gegenüber dem wichtigen Objekt erschweren es, eine symmetrische gleichberechtigte Beziehung einzugehen; persistierende emotionale Bindungen an Elternpersonen machen es schwer, sexuelle Fantasien auf Partner zu entwerfen, weil hinter deren Bild immer wieder die Vorstellung der Eltern auftaucht; frühe Ängste vor Kontakt und Nähe erschweren den vertrauten, körperlich-intensiven Umgang mit dem Partner, weil befürchtet wird, dass in einem leidenschaftlichen Wir die eigene Autonomie verloren gehen könnte."

Es wird davon ausgegangen, dass die Trieb- und Affektstrebungen in den verschiedenen Altersabschnitten der Kinder und Jugendlichen in unterschiedlicher Weise auf die Reifungs- bzw. Entwicklungsprozesse einwirken und damit die Umwelt (insbesondere die Eltern) zu unterschiedlichen Reaktionen herausfordern. Reagieren die Eltern angemessen auf die triebbedingten Entwicklungsbedürfnisse der Kinder und Jugendlichen, dann bilden sich gesunde Strukturen heraus, die den Übergang in die nächste Entwicklungsphase ermöglichen. Gelingt jedoch **keine angemessene Phasenbewältigung**, dann können *Fixierungen* auf die Phasenthematik auftreten oder *Regressionen* in zurückliegende Entwicklungsabschnitte.

Wichtig zum Verständnis dieser Prozesse ist des Weiteren, dass in den tiefenpsychologischen Konzepten davon ausgegangen wird, dass eine nichtabgeführte *Triebenergie* erhalten bleibt (Gesetz der Energieerhaltung) und aus dem Unbewussten weiter zur Abfuhr drängt. Aus diesem Grunde ist es für eine reife Trieb- und Affektentwicklung notwendig, dass sich die in der Phasenlehre angesprochenen Prozesse angemessen entwickeln können.

6.3.2 Gestörte Verhaltensregulation durch Abwehrmechanismen auf Grund unbewusster Konflikte

Nach Auffassung tiefenpsychologischer Störungskonzepte steht hinter jedem psychischen gestörten Verhalten ein **unbewusster Konflikt**. Unbewusste Konflikte entstehen dadurch, dass verschiedene gleichstarke Tendenzen zusammenstoßen (lat. confligere = zusammenstoßen), deren gegensätzliche Anforderungen vom Ich nicht zu lösen sind. Wegen dieser Nichtlösbarkeit neigt ein neurotisches oder unreifes Ich dazu, bestimmte Konfliktkomponenten oder den ganzen Konflikt ins Unbewusste zu verdrängen. Die Art der unterschiedlichen Konflikttendenzen beschreibt Rudolf (1996, S. 114 f) wie folgt:

Tiefenpsychologische Annahmen über unterschiedliche Konflikttendenzen
Auf der einen Seite stehen die Wünsche, zentralen Bedürfnisse und Emotionen des **Antriebssystems**. Sie sind subjektiv intendierend mit Unruhe und Hoffnung auf etwas gerichtet. (Ich möchte gern; ich brauche etwas; ich will es; es drängt mich etc.). Auf der Gegenseite findet sich die **antagonistische Tendenz** des Überichs oder des Ich-Ideals in Form von internalisierten Forderungen der Außenwelt. Sie warnen auf Grund von negativen Vorerfahrungen vor der Ausführung der Antriebe und drohen bei Nichtbeachtung der Warnung mit einer Bestrafung, Beschämung, Entwertung oder Beschuldigung.

Die Impulse und Emotionen des Antriebssystems haben einen vitalen und körperlich-nahen Charakter. Wegen ihrer Intensität sind sie für Impulse des Überichs oder Ich-Ideals bedrohlich, sodass sie **vom Ich abgewehrt** werden müssen. Dieser Prozess wird im manifesten Verhalten in Form von Erlebens-, Gedanken- und Aktionshemmungen erkennbar. Die Hemmungen geben kund, dass keine konfliktlösende Informationsverarbeitung, sondern ein Abwehrprozess stattgefunden hat. Dabei dokumentiert die Art der gewählten **Abwehrmechanismen** (vgl. König, 1996), ob die Triebimpulse gänzlich zurückgedrängt worden sind oder zumindest teilweise in der Verhaltensregulation des Ichs berücksichtigt werden konnten.

Um einen Einblick in die unterschiedliche Funktionsweise der Abwehrmechanismen zu geben, sollen im Folgenden sieben Mechanismen ausführlicher beschrieben werden (vgl. Rudolf, 1996, S. 64; Resch, 1996, S. 183):

Überblick über einige tiefenpsychologische Abwehrmechanismen
Verdrängung: Teilkomponenten oder der ganze Konflikt werden unter hohem Energieaufwand ins Unbewusste *abgeschoben*. Die Konfliktkomponenten können jedoch unwillentlich in konfliktähnlichen Situationen als überschießende Reaktionen (z. B. als Jähzorn) auf der Verhaltensebene sichtbar werden.
Spaltung: Bei der Spaltung werden Zusammenhänge des Antriebs- und Abwehrverhaltens oder des gesamten Konfliktes *auseinander gerissen* und in „erlaubte" und „nichterlaubte" Aspekte unterteilt. Die erlaubten Aspekte können dann bewusstseinsmäßig nachvollzogen werden und die nichterlaubten werden häufig auf andere Personen projiziert. Auch Ambivalenzerlebnisse sind häufig das Ergebnis von Spaltungsprozessen.
Projektion; projektive Identifikation: Bei der *Projektion* werden vor dem Bewusstsein nicht zugelassene Antriebe, Affekte und Wünsche auf andere Personen übertragen. Damit können z. B. abgelehnte Antriebsimpulse wie Hass, Bestrafungstendenzen etc. beibehalten und ohne Schuldgefühle an anderen abreagiert werden. Bei der *projektiven Identifikation* werden verdrängte Affekte und Wünsche (wie z. B. das Bedürfnis von jemandem intensiv geliebt zu werden) auf andere Personen in der Weise übertragen, dass man diese Personen

intensiv in seiner Fantasie liebt. Zusätzlich identifiziert man sich mit der anderen Person (z. B. einem Psychotherapeuten oder einem Schlageridol) und fantasiert nun, dass man von dieser Person in der gleichen Intensität zurückgeliebt wird. Durch die Aufhebung der realen Ich-Andere-Abgrenzung kann man auf diese Weise Fantasien ohne einen Bezug zur Wirklichkeit entwickeln.

Affektisolierung: Bei der Affektisolierung werden bestimmte emotionale Aspekte wie Wut, Hass oder Neid so abgetrennt, dass die Motive zwar gedanklich zugänglich sind, aber ihrer *affektiven Komponente entbehren.* Dies drückt sich in einem emotionsarmen und rational-bestimmten Verhalten aus.

Reaktionsbildung: Ursprünglich abgelehnte Antriebe, Affekte und Fantasien werden *in ihr Gegenteil umgeformt,* sodass sie verhaltenswirksam werden können. So kann ein Wut- und Ablehnungsimpuls in einen Fürsorge- oder übertriebenen Wertschätzungsimpuls umgeleitet werden.

Idealisierung: Um das Motiv zu befriedigen, z. B. von einer desinteressierten Mutter voll geliebt zu werden, werden die desinteressierten Beziehungssignale der Mutter verleugnet und in der Fantasien zu *idealen Visionen* umgeformt.

Entwertung: Dieser Mechanismus stellt das Gegenteil einer Idealisierung dar. Auf Grund von Enttäuschungen werden die Eigenschaften des Liebesobjektes so schlecht gemacht, dass man freiwillig auf die Liebe dieser Person verzichtet.

Da jeder Mensch seine Konflikte in irgendeiner Weise regulieren muss, ist das Auftreten von Abwehrmechanismen für sich allein noch kein Hinweis auf das Vorliegen einer psychischen Störung. Einen Krankheitswert bekommen die Abwehrmechanismen erst dann, wenn sie langfristig bestimmte Antriebs- und Affektbedürfnisse so hemmen oder umformen, dass wichtige Entwicklungs- und Lebensbedürfnisse nicht befriedigt werden können.

6.3.3 Gestörte Selbst- und Sozialentwicklung auf Grund problematischer frühkindlicher Objektbeziehungen

Ähnlich wie im klientenzentrierten Störungskonzept (s. Kap. 6.2.3), wird auch im tiefenpsychologischen Konzept ein Zusammenhang zwischen der Beziehung zu frühen Bindungspartnern (sie werden „Objekte" genannt) und dem Selbst hergestellt. Terminologisch wird der Begriff *Selbst* verwendet, wenn sich das Ich zum Zentrum seiner Beziehungen und Reflexionen wählt. „Dadurch wird aus dem präreflexiven Ich das reflexive Selbst" (Rudolf, 1996, S. 66).

Nach Rudolf teilen wir das **präreflexive Ich** „wahrscheinlich mit allen höheren Lebewesen", während das reflexive Selbst als humanspezifisch angesehen werden darf. Rudolf hält es für vorteilhaft, das **Selbst** als ein Konstrukt zu verstehen, „in dem alle übrigen Elemente der psychischen Struktur – z. B. das Ich, Überich, Ich-Ideal und die Bedürfniswelt – integriert sind. Das Selbst ist damit mehr als nur eine intrapsychische Repräsentanz, ein Bild der eigenen Person; es stellt vielmehr die höchste Integrationsstufe der psychischen Struktur dar. (…) Die wichtigste Funktion des Selbst ist neben einer Ichregulation die Regulation seiner Objektbeziehungen".

Entwicklungsstörungen des Selbst können darauf zurückgeführt werden, dass Kinder in ihren frühen Beziehungen zu den Eltern problematische Reaktionen (in Form von Desinteresse, Ablehnung oder Bestrafung) auf ihre intentionalen Bedürfnisse erfahren haben. Diese problematischen Elternreaktionen werden gemeinsam mit den spezifischen Bedürfnissen der Kinder in Form innerer Aufzeichnungen im Gedächtnis repräsentiert. Rudolf (1996, S. 73) geht davon aus, dass die „inneren Aufzeichnungen des Beziehungsgeschehens auf alle späteren aktuellen Ereignisse projiziert werden" und den Ausschlag dafür geben, wie die Kinder zukünftige Beziehungen wahrnehmen und erleben können.

Nach Ansicht des Psychoanalytikers Balint (1966) hat vor allem die Zurückweisung des kindlichen Bedürfnisses nach *„primärer Liebe"* eine **belastende Wirkung auf die Beziehungsgestaltung**. Sie führt häufig sogar zu einer Grundstörung der Selbst- und Sozialentwicklung. Die Nichterfüllung des Liebesbedürfnisses kann sich nach Winnicott (1974) durch einen Mangel an „mütterlicher Liebe und Besorgtheit" und das Fehlen einer „haltenden Umwelt" ausdrücken. Außerdem besteht die Gefahr, dass die Kinder in ihrem Liebesstreben ihren Selbstkonzeptaufbau mehr an den Interessen des Liebesobjektes orientieren als an den eigenen. Sie laufen damit Gefahr, ein „falsches" Selbstkonzept an Stelle eines „wahren" Konzeptes zu erwerben.

Im Folgenden sollen die symptombildenden Prozesse der Selbst- und Sozialentwicklung in der Darstellung von Rudolf (1996, S. 122 f) beschrieben werden:

Tiefenpsychologische Annahmen über symptombildende Prozesse der Selbst- und Sozialentwicklung

(1) „Das Individuum macht hinsichtlich der Befriedigung seiner zentralen Bedürfnisse **negative frühe Erfahrungen** mit seinen Bezugspersonen.

(2) Diese negativen Erfahrungen prägen die Ausgestaltung des Ichs, des Selbsts und seiner Objektbeziehungen und hinterlassen eine **gestörte Struktur**, in der die erlebten Beziehungskonflikte als Repräsentanzen unerfüllbarer Wünsche, heftiger Affekte und frustrierender Objekte verinnerlicht worden sind.

(3) Um die affektiv-kognitiven Störsignale aus dem Unbewussten bewältigen zu können; werden **Abwehrmechanismen** eingesetzt.

(4) Zur **Symptombildung** kommt es dann, wenn die Abwehr in Versuchungs- und Versagungssituationen labilisiert wird und/oder in Schwellensituationen des Lebens zusammenbricht."

Treten die geschilderten symptombildenden Prozesse regelmäßig oder im Rahmen eines herausragenden, extrem belastenden (traumatischen) Ereignisses auf, dann können sich bei den Kindern und Jugendlichen Störungsmuster in Form von „Ängsten", „Zwangsstörungen", „Dissoziativen Störungen", „Somatoformen Störungen" etc. entwickeln.

In der Störungstheorie der **tiefenpsychologischen Familientherapie** (s. Kap. 11.3) wird mit Reich et al. (1996, S. 223 f) davon ausgegangen, dass sich die Störungen und Konflikte der Kindergeneration in der Regel aus den Konflikten der Eltern- und Großelterngeneration ergeben. Dies geschieht durch vielfache *intrafamiliäre Übertragungsprozesse*. Des Weiteren wird angenommen, dass sich in Familien über die Generationen hinweg immer wieder dieselben Konflikte ergeben, sodass ein *intrafamiliärer Wiederholungszwang* besteht. Als wesentliche Konfliktbereiche oder Abwehrformen haben sich in gestörten Familien nach Reich et al. (1996, S. 236 ff) folgende Interaktionsprobleme erwiesen:

Tiefenpsychologische Annahmen über symptombildende Interaktionsprozesse in Familien

(1) **Bezogene Individuation der Familienmitglieder:** Die Störung der *sozialbezogenen Autonomieentwicklung* geschieht aufseiten der Elterngeneration im Wesentlichen auf Grund von unverarbeiteten Ängsten (z.B. vor Bindungsverlust und dem Alleinsein) und

aufseiten der Kindergeneration auf Grund von belastenden („malignen") Dreiecksbeziehungen zu beiden Elternteilen. Die Belastungen bestehen u. a. darin, dass ein Kind in die unverarbeiteten Paarkonflikte der Eltern hineingezogen und als Sündenbock oder Grund für die Vermeidung von Trennungen benutzt wird (vgl. Stierlin et al., 1985).

(2) **Belastende elterlicher Wünsche an das Kind und Parentifizierung eines Kindes:** Bei der *Delegation* werden nicht erledigte Aufgaben oder nicht realisierte elterliche Individuationswünsche in Form von projektiven Identifikationen (s. Kap. 6.3.2) an das Kind weitergegeben. Durch diese Übertragung der elterlichen Motive wird das Kind häufig überfordert und in seiner Entwicklung behindert. Bei der *Parentifizierung* werden dem Kind Elternrollen zugeteilt (z. B. die Rolle eines Partnerersatzes oder die Fürsorgerolle für ein chronisch erkranktes Familienmitglied). Die dadurch entstehende Belastung kann die Entwicklung des Kindes oder Jugendlichen stören.

(3) **Abgewehrte Trauer:** Durch die *Unfähigkeit zu trauern*, können sich die Familienmitglieder nicht von überholten alten Mustern, Erfahrungen oder belastenden Lebensereignissen (z. B. dem Tod eines Familienmitgliedes) trennen. Dadurch kann die *affektive Reaktionsfähigkeit* blockiert und emotionale Bearbeitungsfähigkeit eingeschränkt werden.

(4) **Realitätsverfälschung durch Familienmythen und Familiengeheimnisse:** Da über *Mythen* (Geschichten) die Werte, Ideale und Kohäsionsregeln der Familienkonzepte transportiert werden, können problematische Geschichten (z. B. in Form von Ausstoßungs-, Benachteiligungs- oder Harmoniemythen) einen belastenden Einfluss auf die Entwicklung von Kindern oder Jugendlichen haben. In ähnlicher Weise können *Geheimnisse* (z. B. über ein geistig erkranktes Familienmitglied) die familiäre Realitätswahrnehmung und Akzeptanz von erwartungsabweichenden Persönlichkeitszügen oder Verhaltensweisen erschweren.

Die geschilderten gestörten familiären Interaktionsprozesse machen deutlich, wie problematische frühkindliche Objektbeziehungserfahrungen der Eltern auf die Kinder übertragen werden und sich z. T. über mehrere Generationen wiederholen können. Deshalb ist es in der tiefenpsychologischen Kinder- und Jugendlichenpsychotherapie sehr sinnvoll, diesen Wiederholungszwang durch eine *Familientherapie* zu unterbinden (vgl. Massing et al., 1994; s. a. Kap. 12.3).

6.4 Familiensystemische Störungsannahmen

Nach Auffassung der **systemischen Familientherapie** wird die psychische Störung eines Kindes oder Jugendlichen als ein Symptom von *dysfunktionalen familiären Interaktionen* betrachtet. Damit wird die beim Kind oder Jugendlichen auftretende Symptomatik nicht als die Störung an sich angesehen, sondern nur als ein Hinweisfaktor für zu Grunde liegende krankhafte intrafamiliäre Prozesse. Nicht das Kind oder der Jugendliche ist gestört, sondern die Familie als Ganzes bringt das gestörte Mitglied hervor. Dieses übernimmt die Funktion, entweder die Auflösung einer instabilen Familienstruktur zu verhindern oder eine Instabilität herzustellen, um z. B. Autonomiestrebungen zu ermöglichen (vgl. Bastine, 1998, S. 402).

Die Klärung der Art und Weise, wie die Familie ein gestörtes Mitglied hervorbringt (es wird als „Indexpatient" oder „identifizierter Patient" bezeichnet), ist der Inhalt der familiensystemischen Störungskonzepte. Diese entstammen z. T. aus unterschiedlichen systemtheoretischen Schulen, die sich nach von Schlippe und Schweitzer (1998, S. 24) in *klassische Modelle* (bzw. Modelle der Kybernetik

1. Ordnung) und *Modelle der Kybernetik 2. Ordnung* einteilen lassen (vgl. von Sydow, 1996).

Modelle systemtheoretischer Therapieschulen

Nach den Vorstellungen der **klassischen Modelle** (zu diesen gehören die *strukturelle, strategische, erlebenisorientierte* und *systemisch-kybernetische* Familientherapie) geht man davon aus, dass es Systeme „wirklich gibt" und dass diese durch Grenzen, Regeln, Subsysteme, Koalitionen usw. beschrieben werden können (vgl. Selvini-Palazzoli et al., 1977; Minuchin & Fishman, 1983).

Bei den Modellen der **Kybernetik 2. Ordnung** (zu diesen gehören die *systemisch-konstruktivistische* Familientherapie und das Konzept des *Reflektierenden Teams*) werden die Prinzipien der Regelung und Steuerung komplexer Systeme auf die Kybernetik selbst bezogen (deshalb der Begriff 2. Ordnung) und damit auf die Klärung der Fragen zentriert, „wie menschliche Erkenntnis kybernetisch organisiert ist. Es wird bezweifelt, dass es *da draußen* objektiv vom Therapeuten erkennbare Systeme *gibt.* Vielmehr müssen der Beobachter und seine Erkenntnismöglichkeiten als Teil des Kontextes, den er beobachtet, mitkonzeptualisiert werden. Zwangsläufig ergibt sich daraus eine Abgrenzung zu Modellen der Kybernetik 1. Ordnung, die Hierarchie und Kontrolle implizieren" (Boscolo et al.; 1988; Andersen, 1990; von Schlippe & Schweitzer; 1998, S. 93).

Da in den Modellen der Kybernetik 2. Ordnung keine Aussagen zur Störungsentstehung, sondern nur zur Lösung von Problemen gemacht werden, sollen die Modelle in diesem Kapitel über die Störungsgrundlagen nicht berücksichtigt werden. Sie werden jedoch im Kapitel 13 über die Strategien der familiensystemischen Psychotherapie aufgegriffen.

Im Folgenden soll eine **Definition des Systembegriffes** gegeben werden: Menschliche und familiäre Systeme werden als *sich selbst organisierende* (autopoietische) Ganzheiten angesehen, die im Austausch mit ihrer Umgebung bestrebt sind, ihren Erhalt und ihre Entwicklung zu gewährleisten. Sie sind nach von Schlippe und Schweitzer (1998, S. 68) „strukturell determiniert", d. h. die jeweils aktuelle Struktur bestimmt, in welchen Grenzen sie sich verändern können, ohne ihre autopoietische Organisation zu verlieren. Außerdem sind sie „operationell geschlossen" und können nur „mit ihren Eigenzuständen operieren und nicht mit systemfremden Komponenten. (...) Die Außenwelt wird nur so weit zur relevanten Umwelt (...), wie sie im System Eigenzustände anzustoßen, zu ‚verstören' vermag."

Nach Wilke (1991, S. 282) ist bei der Systemdefinition die Beziehung zwischen Elementen *innerhalb* und *außerhalb* eines Systems von Bedeutung. Er definiert ein System als „einen ganzheitlichen Zusammenhang von Teilen, deren Beziehung untereinander quantitativ intensiver und qualitativ produktiver ist als die Beziehung zu Elementen außerhalb des Systems. Diese Unterschiedlichkeit der Beziehungen konstituiert eine Systemgrenze, die das System und die Umwelt des Systems trennt."

Im Sinne dieses Systembegriffes sollen die folgenden familiensystemischen Störungsannahmen konzipiert werden. Sie beziehen sich auf kybernetische Konzepte 1. Ordnung und sehen Familiensysteme als *realexistierende Einheiten* an, in denen die zirkulär vernetzten Familienmitglieder nach bestimmten Regeln bemüht sind, einen bestimmten Zielzustand der *Homöostase* (des Gleichgewichts) anzustreben. Um diese Aufgabe zu erreichen, kann sich das Familiensystem auch in Subsysteme (bestehend aus den einzelnen Familienmitgliedern) untergliedern und durch flexible Grenzen untereinander und von der Außenwelt abschirmen.

Psychische Störungen werden als das Ergebnis von dysfunktionalen Familiensysteminteraktionen angesehen, die Entwicklungsprozesse verhindern oder Instabilitätsprozesse zu lange aufrecht erhalten wollen. Das Ziel einer Systemtherapie besteht dann darin, die Familie dabei zu unterstützen, zeitweilige *Instabilitätsprozesse* zu akzeptieren, um sich anbahnende Entwicklungsprozesse zu ermöglichen; bzw. familiäre *Stabilitätsprozesse* anzustreben, wenn die Auflösungstendenzen des Systems zu stark sind. Wie problematische Instabilitäts- und Stabilitätsprozesse entstehen können, soll im Folgenden in Bezug auf Schneewind (1999, S. 90 ff) kurz beschrieben werden:

Ursachen von problematischen Instabilitäts- oder Stabilitätsprozessen in Familiensystemen
Nach Schneewind treten problematische Instabilitäts- oder Stabilitätsprozesse in Familiensystemen vorwiegend auf Grund von **Störungen in folgenden Systemkomponenten auf.** Der Komponente der: (a) *Ganzheitlichkeit* (Betonung der individuellen Sichtweisen zulasten von gemeinsamen Perspektive); (b) *Zielorientierung* (jeder geht seinen eigenen Weg); (c) *Äqui- und Multifinalität* (keine Zusammenhaltsgestaltung durch die Nutzung von vielfachen Möglichkeiten); (d) *Regelhaftigkeit* (fehlerhafte Regelungsprozesse); (e) *zirkulären Kausalität* (Nichtberücksichtigung der wechselseitigen Abhängigkeiten); (f) *Rückkoppelung* (die Rückmeldungsprozesse sind gestört); (g) *Homöostase* (Stabilitätsstrebungen werden vernachlässigt); (h) *Wandlung erster und zweiter Ordnung* (es treten keine Veränderungen innerhalb der vorhandenen Systemstrukturen oder bezüglich der Strukturen auf); (i) *Grenzsetzung* (keine, verwischte oder zu starre Grenzen); (j) *Offenheit vs. Geschlossenheit* (es findet ein problematischer Informationsaustausch zwischen dem System und der Umwelt statt); (h) *Selbstorganisation* (fehlerhafte Autopoieseprozesse); (e) Bildung *interner Erfahrungsmodelle* (die Familienkonzepte der Mitglieder divergieren).

Im Weiteren sollen die wichtigsten der soeben skizzierten störungsinduzierenden Prozesse der systemischen Familientherapie näher vorgestellt werden. Das sind im Einzelnen eine: (1) problematische familiäre Zielsetzung, Aufgabenverteilung und Abgrenzung; (2) fehlerhafte Abstimmung zwischen familiären Erhaltungs- und Entwicklungsfunktionen und (3) gestörte familiäre Kommunikation und Bedeutungsgebung.

6.4.1 Problematische familiäre Zielsetzung, Aufgabenverteilung und Abgrenzung

Ein wesentliches Merkmal eines Familiensystems ist die gemeinsame Gestaltung der **familiären Zielsetzung und Aufgabenverteilung** zwischen Eltern und Kindern in den verschiedenen *Entwicklungsstadien* der Kinder und des elterlichen Paarsystems.

Wie aus Kasten 6.4 hervorgeht, verändern sich die familiären Ziele und Aufgaben im Lebenszyklus beständig und erfordern deshalb von allen Beteiligten ein hohes Ausmaß an Flexibilität. Im Einzelnen beziehen sich die familiären Zielsetzungen aus Elternsicht auf die Erfüllung folgender *Aufgaben der Elternschaft* (vgl. Schneewind, 1999, S. 97 f): ● Vorbereitung auf das erste Kind; ● Versorgung des Kindes; ● Erziehung des Kindes; ● Erziehung des Jugendlichen und ● Entlassung des Jugendlichen aus dem Familienverband.

Können die Eltern diese familienbezogenen Ziele und Aufgaben nicht erfüllen, dann besteht die Gefahr, dass die Kinder und Jugendlichen auf Grund von

Kasten 6.4: Ziele und Aufgaben der Elternschaft in verschiedenen Entwicklungsstadien

Stadien der Elternschaft	Ziele und Aufgaben der Eltern
(1) Bildung eines Paarsystems zur Vorbereitung auf das erste Kind.	a) Bildung eines Paarsystems zur Vorbereitung auf das Zusammenleben mit Kindern (z. B. Eingehen einer Ehe). b) Neuorientierung der Beziehung zu den jeweiligen Eltern und Freunden des Lebenspartners.
(2) Geburt des ersten Kindes und erste Ausfüllung der Elternrolle.	a) Umorganisation des Ehesystems, um Raum für die Geburt eines Kindes zu schaffen. b) Koordination der Aufgaben der Kinderversorgung, Haushaltsführung, Freizeitgestaltung etc. c) Neuorientierung der Beziehung zu den Eltern des Paarsystems. Diese werden Großeltern. d) Aufbau von Freundschaftsbeziehungen zu Eltern von gleichaltrigen anderen Kindern.
(3) Erziehung des Kindes.	a) Hilfe des Kindes bei der Bewältigung von Entwicklungsaufgaben. b) Evtl. Vorbereitung des Kindes auf die Geburt eines Geschwisterkindes. c) Rücksichtnahme bei der Urlaubsplanung auf die Interessen von Kindern. d) Hilfe des Kindes bei der Übernahme der Schülerrolle.
(4) Erziehung des Jugendlichen.	a) Hilfe des Jugendlichen bei der Vorbereitung zur Übernahme der Erwachsenenrolle. b) Mithilfe bei der Loslösung des Jugendlichen aus der Kinderrolle. c) Vorbereitung der Eltern auf den Auszug des Jugendlichen.
(5) Entlassung des Jugendlichen aus dem familiären Kernverband und nachelterliches Stadium.	a) Weiterentwicklung der Beziehung zu den erwachsenen Kindern (u. a. Einbezug von Schwiegertöchtern und -söhnen). b) Evtl. Übernahme der Rolle als Großeltern. c) Fokussierung der Eltern auf neue eheliche und berufliche Themen, die nicht kindbezogen sind.

Entwicklungsverzögerungen oder Fehlentwicklungen psychische Störungen ausbilden können. Die Ursachen für die *Nichterfüllung* der elterlichen Aufgaben können dabei vielfältiger Natur sein: Sie können aus erzieherischen Unsicherheiten oder Inkompetenzen bestehen; aus nicht gelösten Interessenskonflikten; aus Überforderungen; latenten und manifesten Trennungsabsichten des elterlichen Paares oder einem elterlichen Desinteresse an den Kindern und Jugendlichen.

Viele der elterlichen Probleme ergeben sich auch daraus, dass die Aufgaben der Elternschaft mit einem *Verlust an individueller Freiheit* assoziiert werden, sodass die Frau (bzw. Mutter) und der Mann (bzw. Vater) lernen muss, die Autonomieinteressen des jeweils anderen Partners zu akzeptieren. Dieses Lernen gelingt häufig erst dann, wenn der Entwicklungsschritt von einer egozentrischen Ich-Orientierung zu einer partner- und familienbezogenen Wir-Orientierung vollzogen worden ist. Zu dieser Wir-Orientierung gehört nach Schneewind (1999, S. 29 f) ein gemeinsames Wollen, ein gemeinsames Fühlen und ein gemeinsames Tun. Außerdem sollten die Eltern das Globalziel einer *bezogenen Individuation* (Stierlin, 1978) und *Ko-Evolution* (Willi, 1985) anstreben.

Bezüglich eines optimalen **Abgrenzungsverhaltens** zwischen dem Eltern- und Kindersubsystem empfehlen Minuchin und Fishman (1983) eine *eindeutige* Grenzziehung. Das bedeutet, dass z. B. die Partnerschaftsinteressen von Mann und Frau nach Trost, Geborgenheit, Erotik und Sexualität von dem erwachsenen Partner zu erfüllen sind und nicht vom Kind oder Jugendlichen. Treten hier Grenzüberschreitungen wegen *nichtvorhandener* oder *verwischter* Regeln auf, dann können diese auf Grund eines malignen Dreiecks (z. B. eines Bündnisses zwischen Mutter und Sohn gegen den Vater) zu großen psychischen Belastungen der Kinder und Jugendlichen führen.

Werden die Grenzen zwischen der Eltern- und Kindergeneration jedoch zu *starr* gezogen, dann können sie zwar eine Schutzfunktion erfüllen und elterliche Übergriffe verhindern, aber die Entwicklung bestimmter kindlicher Kompetenzen wie z. B. die des Mitgefühls, der Hilfsbereitschaft, der familiären Problemlösungsfertigkeit etc. einschränken. Denn nur dadurch, dass Kinder und Jugendliche am elterlichen Leben teilhaben können, können sie sich auf die spätere Ausfüllung eigener Elternrollen vorbereiten.

6.4.2 Fehlerhafte familiäre Abstimmung zwischen Erhaltungs- und Entwicklungsfunktionen

In einem gesunden Familiensystem muss eine optimale **Abstimmung zwischen Erhaltungs- und Entwicklungsfunktionen** vorliegen. Da ein Familiensystem aber eine starke *Tendenz zur Erhaltung* (Homöostase) aufweist, d. h. zur Ausbalancierung der unterschiedlichen Interessen zwischen den Familienmitgliedern, setzt es Veränderungsstrebungen auf Grund von Entwicklungserfordernissen starke Widerstände entgegen. Diese Widerstände treten insbesondere in Übergangsphasen zu einem neuen Entwicklungsabschnitt auf (z. B. beim Schuleintritt oder bei Beginn der Pubertät) und können die familiäre Interaktion behindern.

Aber auch bei einem *Mangel an Homöostasefunktionen* können chronische psychische Belastungen von Kindern und Jugendlichen auftreten, wenn z. B. eine allein erziehende Mutter wegen der Überforderung durch die Versorgung mehrerer Kinder nicht in der Lage ist, die lebensnotwendigen Erhaltungsfunktionen zu gewährleisten. Weitere Homöostasemängel können sich daraus ergeben, dass das Elternpaar in einer chronischen Trennungsphase lebt oder dass ein Elternteil z. B. an einer Alkoholerkrankung leidet.

In einem gesunden Familiensystem müssen also Erhaltungs- und Entwicklungsfunktionen in einem *balancierten Verhältnis* so zueinander reguliert werden, dass bei Übergängen zu einem neuen Zielzustand eine neue Aufgabenverteilung möglich wird. Deshalb sollten in einem gesunden Familiensystem auch kurzzeitige Prozesse von *Desorganisation* und *Chaos* toleriert werden, weil sich in diesen Prozessen neue Regulationsstrukturen ausbilden können.

Zur **Entstehung von Desorganisationsprozessen** schreiben von Schlippe und Schweitzer (1998, S. 63) Folgendes:

„In hochvernetzten, dynamischen Systemen können sich unter bestimmten Bedingungen Spontanordnungen entwickeln, ohne dass es eine ordnende Instanz von außen gibt. Prigogine und Stengers (1981) entdeckten, dass aus Abweichungen von einem zunächst stabilen Gleichgewichtszustand unter Energieverbrauch **neue Organisationsformen** entstanden sind; er nannte sie dissipative Strukturen, um damit ein Paradox zu beschreiben. Dissipation (Zerstreuung) lässt an Chaos und Auseinanderfallen denken. Struktur ist das Gegenteil davon. *Dissipative Strukturen* sind Systeme, die ihre Stabilität und Identität nur dadurch behalten, dass sie ständig für die Strömungen und Einflüsse ihrer Umgebung offen sind und sich ständig im Wandel befinden."

Insbesondere in Familiensystemen mit mehreren Kindern, die sich permanent auf die Bewältigung neuer Entwicklungsaufgaben einstellen müssen, treten häufig diese Desorganisationsprozesse auf. Sie sollten als notwendige Begleiterscheinungen der Übergangsphasen zu neuen Entwicklungsaufgaben angesehen werden und nicht als krankhafte Phänomene.

6.4.3 Gestörte familiäre Kommunikation und Bedeutungsgebung

Viele psychische Störungen von Kindern oder Jugendlichen ergeben sich aus einer gestörten **familiären Kommunikation und Bedeutungsumgebung.** Im weiteren sollen die beiden Interaktionsbedingungen genauer spezifiziert und in eine gestörte *nicht-verbale Kommunikation* und gestörte *verbale Bedeutungsgebung* unterteilt werden.

Eine gestörte **nicht-verbale Kommunikation** entsteht nach Watzlawick et al. (1969) im Wesentlichen dadurch, dass bestimmte formale Interaktionsregeln nicht angemessen berücksichtigt werden. Diese Regeln betreffen: (1) die Klärung der Kommunikationsprozesse per se; (2) das Beziehungsverhältnis der Kommunikatoren; (3) die Interpunktionen zwischen den Kommunikationsbeiträgen; (4) die digitale und analoge Informationsübertragung und (5) die symmetrische und komplementäre Beziehungsgestaltung. Im Weiteren sollen die Störungsmöglichkeiten dieser Kommunikationsregeln näher charakterisiert werden:

Störungen der nicht-verbalen familiären Kommunikation
(1) **Verweigerung einer Klärung der Kommunikationsprozesse:** Da es *unmöglich ist, nicht zu kommunizieren,* ist z. B. das Sichabwenden einer Mutter oder ihre abwehrende Geste, ihr Schweigen oder ihr Weglaufen ein informationshaltiges Signal, das Aussagen über die Beziehung des abweisenden Kommunikationspartners zum Kind oder Jugendlichen macht. Belastend ist diese verdeckte Kommunikationsform für Kinder und Jugendliche besonders dann, wenn der erwachsene Interaktionspartner für dieses Verhalten keine Verantwortung übernimmt.

(2) **Gestörte Informationsübertragung durch ein problematisches Beziehungsverhalten:** In jeder Kommunikation sind Inhalts- und Beziehungsaspekt miteinander verwoben. Deshalb können *belastende Beziehungssignale* der Eltern an ihre Kinder zu einer Fehlverarbeitung elterlicher *Inhaltsinformationen* führen und damit zu einer Einschränkung der elterlichen Lehrfunktion.

(3) **Gestörte Informationsübertragung durch ein problematisches Interpunktionsverhalten:** Da jeder Kommunikationseinfluss durch *Interpunktionen bzw. Zeichensetzungen* (z. B. Pausen, Betonungen, Gesten etc.) in Ereignisabfolgen unterteilt wird, können z. B. autoritäre Eltern durch die Hervorhebung ihrer eigenen Gedanken und die Unterdrückung abweichender Meinungen Einfluss auf die Bildung von Familienkonzepten oder das Engagement für gemeinsame Familienziele nehmen.

(4) **Widersprüche zwischen digitaler und analoger Information:** Eine *digitale* Information besteht aus einem eindeutigen, meist sprachlich übermittelten Inhalt; eine *analoge* Information ist mehrdeutig und wird im Allgemeinen averbal durch Gesten, Mimik, Haptik etc. übertragen. Widersprüche zwischen den häufig parallel gesendeten digitalen und analogen Informationen können dann auftreten, wenn z. B. im Rahmen einer Schularbeitenhilfe regelmäßig die hilfreiche sprachlich-korrigierende Information dadurch unterlaufen wird, dass auf der analogen Ebene abwertende Gesten und Signale über eine unterstellte „Dummheit" vermittelt werden.

(5) **Unangemessene symmetrische oder komplementäre Beziehungsverhältnisse:** Als *symmetrisch* wird eine gleichgewichtige (partnerschaftliche) Beziehung bezeichnet und als *komplementär* eine Beziehung, die ein Ergänzungsverhältnis charakterisiert. Da Eltern im Allgemeinen in einem komplementären Beziehungsverhältnis zu ihren Kindern stehen sollten, können kommunikative Belastungen dann auftreten, wenn sie dieses Verhältnis nicht ausüben oder – wie im Falle der Nutzung eines Kindes als Partnerersatz – umkehren. Durch die Herstellung solcher malignen Beziehungsverhältnisse können Kinder oder Jugendliche insbesondere bei allein erziehenden Elternteilen in eine chronische Überforderungs- und Deprivationssituation gebracht werden, die ihre weitere Entwicklung belasten kann (vgl. Kap. 5.3.4). Des Weiteren können *maligne symmetrische Eskalationskämpfe* zwischen den Eltern, z. B. um die Vorherrschaft in der Familie, eine negative Wirkung auf die Kinder haben, da dadurch häufig das emotionale Familienklima gestört wird.

Eine gestörte **verbale Bedeutungsgebung** geschieht im Wesentlichen durch sprachliche Interaktionsprozesse in Form von problematischen Benennungen, Beschreibungen, Kommentaren, Aufforderungen, Geschichten etc. Mit diesen gestörten sprachlichen Beeinflussungsprozessen können unrealistische „Wirklichkeiten" konstruiert werden, die über gestörte Familienkonzepte die Ausbildung von seelischen Erkrankungen mitbedingen können. Ein *gestörtes Familienkonzept* kann sich z. B. darin ausdrücken, dass familiäre Fakten wie die Begabungsschwäche eines Kindes verleugnet werden, sodass das Kind keine realistische Orientierung zum Aufbau eines angemessenen Begabungskonzeptes entwickeln kann. Störungen der familiären Bedeutungsgebungsprozesse führen im Allgemeinen nicht zum direkten Erwerb einer psychischen Krankheit, sondern stellen Risikofaktoren dar, die erst im Zusammenwirken mit anderen Risiken zu psychischen Problemen führen können.

Familiäre Dysfunktionsprozesse können also auch durch eine gestörte nicht-verbale und verbale Kommunikation entstehen. Dabei hat der **Dialog** (bzw. Multilog) zwischen den Familienmitgliedern eine wichtige Funktion, weil in ihm eine Festlegung der *Wirklichkeitskonstruktionen* stattfindet. Diese Festlegung sollte in sprachlich beweglichen Familiensystemen in einer freien Weise geschehen, die mit einem „Tanz der Bedeutungen" vergleichbar ist. Nach von Schlippe und Schweitzer (1998, S. 79) wird in diesem *bedeutungsgebenden Tanz* eine gemeinsame Realität geschaffen, die „immer offen für eine Umwandlung in der nächsten Konversation" ist. Nur durch die Ermöglichung der individuellen Offenheit für neue Bedeutungsperspektiven wird das Risiko verringert, dass sich entwicklungshemmende Familienkonzepte herausbilden können. Aus diesem Grunde wird in der familiensystemischen Psychotherapie auch das Üben von Hypothesenbildungen gefördert, wobei ein zweites Reflektierendes Therapeutenteam (s. Kap. 13) eine modellhafte und unterstützende Hilfe geben kann.

7 Psychotherapieziele

Aus dem Multidimensionalen Pathogenesemodell der APT-KJF (s. Abb. 5.1, S. 67) ergibt sich das **Zielkonzept** der Kinder- und Jugendlichenpsychotherapie. Es besteht aus folgenden zwei globalen Zielen (vgl. Ambühl & Strauß, 1999):

- **Gesundheits- und Entwicklungsförderung** (Stärkung der biopsychosozialen Schutzfaktoren; Stärkung des Widerstandsverhaltens gegen psychische Erkrankungen; Hilfen zur Bewältigung von Entwicklungsaufgaben etc.) und
- **Abbau des gestörten psychischen Verhaltens** (Abbau der externen und internen Störungsursachen; Abbau der psychischen Störungssymptome etc.).

Das Anstreben der beiden globalen Ziele ist wichtig, da eine alleinige Konzentration auf die Beseitigung der Störungssymptome der Genese psychischer Störungen von Kindern und Jugendlichen nicht gerecht werden würde. Die Störungsentstehung ist häufig so eng mit *gesundheitlichen Einschränkungen* der allgemeinen Funktionsfertigkeit und Lebensqualität von Kindern sowie nicht bewältigten Entwicklungsaufgaben verbunden, dass die Störungen nicht – wie seelische Erkrankungen im Erwachsenenalter – als „qualitativ andersartige Zustände des psychischen Geschehens" (s. Grawe, 1998, S. 502) anzusehen sind, sondern in den meisten Fällen normalen Verhaltensweisen sehr ähneln (vgl. Kap. 1.2).

Des Weiteren sind die psychischen Störungen von Kindern und Jugendlichen sehr vom Entwicklungsstand der Kinder und Jugendlichen abhängig, sodass die *Entwicklungsdimension* nach Remschmidt (1996, S. 5) „auf allen Altersstufen zu einer stärkeren Variabilität der Krankheitserscheinungen" führt als in der Erwachsenenpsychopathologie. Dieser starke Einfluss ergibt sich im Wesentlichen aus dem „Wechselspiel zwischen pathogenen und protektiven Faktoren" und aus der „Vielgestaltigkeit und Geschwindigkeit der Entwicklungsvorgänge im Kindes- und Jugendalter." Die große Variabilität der Gesundheits- und Krankheitsbedingungen führt häufig auch dazu, dass sich die seelischen Schwierigkeiten von Kindern und Jugendlichen in Verhaltensproblemen ausdrücken, die zwar belastend sind, aber noch keinen Krankheitswert besitzen.

Im Weiteren sollen die beiden globalen Zielarten gesondert vorgestellt werden. Begonnen werden soll mit der Darstellung des Ziels der *Gesundheits- und Entwicklungsförderung.*

7.1 Gesundheits- und Entwicklungsförderung

Die **Gesundheits- und Entwicklungsförderung** betrifft zwei Zielaspekte, die im Kindes- und Jugendalter eng miteinander verknüpft sind. Sie bezieht sich einerseits auf eine gesundheitsgerechte Gestaltung der Umweltbedingungen und Lebensqualität von Kindern und Jugendlichen und andererseits auf eine Hilfe bei der Bewältigung von altersspezifischen Entwicklungsaufgaben (s. Kap. 4).

Das Programm der *Gesundheitsförderung* ist auf Grund der Bemühungen der Weltgesundheitsorganisation entstanden (vgl. Hurrelmann & Settertobulte, 2000). Es wird „als ein integratives Präventionskonzept verstanden, das die einseitige Betonung verhaltensbezogener Maßnahmen überwinden will und auf die Entwicklung gesunder Lebensbedingungen abstellt. (...) Gesundheitsförderung bezeichnet zusammenfassend die vorbeugenden, präventiven Zugänge zu allen Aktivitäten und Maßnahmen, die die Lebensqualität von Menschen beeinflussen können."

Die Rahmen der Gesundheitsförderung sollen also durch eine primäre Prävention rechtzeitig die Risikobedingungen für die Entstehung von psychischen Störungen abgebaut und – im Falle einer sekundären Prävention – erste Störungssymptome heilend oder bewältigend verbessert werden. Außerdem sollen die Schutzfaktoren und Widerstandskräfte gegen seelische und körperliche Krankheiten gestärkt werden (tertiäre Prävention).

Einen besonderen Aspekt der Gesundheitsförderung stellt die Verbesserung des seelischen **Wohlbefindens bzw. der Lebensqualität** der Kinder, Jugendlichen und Familien dar. Sie geht nach Becker (1995; s.a. Kap. 1.2) mit Aspekten der subjektiven Zufriedenheit, Sinnerfülltheit, Selbstaktualisierung (bzw. vollen Handlungs- und Funktionsfertigkeit), Liebesfähigkeit und Selbstwertschätzung einher. Das Herstellen dieses Wohlbefindens ist häufig aus der Sicht der Kinder und Jugendlichen (insbesondere beim Vorliegen von chronischen körperlichen Erkrankungen) wichtiger als die vollständige Beseitigung der Störungssymptome. Testmäßig lässt sich die Lebensqualität von Kindern und Jugendlichen durch Fragebogenverfahren (vgl. Bullinger et al., 1994; Mattjetat et al., 1998) oder durch die globale Einschätzung des Funktionsniveaus des kindlichen Verhalten (z. B. durch Achse VI des MAS von Remschmidt & Schmidt, 1994; s. Kap. 3.1) erfassen.

Das Konzept der *Entwicklungsförderung* geht davon aus, dass die Symptome von psychischen Störungen auf gestörte Entwicklungspfade zurückzuführen sind (s. Kap. 3.4). Diese Pfade sind im Wesentlichen dadurch entstanden, dass die alterstypischen Entwicklungsaufgaben auf Grund von belastenden Umweltbedingungen und persönlichen Vulnerabilitäten nicht erfolgreich gelöst werden konnten, sodass an Stelle von **optimalen Entwicklungsfertigkeiten** (z. B. in Form einer sicheren Bindungskompetenz oder eines differenziert ausgebildeten Selbstsystems) fehler- oder mangelhaft ausgeprägte Entwicklungskompetenzen erworben worden sind. Diese eingeschränkten Kompetenzen müssen vom Kind oder Jugendlichen kaschiert oder kompensiert werden und können deshalb zum Erwerb von fehlangepassten bzw. problematischen Verhaltensweisen führen. Bleiben letztere längere Zeit bestehen und bilden neuronale Verfestigungen aus, dann können psychische Störungssymptome mit Krankheitswert (s. Kap. 1.1) entstehen.

Eine kombinierte Gesundheits- und Entwicklungsförderung muss deshalb das Ziel haben, einerseits *Schutzfaktoren* und *Widerstandskräfte* gegen psychische Erkrankungen zu stärken und andererseits *Hilfen zur Bewältigung von Entwicklungsaufgaben* anzubieten. Das Anstreben dieser drei Teilziele soll die Ausbildung von gesunden und entwicklungsangemessenen Kompetenzen gewährleisten. Im Weiteren sollen die drei Teilziele näher beschrieben werden.

7.1.1 Stärkung von biopsychosozialen Schutzfaktoren

Schutzfaktoren (bzw. Ressourcen) stellen Gegenkräfte zu den Risikofaktoren dar und können deren Einfluss aufheben. Sie wirken gesundheitsfördernd und stellen nach Grawe (1998, S. 34) das „positive Potenzial" dar, dass die Menschen in ihren therapeutischen Veränderungsprozess, ihren Schutz vor seelischen Krankheiten sowie ihre Entwicklungsförderung einbringen können. Dieses positive Potenzial bezieht sich in Analogie zum Konzept der Risikofaktoren auf den personalen, familiären und sozioökologischen Bereich.

Um die Spannbreite der **biopsychosozialen Schutzfaktoren** zu verdeutlichen, sollen die wichtigsten von ihnen kurz vorgestellt werden. Sie stellen Positivausprägungen der in Abbildung 5.2 (s. S. 70) genannten Risikofaktoren dar und betreffen folgende vorteilhafte Bedingungen:

Beispiele für biopsychosoziale Schutzfaktoren

Biologische Schutzfaktoren: ● *Genetische Stärken* (z. B. gute Konstitution; gutes Aussehen; körperliche Geschicklichkeit etc.); ● *neuropsychologische Stärken* (z. B. stabiles Nervensystem; gutes Gedächtnis etc.).

Personale Schutzfaktoren: ● *Positives Temperament* (z. B. emotionale Ausgeglichenheit; Humor; stimmungsmäßige Stabilität etc.); ● *sicheres Bindungsmuster* (z. B. Kompetenzen zur vertrauensvollen Kontaktaufnahme mit Menschen; Bewältigung von stressauslösenden Situationen; Liebesfähigkeit etc.); ● *gute Leistungsfertigkeit* (z. B. schnelle Auffassungsgabe; gute Schulleistungen; soziale Geschicklichkeit etc.); ● *lebensbejahende Einstellung* (z. B. Lebensfreude; Interesse für die Natur; Freude am Genießen etc.).

Familiäre Schutzfaktoren: ● *Freundliches und wertschätzendes emotionales Klima* (z. B. gegenseitige emotionale Offenheit; affektive Empathie; Mitleidensfähigkeit; Respektierung der individuellen Eigenheiten etc.); ● *psychische Gesundheit der Eltern* (z. B. Vorbildhaltung für eine gesunde Lebensführung; geschickter Umgang mit Institutionen des medizinisch-psychologischen Versorgungssystems etc.); ● *gewaltfreies Erziehungsverhalten* (z. B. Überzeugen durch Argumente; demokratische Entscheidungsbildung; Akzeptanz anderer Meinungen; Verzicht auf Macht und Unterdrückung etc.); ● *Unterstützung, Fürsorge, Verantwortung* (z. B. Erfüllung der Grundbedürfnisse von Kindern und Jugendlichen; Hilfe in Notsituationen; Entwicklungshilfe; Achtung der persönlichen Intimsphäre von Kindern und Jugendlichen etc.); ● *liebevolles partnerschaftliches Eheleben* (z. B. gegenseitige Zuneigung; Achtung der gegenseitigen Interessen und Unterschiede; Freude an Erotik und Sexualität; Zukunftsorientierung etc.).

Sozioökologische Schutzfaktoren: ● *Wohlstand und gesicherter Arbeitsplatz der Eltern* (z. B. genügend Geld zur Lebensbewältigung und zum Durchführen von Hobbys; finanzielle schulische und berufliche Förderung der Kinder; befriedigende Wohnverhältnisse; Unabhängigkeit von sozialer Bevormundung durch staatliche Ämter etc.); ● *Erfolg in Schule und Beruf* (z. B. gute Schulabschlüsse und Arbeitsplätze; gesellschaftliche Anerkennung; gesicherte Zukunftsperspektiven etc.); ● *Akzeptanz in der Peergruppe* (z. B. Zufriedenheit in sozialen Gruppen; Erlernen sozialer Kompetenzen; viele Freundschaftsbeziehungen etc.).

Die Stärkung der Schutzfaktoren kann nicht nur zu einem verbesserten Wohlbefinden der Kinder, Jugendlichen und Eltern führen, sondern auch zu einem Abbau der Störungsproblematik im Verlauf einer Psychotherapie. Dieser Effekt kann sich nach Grawe (1998, S. 554) deshalb einstellen, weil die Aktivierung der schutzgebenden Ressourcen vier **positive therapeutische Funktionen** hat. Sie kann: (1) das Selbstvertrauen des Patienten und seine Fähigkeiten zur effektiveren Bedürfnisbefriedigung fördern; (2) die Vertrauensbildung und Therapiebeziehung verbessern; (3) die Lernwilligkeit steigern und (4) die Bahnung konstruktiver, störungsinkompatibler neuronaler Erregungsmuster erleichtern. Besonders der letztgenannte Effekt wirkt sich störungsabbauend aus, denn: „Je mehr das psychische Geschehen von positiven motivationalen Schemata bestimmt wird, (...) desto weniger bleibt Raum für ein problematisches Erleben und Verhalten."

7.1.2 Stärkung des Widerstandsverhaltens gegen psychische Erkrankungen

Die **Stärkung des Widerstandsverhaltens** gegen psychische Erkrankungen (auch Resilienzstärkung genannt, s. S. 68) hat eine große Bedeutung, weil auf diese präventive Weise die Ausbildung und Verfestigung von psychischen Störungen verhindert werden kann. Sie bezieht sich vorrangig auf die Überwindung von Vorformen psychischer Störungen, die in der Art von *seelischen Schwierigkeiten* oder *psychischen Problemen* auftreten. Indem Kindern und Jugendlichen geholfen wird, erfolgreicher ihre seelischen Probleme zu lösen, effektiver ihren Stress abzubauen, geduldiger ihre Spannungen zu ertragen oder kompetenter ihre sozialen Konflikte zu bewältigen, lernen sie bereits im Vorfeld, die Entstehung von psychischen Symptomen zu verhindern.

Im Folgenden sollen einige der wichtigsten Resilienzen gegen psychische Störungen näher beschrieben werden. Es handelt sich um die Widerstandskräfte: • gute Problemlösungsfertigkeiten; • gute Stressbewältigungskompetenzen; • gute Entspannungsfertigkeiten und • gute soziale Kompetenzen (vgl. Linden & Hautzinger, 1996).

Beispiele von Widerstandskräften gegen psychische Erkrankungen
Gute Problemlösungsfertigkeiten: Nach D'Zurilla und Goldfried (1971) lässt sich ein psychisches Problem in folgenden Schritten lösen: (a) Problemerkennung und -beschreibung; (b) Analyse der Problemursachen bzw. – bedingungen; (c) Festlegung des Ziel- bzw. Wunschzustandes, in dessen Richtung das Problem zu lösen ist; (d) Suche und gedankliches oder spielerisches Erproben von Zielerreichungsmethoden; (e) Anwenden der Lösungsmethoden und (f) Evaluation des Ausmaßes der Zielerreichung bzw. Problembewältigung (vgl. Liebeck, 1996).
Gute Stressbewältigungskompetenzen: Diese Kompetenzen bestehen aus Bemühungen, die *Toleranzschwelle* für belastende Gefühle, Gedanken, körperliche Empfindungen etc. *zu erhöhen*. Dazu setzen sich die Kinder und Jugendlichen bewusst ihren Stressoren aus, tun dies aber in einer so dosierten Weise, dass sie die Belastungen gerade noch ertragen können. Statt eines Stressvermeidungsverhaltens wählen sie ein *aktives Konfrontationsverhalten* mit den Stressoren. Damit sie ihre Stresstoleranz verbessern können, müssen sie Eigenschaften wie Mut, Ausdauer, Realitätsakzeptanz, Diskriminationsfähigkeit etc. aktivieren und psychische Probleme und Symptome als überwindbar ansehen (vgl. Novaco, 1996). Eine

andere Möglichkeit der Stressbewältigung besteht im Aufbau einer „coolen", den Stress herunterspielenden Einstellung. Außerdem ist es durch die Anwendung der Strategie der kognitiven *Umbewertung* bzw. *Neubenennung* möglich, kind- und jugendlichengerechte Widerstandskräfte aufzubauen.

Gute Entspannungsfertigkeiten: Die Kompetenzen zur Entspannung dienen vorrangig zur *Reduktion des allgemeinen Erregungszustandes* und zur Beruhigung des Vegetativen Nervensystems. Der Zustand der Entspannung wirkt entkrampfend, fördert die Durchblutung, dämpft den Herzschlag, vertieft die Atmung und fördert das Wohlbefinden. Entspannungsübungen können mit entsprechenden Anweisungen und unter Nutzung von Geschichten, Musik und Visualisierungen liegend oder sitzend durchgeführt werden (vgl. U. Petermann, 1996). Sie sollten ein- bis zweimal täglich stattfinden und immer dann zur Anwendung kommen, wenn eine Begegnung mit belastenden Situationen, Emotionen oder Kognitionen bevorsteht. Langfristig sollte es das Ziel sein, die Entspannungsfertigkeiten in jeder Situation benutzen zu können (vgl. Linden, 1996).

Gute soziale Kompetenzen: Da viele psychische Probleme und Störungen von sozialer Art sind und insbesondere bei sozial unsicheren und/oder ungeschickten Kindern und Jugendlichen auftreten, kann eine *Verbesserung der sozialen Kompetenzen* zu einer Reduktion der Belastungen führen. Die Verbesserung sollte sich insbesondere auf Streit-, Konflikt-, Angst-, Enttäuschungs-, Wut- und Aggressionsreaktionen beziehen. Aber auch ein zu starker Egozentrismus kann zu sozialen Schwierigkeiten führen. Deshalb sind Übungen zur Verbesserung der sozialen Empathie, zur Zurückstellung eigener Wünsche, zum kooperativen Interessenausgleich, zur Vermeidung von Streit und Machtanwendungen etc. gute Maßnahmen, um die soziale Geschicklichkeit zu erhöhen (vgl. Petermann & Petermann, 1996).

Viele der geschilderten Resilienzfertigkeiten werden von den Kindern und Jugendlichen spontan eingesetzt und ausgebaut. Ihre Ausprägung ist altersspezifisch und hängt sehr vom jeweiligen Entwicklungsstand der Kinder und Jugendlichen ab, sodass sie immer wieder komplettiert werden müssen. Diese Aussage wird auch durch die Ergebnisse der Kauai-Längsschnittstudie von Werner (1993) über den Lebensweg von 72 resilienten Kindern unterstützt (vgl. Petermann et al., 1998, S. 222 ff).

7.1.3 Hilfen zur Bewältigung von Entwicklungsaufgaben

Da die Ausbildung von psychischen Problemen und Störungen eng mit dem aktuellen Entwicklungsniveau der Kinder und Jugendlichen zusammenhängt und insbesondere in *Übergangsphasen* zwischen zwei Entwicklungsstufen auftritt, ist die elterliche **Hilfe zur Bewältigung von Entwicklungsaufgaben** von großem Nutzen. Sie sollte in enger Abstimmung mit den Möglichkeiten und Interessen der Kinder und Jugendlichen gegeben werden und sollte auch die Bezugspersonen im Kindergarten, in der Schule, am Arbeitsplatz etc. miteinbeziehen, in deren Gegenwart viele Entwicklungsaufgaben zu lernen sind. Da die Mithilfe der Eltern und anderer Bezugspersonen eine kind- bzw. jugendlichenzentrierte Einstellung und oft ein (zumindest kurzfristiges) Zurückstellen der eigenen Bedürfnisbefriedigung erforderlich macht, muss dieses Zielverhalten häufig in der Therapie für Eltern oder Bezugspersonen angesprochen und geübt werden. Es ist deshalb ein Kernziel aller familientherapeutischen Maßnahmen (s. Kap. 10–13).

Im Weiteren sollen die Hilfen zur Bewältigung von Entwicklungsaufgaben unter Bezugnahme der in Tabelle 4.1 (s. S. 47) dargestellten Entwicklungsaufgaben beispielshaft spezifiziert werden:

Beispiele für Entwicklungshilfen im Säuglingsalter

(1) **Hilfen zum Ausbau von physiologischen Regulationsfertigkeiten:** Die Hilfen sollten vorrangig aus einer Registrierung und empathischen Beantwortung der kindlichen Instabilitäts- und Bedürfnissignale bestehen, die im Wesentlichen durch Weinen bzw. Schreien ausgedrückt werden. Wichtig ist auch ein kindbezogenes Beruhigungsverhalten, das durch eine Affektabstimmung und einen geordneten Versorgungs-, Schlaf- und Wachrhythmus unterstützt werden kann (vgl. Kap. 4.1.1).

(2) **Hilfen zum Ausbau des Selbstsystems:** Die Hilfen sollten aus einer deutlichen Markierung der kindlichen und elterlichen Selbstinteressen, Affekte und Kompetenzen etc. bestehen, damit der Säugling lernen kann, zwischen sich und anderen zu unterscheiden und ein Gespür für seine Intentionen, Erfahrungen und Empfindungen zu bekommen. Wenn der Säugling sprachfähig geworden ist, sollten seine Eigenschaften und Interessen sprachlich benannt und ihm zugeschrieben werden. Auf diese Weise kann er ein Selbstkonzept aufbauen (vgl. Kap. 4.1.2).

(3) **Hilfen zum Erwerb von Bindungskompetenzen:** Damit ein Kind ein *sicheres Bindungsmuster* zu seinen Eltern erwerben kann, sollten diese in Angst- und Bedrohungssituationen anwesend sein und einen tröstenden Körperkontakt ermöglichen. Auch hier gilt das Prinzip, dass sich die Eltern kindzentriert verhalten und die Bindungsbedürfnisse der Kinder erfüllen sollten. Ein elterliches Umlernen ist insbesondere dann erforderlich, wenn die Kinder ein unsicheres Bindungsmuster erworben haben (vgl. Kap. 4.1.3).

(4) **Hilfen zum Ausbau von frühen Denk- bzw. Problemlösungskompetenzen:** Die Hilfen sollten aus dem Anbieten von Lernsituationen und Übungsmaterialien zum Problemlösen bestehen. Wichtig ist des Weiteren eine kindzentrierte Möglichkeitsanalyse der vorhandenen Kompetenzen sowie Geduld und Zurückstellung eigener Lösungsangebote. Im Säuglingsalter werden vorrangig sensumotorische Lösungskompetenzen geübt und im Vorschulalter erste Denkprozesse, die jedoch noch sehr an die Fantasie und egozentrische Anschauungserfahrung gebunden sind. Später dominiert ein konkret-operatorisches und formal-operatorisches Problemlösungsverhalten (vgl. Kap. 4.1.4).

Beispiele für Entwicklungshilfen in der Kindheit

(5) **Hilfen zum Ausbau von spielerischen Verarbeitungskompetenzen:** Damit Kinder ihre Erfahrungen im Spiel verarbeiten und in vorhandene Gedächtnismuster einbauen können, benötigen sie einen geschützten Spielrahmen, die Freistellung von Pflichten, eine geborgene Atmosphäre und eine partizipatorische Spielstimulation durch die Eltern. Vater und Mutter müssen sich dafür interessieren, was und wie ihre Kinder spielen und die Spieltätigkeiten genauso ernst nehmen wie die schulischen Beschäftigungen, denn sie sind ein wichtiges Mittel für die kognitive, emotionale und soziale Entwicklung der Kinder (vgl. Kap. 4.1.5).

(6) **Hilfen zum Erwerb von sprachlichen Kompetenzen:** Da die Sprache in ihrer pragmatischen Komponente (s. Kap. 4.1.6) auf der nichtverbalen Kommunikation zwischen Eltern und Kindern aufbaut, ist sie stark von der Klarheit, Empathie, Sender-Empfänger-Trennung, affektiven Interaktion etc. zwischen Eltern und Kindern abhängig. Tritt das erste Sprachbemühen der Kinder auf, so sollten die Eltern geduldig zuhören, durch Wiederholungen sprachliche Stimulationen vornehmen und sich auf den Wortschatz der Kinder einstellen. Des Weiteren ist ihr sprachliches und kommunikatives Vorbildverhalten bedeutsam (vgl. Papoušek, 1998).

(7) **Hilfen zum Erwerb von moralischen Urteilskompetenzen:** Die Gewissensentwicklung kann durch ein verantwortliches moralisches Handeln der Eltern sowie Gespräche über die Vor- und Nachteile verschiedener Gewissensentscheidungen gefördert werden. Wichtig ist,

118

dass die Kinder und Jugendlichen in die Lage versetzt werden, Wahlentscheidungen zwischen verschiedenen moralischen Standards zu treffen und ihr Gewissen nicht nur auf Angst- und Schuldgefühle zu gründen. Des Weiteren sollte deutlich werden, dass das Erstellen und Einhalten von Gewissensnormen ein sozial notwendiger Akt ist (vgl. Kap. 4.1.7.).

Beispiele für Entwicklungshilfen im Vorschul- und Schulalter

(8) **Hilfen zum Erwerb von geschlechtsspezifischen Kompetenzen:** Die elterlichen Hilfen sollten im Wesentlichen aus einer Erziehung bestehen, in der eine eindeutige Zuordnung der Kinder zu ihrem Geschlecht vorgenommen wird. Zusätzlich sollten Kenntnisse über das Verhalten des gegensätzlichen Geschlechtes vermittelt werden, sodass eine verständnisvolle und partnerschaftliche Kommunikation und Kooperation zwischen Mädchen und Jungen möglich ist. Die geschlechtsspezifische Erziehung sollte sich auch auf Einstellungen, Gewohnheiten und Rollenschemata beziehen (vgl. Kap. 4.2.1).

(9) **Hilfen zum Erwerb von Kompetenzen im Umgang mit Altersgenossen und außerfamiliären Bezugspersonen:** Die Hilfen sollten vorrangig aus der Stimulation der Kinder bestehen, möglichst frühzeitig das geborgene familiäre Umfeld zu verlassen und mit Altersgenossen zu spielen und andere Erwachsene kennen zu lernen. Durch Empathie und Gespräche sollte die soziale Erfahrungslust gesteigert und die Interaktionskompetenz verbessert werden. Um konkrete Interaktionshilfen geben zu können, sollten sich die Eltern einen Eindruck von den Spielgefährten und außerfamiliären Bezugspersonen machen (vgl. Kap. 4.2.2).

(10) **Hilfen zum Erwerb von Rollenkompetenzen:** Die Hilfen sollten im Wesentlichen aus einem differenzierten Vorbildverhalten z. B. in der Rolle des Verkehrsteilnehmers, Kunden, Restaurantbesuchers, Patienten etc. bestehen. Außerdem sollten die Kinder zu eigenständigen Rollenausübungen ermutigt werden. Verhaltensfehler sollten angemerkt und durch Hinweise und/oder spielerische Übungen korrigiert werden. Elterliche Vorurteile oder Unsicherheiten im eigenen Ausüben von Alltagsrollen sollten abgebaut und nicht auf die Kinder übertragen werden (vgl. Kap. 4.2.3).

(11) **Hilfen zum Erwerb von schulspezifischen Kompetenzen:** Die Hilfen sollten sich auf schulspezifische Inhalte wie z. B. Lesen, Schreiben, Rechnen, Wissensaneignung etc. und spezielle Arbeitsfertigkeiten wie Normerfüllung, Arbeitsdisziplin, Zurückstellung persönlicher Interessen etc. beziehen. Die Eltern sollten Verständnis für den Schulstress ihrer Kinder haben und sie nicht überfordern (vgl. Kap. 4.2.4).

(12) **Hilfen zum Erwerb von Gruppenkompetenzen:** Damit die Kinder ihre Zeit in Gruppen verbringen und dort Gruppenbeziehungen aufbauen können, müssen ihnen die Eltern Empathie und Trost bei problematischen Gruppenerfahrungen spenden können und sich freundlich gegenüber Peers verhalten. Außerdem sollten sie Führungsaufgaben ihrer Kinder fördern, keinen parteinehmenden Einfluss auf Gruppenprozesse ausüben und Gruppenveranstaltungen unterstützen (vgl. Kap. 4.2.5).

Beispiele für Entwicklungshilfen in der Pubertät und Adoleszenz

(13) **Hilfen zum Erwerb von freundschaftlichen Beziehungskompetenzen:** Freundschaften sollten von den Eltern mit Toleranz, Hilfe bei Problemen, Verzicht auf Eifersuchtsreaktionen, Freude an der Selbstständigkeit und Offenheit für den neuen Freund oder die Freundin etc. gefördert werden (vgl. Kap. 4.3.1).

(14) **Hilfen zum Erwerb von sexuellen Kompetenzen:** Da die ersten sexuellen Erfahrungen innerhalb der Peergruppe gemacht werden, können Eltern relativ wenig Hilfen zum Erwerb sexueller Kompetenzen geben (vgl. Kap. 4.3.2). Die Hilfen beschränken sich im Wesentlichen auf Aufklärungsangebote z. B. zur Verhütung von Aids und Schwangerschaft. Durch eine Kontaktaufnahme mit den Freundinnen und Freunden des (der) Jugendlichen kann zudem Vertrauen aufgebaut und ein überschaubarer Rahmen geschaffen werden, in dem ein elterlicher „Hintergrundschutz" möglich ist.

(15) **Hilfen zum Erwerb von Kompetenzen zum Schulabschluss und zur Berufsfindung:** Der Übergang von der Schulzeit in die Arbeitswelt sollte durch Ermutigung und Hilfe bei der Arbeitsplatzsuche erleichtert werden. Jugendlichen, die Schwierigkeiten mit dem Erwerb des Hauptschulabschlusses haben, sollten Nachschulungen angeboten werden. Außerdem sollten mehr Arbeitsplätze für Ungelernte geschaffen werden (vgl. 4.3.3).

(16) **Hilfen zum Erwerb von Kompetenzen zur Identitätsfindung:** Die Hilfen sollten aus klärenden Gesprächen über die Etappen der Identitäts- bzw. Selbstkonzeptentwicklung bestehen. Dabei sollten die Zusammenhänge zwischen Kindheit, Jugendalter und zukünftigem Erwachsenenalter aufgedeckt werden. Bei der Identitätsfindung sind Vergleichsprozesse zwischen sich den Eltern und anderen Jugendlichen und Vorhersagen über zukünftige Ziele und Möglichkeiten vorzunehmen (vgl. Kap. 4.3.4).

(17) **Hilfen zum Erwerb von Kompetenzen zur Loslösung von den Eltern:** Eltern und Jugendliche sollten rechtzeitig und aktiv eine innere Trennung der komplementären Eltern-Kind-Beziehung in Richtung auf eine symmetrische Eltern-Jugendlichen-Beziehung anstreben. Sie sollten versuchen, die daraus entstehenden Übergangsschwierigkeiten zu akzeptieren und durch Gespräche zu bewältigen. Da die Jugendlichen eine aufwändigere Loslösungsarbeit aufbringen müssen als die Eltern, sollten Letztere viel Geduld und Verständnis zeigen (vgl. Kap. 4.3.5).

7.2 Abbau des gestörten psychischen Verhaltens

Wenn das gestörte psychische Verhalten bereits zur Ausbildung von differenzierten neuronalen Störungsmustern geführt hat und die Symptomatik z. T. über Jahre (u. U. auch als Komorbidität) vorliegt, dann ist die Wahrscheinlichkeit gering, dass die geschilderten Maßnahmen zur Gesundheits- und Entwicklungsförderung zu einem vollständigen **Abbau der psychischen Störung** führen. In diesem Fall müssen zusätzlich zwei störungsspezifische Zielsetzungen angestrebt werden. Sie bestehen in einem *Abbau* der *externen und internen Störungsursachen* und einem *Abbau* der *psychischen Störungssymptome*. Beide Zielsetzungen sollen im Folgenden näher beschrieben werden.

7.2.1 Abbau der externen und internen Störungsursachen

Wie aus dem Multidimensionalen Pathogenesemodell der APT-KJF (s. Abb. 5.1 auf S. 67) ersichtlich ist, entwickeln sich die psychischen Störungen von Kindern und Jugendlichen aus der Wechselwirkung von biopsychosozialen Risikofaktoren und problematischen Krisenverarbeitungsmechanismen. Eine störungsbezogene Psychotherapie muss somit auf die Beseitigung oder Wirkungsverringerung der genannten externen und internen Ursachen ausgerichtet sein. Bezüglich der *externen Störungsursachen* wird als Therapieziel vorwiegend ein **Abbau der biopsychosozialen Risikofaktoren** angestrebt. Im Einzelnen sind das u. a. folgende Unterziele:

Abbau biologischer Risikobedingungen: z. B. ● Kompensation *genetischer Mängel* und ● *neuro-psychologischer Belastungen* etc.;

Abbau personaler Risikobedingungen: z. B. ● Korrektur von: *schwierigen Temperamentseigenschaften;* ● einer *unsicheren Bindungserfahrung;* ● einer *eingeschränkten Leistungsfertigkeit* und ● einer *suizidalen Tendenz* etc.;

Abbau familiärer Risikobedingungen: z. B. ● Korrektur eines *feindseligen emotionalen Klimas* und ● *gewalttätigen Erziehungsverhaltens;* ● Milderung oder Heilung der *psychischen Erkrankung der Eltern;* ● Verhinderung bzw. Abbau der Folgen von *Vernachlässigung und sexuellem Missbrauch;* ● schnelle Durchführung einer elterlichen *Trennung bzw. Scheidung* etc.;

Abbau sozioökologischer Risikobedingungen: z. B. ● Verbesserung von schlechten *finanziellen Bedingungen;* ● Kompensation der Folgen von *Misserfolg in Schule und Beruf;* ● Kompensation der Folgen einer *Peergruppenablehnung* etc..

Das erfolgreiche Anstreben dieser Ziele bedeutet, dass die Eltern und anderen wichtigen Bezugspersonen zu Hause, im Kindergarten oder in der Schule ein Lebensumfeld für die Kinder oder Jugendlichen schaffen, in dem Letztere ihre biologischen und personalen Risikobedingungen kompensieren und ein gesundes und entwicklungsorientiertes Leben führen können.

Bezüglich der *internen Störungsursachen* wird als Therapieziel ein **Abbau der problematischen Krisenverarbeitungsmechanismen** der Kinder und Jugendlichen angestrebt; dazu zählen im Wesentlichen die Vulnerabilitäten und belastenden Coping- und Abwehrmechanismen der Kinder und Jugendlichen (s. S. 68f). Ihr Vorhandensein kann dazu führen, dass die biopsychosozialen Risikofaktoren eine psychische Erkrankung ausbilden können. Die Inhalte und Prozesse der problematischen Krisenverarbeitungsmechanismen werden in den speziellen Störungskonzepten der verschiedenen Psychotherapieverfahren detailliert vorgestellt (s. Kap. 6.1–6.4). Sie betreffen u. a. folgende Aspekte:

Beispiele für problematische Krisenverarbeitungsmechanismen
● unangemessene Selbstkonditionierungsprozesse;
● problematische sozial-kognitive Lernprozesse;
● eingeschränkte Kompetenzen zum organismischen, intrinsisch-motivierten Lernen;
● Nichtbewältigung von Inkongruenzen bzw. internen Konflikten;
● gestörtes Beziehungsverhältnis zu sich und anderen;
● gestörte Trieb- und Affektentwicklung;
● problematische Abwehrmechanismen;
● gestörte frühkindliche Beziehungserfahrungen mit den Eltern;
● eingeschränkte Kommunikations- und Interaktionsfertigkeiten etc.

Der Abbau dieser internen Störungsursachen wird traditionell als das Kernziel einer psychotherapeutischen Tätigkeit angesehen. Er geschieht durch den Einsatz von differenzierten psychotherapeutischen Maßnahmen zur Umgestaltung der internen Lern-, Gefühls-, Wahrnehmungs- und Informationsverarbeitungsprozesse des Patienten und erfordert eine intensive Mitarbeit des Patienten. Da die Symptome der psychischen Störungen nach dem Multidimensionalen Pathogenesemodell der APT-KJF aber auch durch *Störungsverfestigungsprozesse* aufrecht erhalten werden können, erfordert eine erfolgreiche Psychotherapie auch die Beseitigung der Störungserhaltungsprozesse. Diese Zielsetzung soll im folgenden Abschnitt diskutiert werden.

7.2.2 Abbau der psychischen Störungssymptome

Haben sich auf Grund eines längeren Einwirkens von Risikofaktoren, Vulnerabilitäten und anderen internen Ursachen differenzierte *neuronale Störungsmuster* ausgebildet (s. S. 12), dann genügt es häufig nicht, wenn nur die externalen und internalen Störungsursachen abgebaut werden, sondern es müssen auch die neuronalen Verknüpfungen der Störungssymptome „desaktiviert" werden. Diese Verknüpfungen haben sich häufig über viele Jahre hin entwickelt und sind „funktional autonom" geworden. Auf Grund dieser Autonomie werden sie nicht nur von den ursprünglichen Auslösern aktiviert, sondern auch von neugelernten Stimuli (s. Grawe, 1998, S. 438). Die neuronalen Störungsmuster können in der Regel nicht allein durch das Anstreben der bisher genannten Therapieziele beseitigt werden, sondern erfordern einen musterzentrierten **Abbau der Störungssymptome.**

Leider ist im Moment noch nicht bis ins Detail geklärt, wie ein musterzentrierter Abbau der Störungssymptome im Einzelnen aussehen kann und unter welchen Teilzielsetzungen er geschehen muss. Erste Hinweise stammen aus der Störungs- und Interventionslehre des *behavioral-kognitiven Therapieverfahrens* (s. Kap. 6.1 u. 10), das in seiner Verhaltenstheorie explizite Aussagen zur Beeinflussung von Störungssymptomen macht. Nach dieser Theorie ist z. B. ein Symptomverhalten R (engl. response) von bestimmten Auslösebedingungen S (Stimuli) und bestimmten Verstärkerbedingungen C (engl. consequences) abhängig, die alle auf der Verhaltensebene operationalisiert, d. h. beobachtbar gemacht werden müssen. Diese Bedingungen werden des Weiteren durch bestimmte Organismusvariablen O und Kontingenzen K zwischen den Verstärkungsreizen und dem Verhalten R ergänzt.

Alle Bestandteile dieser Einflussbedingungen sind so ausgerichtet, dass sie den Abbau oder Erwerb eines Symptomverhaltens R beeinflussen können. Das Verhalten R ist also eine Funktion der genannten Variablen und steht mit ihnen in folgender Beziehung (s. S. 85 f):

$$S - O - R - C - K$$

Mithilfe dieser behavioral-kognitiven „Verhaltensgleichung" ist es möglich, konkrete Angaben zu möglichen **Symptomabbauzielen** zu machen. Sie können z. B. aus dem Erwerb eines *Symptomersatzverhaltens* bestehen; dem Erwerb eines *Symptomunterbrechungsverhaltens* oder der Aneignung von *Symptomausstiegshilfen*. Diese drei Interventionsziele sollen im Folgenden näher beschrieben werden:

Beispiele für Interventionsziele zum Abbau von Störungssymptomen

(1) Um die Zeigewahrscheinlichkeit des Symptomverhaltens zu reduzieren, kann ein **Symptomersatzverhalten** aufgebaut werden, das mit dem gestörten Verhalten inkompatibel ist. Dieses Symptomersatzverhalten kann z. B. ein *sozial geschicktes Konfliktlösungsverhalten* sein, das das Zeigen eines aggressiven Ausweich- oder Abwehrverhaltens erübrigt. Damit das neue Verhaltensmuster an die Stelle des Symptomverhaltens treten kann, muss es jedoch so zielgerichtet in das Ablaufprogramm des Symptommusters eingepasst werden, das es frühzeitiger als das Störverhalten aktiviert werden kann. Der Einbau kann durch eine Sensibilisierung für interne diskriminative Auslösereize des neuen Verhaltensprogrammes erleichtert werden.

(2) Damit die *bisherigen Auslösereize* das gestörte Verhaltensprogramm nicht mehr aktivieren können, muss des Weiteren ihre steuernde Funktion eingeschränkt oder gelöscht

werden. Dies kann durch den Aufbau eines **Symptomunterbrechungsverhaltens** geschehen. Beispielsweise kann ein Kinder- oder Jugendlichenpatient lernen, auf das Gefühl des Beleidigt- oder Gekränktseins (als interner Auslösereiz) nicht gleich mit einem aggressiven Symptomverhalten zu reagieren, sondern die symptomproduzierende Verhaltenskette zu unterbrechen. Dies kann z. B. durch ein selbstinduziertes **Stoppsignal** (z. B. in Form eines inneren Befehls) geschehen, das dazu führt, dass der Patient den Verhaltensfluss abbremst. Zusätzlich kann der Patient lernen, die Angemessenheit der internen Symptomauslösebedingungen zu überdenken. Dabei kann er finden, dass es sinnvoller ist, die Beleidigtseins- und Kränkungsgefühle zu ertragen als sich in aggressiver Weise gegen sie zu wehren oder dass es noch effektiver ist, sich bereits im Vorfeld der Symptomentstehung so zu verhalten, dass es gar nicht erst zu Beleidigtseins- und Kränkungsreaktionen kommt. Das kann z. B. durch den rechtzeitigen Einsatz eines geschickten Konfliktlösungsverhaltens geschehen.

(3) Um auch nach der Aktivierung des symptomproduzierenden neuronalen Musters noch Ausstiegschancen zu haben, können die Kinder- oder Jugendlichenpatienten des Weiteren lernen, in das Ablaufmuster **Symptomausstiegshilfen** einzubauen. Durch die Aktivierung dieser Hilfen soll es in fast jeder Phase des Störungsprogrammes möglich sein, dessen weitere Aktivierung zu beenden. Als Beispiele solcher Ausstiegshilfen können folgende Verhaltensweisen gelten:

- *kontrollierende Selbstverbalisierungen* (z. B. „Ich schlage jetzt nicht zurück, sondern wende mich einfach ab");
- gezielt eingesetzte *Entspannungsbemühungen* (z. B. sich auf die Beruhigung seiner Atmung zu konzentrieren, anstatt auf die Fortsetzung des Problemverhaltens);
- gezieltes *Verlassen der Auslösesituation* (z. B. den Kontrahenten stehen lassen und weggehen) oder
- gezielte *Imagination negativer Konsequenzen* bei Weiterführung des Problemverhaltens (z. B. an die Enttäuschung einer geliebten Person denken) etc.

Die Wirkung der Ausstiegshilfen kann u. a. dadurch erhöht werden, dass nach dem Abbruch des Symptomverhaltens z. B. eine *Entschuldigung* ausgesprochen und danach das erlernte Störungsersatzverhalten gezeigt wird.

Die angeführten Beispiele zum Abbau der Störungssymptome beziehen sich primär auf eine selbstkontrollierende Beeinflussung der *inneren* Auslösereize für das Symptomverhalten. Symptomabbauhilfen können jedoch auch aus einer heilungsfördernden Einflussnahme auf die *externen* Auslöse- und Verstärkerreize des Symptomverhaltens bestehen. Welche speziellen Interventionsziele letztlich zum Symptomabbau zu wählen sind, muss in jedem Einzelfall festgelegt werden. Zu diesem Zwecke ist die Durchführung einer behavioral-kognitiven Problemanalyse sehr hilfreich (vgl. Bartling et al., 1998; s. a. Kap. 6.1).

Als hilfreich erweist sich auch die Kenntnis von regelhaft angestrebten symptomabbauenden Interventionszielen im Rahmen einer behavioral-kognitiven Behandlung von bestimmten Symptommustern. Diese Ziele werden in störungszentrierten verhaltenstherapeutischen Handbüchern und Trainingsmanualen angegeben (vgl. Döpfner et al., 1997; Petermann & Warschburger, 1999; Denecke & Kröner-Herwig, 2000). Ihre Kenntnis erleichtert erheblich die Interventionsplanung, weil im Einzelfall routinemäßig nach möglichen Interventionszielen zum Abbau des Symptommusters gesucht werden kann. Des Weiteren informieren die Handbücher und Trainingsmanuale über ein großes Repertoire an Maßnahmen zum Abbau der Störungssymptome (s. Kap. 10).

8 Psychotherapiediagnostik

Die sorgfältige Durchführung einer **Multidimensionalen Psychotherapiediagnostik** hat in der APT-KJF einen hohen Stellenwert, denn mithilfe von psychodiagnostischen Methoden werden die psychischen Störungen und Entwicklungsverzögerungen klassifiziert und ihren zu Grunde liegenden Ursachen analysiert. Des Weiteren gehört es zur Aufgabe der Psychodiagnostik, eine störungs- und patientenbezogene (adaptive) Therapieplanung vorzunehmen und die Qualität der Therapiedurchführung und des Therapieerfolges abzusichern (vgl. Mattejat, 1997 d; Döpfner et al., 2000).

Die Erfüllung dieser Aufgaben bedarf besonderer Kompetenzen, die nicht immer bei allen Psychotherapeuten vorhanden sind, sodass die psychodiagnostischen Informationen u. U. in einem arbeitsteiligen Teamwork zu erheben sind. Zu den *psychotherapiediagnostischen Kompetenzen* gehören die Fertigkeiten zur: ● Explorations- bzw. Interviewdurchführung mit Kindern, Jugendlichen und Familien; ● Anwendung und kritischen Analyse von psychologischen Tests und Fragebögen; ● entwicklungs- und störungsbezogenen Verhaltensbeobachtung; ● neuropsychologischen und medizinischen Ursachenklärung; ● Durchführung von Qualitätskontrollen sowie ● multidimensionalen (bzw. -modalen) Therapieplanung.

Da die Kompetenzen für diese Aufgaben (mit Ausnahme des medizinischen Anteils) vorwiegend im Diplomstudiengang Psychologie vermittelt werden, sollte der Psychotherapiediagnostiker vom Grundberuf her Diplompsychologe sein. Wie aus der Fülle der zu bewältigenden Aufgaben des Weiteren hervorgeht, ist der psychotherapiediagnostische Arbeitsaufwand beträchtlich und sollte mit etwa einem Viertel der psychotherapeutischen Dienstleistungen veranschlagt werden.

Im Folgenden sollen die Inhalte der einzelnen Aufgaben der Psychotherapiediagnostik von Kindern, Jugendlichen und Familien kapitelweise vorgestellt werden; sie betreffen die: (1) Störungs- und Entwicklungsdiagnostik, (2) Psychotherapieplanung und (3) Qualitätssicherung.

8.1 Störungs- und Entwicklungsdiagnostik

Neben der Therapiedurchführung hat die **Störungs- und Entwicklungsdiagnostik** ein zentrales Gewicht bei der Erfüllung einer psychotherapeutischen Dienstleistung für Kinder, Jugendliche und Familien. Sie erfordert einen zeitintensiven und arbeitsaufwändigen Kontakt mit den Eltern, Kindern oder Jugendlichen und wird deshalb von den Auftraggebern häufig als genauso wichtig angesehen wie die therapeutische Maßnahmenanwendung. Im Einzelnen sind bei der Störungs- und Entwicklungsdiagnostik folgende Teilaufgaben zu lösen (s. a. Abb. 1.1 a. S. 9):

Teilaufgaben der Störungs- und Entwicklungsdiagnostik
  (1) Spezifizierung des therapiediagnostischen Auftrages:
  Kurze Problemsammlung; Abschluss eines Diagnostikvertrages; Klärung der Vorgeschichte; Ermittlung des Überweisers; erste Zielklärung; Information über das Störungs-

und Gesundheitskonzept; Motivationsklärung; zeitliche Planung der Diagnostikkontakte etc.

(2) Störungs- und Entwicklungsklassifikation:
Sammlung der Störungssymptome; Klassifikation der Syndrome nach ICD-10 oder DSM-IV; Auflistung von Entwicklungsdefiziten und -ressourcen nach dem Konzept der Entwicklungsaufgaben; Hinweise zur Verwendung von Tests und Fragebögen etc.

(3) Analyse der Störungsursachen und Entwicklungspotenziale:
Klärung der Pathogenese vor dem Hintergrund der biopsychosozialen Risikofaktoren; Aufdeckung der Wechselwirkung zwischen Schutzfaktoren und Risikofaktoren; Durchführung einer Familiendiagnostik und medizinischen Ursachenklärung etc.

(4) Diagnoseerstellung und Verhaltensberatung:
Zusammenfassung der Befunde zu einer Diagnose; Mitteilung der Diagnostikergebnisse; Verhaltensberatung der Kinder, Jugendlichen und Eltern etc.

Die Durchführung der geschilderten Aufgaben soll in den folgenden Unterkapiteln näher beschrieben werden.

8.1.1 Spezifizierung des therapiediagnostischen Auftrages

Die erste Phase einer psychotherapiediagnostischen Dienstleistung besteht aus einer **Spezifizierung des therapiediagnostischen Auftrages.** Nach der meist telefonischen Anmeldung wird im *ersten Diagnostikkontakt* im Gespräch mit den Eltern und dem Kinder- oder Jugendlichenpatienten (meistens werden alle zusammen eingeladen) geklärt, welche psychischen Probleme wie lange vorliegen; wie die Probleme entstanden sind (kurze Schilderung der Vorgeschichte); welche Psychotherapeuten, Ärzte, Sozialpädagogen etc. bereits aufgesucht worden sind; wer den Diagnostiker empfohlen hat (bzw. wer der Überweiser ist) und welche Wünsche an den Diagnostiker bestehen.

Im Rahmen dieser Informationserhebung macht sich der Diagnostiker ein erstes Bild vom möglichen Ablauf des Diagnostikvorganges, informiert die Eltern und Patienten über die auf sie zukommenden Kosten, Aufgaben und Termine und schließt mit ihnen einen **Diagnostikvertrag** ab. Um dem Patienten und seinen Eltern die Angst vor den diagnostischen Untersuchungen zu nehmen und die Mitarbeitsmotivation zu fördern, sollten die diagnostischen Begegnungen sehr freundlich, fürsorglich und zwischenmenschlich gestaltet werden. Das psychologische Klima sollte nicht anklagend, sondern hoffnungmachend sein und die Kontakte sollten in einem kinderfreundlichen Raum stattfinden, in dem Spielsachen, Kinderbilder, kleine Stühle, Stofftiere etc. vorhanden sind.

Um die Kinder- oder Jugendlichenpatienten vor Schuldzuschreibungen, distanzierenden und verletzenden Störungsetikettierungen etc. zu schützen, sollte der Diagnostiker eine **wertschätzende und einfühlsame Sprache** benutzen und den Kindern, Jugendlichen und Eltern bereits im ersten Kontakt das Multidimensionale Pathogenesemodell (s. S. 67) vorstellen. Dabei sollte auf die störenden Einflüsse von biopsychosozialen Risikofaktoren, insbesondere auf die von problematischen Familienbedingungen, hingewiesen werden sowie auf die große Bedeutung von Schutzfaktoren und Resilienzen. Um die Heilungspotenziale aller Beteiligten anzusprechen, sollte die Diagnostikuntersuchung auch ressourcenzentriert und nicht nur defizitorientiert durchgeführt werden. Des Weiteren sollte die große

Bedeutung von *entwicklungsfördernden elterlichen Maßnahmen* betont werden, denn deren Einsatz macht es häufig möglich, bereits ohne eine symptomzentrierte Behandlung zu einem Abbau der psychischen Störungen zu kommen. Aus diesem Grunde sollte in den Diagnostiksitzungen ein gleich großes Gewicht auf die Analyse des gesunden und entwicklungsfördernden Verhaltens gelegt werden wie auf die des gestörten Verhaltens.

8.1.2 Störungs- und Entwicklungsklassifikation

Im zweiten Diagnostikschritt wird vorrangig mithilfe von Interviews bzw. Explorationsgesprächen die Symptomatik abgefragt. Dies geschieht mit dem Ziel, eine **Störungsklassifikation** gemäß ICD-10 oder DSM-IV vorzunehmen (s. Kap. 3.1). Beim *Interview* ist darauf zu achten, dass die Symptome auf der Verhaltensebene (und nicht auf der Ebene psychologischer Konstrukte) zu ermitteln sind und dass die Zeit- und Häufigkeitsangaben der ICD-10 oder des DSM-IV berücksichtigt werden. Haben die Eltern, Kinder oder Jugendlichen Schwierigkeiten mit den Häufigkeitsangaben oder Symptomschilderungen, dann können spezielle Beobachtungsaufträge erteilt werden.

Eine große Hilfe bei der Symptomerfassung ist die detaillierte **Kenntnis der Störungskategorien** der ICD-10 oder des DSM-IV. Nur diese Kenntnis ermöglicht eine exakte Zuordnung der Symptome zu Syndromen und die Abgrenzung der einzelnen Syndrome. Eine exakte Symptomkategorisierung ist außerdem deshalb notwendig, weil ca. 50 % der Kinder- oder Jugendlichenpatienten Mehrfachstörungen aufweisen (s. Kap. 3.4).

Als **Interviewleitfaden** zur Störungsdiagnostik kann das DISYPS-KJ von Döpfner und Lehmkuhl (1998) oder das DIPS (Diagnostisches Interview bei psychischen Störungen im Kindes- und Jugendalter) von Schneider et al. (1998) benutzt werden. Das DIPS liegt in einer Fassung für Kinder, Jugendliche und Eltern vor und orientiert sich vorrangig an den Störungsklassen des DSM-IV. Es erfasst folgende Störungen:

Störungsklassen des DIPS

(1) **Expansive Verhaltensstörungen:** • Aufmerksamkeits- und Hyperaktivitätsstörungen; • Störungen mit oppositionellem Trotzverhalten; • „Störung des Sozialverhaltens".

(2) **Störungen der Ausscheidung:** • funktionelle Enuresis; • funktionelle Enkopresis.

(3) **Affektive Störungen:** • schweres depressives Syndrom; • dysthymes Syndrom.

(4) **Angststörungen:** • Störung mit Trennungsangst; • Paniksyndrom ohne Agoraphobie; • Paniksyndrom mit Agoraphobie; • Agoraphobie ohne Anamnese eines Paniksyndroms; • spezifische Phobie (inklusive Schulphobie); • Sozialphobie; • Zwangsphobie; • generalisiertes Angstsyndrom; • posttraumatische Belastungsstörung.

(5) **Ess-Störungen:** • „Anorexia nervosa"; • „Bulimia nervosa".

(6) **Teilleistungsstörungen:** (nur globale Hinweise).

(7) **Psychosen:** (nur globale Hinweise) .

(8) **Substanzmissbrauch und Substanzabhängigkeit:** (nur globale Hinweise).

Um die Breite und Spezifität der psychischen Störungen oder fehlangepassten Verhaltensweisen von Kindern und Jugendlichen erfassen zu können, ist es zuweilen neben den störungszentrierten Interviews und Verhaltensbeobachtungen hilfreich, **Fragebogenverfahren** zu verwenden. Diese sind im Handel oder über die

Testzentrale des Hogrefe Verlages in Göttingen (Deutschland) zu erhalten. Aus dem breiten Angebot von Fragebögen zur Störungserfassung können empfohlen werden (s. a. Döpfner et al., 2000, S. 107 f):

Fragebögen zur Störungserfassung

- **Child Behavior Checklist (CBCL)** von der Arbeitsgruppe Deutsche Child Behavior Checklist (1998 a). Dieser von Achenbach entwickelte Fragebogen für Eltern über die Kompetenzen und das Problemverhalten von Kindern und Jugendlichen liegt in folgenden zwei altersbezogenen Fassungen vor: CBCL 2–3 Jahre und CBCL 4–18 Jahre. Im Einzelnen werden *Aktivitäts-, Sozial-* und *Schulkompetenzen* sowie Störungen in folgenden acht *Problembereichen* erfragt: sozialer Rückzug, körperliche Beschwerden, ängstlich-depressives Verhalten, dissoziales Verhalten, aggressives Verhalten, soziale Probleme, Aufmerksamkeitsprobleme, schizoid-zwanghaftes Verhalten.
- **Youth Self Report (YSR)** von der Arbeitsgruppe Deutsche Child Behavior Checklist (1998 b). Dieser Fragebogen erfasst das *Problemverhalten* von Jugendlichen bezüglich der in der CBCL genannten acht Problembereiche und der Kompetenzen des *Aktivitäts-* und *Sozialverhaltens*.
- **Marburger Verhaltensliste** von Ehlers et al. (1978). Mit der Liste kann der Ausprägungsgrad folgender *problematischer Verhaltensweisen* untersucht werden: emotionale Labilität, Kontaktangst, unrealistisches Selbstkonzept, unangepasstes Sozialverhalten und instabiles Leistungsverhalten.
- **Angstfragebogen für Schüler (AFS)** von Wieczerkowski et al. (o. J.). Mit diesem Verfahren können 9 bis 16 Jahre alte Kinder hinsichtlich folgender *Angstaspekte* untersucht werden: Prüfungsangst, allgemeine Angst und Schulunlust.
- **Erfassungsbogen für aggressives Verhalten in konkreten Situationen (EAS)** von Petermann und Petermann (1996b). Mit diesem Fragebogen können Reaktionsprofile von 9 bis 13 Jahre alten Kindern bezüglich ihres *autoaggressiven* Verhaltens und ihres *aggressiven Verhaltens* gegenüber Gegenständen analysiert werden.
- **Persönlichkeitsfragebogen für Kinder zwischen 9 und 14 Jahren (PFK 9–14)** von Seitz und Rausche (1992). Die *Verhaltensstile, Motive* und *Selbstbildaspekte* der Persönlichkeit von Kindern und Jugendlichen können hinsichtlich folgender Skalen erfasst werden: emotionale Erregbarkeit, Zurückhaltung und Scheu, Nichtdurchsetzung, schulischer Ehrgeiz, soziales Engagement, allgemeine Angst, Impulsivität, Selbstgefälligkeit, Unterlegenheit gegenüber anderen etc.
- **Fragebogen zu Konfliktbewältigungsstrategien (FKBS)** von Hentschel et al. (1998). Dieser Fragebogen ist bei Jugendlichen ab 16 Jahren anzuwenden und erfasst fünf Bewältigungsstrategien zur Überwindung von *frustrierenden Ereignissen in sozialen Situationen*. Im Einzelnen wird die Benutzung von folgenden Bewältigungsstrategien abgefragt: Wendung von aggressiven Impulsen gegen sich selbst, Wendung von aggressiven Impulsen nach außen, verstandesmäßige Neutralisierung der Impulse, Umformung in freundliche Motive und Projektion der Impulse auf andere (in Form der Unterstellung böser Absichten).
- **Skalen zur psychischen Gesundheit (SPG)** von Tönnies et al. (1996). In diesem Fragebogen für Jugendliche und Erwachsene wird das positive und negative *Gesundheitsverhalten* auf folgenden sieben Skalen erfasst: Autonomie, Willensstärke, Lebensbejahung, Selbstreflexion, Sinnfindung, Natürlichkeit und soziale Integration.

Die **Klassifikation von Entwicklungsdefiziten** im Sinne von problematisch bewältigten Entwicklungsaufgaben kann leider in nur begrenzter Weise, mit Ausnahme intellektueller, schulischer und vorschulischer Entwicklungsstörungen (s. u.), anhand eines standardisierten Kategoriensystems durchgeführt werden. Nur das *tiefenpsychologische* Ätiologiekonzept besitzt eine elaborierte Entwicklungstheorie (s. Kap. 6.3), die zumindest in Teilaspekten zur Entwicklungsdiagnostik verwendet werden kann (vgl. Rudolf, 1996, S. 26 ff).

Im Rahmen der APT-KJF wird deshalb empfohlen, den in Tabelle 4.1 (s. S. 47) vorgestellten *Katalog von Entwicklungsaufgaben* zu nutzen, um für jedes Kind und jeden Jugendlichen festzustellen, welche Entwicklungsaufgaben von ihm nicht erfolgreich gelöst worden sind. Dabei können durchaus auch Entwicklungsaufgaben abgefragt werden, die nicht in der Tabelle 4.1 aufgenommen worden sind. Methodisch wird die Entwicklungsdiagnostik in Form eines klinischen Urteils durchgeführt, das vom Erfahrungswissen und der Urteilskompetenz des Diagnostikers abhängig ist. Deshalb besteht eine größere Auftretenswahrscheinlichkeit von Urteilsfehlern als bei der Störungsdiagnostik mithilfe von standardisierten Klassifikationssystemen.

Wie bereits angedeutet, lassen sich einige Entwicklungsdefizite mithilfe von **Entwicklungstests** erfassen. Dies gilt primär für Entwicklungsvorgänge, die sich auf *intellektuelle, schulische* und *vorschulische* Fertigkeiten beziehen. Dabei können folgende Tests verwendet werden (vgl. Knölker, 1997c, S. 220 ff).:

Tests zur Intelligenzdiagnostik

- **Snijders-Oomen non-verbaler Intelligenztest** (SON-R) von Snijders et al. (1997). Der sprachfreie Individualtest eignet sich zur Untersuchung von Kindern im Alter von 2 1/2 bis 7 Jahren. Mit dem Test kann das *logische Denken* und die *räumliche Vorstellung* untersucht werden.
- **Hamburg-Wechsler-Intelligenztest für Kinder-Revision 1983** (HAWIK-R) von Tewes (1985). Der Test erfasst über verschiedene spezifische Untertests die *praktische* und *verbale* Intelligenz im Sinne des Globalkonzeptes von Wechsler. Die einzelnen Untertests lauten: Allgemeines Wissen, Zahlen nachsprechen, Wortschatz-Test, Mosaik-Test, Rechnerisches Denken, Allgemeines Verständnis, Figuren legen, Bilder ordnen, Gemeinsamkeiten finden, Zahlen-Symbol-Test. Der Test findet Anwendung für Kinder von 6 bis 15 Jahren. Eine Neubearbeitung ist in Vorbereitung.
- **Begabungstestsystem** (BTS) von Horn (1972). Mit diesem Test für Kinder ab 7 1/2 Jahren, Jugendliche und Erwachsene sollen *Intelligenz-, Schul- und Konzentrationsleistungen* erfasst werden.
- **Intelligenz-Struktur-Test 2000** (I-S-T 2000) von Amthauer et al. (1998). Dieser Test gilt für Jugendliche ab 15 Jahren und für Erwachsene. Er erfasst folgende *Intelligenzfähigkeiten*: verbale Fähigkeiten, figural-räumliche Fähigkeiten, rechnerische Fähigkeiten, Merkfähigkeiten, schlussfolgerndes Denken, wissensbezogene Intelligenz und allgemeine Intelligenz.
- **Testbatterie für geistig behinderte Kinder** (TBGB) von Bondy et al. (1975). Mit diesem Verfahren können *geistig behinderte Kinder* im Alter von 7 bis 12 Jahren und *lernbehinderte Kinder* im Alter von 9 bis 12 Jahren hinsichtlich folgender *Fertigkeiten* untersucht werden: nichtverbale Intelligenz, Verständnis von Anweisungen, sensumotorische Geschicklichkeit, soziale Entwicklung etc.

Tests zur Schulleistungsdiagnostik

- **Duisburger Vorschul- und Einschulungstest** (DVET) von Meis (1997), in der Neubearbeitung von Poerschke (1997). Mit diesem Test können für Kinder im Alter zwischen 4 und 7 Jahren grundschulrelevante *kognitive und feinmotorische Fertigkeiten* untersucht werden.
- **Diagnostischer Rechtschreibtest für 1. Klassen** (DRT 1) von Müller (1990). Dieser Test ermöglicht die Früherkennung von *Lese-Rechtschreibstörungen*. Vergleichbare Tests liegen für die 2., 3., 4. und 5. Schulklasse vor.

- **Allgemeiner Schulleistungstest für 2. Klassen (AST 2)** von Rieder (1991). Mit diesem Test können *Leistungsdefizite* in den Fächern *Deutsch und Mathematik* ermittelt werden; des Weiteren kann eine Analyse des *Wortschatzes*, der *Rechtschreibung*, des *Zahlenrechnens* und des *Leseverständnisses* vorgenommen werden.

Tests zur vorschulischen Entwicklungsdiagnostik
- **Wiener Entwicklungstest (WET)** von Kastner-Koller und Deimann (1998). Der Test erlaubt für Kinder zwischen drei und sechs Jahren die Überprüfung folgender *Funktionen*: Motorik, visuelle Wahrnehmung, Lernen und Gedächtnis, kognitive Entwicklung, sprachliche Entwicklung und sozial-emotionale Entwicklung.
- **Münchener Funktionelle Entwicklungsdiagnostik (MFED)** von Hellbrügge (1994). Mit diesem Verfahren ist eine *Frühdiagnose* angeborener oder früherworbener Entwicklungsstörungen vom 1. bis zum 3. Lebensjahr möglich. Erfasst werden im *1. Lebensjahr* die Funktionsbereiche: Krabbeln, Sitzen, Laufen, Greifen, Perzeption, Sprechen, Sprachverständnis, Sozialverhalten. Im *2. und 3. Lebensjahr* die Funktionsfertigkeiten: Statomotorik, Handmotorik, Wahrnehmungsverarbeitung, Sprechen, Sprachverständnis, Selbstständigkeit, Sozialverhalten. Für die verschiedenen Funktionsbereiche kann das jeweilige *Entwicklungsalter* bestimmt werden.

Weitere Entwicklungsdiagnosen können mithilfe von **projektiven Tests** vorgenommen werden. Die Benutzung dieser Verfahren setzt jedoch die Verwendung einer Entwicklungstheorie voraus, die dem Entwicklungsaufgabenkonzept der APT-KJF entsprechen sollte. Da in den Testhandbüchern häufig andere Entwicklungskonzepte vertreten werden, sind die projektiven Entwicklungstests nur als *Beobachtungs- und Explorationshilfen* zu verwenden, deren Befunde vor dem Hintergrund des Entwicklungsaufgabenkonzeptes der APT oder der Tiefenpsychologie (s. Kap. 6.3.3) ausgewertet werden müssen. Folgende projektive Tests können mit Einschränkung zur Entwicklungsdiagnostik benutzt werden:

Projektive Tests zur Entwicklungsdiagnostik
- **Der Scenotest** von Staabs in der Handbuchfassung von Emert (1997). Mit diesem *Spieltest* können Kinder und Jugendliche nach Aufforderung oder in freier Wahl Szenen aus der Familie und dem Alltagsleben gestalten. Aus der Art der Gestaltung lassen sich Rückschlüsse auf den Entwicklungsstand der Kinder und Jugendlichen ziehen.
- **Der Schwarzfußtest (SF-Test)** von Corman (1995). In diesem Test tritt das Schweinchen Schwarzfuß als Comicfigur in 18 Bildkarten auf, die kindertypische Situationen darstellen. Die Situationen müssen von den Kindern durch das *Erzählen von Geschichten* interpretiert werden.
- **Familie in Tieren** von Brem-Gräser (1995). In diesem *Maltest* sollen die Kinder und Jugendlichen ihre *Familienmitglieder als Tiere* darstellen. Aus den gewählten Tiermotiven sind Rückschlüsse auf das Erlebnis- und Verarbeitungsniveau der Beziehungserfahrungen der Kinder und Jugendlichen möglich.

8.1.3 Analyse der Störungsursachen und Entwicklungspotenziale

Die **Analyse der Störungsursachen und Entwicklungspotenziale** ist notwendig, weil sich aus diesen Befunden Hinweise für die Psychotherapie oder Beratung ergeben. Bei der Analyse sind die einzelnen Risiko- und Schutzfaktoren des biopsychosozialen Pathogenesekonzeptes (s. Abb. 5.2 a. S. 70) zu berücksichtigen; sie betreffen den biologischen, familiären, personalen und sozioökologischen Bereich. Weil der biologische Bereich von einem psychologischen Diagnostiker nicht allein untersucht werden kann, ist hier ergänzend eine *medizinische Diagnostik* erforderlich. Sie ermöglicht später u. U. auch die Durchführung der pharmakologischen Behandlung (s. Kap. 14).

Im Rahmen der **psychologischen Diagnostik** sollte in einem ersten Schritt eine ausführliche Erhebung der Lebens- und Krankheitsgeschichte (Anamnese) vorgenommen werden. Diese Erhebung dient dazu, den Entwicklungspfad der Störung(en) aufzudecken. Dabei besteht die Möglichkeit, dass dieselben Risikofaktoren im Laufe der Zeit zur Ausbildung von mehreren Störungen geführt haben können (dieses Phänomen wird als Multifinalität bezeichnet, s. S. 2) oder dass unterschiedliche Risikobedingungen die gleiche Störung hervorgerufen haben. Dieses Phänomen wird als Äquifinalität bezeichnet (vgl. Petermann et al. 1998, S. 37).

Die aufzudeckenden **Risikofaktoren** entsprechen im Wesentlichen den im Kapitel 5 angeführten allgemeinen Belastungsbedingungen. Sie sind um die speziellen Belastungsbedingungen zu ergänzen (s. Kap. 6), die sich vorrangig auf problematische Verarbeitungsmechanismen im „System Mensch" beziehen. Zu den **problematischen Verarbeitungsmechanismen** gehören u. a. *Vulnerabilitäten* (z. B. auf Grund nicht gelöster Konflikte in der Lebensgeschichte des Kindes oder Jugendlichen), mangelhafte *Copingmechanismen* oder belastende Abwehrverhaltensweisen (s. S. 68).

Wichtig bei der Erhebung der Störungsgeschichte ist des Weiteren die Klärung der Frage, welche **Schutzfaktoren** und **Widerstandskräfte** (Resilienzen) vorliegen und warum sie nicht – oder nur eingeschränkt – zur Geltung gekommen sind (vgl. Niebank & Petermann, 2000, S. 80 ff). Da in der Psychotherapie oder Erziehungsberatung vorrangig an der Stärkung der Schutzfaktoren und Resilienzen gearbeitet wird (s. Kap. 7.1.1 u. 7.1.2), ist in den Diagnostikinterviews zu erkunden, unter welchen Bedingungen die Patienten und ihre Eltern die Wirkung der vorhandenen Schutzfaktoren und Resilienzen so steigern können, dass der negative Einfluss der Risikobedingungen gemildert oder aufgehoben wird. In dieser gesundheitsorientierten Diagnostikphase soll also der Einsatz von ressourcenorientierten Theriemaßnahmen vorbereitet werden. Zu den Ressourcen gehören selbstverständlich auch **Entwicklungskompetenzen** auf Grund von gut gelösten Entwicklungsaufgaben (s. Kap. 7.1.3).

Einige der Entwicklungskompetenzen beziehen sich auf das Zusammenleben der Kinder oder Jugendlichen mit ihren Eltern und Geschwistern im Rahmen der Familie. Um diese *familienzentrierten Entwicklungskompetenzen* zu erfassen, können neben Familieninterviews (s. u.) auch Fragebögen bzw. Tests eingesetzt werden. Dabei werden in den meisten diagnostischen Instrumenten alle Familienmitglieder befragt. Folgende Fragebögen und Tests sind u. a. zur **Familiendiagnostik** zu verwenden (vgl. Döpfner et al., 2000, S. 120 ff):

Fragebögen und Tests zur familiären Interaktionsdiagnostik
- Die **Familienbögen** (FB) von Cierpka und Frevert (1995). Sie können von Kindern ab 12 Jahren und Erwachsenen ausgefüllt werden. Der familiäre Prozess wird aus einer individuellen, dyadischen und gesamtfamiliären Perspektive beschrieben und betrifft Aussagen zu folgenden *Aspekten*: Aufgabenerfüllung, Rollenverhalten, Kommunikation, Emotionalität, affektive Beziehungsaufnahme, Kontrolle, Werte und Normen.

- **Fragebogen zur Partnerschaftsdiagnostik (FPD)** von Hahlweg (1996). Die Befragung bezieht sich auf die Eltern und umfasst drei *Aspekte*: Analyse des partnerschaftlichen Beziehungsverhaltens, Erfassung der Konfliktbereiche in der Partnerschaft und Erfassung der Lebens- und Partnerschaftsgeschichte.
- **Das Subjektive Familienbild (SFB)** von Mattejat und Scholz (1994). Jugendliche ab 12 Jahren und Erwachsene können mithilfe eines Semantischen Differenzials Beziehungs- strukturen in der Familie aufdecken. Zu diesem Zwecke wird das SFB von jedem Familienmitglied getrennt ausgefüllt, sodass triadische Beziehungsstrukturen erfasst werden können.
- **Parenting Stress Index (PSI)** von Abidin (1995). Der in englischer Sprache vorliegende Test ermöglicht eine nähere Analyse des Eltern-Kind-Systems. Er kann von Jugendlichen ab dem 12. Lebensjahr und von Erwachsenen ausgefüllt werden. Als stressverursachende *Charakteristika der Jugendlichen* werden erfasst: Ablenkbarkeit/Hyperaktivität, Anpas- sungsfähigkeit, Verstärkung der Eltern, forderndes Verhalten, Grundstimmung und akzeptierendes Verhalten. Als *Elterncharakteristika* werden erfasst: Kompetenz, Isola- tion, Bindung, Gesundheit, Rollenrestriktionen, Depression und Partnerschaftsverhalten.
- **Familiensystemtest (FAST)** von Gehring (1998). Dieser Test kann von Kindern ab 6 Jahren und Erwachsenen durchgeführt werden. Mit seiner Hilfe kann die *emotionale Bindung (Kohäsion)* und die *hierarchische Struktur* in der Familie festgestellt werden. Zu diesem Zwecke stellen die einzelnen Familienmitglieder auf einem schachbrett- artigen Feld Holzfiguren (als Symbole für die Familienangehörigen) im Sinne der Skulpturtechnik (s. Kap. 13) zueinander in Beziehung. Der Vorteil dieses Tests besteht u. a. darin, dass er sehr anschaulich ist, sodass auch kleine Kinder mit ihm arbeiten können.

Von großer Bedeutung für die Familiendiagnostik ist des Weiteren das **gemeinsame Familiengespräch.** Es sollte nach Mattejat (1997 d, S. 113 f) die verschiedenen Sichtweisen der Familienmitglieder zur Verursachung, Aufrechterhaltung und Bewältigung der Störung(en) aufdecken. Außerdem sollte es Informationen über die Art des Kommunikationsstiles, der Machtverteilung, der Generationsabgren- zung, der Partnerschaft, des Beziehungsverhältnisses der Kinder (bzw. Jugend- lichen) zu ihren Eltern, der Mitarbeitsbereitschaft, der Heilungszuversicht, des emotionalen Klimas etc. vermitteln (vgl. Cierpka, 1996 b; Benninghoven et al., 1996; Nordmann & Kötter, 1996; s. a. Kap. 10.3, 11.3, 12.3 u. 13.).

Informationen über das *nichtfamiliäre Umfeld* (z. B. den Kindergarten, die Schule, den Arbeitsplatz, die Peergruppe etc.) werden vorrangig durch Verhaltens- beobachtungen oder Befragungen von außerfamiliären Personen erhoben. Um an diese Information zu gelangen, muss der Diagnostiker sehr flexibel vorgehen und u. U. auch bereit sein, sein Büro zu verlassen, um sich vor Ort einen Eindruck von der Situation zu verschaffen.

Im Rahmen der **medizinischen Diagnostik** sind im Wesentlichen die körperlichen und neurologischen Risikofaktoren und Vulnerabilitäten des Kindes oder Jugend- lichen aufzudecken. *Die körperliche Untersuchung* sollte nach Knölker (1997 a, S. 81 ff) möglichst von einem Pädiater durchgeführt werden und aus einer Über- prüfung aller wichtigen Organe, einer Anamnese der bisherigen körperlichen Erkrankungen und einer Analyse des äußeren Erscheinungsbildes bestehen. Um einen Überblick über die momentan vorliegenden körperlichen Beschwerden zu erlangen, kann zusätzlich zur ärztlichen Untersuchung auch der „Gießener Beschwerdebogen für Kinder und Jugendliche" (GBB-KJ) von Brähler (1992) oder der „Beschwerdebogen für Jugendliche" von Brähler und Scheer (1995) benutzt werden.

Eine körperliche Untersuchung ist besonders beim Verdacht des Vorliegens von „Somatoformen Störungen", „Ess-Störungen", „Schlafstörungen", „Enuresis", „Verhaltensstörungen durch psychotrope Substanzen" etc. erforderlich.

Im Rahmen der *neurologischen Untersuchung* sollten die Funktionen des Vegetativen Nervensystems, des Gedächtnisses, des Aufmerksamkeitsverhaltens, des Denkens, der sensumotorischen Koordination etc. diagnostiziert werden (vgl. Heubrock & Petermann, 2000). Auch zu diesem Zweck können einige Tests flankierend benutzt werden. Zu ihnen gehören der oben erwähnte „Wiener Entwicklungstest (WET)" von Kastner-Koller und Deimann (1998) oder die „Tübinger Luria-Christensen neuropsychologische Untersuchungsreihe für Kinder (TÜKI)" von Degener et al. (1997). Letztere ermöglicht es, die Gesamtkörperkoordination, sprachliche Regulation, visuelle Funktion, Gedächtnisleistung etc. von 5 bis 16 Jahre alten Kindern (bzw. Jugendlichen) zu analysieren.

Eine neurologische Untersuchung ist besonders beim Vorliegen von Sprech- und Sprachstörungen, schulischen Fertigkeitsstörungen, motorischen Funktionsstörungen oder beim Verdacht auf eine „Tief greifende Entwicklungsstörung" (Autismus) erforderlich (s. a. Döpfner et al., 2000, S. 117 ff).

8.1.4 Diagnoseerstellung und Verhaltensberatung

Der letzte Arbeitsschritt der Störungs- und Entwicklungsdiagnostik besteht aus einer Diagnoseerstellung, Mitteilung der Diagnoseergebnisse und Verhaltensberatung. Die genannten Teilaufgaben sollen im Folgenden kurz beschrieben werden.

Im Rahmen der *Diagnoseerstellung* ist darauf zu achten, dass das Auftreten von Mehrfachstörungen berücksichtigt wird und dass außer auf die Defizite auch auf die Ressourcen der Kinder und Jugendlichen sowie deren Familien in Form von Schutzfaktoren, Resilienzen und Entwicklungspotenzialen hingewiesen wird. Die diagnostischen Befunde sollten *lösungsorientiert mitgeteilt* werden, sodass der kompensatorische Aspekt im Vordergrund steht. Zu diesem Zwecke müssen die Ziele des diagnostischen Auftrages u. U. noch einmal spezifiziert werden. Den Abschluss der störungs- und entwicklungsdiagnostischen Phase bildet ein *Beratungsgespräch* (s. a. Kap. 1.4).

Werden Therapieempfehlungen gewünscht, muss in einem weiteren Arbeitsschritt eine Therapieplanung vorgenommen werden. Als Ergebnis ist ein geeignetes psychotherapeutisches Basisverfahren zu empfehlen und die Art eines etwaigen Maßnahmenimportes. Außerdem sollte auf die voraussichtliche Dauer der Psychotherapie und die möglicherweise entstehenden Kosten hingewiesen werden. Im Weiteren sollen ausführliche Hinweise zur Durchführung einer Psychotherapieplanung gegeben werden.

8.2 Psychotherapieplanung

Die **Psychotherapieplanung** hat das Ziel, für jede mögliche Störungsart, jeden möglichen Kinder- oder Jugendlichenpatienten und jede mögliche Familie die optimalen Behandlungsmaßnahmen zu finden. Dieses Ziel entspricht dem Gebot einer *adaptiven, differenziellen Indikation* (Behandlungsanzeige), wobei die erfolgreiche Erreichung des Zieles davon abhängig ist, ob ein umfassendes Maßnahmenangebot zur Verfügung steht, mit dem die Erfordernisse der unterschiedlichen Störungsarten und Patienten- und Familienbedingungen erfüllt werden können.

Um eine diesbezügliche adaptiv-differenzielle Maßnahmenzusammenstellung zu ermöglichen, müssen folgende Anforderungen an ein Psychotherapieverfahren für Kinder, Jugendliche und Familien gestellt werden (vgl. Remschmidt, 1997 b, S. 6 ff):

Anforderungen an eine adaptive Indikation

(1) Das Psychotherapieverfahren (z. B. behavioral-kognitiver, klientenzentrierter oder tiefenpsychologischer Art) muss bezüglich seines Maßnahmenangebotes so differenziert sein, dass jeder Patient und jede Störungsart **ursachen- und symptomzentriert** behandelt werden kann. Da die in diesem Buch vorgestellten Verfahren (s. Kap. 10–14) diesen Anspruch leider nicht immer in Gänze erfüllen, müssen die fehlenden Behandlungsmaßnahmen aus anderen Verfahren importiert werden (s. Kap. 15).

(2) Das Psychotherapieverfahren muss in seinem Anwendungsrepertoire so differenziert sein, dass es geeignete **kind-, jugendlichen- und familienzentrierte Maßnahmen** anbieten kann. Diese Bedingung wird vom behavioral-kognitiven, klientenzentrierten oder tiefenpsychologischen Psychotherapieverfahren, jedoch nicht vom familiensystemischen, erfüllt. Außerdem muss der Einsatz der individuums- und familienzentrierten Maßnahmen durch entsprechende Interventionsregeln sinnvoll aufeinander abgestimmt sein.

(3) Das Psychotherapieverfahren muss so differenziert sein, dass es in **verschiedenen Settings** (z. B. in Form einer Einzel- oder Gruppenanwendung, Kurzzeit- oder Langzeittherapie, ambulanten oder stationären Therapie etc.) zur Anwendung kommen kann (s. Kap. 9).

Vergleicht man die in diesem Buch vorgestellten Psychotherapieverfahren bezüglich des Ausmaßes der Erfüllung dieser Anforderungen, so werden bis auf die beiden Forderungen der ursachen- und symptomzentrierten Behandlung alle anderen Bedingungen von den hier vorgestellten behavioral-kognitiven, klientenzentrierten und tiefenpsychologischen Verfahren erfüllt. Aus diesem Grunde kann eine adaptive Therapieindikation auf der Grundlage einer dieser drei Psychotherapieverfahren durchgeführt werden. Allen drei Verfahren kann somit der Status einer **Basispsychotherapie** zugesprochen werden. Wie bereits gesagt, benötigt die jeweils gewählte Basistherapie jedoch Importe aus anderen Behandlungsverfahren, wenn dies bestimmte Aspekte der *Störungs-*, *Patienten-* oder *Familienbedingungen* erforderlich machen. Diese Aspekte sollen im Folgenden kurz beschrieben und bezüglich ihres Indikationseinflusses charakterisiert werden (vgl. Remschmidt, 1997 a, b; Mattejat, 1997 a).

8.2.1 Planungskriterium: Störungsbedingungen

Obwohl bei der Planung einer Psychotherapie für Kinder, Jugendliche und Familien alle drei soeben genannten Bedingungen zu berücksichtigen sind, hat die Art der **Störungsbedingungen** einen entscheidenden Zuweisungseinfluss. Sie kann hinsichtlich folgender Aspekte variieren: ● *Störungsart;* ● *Störungsursache;* ● *Störungskomplexität;* ● *Störungsschwere* und ● Störungs*dauer.*

Auf Grund der jeweiligen Variation dieser Aspekte ist zu entscheiden, welches Psychotherapieverfahren als Basistherapie zu wählen ist und welche Behandlungsmaßnahmen zu importieren sind (s. Kap. 15). Um den therapeutischen Planungsprozess zu erleichtern, sollen im Weiteren beispielhaft einige globale Indikationsempfehlungen auf Grund möglicher unterschiedlicher Störungsbedingungen gegeben werden.

Generell ist festzustellen, dass die **Störungsart** anhand der Störungskategorien der ICD-10 oder des DSM-IV klassifiziert und die **Störungsursache** gemäß den Kriterien des Multidimensionalen Pathogenesemodells (s. Abb. 5.1 a. S. 67) ermittelt werden sollte. Letztere bestehen im Wesentlichen aus den biopsychosozialen Risikobedingungen und problematischen internen Verarbeitungsmechanismen. Auf Grund der jeweiligen diagnostischen Befundlage lassen sich aus der Störungsart und Störungsursache Indikationsempfehlungen der folgenden Art ableiten:

Indikationsempfehlungen auf Grund der Art und Ursache der Störung
- Liegt primär eine *externe Störungsursache* in Form von biopsychosozialen Risikofaktoren vor, dann sollten vorrangig die Maßnahmen eines außenlenkenden Therapieverfahrens (wie z. B. des behavioral-kognitiven Verfahrens) eingesetzt werden.
- Liegt primär eine *interne Störungsursache* z. B. in Form von psychischen Vulnerabilitäten auf Grund von unbewussten Konflikten (Inkongruenzen) oder Abwehrmechanismen vor, dann sollten vorrangig die innenlenkenden Maßnahmen des klientenzentrierten oder tiefenpsychologischen Psychotherapieverfahrens genutzt werden.
- Soll primär eine Beeinflussung der *Störungssymptome* stattfinden, dann sollten Maßnahmen des behavioral-kognitiven Verfahrens zum Einsatz kommen.

Die **Störungskomplexität** drückt sich als eine Einfach- oder Mehrfachstörung aus und die **Störungsschwere** in der Intensität der Symptomatik. Letztere variiert in den Abstufungen einer: geringen, mittleren und hohen Intensität. Die **Störungsdauer** bezeichnet die Zeitspanne, seit der die Störung besteht. Sie kann in den Abstufungen einer: kurzen, mittleren und langen Zeitdauer variieren. Aus den jeweiligen diagnostischen Befunden lassen sich beispielhaft folgende Indikationsempfehlungen ableiten:

Indikationsempfehlungen auf Grund der Komplexität, Schwere und Dauer der Störung
- Liegen *Mehrfachstörungen* (*Komorbiditäten*) vor, dann sollten vorrangig Breitbandmaßnahmen gewählt werden. Dies können Maßnahmen des klientenzentrierten oder tiefenpsychologischen Therapieverfahrens sein.
- Liegen *Einfachstörungen* vor, dann sollten vorrangig *Schmalbandmaßnahmen* aus der behavioral-kognitiven Therapie bervorzugt werden.
- Liegen Störungen von *hoher Intensität* vor, dann sollten außen- und innenlenkende Maßnahmen in paralleler Anwendung sowie u. U. Psychopharmaka (s. Kap. 14) eingesetzt werden. Als Setting ist u. U. eine stationäre Therapie zu wählen.

- Liegen Störungen von *geringer Intensität* vor, dann können außen- oder innenlenkende Maßnahmen gewählt werden. Es ist jedoch darauf zu achten, dass die Maßnahmen als Kurzzeittherapie durchgeführt und in einem ambulanten Setting eingesetzt werden.
- Liegt eine *lange Störungsdauer* von mindestens einem Jahr vor, dann dürften die neuronalen Verknüpfungen der Störungssymptome im Zentralen Nervensystem so intensiv sein (vgl. Kap. 7.2.2), dass auch hier der parallele Einsatz von außen- und innenlenkenden Therapiemaßnahmen angezeigt ist. Ist ein Symptomabbau nicht sofort erforderlich, kann mit innenlenkenden Therapiemaßnahmen begonnen werden.
- Liegt eine *kurze Störungsdauer* vor, dann sollten gesundheits- und entwicklungsfördernde Therapiemaßnahmen (z. B. aus dem Repertoire des klientenzentrierten oder tiefenpsychologischen Verfahrens) gewählt werden; u. U. genügt es auch, eine kurze Familientherapie (z. B. systemischer Art, s. Kap. 13) oder eine Erziehungsberatung (s. Kap. 1.4) durchzuführen.

8.2.2 Planungskriterium: Patientenbedingungen

Die **Patientenbedingungen** von psychisch kranken Kindern oder Jugendlichen können hinsichtlich der Indikationsaspekte: ● *Alter und Entwicklungsstand*; ● *Gruppenfähigkeit*; ● *Mitarbeitsbereitschaft* und ● *Selbsthilferessourcen* variieren. Auf Grund dieser Aspekte ist in Abstimmung mit den anderen Planungskriterien (d. h. mit den Störungs- und Familienbedingungen) die Art des therapeutischen Vorgehens zu wählen. Im Einzelnen ergeben sich aus diesen Aspekten folgende Planungsanregungen:

Die Indikationskriterien des **Alters** und **Entwicklungsstandes** sind beim Vorliegen einer normalen Entwicklung miteinander identisch. Treten jedoch *Entwicklungsverzögerungen* oder z. T. irreparable *Entwicklungserkrankungen* (z. B. in Form einer „Intelligenzminderung" oder einer „Tief greifenden Entwicklungsstörung") auf, dann müssen die Kriterien jeweils gesondert berücksichtigt werden. Aus diesem Grunde werden hier für jedes Kriterium beispielhaft eigene Indikationsempfehlungen gegeben:

Indikationsempfehlungen auf Grund des Alters und Entwicklungsstandes des Patienten
- Das *Alter* der Kinder oder Jugendlichen bestimmt die zu wählende adressatenspezifische Methode des Basistherapieverfahrens. Schwankt das Alter zwischen ca. 3–12 Jahren, dann ist eine kindzentrierte Therapiemethode (s. Kap. 10.1–12.1) nebst einer Familienbehandlung zu wählen; schwankt es zwischen ca. 13–18 Jahren, dann ist eine jugendlichenzentrierte Therapiemethode (s. Kap. 10.2–12.2) und u. U. eine parallele Familienbehandlung indiziert. Sind die Kinder jünger als 3 Jahre, dann ist der alleinige Einsatz einer Familientherapie angezeigt.
  Innerhalb dieser Therapiemethoden kann der *Entwicklungsstand* der Kinder oder Jugendlichen zu Variationen der methodenspezifischen Interventionsmaßnahmen führen. Diese Variationen sind vorrangig vom *geistig-kognitiven Entwicklungsstand* der Kinder und Jugendlichen abhängig. Aus diesem Entwicklungsstand können folgende Indikationsempfehlungen abgeleitet werden.

Indikationsempfehlungen auf Grund des geistig-kognitiven Entwicklungsstandes des Patienten
- Weisen die Kinder oder Jugendlichen einen *niedrigen geistig-kognitiven Entwicklungsstand* (vgl. Kap. 4.1.4) oder eine „*Intelligenzminderung*" auf, dann sind anweisungszentrierte Maßnahmen aus dem Repertoire des behavioral-kognitiven Therapieverfahrens zu bevorzugen.

- Liegen *schwere „Intelligenzminderungen"* vor, dann sind in der Regel langzeitige Rehabilitationsmaßnahmen (s. Kap. 1.5) in teil- oder vollstationären Einrichtungen erforderlich.
- Weisen die Kinder einen *normalen geistig-kognitiven Entwicklungsstand* auf, dann können bei Kindern bis zu 12 Jahren vorrangig spielzentrierte Maßnahmen (s. Kap. 11.1 u. 12.1) und bei Kindern bzw. Jugendlichen ab 13 Jahren gesprächszentrierte Maßnahmen eingesetzt werden. Diese setzen die Fähigkeit zur Selbstexploration und zum sprachlich-begrifflichen Denken voraus (s. Kap. 11.2 u. 12.2).

Das Kriterium der **Gruppenfähigkeit** ist von den geistig-kognitiven Entwicklungsprozessen sowie den sozialen Lebenserfahrungen der Kinder und Jugendlichen abhängig. Im Allgemeinen liegt bei einer normalen geistig-kognitiven Entwicklung eine Gruppenfähigkeit vom Grundschulalter an vor. Haben die Kinder und Jugendlichen im Verlauf ihres Lebens jedoch schwere Deprivationserfahrungen (vgl. Kap. 5.3.4) oder andere belastende soziale Erfahrungen gemacht (vgl. Kap. 4.2.2 u. 4.3.1), dann kann die Gruppenfähigkeit eingeschränkt sein. Folgende Indikationsempfehlungen lassen sich aus den unterschiedlichen Ausprägungen der Gruppenfähigkeit ableiten

Indikationsempfehlungen auf Grund der Gruppenfähigkeit des Patienten
- Sind die Kinder oder Jugendlichen *gruppenfähig* und können deshalb für eine längere Zeit auf die individuelle Zuwendung des Therapeuten verzichten, dann können sie in einer Gruppentherapie behandelt werden.
- Sind die Kinder oder Jugendlichen noch *nicht gruppenfähig* und deshalb von einer individuellen Beziehung zum Therapeuten abhängig oder leiden sie unter Hierarchiekämpfen und Eifersüchteleien in einer Gruppe, dann sollten sie eine Einzeltherapie erhalten.

Die Patientenvariablen der **Mitarbeitsbereitschaft** und **Selbsthilferessourcen** sind so miteinander verknüpft, dass das Vorliegen zahlreicher Selbsthilferessourcen (s. Kap. 7.1.1–7.1.3) die Wahrscheinlichkeit einer guten Mitarbeitsbereitschaft erhöht. Zusätzlich dürfte die Mitarbeitsbereitschaft vom Alter der Kinder (bzw. ihrem geistig-kognitiven Entwicklungsstand) abhängig sein. Im Allgemeinen gilt die Regel, dass ab dem Alter von ca. 8–10 Jahren eine Krankheitseinsicht vorliegen kann und damit auch die bewusst intendierte Bereitschaft, aktiv bei der Bewältigung der seelischen Störung mitzuhelfen. Aus den genannten Patientenvariablen lassen sich folgende generelle Indikationsempfehlungen ableiten:

Indikationsempfehlungen auf Grund der Mitarbeitsbereitschaft und Selbsthilferessourcen des Patienten
- Weisen die Kinder oder Jugendlichen *keine* oder eine *geringe Mitarbeitsbereitschaft* auf, dann kann keine individuumszentrierte Therapie, sondern höchstens eine Familienbehandlung durchgeführt werden. Langfristig sollte die Familienbehandlung genutzt werden, um die Therapiemotivation des Kinder- oder Jugendlichenpatienten zu verbessern. Wegen der geringen Mitarbeitsbereitschaft des Kinder- oder Jugendlichenpatienten ist die Wahrscheinlichkeit eines guten Therapieerfolges stark eingeschränkt.
- Weisen die Kinder oder Jugendlichen eine *geringe Zahl von Selbsthilferessourcen*, jedoch eine *gute Mitarbeitsbereitschaft* auf, dann ist die Effektivität der Therapie ebenfalls erheblich eingeschränkt. Versucht man dennoch die Durchführung einer individuumszentrierten Psychotherapie, so sollten anweisungszentrierte bzw. außenlenkende Maßnahmen aus dem Repertoire des behavioral-kognitiven Therapieverfahrens bevorzugt werden.

8.2.3 Planungskriterium: Familienbedingungen

Die **Familienbedingungen** von Kindern oder Jugendlichen mit psychischen Störungen können hinsichtlich der Kriterien: ● *Familienstatus*; ● *familiäre Mitarbeitsbereitschaft* und ● *Selbsthilferessourcen* variieren. Für die einzelnen Kriterien ergeben sich unterschiedliche Planungskonsequenzen.

Das Kriterium der **familiären Statusbedingungen** kann u. a. hinsichtlich folgender Faktoren variieren: Armut in der Familie, allein erziehender Elternteil und Vorhandensein von mehreren Geschwisterkindern. Die Berücksichtigung dieser Faktoren kann zu folgenden generellen Indikationsempfehlungen führen:

Ableitung von Indikationsregeln auf Grund des Familienstatus
● Sind *alle* der genannten *familiären Belastungsbedingungen* vorhanden, dann sollte primär eine Familientherapie nach dem behavioral-kognitiven Verfahren stattfinden und aus einer intensiven Unterstützung und Verhaltensschulung des allein erziehenden Elternteils bestehen. Parallel zur Familientherapie sollte eine zeitintensive individuelle Behandlung des Kinder- oder Jugendlichenpatienten durchgeführt werden. Zur Entlastung der Familie kann u. U. auch eine stationäre Psychotherapie verordnet werden.
● Sind nur *wenige* der genannten *familiären Belastungsbedingungen* vorhanden, dann kann eine klientenzentrierte oder tiefenpsychologische Familientherapie gewählt werden. Diese kann in einem ambulanten Setting stattfinden.

Die **familiäre Mitarbeitsbereitschaft** ist insbesondere bei der Behandlung von Kindern von so großer Bedeutung, dass ihr Mangel zu einer erheblichen Erfolgseinschränkung und u. U. einer Nichtdurchführung der Therapie führen kann. In ähnlich negativer Weise beeinflusst auch eine geringe Anzahl an **familiären Selbsthilferessourcen** den Erfolg der Behandlung. In Ausnahmefällen kann der Mangel z. T. dadurch kompensiert werden, dass die Kinder- oder Jugendlichenpatienten genügend eigene Ressourcen und Mitarbeitswünsche mitbringen, um eine individuelle Therapie durchzuführen. Im Einzelnen gelten beispielhaft folgende Indikationsempfehlungen:

Indikationsempfehlungen auf Grund der Mitarbeitsbereitschaft und Selbsthilferessourcen der Familie
● Liegt eine *hohe familiäre Mitarbeitsbereitschaft* vor, dann können Familientherapiemaßnahmen aus allen Therapieverfahren eingesetzt werden (s. Kap. 10.3–12.3).
● Liegt *keine* oder nur eine *geringe familiäre Mitarbeitsbereitschaft* vor, dann sollte keine Kinderpsychotherapie durchgeführt werden. Wenn Jugendliche dieses ausdrücklich wünschen, kann ihre Behandlung auch ohne eine Familientherapie stattfinden. In Ausnahmefällen können Kinder oder Jugendliche von therapiedesinteressierten Eltern in einer stationären Einrichtung behandelt werden.
● Liegen *geringe familiäre Selbsthilferessourcen*, jedoch *gute motivationale Bedingungen* vor, dann sollten anweisungszentrierte Maßnahmen aus dem Repertoire des behavioral-kognitiven Therapieverfahrens gewählt werden (s. Kap. 10.3). Ist auch die *familiäre Mitarbeitsbereitschaft gering*, dann sollte keine Kinderpsychotherapie durchgeführt werden. In Ausnahmefällen gelten die oben gegebenen Empfehlungen.

8.3 Diagnostische Aspekte der Qualitätssicherung

Damit die geschilderten Diagnostikaufgaben und Psychotherapiemaßnahmen auf einem möglichst hohen Qualitätsniveau ausgeführt werden können, muss deren Güte geprüft und – wenn optimal vorhanden – gesichert werden. Dieser Vorgang wird als **Qualitätssicherung** bzw. **Qualitätsmanagement** bezeichnet (vgl. Remschmidt, 1998). Er hat in der APT-KJF einen hohen Stellenwert.

Erstmals wurden Maßnahmen zur Qualitätssicherung in der Industrie vorgenommen und betrafen die Gewährleistung bestimmter Produktqualitäten und die Optimierung bestimmter Arbeitsabläufe. In der Folge sind diese Bemühungen auch auf Arbeitsabläufe im Dienstleistungsgewerbe übertragen worden und haben z. B. zur Einführung der DIN-ISO-9004 Norm durch die Internationale Standardisierungsorganisation geführt. In Analogie zu diesen Bemühungen wird seit Mitte der 90er-Jahre versucht, Qualitätssicherungsverfahren auch auf Arbeitsabläufe der *Jugendhilfe* anzuwenden (vgl. Merchel, 1998).

Die Qualitätssicherung **ärztlicher und psychotherapeutischer Dienstleistungen** wurde 1988 im *Sozialgesetzbuch* V festgeschrieben. In den §§ 135 ff werden die Vertragspartner der kassenärztlichen Versorgung verpflichtet, Maßnahmen „zur Sicherung der Qualität der Leistungserbringung" festzulegen und ihre Durchführung zu überprüfen. Durch die gesetzliche Regelung soll nach Mattejat (1997 b, S. 69) „den Interessen der Patienten ebenso Rechnung getragen werden wie denen der kassenärztlichen Vertragspartner. Für die Kostenträger steht dabei der Finanzierungsaspekt im Vordergrund: Es sollen nur solche Leistungen abgerechnet werden können, deren diagnostischer und therapeutischer Nutzen fachlich anerkannt ist. Auf der Seite der Kinder- und Jugendpsychiater sowie Kinder- und Jugendlichenpsychotherapeuten und anderer beteiligter Berufsgruppen steht das Interesse im Vordergrund, notwendige Leistungen und den damit verbundenen Aufwand auch tatsächlich anerkannt zu bekommen (...) Die Qualitätssicherung soll dem Schutze der Patienten vor fachlich unqualifizierten Behandlungen dienen und dazu führen, dass jeder Patient eine möglichst optimale Behandlung auf einem modernem Entwicklungsstand erhalten kann."

Nach Baumann (1998 a, S. 333 f; s. a. Vogel, 1999) bezieht sich das Qualitätsmanagement im Gesundheitssektor auf **drei Zielbereiche**. Die Sicherung der: (a) *Strukturqualität* (z. B. ausstattungsmäßiger, organisatorischer, finanzieller oder personeller Art); (b) *Prozessqualität* (z. B. in Form einer zuverlässigen und kompetenten Behandlungsdurchführung) und (c) *Ergebnisqualität*. Im Weiteren sollen die Sicherung der Prozessqualität und die der Ergebnisqualität näher diskutiert werden.

8.3.1 Sicherung der Prozessqualität

Die **Sicherung der Prozessqualität** bezieht sich in der Psychotherapie auf die Gewährleistung einer *zuverlässigen* und *kompetenten Behandlungsdurchführung*. Sie betrifft von der Aufgabenstellung her ein komplexes Geschehen, in dessen Rahmen zahlreiche Teilaufgaben zu lösen sind, die sich u. a. auf die

Indikationsplanung und Anwendung geeigneter Therapiemaßnahmen für unterschiedliche Störungsarten bei unterschiedlichen Patienten- und Familienbedingungen beziehen (s. Kap. 8.2).

Zur Bewältigung dieser diagnostischen und anwendungsbezogenen Aufgaben müssen kompetente und zuverlässige Lösungswege gefunden werden, deren Gütekriterien sich an den Qualitätsempfehlungen der klassischen *Testkonstruktion* orientieren können (vgl. Fisseni, 1997; Lienert & Raatz, 1998). Bekanntermaßen werden seit Jahrzehnten bei der Konstruktion von psychologischen Testverfahren bestimmte Qualitätsstandards beachtet, die sich auf folgende Gütekriterien beziehen: • *Normiertheit*; • *Vergleichbarkeit*; • *Ökonomie*; • *Nützlichkeit*; • *Objektivität*; • *Reliabilität* und • *Validität*. Diese Gütekriterien sollen analog zum Vorgehen bei der Testkonstruktion auf die Planung und Durchführung von psychotherapeutischen Maßnahmen übertragen werden. Wie diese Übertragung aussehen kann, soll im Weiteren geschildert werden:

Übertragung der Testgütekriterien auf die Qualitätssicherung psychotherapeutischer Maßnahmen

Normiertheit psychotherapeutischer Maßnahmen: Der Normiertheitsaspekt bedeutet in der Testpsychologie, dass bestimmte Leistungen einer Person (z. B. im Intelligenztest) mit den *Leistungen einer Bezugsgruppe verglichen* und in deren Normenrahmen eingeordnet werden. Die Normiertheit ermöglicht also eine Bezugnahme von individuellen Leistungen zu Leistungen einer größeren Population. Auf die APT-KJF übertragen bedeutet dies, dass Normen z. B. über die *Angemessenheit* einer bestimmten Therapiemaßnahme (z. B. der Anwendung einer operanten Konditionierungsstrategie) für bestimmte Störungsarten und Altersgruppen entwickelt werden müssten. Zu diesem Zweck sollten Normen über die differenzielle Effizienz der Maßnahme im Vergleich zur Effizienz anderer Maßnahmen an einer größeren Patientenpopulation, die unter ein und derselben Störung leidet, statistisch ermittelt werden.

Vergleichbarkeit psychotherapeutischer Maßnahmen: Werden neue psychotherapeutische Maßnahmen entwickelt, so sollten sie *zu bereits vorhandenen Maßnahmen in Beziehung* gesetzt werden, um ihre Unterschiedlichkeit oder Gleichheit deutlich zu machen. Um die Vergleichbarkeit zu gewährleisten, sollten alle Therapiemaßnahmen angeben, für welche Störungsart, Störungsursache, Altersgruppe etc. sie indiziert sind und wie ihre konkrete Durchführung vonstatten geht.

Ökonomie psychotherapeutischer Maßnahmen: Unter dem Gesichtspunkt der *Kostenersparnis* hat die Ökonomie von Maßnahmen eine große Bedeutung. Sie sollte sich auf die Anzahl der notwendigen Behandlungsstunden und Behandler, den Ort der Behandlung (ambulante oder stationäre Psychotherapie), die Art der Behandlung (Einzel- oder Gruppentherapie) etc. beziehen. Ökonomische Aspekte sollten jedoch immer zu Validitätsaspekten in Beziehung gesetzt werden, damit die psychotherapeutischen Maßnahmen nicht nur „preiswert", sondern auch wirksam sind.

Nützlichkeit psychotherapeutischer Maßnahmen: Zuweilen werden Therapiemaßnahmen entwickelt, die vom Konzept her zwar plausibel sind, deren *Anwendungsnutzen* jedoch fragwürdig ist. Aus diesem Grunde muss von jeder neuen Maßnahme gefordert werden, dass ihre Nützlichkeit, z. B. im Vergleich mit bereits vorhandenen Maßnahmen, bewiesen wird.

Objektivität psychotherapeutischer Maßnahmen: Die Objektivität wird im Allgemeinen durch eine *exakte Beschreibung* der Maßnahmen und deren Durchführung gewährleistet. Dies kann im Rahmen von Therapiemanualen (z. B. dem Therapieprogramm zur Behandlung „Hyperkinetischer Störungen" von Döpfner et al., 1997) oder Beobachtungsskalen (z. B. den Skalen zur Erfassung der Empathie, Wertschätzung oder Echtheit des Therapeutenverhaltens; s. Sachse, 1999)geschehen. Die exakte Beschreibung soll es ermöglichen, dass verschiedene Therapeuten und verschiedene Patienten die Anweisungen zur Maßnahmendurchführung verstehen können. Da die Maßnahmen immer in einen Bezug zum Patientenverhalten gesetzt werden, muss auch dieses objektiv erfasst werden. Dies kann z. B. durch eine Selbstexplorationskala (vgl. Eckert, 1996, S. 140 f), eine exakte Verhaltensbeschreibung oder einen Fragebogen (z. B. zur Angst- oder Aggressionserfassung; s. Kap. 8.1.2) geschehen.

Reliabilität psychotherapeutischer Maßnahmen: Der Aspekt der Reliabilität bzw. Zuverlässigkeit bedeutet, dass eine Behandlungsmaßnahme von verschiedenen Behandlern oder bei wiederholter Anwendung in immer der *gleichen Weise durchgeführt* wird. Die Durchführungsreliabilität soll gewährleisten, dass alle Kennwerte der Maßnahme (wie z. B. die Indikationswahrscheinlichkeit für eine bestimmte Störungsart) auf exakt die gleiche Maßnahme bezogen sind. Als Hilfsmittel zur Reliabilitätssicherung können eine genaue Beschreibung der Maßnahme, deren kontrollierter Erwerb in der Ausbildung sowie eine regelmäßige kollegiale Supervision angesehen werden.

Validität psychotherapeutischer Maßnahmen: Der Aspekt der Validität oder Gültigkeit bedeutet, dass eine Psychotherapiemaßnahme den Zweck erfüllt, für den sie entwickelt worden ist. Ähnlich wie bei der Testkonstruktion, lässt sich bei der Maßnahmenvalidität zwischen folgenden **Arten von Gültigkeit** unterscheiden:

- *Konstruktvalidität:* Hier wird die Gültigkeit der Maßnahme aus dem Therapiekonzept abgeleitet; z. B. wird davon ausgegangen, dass die Herstellung von Übertragungsprozessen in der tiefenpsychologischen Therapie den Patienten dazu veranlasst, verdrängte konflikthafte Erfahrungen aus früheren Lebensperioden während der Therapie freizusetzen (vgl. Kap. 12).
- *Empirische Validität:* Sie besteht aus einer Ermittlung z. B. der Effektstärkewerte einer Maßnahme für die Behandlung einer bestimmten Störung (vgl. Kap. 8.3.2).
- *Vergleichsvalidität:* In ihr werden die Effektstärkewerte verschiedener Maßnahmen für dieselbe Störungsbehandlung zueinander in Beziehung gesetzt. Im Rahmen der praktischen Maßnahmendurchführung wird die Validität im Allgemeinen durch das klinische Urteil erfahrener Psychotherapeuten in der Supervision erhoben.

Die Sicherung der Prozessqualität in der hier vorgeschlagenen Weise wird leider von den in diesem Buch vorgestellten Psychotherapieverfahren nur unvollkommen vorgenommen. Diese Aussage bezieht sich sowohl auf die Ermittlung von Kennwerten über die Indikationswahrscheinlichkeit bestimmter Maßnahmen für die Behandlung bestimmter Störungen (Normiertheitsaspekt) als auch auf die exakte Maßnahmenbeschreibung (Objektivitätsaspekt), den Ökonomienachweis oder die Angabe von Reliabilitätskennwerten. Die meisten der genannten Gütekriterien werden noch am ehesten vom behavioral-kognitiven Psychotherapieverfahren erfüllt.

In der Folge soll das Gütekriterium der Validität einer Maßnahme gesondert diskutiert werden. Es handelt sich um die Sicherung der Ergebnisqualität.

8.3.2 Sicherung der Ergebnisqualität

Die **Ergebnis-** bzw. **Maßnahmenqualität** sollte sowohl in der täglichen Therapiepraxis als auch im Rahmen der wissenschaftlich geleiteten Maßnahmenkonstruktion (analog zur Testkonstruktion) ermittelt werden. Ihre Erhebung ist von zentraler Bedeutung, weil sie die Validität der psychotherapeutischen Dienstleistung dokumentiert. Ist das Therapieziel durch die gezielt eingesetzten Maßnahmen vollständig erreicht worden, dann können die Maßnahmen als valide bezeichnet werden; wurde es jedoch nicht erreicht, dann müssen die Maßnahmen modifiziert werden.

Die Ermittlung der Maßnahmenqualität ist von vorgegebenen **Leistungsstandards** bzw. Sollwerten abhängig. Diese beziehen sich auf die angestrebten Therapieziele und betreffen das Ausmaß der Erreichung bestimmter Gesundheits- und Entwicklungsnormen. Die Ermittlung der Maßnahmenqualität kann durch die Verwendung von Fragebögen, Beurteilungsskalen und Verhaltensregistrierungen vorgenommen werden. Dabei ist durch einen Vergleich des Ausmaßes der Gesundheits- bzw. Störungswerte des Patienten vor und nach der Psychotherapie festzustellen, ob bedeutsame Verbesserungen eingetreten sind. Diese sind dann mit den altersentsprechenden Gesundheits- und Entwicklungsnormen zu vergleichen.

Sicherung der Ergebnisqualität durch Fragebögen, Skalen und Verhaltensregistrierungen

Die Qualitätssicherung durch Beurteilungsskalen, Fragebögen und Verhaltensregistrierungen ermöglicht die *Ermittlung eines Zahlenwertes*, der statistisch verarbeitet werden kann. So kann z. B. mithilfe von **Symptomfragebögen** (auf Grund der ICD-10 oder des DSM-IV) vor Therapiebeginn aufgelistet werden, welche Symptome der Patienten z. B. von einer Angst-, Zwangs- oder Hyperaktivitätsstörung aufweist. Am Ende der Therapie kann dann durch einen Prä- Post-Vergleich festgestellt werden, wieviele der Symptome abgebaut worden sind.

In ähnlicher Weise kann mithilfe einer **Beurteilungsskala** die therapeutische Verbesserung z. B. des Allgemeinen Funktionsniveaus im MAS (s. Remschmidt & Schmidt; 1994; s. a. Kap. 3.1) erfasst werden oder die subjektive Einschätzung der Behandlungsqualität aus der Sicht von Eltern, Patienten und Therapeuten (vgl. Mattejat & Remschmidt, 1998).

In der Praxis haben sich neben den erwähnten Verfahren auch **Verhaltensregistrierungen** bewährt. Mit ihrer Hilfe lässt sich z. B. feststellen, ob und in welchem Ausmaß bestimmte *belastende Verhaltensweisen* wie z. B. die Gewalttätigkeiten eines Vaters, eheliche Streitigkeiten, Schulschwierigkeiten, suizidale Handlungen etc. durch die Therapie abgebaut worden sind. In gleicher Weise lässt sich das Ausmaß der Erreichung einer bestimmten Entwicklungsaufgabe oder eines bestimmten körperlichen Gewichtes (z. B. bei der Anorexiebehandlung) nach der Psychotherapie feststellen.

Will man im Rahmen der *Neuentwicklung von Therapiemaßnahmen* deren Validität an einer größeren Patientenpopulation testen, dann sind die Maßnahmeneffekte mit den Ergebnissen von nicht behandelten Kontrollgruppenpatienten zu vergleichen. In diesem Fall lässt sich mit folgender Gleichung auf statistische Weise die **Effektstärke** (ES) der Therapiemaßnahme ermitteln (vgl. Grawe et al., 1994, S. 66 ff).

$$ES = \frac{AM_{K-Post} - AM_{T-Post}}{s_{K-Post}}$$

Dabei bedeutet: AM = arithmetischer Mittelwert der Störungskriterien; T = Therapiegruppe; K = Kontrollgruppe; s = Standardabweichung und Post = Datenerfassung nach Therapieende. Der Prä-Therapiewert geht indirekt in die Gleichung mit ein, da zu Behandlungsbeginn eine gleiche Ausprägung der Störungskriterien zwischen der T- und K-Gruppe festgestellt werden muss.

II Rahmenbedingungen und Behandlungsmaß-
nahmen der Allgemeinen Psychotherapie für
Kinder, Jugendliche und Familien

Nach der Darstellung der *Rahmenbedingungen* von psychotherapeutischen Maßnahmen für Kinder, Jugendliche und Familien (Kap. 9), werden in den Kapiteln 10–
14 die wichtigsten *Behandlungsverfahren* der APT-KJF vorgestellt. Im Einzelnen
handelt es sich um die Verfahren der behavioral-kognitiven, klientenzentrierten,
tiefenpsychologischen, familiensystemischen und pharmakologischen Kinder- und
Jugendlichenpsychotherapie. Diese Verfahren kommen nach allgemeiner Auffassung (vgl. Remschmidt, 1997 b; Knölker et al., 1997; Mattejat, 1997 a) in der
ambulanten und stationären Praxis am häufigsten zur Anwendung und sind
zumindest betreffs der drei zuerst genannten Verfahren theoretisch und methodisch so weit elaboriert, dass sie in einer kindzentrierten, jugendlichenzentrierten
und familienzentrierten Durchführungsform (dies sind die jeweiligen Teilüber-
schriften der Maßnahmenkapitel) benutzt werden können.

Im hier vertretenen Konzept einer Allgemeinen Psychotherapie-KJF wird vor-
läufig noch kein schulenunabhängiges, generelles Behandlungsverfahren vorgestellt, wie es beispielsweise Grawe (1998) in seinem Entwurf einer
„Psychologischen Therapie" für Erwachsene getan hat, sondern im Sinne von
Perrez und Baumann (1998 b, S. 411) eine *orientierende Rahmenkonzeption,* mit
der „die bestehenden Psychotherapierichtungen lokalisiert und beschrieben werden können." Auf diese Weise soll verdeutlicht werden, „welche Psychotherapierichtungen welche Aspekte favorisieren bzw. vernachlässigen."

Die orientierende Rahmenkonzeption der APT-KJF soll bezüglich der vorgestellten Therapierichtungen als eine Diskussionsgrundlage angesehen werden, die
für Argumente offen und somit veränderbar ist. So ist es denkbar, dass in das
Rahmenkonzept weitere Psychotherapieverfahren (wie z.B. die Gestalttherapie)
aufgenommen werden oder dass zukünftig einige der hier angeführten Psychotherapieverfahren miteinander verschmelzen könnten. Letzteres hält beispielsweise
Schmidt (1999, S. 107) für die klientenzentrierte und tiefenpsychologisch fundierte
Psychotherapie für Erwachsene für möglich. Auch ist es denkbar, dass auf der
gemeinsamen kognitiven Basis eine Integration der behavioral-kognitiven Therapierichtung mit der klientenzentrierten stattfinden könnte.

Im Moment wird jedoch im Rahmen der APT-KJF davon ausgegangen, dass
das behavioral-kognitive, klientenzentrierte und tiefenpsychologische Therapieverfahren für Kinder, Jugendliche und Familien eine hinreichend große Eigenständigkeit besitzt, um als psychotherapeutisches **Basisverfahren** zur alleinigen
Behandlung von psychischen Störungen und Entwicklungsrückständen benutzt

und im Bedarfsfall durch Maßnahmenimporte aus anderen Verfahren ergänzt werden kann.

Um diese **Maßnahmenimporte** zu ermöglichen, sind alle hier angeführten Therapieverfahren in *Strategien* bzw. *Maßnahmenbausteine* unterteilt worden, die die Spezifika des jeweiligen Interventionsverfahrens in einer überschaubaren Größenordnung (pro Verfahren sind maximal vier Strategien isoliert worden) verdeutlichen sollen. Die Strategien stellen mit Bastine (1992, S. 218) „zielgerichtete, flexible und (…) adaptiv angepasste psychotherapeutische Handlungsmuster" dar. Sie sind je nach Bedarf verwendbar und können auf dem Hintergrund einer *stimmigen Grundkonzeption* (vgl. Remschmidt, 1997c, S. 191) sogar schulenübergreifend kombiniert werden. Diese Strategienkombination soll im Konzept der APT-KJF jeweils auf der Grundlage des Menschenbildes sowie Ätiologie- und Interventionskonzeptes einer der drei Basistherapieverfahren durchgeführt werden (s. Kap. 15). Mit dieser theoretischen Einbettung des Strategienimportes soll gewährleistet werden, dass die Strategienkombination nicht beliebig (im Sinne eines „technischen Eklektizismusses") geschieht, sondern theoriengeleitet stattfinden kann.

Ein derartiger Strategienimport dürfte den konzeptuellen Rahmen der Basistherapien nicht allzu sehr sprengen, da diese bereits ihrerseits durch Konzept- und Maßnahmenimporte sehr heterogen geworden sind. Zudem hat eine zunehmend solidere wissenschaftliche Fundierung der drei Basistherapieverfahren durch Ergebnisse der psychologischen, medizinischen, biologischen, pädagogischen etc. Grundlagenforschung dazu geführt, dass in allen drei Verfahren eine gewisse Übereinstimmung in den Ätiologie- und Interventionskonzepten (z. B. hinsichtlich des Einflusses der Bindungs-, Informationsverarbeitungs- oder Lerntheorie) vorliegt. Damit sind gute Fundamente für eine schulenübergreifende Grundkonzeption vorhanden.

Durch die Aufteilung der Therapieverfahren in spezifische Interventionsstrategien soll es ermöglicht werden, einen Zusammenhang zwischen den jeweiligen Interventionsmaßnahmen und den *verfahrensspezifischen Störungskonzepten* herzustellen (s. Kap. 6). Des Weiteren soll in den Strategien Bezug zu allgemeinpsychologischen *Lernfördermaßnahmen* genommen werden. Im Einzelnen werden dabei folgende Lernfördermaßnahmen berücksichtigt; die des: • respondenten und operanten Konditionierens; • sozial-kognitiven (bzw. modellorientierten) Lernens; • Einsichts- und Selbstreflexionslernens sowie • selbstentdeckenden bzw. erfahrungsmachenden Lernens.

Ein weiteres Ziel der Strategienbildung besteht in der Herausarbeitung von schulenspezifischen *therapeutischen Wirkfaktoren*. Diese beziehen sich auf Veränderungen durch: • Begegnungs-, Interaktions- und Übertragungshilfen; • Interpretations- und Kommunikationseinflüsse; • Führungs- und Informationshilfen; • Reiz- und Verstärkermanipulationen sowie • körperlich-chemische Beeinflussungen durch Psychopharmaka.

Alle genannten Wirkmaßnahmen sowie die oben erwähnten störungsspezifischen und lerntheoretischen Gruppierungsaspekte haben zur Erstellung von insgesamt fünfzehn Interventionsstrategien geführt, die in Tabelle 15.1 (s. Seite 202) aufgelistet worden sind. Die Strategien werden bei der Vorstellung der einzelnen Therapieverfahren abgeleitet und in ihrer Anwendung auf Kinder, Jugendliche und Familien spezifiziert.

Von weiterer Bedeutung für die Darstellung der Psychotherapieverfahren ist die Unterscheidung zwischen spezifischen und unspezifischen Interventionsstrategien. Während in den *spezifischen Strategien* die Besonderheiten der jeweiligen Interventionsverfahren herausgestellt werden, sollen in den *unspezifischen Strategien* die schulenübergreifenden Aspekte angesprochen werden. Diese betreffen nach Frank (1982; zit. a. Grawe, 1998, S. 21) die: ● Gestaltung der Therapiebeziehung; ● Formalisierung (Standardisierung) des Behandlungsangebotes in einem bestimmten Setting; ● Information des Patienten über das geplante Behandlungskonzept und ● konzeptgetreue Durchführung der Behandlung.

Diese vier **schulenübergreifenden Strategieaspekte** sind im Konzept der APT-KJF in drei unspezifischen Globalstrategien zusammengefasst und um den Aspekt der Therapieplanung und Qualitätskontrolle erweitert worden. Im Folgenden sollen die **unzpezifischen Strategien** der APT-KJF kurz vorgestellt werden. Sie werden zu Beginn eines jeden Maßnahmenkapitels (vgl. Kap. 10.1–14.1) ausführlicher dargestellt.

Unspezifische Strategien der APT-KJF

(1) **Angebot eines therapeutischen Beziehungsverhältnisses und Abschluss eines Therapievertrages:** In dieser unspezifischen Globalstrategie sollen die *Rollenaufgaben* des Kinder- und Jugendlichenpatienten, seiner Eltern sowie die des Psychotherapeuten erklärt und therapeutisch umgesetzt werden. Des Weiteren ist eine *Diagnostik-* und *Therapievereinbarung* vorzunehmen.

(2) **Durchführung einer Therapieplanung und Qualitätskontrolle:** In dieser Globalstrategie werden die einzelnen Maßnahmen des *Diagnostik-* und *Therapieplanungsprozesses* sowie der *Therapiesupervision* und *-evaluation* zusammengefaßt.

(3) **Information über das Störungs- und Therapiekonzept sowie Durchführung einer konzeptgetreuen Behandlung:** In dieser Strategie sollen die Kinder- oder Jugendlichenpatienten sowie ihre Eltern über die *Entstehung der psychischen Störungen* aufgeklärt werden sowie über die Möglichkeiten, aktiv im Rahmen der Behandlung *zu einer Gesundung beizutragen*. Außerdem werden die einzelnen therapeutischen *Maßnahmen beschrieben*, die dann *konzeptgetreu* anzuwenden sind.

Die sorgfältige Beachtung der unspezifischen Strategien soll es jedem Therapeuten ermöglichen, die Effektivität seiner Behandlung zu erhöhen. Außerdem soll die Darstellung der unspezifischen Strategien dazu animieren, die in den Strategien geschilderten Erfordernisse in die jeweilige Interventionslehre der in den Kapiteln 10–14 genannten Therapieverfahren aufzunehmen. Diese Empfehlung gilt besonders für das tiefenpsychologische, familiensystemische, pharmakologische und (z. T. auch) klientenzentrierte Therapieverfahren.

9 Rahmenbedingungen von psychotherapeutischen Maßnahmen

Die psychotherapeutischen Maßnahmen können in unterschiedlichen Rahmenbedingungen durchgeführt werden, wobei in der psychotherapeutischen Praxis folgende **Variationen der Behandlungssettings** zur Anwendung kommen können (vgl. Remschmidt, 1997 b; Mattejat, 1997 a; Warnke, 1999): (1) Kinder-, Jugendlichen- oder Familienzentrierung der Maßnahmen; (2) Einzel- oder Gruppenpsychotherapie; (3) Kurzzeit-, Mittelzeit- oder Langzeitpsychotherapie; (4) ambulante oder stationäre Psychotherapie und (5) Einzelbehandler oder Behandlungsteam.

Alle diese Settingvariationen sollten im Idealfall angeboten werden, damit eine optimale adaptive Behandlung möglich ist. Leider lässt sich wegen des hohen personellen Aufwandes dieses wünschenswerte Angebot im Allgemeinen nur in psychotherapeutischen Praxisgemeinschaften, Erziehungsberatungsstellen oder psychotherapeutischen Kliniken vorhalten. In anderen Fällen müssen die Psychotherapeuten ihre Settingvariationen durch die Kooperation mit anderen Behandlern ermöglichen. Im Weiteren sollen die einzelnen Therapiesettings näher vorgestellt werden.

9.1 Kinder-, Jugendlichen- oder Familienzentrierung der Maßnahmen

Auf Grund der Besonderheiten der Störungsentstehung, der beziehungsmäßigen und gesetzlichen Abhängigkeit des Kinder- und Jugendlichenpatienten sowie seines eingeschränkten Leidensdruckes (und der daraus resultierenden geringen Therapiemotivation), sind die therapeutischen Maßnahmen immer auf den Kinder- oder Jugendlichenpatienten *und* seine Eltern zu zentrieren. Aus diesem Grunde muss jedes Psychotherapieverfahren mit einem umfassenden Indikationsanspruch eine Kindertherapiemethode, eine Jugendlichentherapiemethode und eine Familientherapiemethode anbieten. Die drei Methoden lassen sich wie folgt kennzeichnen.

Kinderpsychotherapie: Die Behandlungsmethode der Kinderpsychotherapie richtet sich an Kinderpatienten im Alter von ca. 3–12 Jahren. Sie muss die besonderen Kommunikationsgepflogenheiten von Kindern berücksichtigen, die primär aus *Spieltätigkeiten* mit *parallelen Gesprächen* besteht. Eine reine Gesprächstherapie ist bei Kindern unüblich und kann frühestens ab dem 10. Lebensjahr zur Anwendung kommen. Typisch für eine Kindertherapiemethode ist des Weiteren, dass die entwicklungs- und heilungsfördernde Eigeninitiative der Kinder stimuliert werden muss, damit die Kinder ihre in der Therapie erworbenen neuen Lernerfahrungen in ihr bisheriges Weltbild integrieren können. Da Kinder häufig Angst vor Erwachsenen haben und vom Entwicklungsstand her als Minderjährige oder Abhängige zu betrachten sind, sollte der Psychotherapeut sehr einfühlsam, wertschätzend und autonomiefördernd sein. Er sollte nicht nur als ein kompetenter

Entwicklungs- und Heilungsförderer zur Verfügung stehen, sondern auch als ein kindzentrierter Spielpartner (s. Kap. 10.1, 11.1 u. 12.1).

Jugendlichenpsychotherapie: Die Behandlungsmethode der Jugendlichenpsychotherapie richtet sich an Jugendlichenpatienten im Alter von ca. 13–18 Jahren. Sie ist primär *gesprächszentriert* und benutzt bei Bedarf *Spielelemente*. Wegen der wachsenden Fähigkeit zur personalen Distanzierung, können ältere Jugendliche zuweilen häufig schon selbstreflexiv über sich sprechen, sodass eine sprachliche Auseinandersetzung mit dem Selbstkonzept möglich ist. Diesbezüglich kann eine Jugendlichenpsychotherapie einer Erwachsenenbehandlung ähneln. Außerdem sollten die Jugendlichen an der Festlegung der Therapieziele beteiligt werden. Diese Ziele sollte der Jugendliche in hoher Eigenverantwortung und unter Nutzung der Fachkompetenz des Therapeuten anstreben. Der Psychotherapeut kann im Verlauf der Jugendlichenbehandlung in den Rollen eines psychologischen Beraters, interessierten Beobachters, Mutmachers, Trösters, Instruktionsgebers (z. B. im Rahmen eines Trainingsprogrammes) und führungsfähigen Gesprächspartners etc. auftreten.

Da die Jugendlichentherapie von einer *hohen Abbruchquote* bedroht ist, sollte sie möglichst kurz sein, im Gruppenverband stattfinden und sehr an den Interessen des Jugendlichenpatienten orientiert sein. Um den therapeutischen Kontakt über eine längere Zeit aufrechterhalten zu können, sollte die Möglichkeit bestehen, Therapieunterbrechungen anzubieten. Auch Variationen in der Sitzungslänge, der Anzahl der Sitzungen pro Woche und Monat sowie bezüglich des Therapieortes sind möglich. So macht es zuweilen Sinn, die Therapie im natürlichen Umfeld des Jugendlichen (z. B. in einer Eisdiele, auf dem Sportplatz, während eines Spazierganges etc.) durchzuführen (vgl. Warnke, 1999, S. 161 f). Damit eine enge Behandlungsbeziehung entstehen kann, sollte der Therapeut offen seine persönlichen Eigenschaften zeigen und auch bereit zu Diskussionen oder Auseinandersetzungen sein. (Näheres s. Kap. 10.2, 11.2. u. 12.2).

Familienpsychotherapie: Die Behandlungsmethode der Familienpsychotherapie richtet sich an alle Familienmitglieder, also die Eltern, den Kinder- oder Jugendlichenpatienten und die Geschwister. Zuweilen werden auch die Großeltern eingeladen, wenn eine Mehrgenerationsperspektive zu berücksichtigen ist (vgl. Massing et al., 1997). Die gemeinsame Behandlung aller Familienmitglieder ermöglicht es den Teilnehmern des *Familiensystems*, sich in ihrer gegenseitigen Einflussnahme zu beobachten und hierdurch Hinweise auf positive und destruktive Interaktionsgewohnheiten zu bekommen. Da die Familie für die Entstehung ihrer Interaktionsprobleme selbst verantwortlich ist, ist sie letztlich auch die einzige Instanz, die Lösungen für die Problembewältigung finden kann (vgl. Mattejat, 1997 c). Aus diesem Grunde ist der Rücktransport der Lösungssuche in die Familie nicht nur eine paradoxe Intervention, denn eigentlich haben die Eltern ja eine Außenhilfe zur Problembewältigung gesucht, sondern ein notwendiger therapeutischer Akt.

Um die Umlernprozesse in der Familie zu unterstützen und insbesondere dem Kinder- oder Jugendlichenpatienten bei seinen Entwicklungs- und Heilungsprozessen zu helfen, sollten *parallel* zu den Familientherapiekontakten kind- oder jugendlichenzentrierte Behandlungen stattfinden. Diese sollten kein Selbstzweck sein, sondern eine Weiterführung der Familienbehandlung in einem anderen Kontext darstellen, denn auch im Rahmen der individuellen Therapien sollte von der Verantwortlichkeit der Gesamtfamilie für die psychischen Störungen des Kinder- oder Jugendlichenpatienten ausgegangen werden. Das Spezifische der individuellen Therapien besteht jedoch darin, dass die Kinder oder Jugendlichen frei von familiären Zwängen ihre eigene Entwicklung planen und eigenständig Störungsbewältigungsformen finden können.

Das primäre Kommunikationsmedium in der Familientherapie ist das *gemeinsame Gespräch,* das durch gemeinsame *Spiele* ergänzt werden kann. Um die soziale Potenz des Psychotherapeuten gegenüber der häufig großen Anzahl von Familienmitgliedern zu erhöhen und um arbeitsteilig die vielen Aufgaben bewältigen zu können, werden die Familientherapien im Allgemeinen von einem *Behandlungsteam* durchgeführt. Generell können die Therapeuten ihr Verhalten innerhalb folgender Rollen variieren: Kommunikationsleiter, interessierter Beobachter und Zuhörer, Fragensteller, Vertiefer von psychischen Prozessen, Informationsgeber, Interpret, Umdeuter von Interaktionsprozessen, Tröster, Aufgabensteller etc. Das Rollenrepertoire ist deshalb so vielfältig, weil die häufig sehr unterschiedlichen Gesundungskräfte der Familie in geschickter Weise synchronisiert werden müssen. (Näheres s. Kap. 10.3, 11.3, 12.3 u. 13).

9.2 Einzel- oder Gruppenpsychotherapie

Das Setting der Einzel- oder Gruppenpsychotherapie kann alternativ oder in Kombination angeboten werden. Die Wahl dieser spezifischen Rahmenbedingungen ist von der Therapiezielsetzung und den Ressourcen des Kinder- oder Jugendlichenpatienten abhängig. Im Einzelnen gelten folgende Empfehlungen:

Einzelpsychotherapie: Die Methode der Einzelpsychotherapie ermöglicht es am optimalsten, die Therapiemaßnahmen auf die spezifischen Störungsbedingungen und Heilungsressourcen des Kinder- oder Jugendlichenpatienten zuzuschneiden. Durch die Abgrenzung der Einzelbehandlung von der parallelen Familientherapie wird des Weiteren eine gewisse Intimität gewahrt, die besonders dann notwendig ist, wenn die psychischen Störungen des Patienten auf Beziehungsprobleme in der Familie zurückzuführen sind und wenn sich die Patienten einmal unabhängig von ihren Eltern über ihre Position „klarwerden" wollen.

Ein weiterer Vorteil einer Einzeltherapie besteht darin, dass die Therapiemaßnahme ohne behindernde Einflüsse durch andere Patienten genutzt werden kann. Ein herausragendes Indikationskriterium für eine Einzeltherapie ist deshalb die Bedürftigkeit eines Kinder- oder Jugendlichenpatienten nach einer *ungestörten individuellen Zuwendung* durch den Psychotherapeuten. Diese Bedürftigkeit liegt häufig bei vernachlässigten, misshandelten oder missbrauchten Kindern oder Jugendlichen vor.

Gruppenpsychotherapie: Die Methode der Gruppenpsychotherapie ist dann zu empfehlen, wenn die Kinder- oder Jugendlichenpatienten in der Lage sind, sich bei der Bewältigung ihrer Probleme *gegenseitig helfen zu* können und wenn die Probleme primär sozialer Art sind (vgl. Niebergall, 1997). Die Zusammensetzung von Psychotherapiegruppen kann störungshomogen oder störungsheterogen vorgenommen werden. Bei einer *störungshomogenen* Zusammensetzung wird davon ausgegangen, dass alle Patienten die gleichen psychischen Störungen aufweisen und deshalb die gleichen Ziele zur Störungsüberwindung anstreben. Sie können deshalb auch von gemeinsamen Therapieprogrammen oder Problemlösungsgesprächen profitieren. Bei der *störungsheterogenen* Zusammensetzung wird unterstellt, dass sich die Patienten in ihren Lernprozessen gegenseitig ergänzen können.

Bei beiden Arten der Gruppenzusammenstellung sollte die *Gruppengröße* die Zahl von fünf Kindern oder Jugendlichen nicht überschreiten, sodass zumindest mit Einschränkungen die Möglichkeit besteht, dass jeder Patient noch genügend Zuwendung vom Therapeuten bekommen kann. Da die *Therapiezeit* im Allgemeinen aus einer Doppelstunde (also 90 Minuten) besteht, sind zumindest kurzzeitige individuelle Begegnungen mit dem Therapeuten möglich. Dennoch ist anzumerken, dass die für Einzeltherapien typische Bindungsgestaltung zum Therapeuten in Gruppenbehandlungen selten möglich ist. Will man sie dennoch initiieren, so sollten parallel zu den Gruppenkontakten Einzeltherapiestunden angeboten werden.

Typisch und spezifisch für Gruppenpsychotherapien ist das Stattfinden von *gruppendynamischen Prozessen*, die sich nach Yalom (1975) u. a. auf folgende gruppentherapeutische Wirkfaktoren beziehen können (vgl. Bastine, 1992, S. 354 f):

Übersicht über gruppentherapeutische Wirkfaktoren

(1) **Kohäsion:** Um die Heilungskräfte der Patienten synergetisch nutzen zu können, ist ein Wir-Erleben, eine gemeinsame Zielsetzung und eine gegenseitige Bezogenheit von großer Hilfe.

(2) **Offenheit:** Um die soziale und kommunikative Isolation zu durchbrechen und über persönliche Erfahrungen sprechen zu können, müssen die Patienten Mut zur Offenlegung ihrer seelischen Sorgen und Schwierigkeiten haben.

(3) **Vertrauen:** Eine zentrale Voraussetzung für die seelische Offenbarung ist der Mangel an Angst vor anderen und ein gruppenbezogenes Geborgenheitsgefühl.

(4) **Arbeitshaltung:** Hiermit ist die gegenseitige Anregung und Unterstützung zur therapeutischen Arbeit gemeint.

(5) **Rückmeldung empfangen und geben:** Rückmeldung ermöglicht einen sozialen Bezug des Tuns sowie eine Korrektur des Denkens und Handelns.

(6) **Gegenseitige Unterstützung:** Diese ist notwendig, damit sich die Gruppenmitglieder Mut machen, Trost geben und gegenseitig unterstützen können.

(7) **Altruismus:** Hiermit ist ein Verzicht auf eine Durchsetzung der eigenen Interessen zu Gunsten von anderen gemeint sowie das Bemühen um Nächstenliebe.

(8) **Modell-Lernen:** Durch die Beobachtung der anderen Gruppenmitglieder kann man von positiven Vorbildern lernen, Fehler zu vermeiden und neue Verhaltensweisen zu erwerben (s. a. Kap. 6.1.4).

(9) **Durchführung von Rollenspielen:** Um soziale Verhaltensweisen realistisch zu üben, können die anderen Gruppenmitglieder als Mitspielpartner genutzt werden.

(10) **Universalität des Leidens:** Hiermit ist ein Erleben und die Erkenntnis gemeint, dass andere Kinder und Jugendliche auch seelische Probleme und Sorgen (z. B. mit den Eltern) haben können.

(11) **Freisetzung von Katharsisprozessen:** Mit Katharsis ist das nachträgliche Erleben von schmerzhaften Gefühlen im Rahmen von situativen Erinnerungen gemeint, das in der Gruppe durch eine tröstende Anteilnahme (s. Faktor 6) unterstützt werden kann.

(12) **Zeigen von Hoffnung:** Hiermit ist das Aufzeigen von positiven Perspektiven gemeint sowie der Bericht anderer über überwundene Krisen.

(13) **Gewinnen an existenzieller Einsicht:** Einsicht entsteht durch die Teilhabe an zentralen Lebenserfahrungen der anderen Gruppenmitglieder sowie die sprachliche und spielorientierte Kommunikation über Lebensängste und schicksalhafte Ereignisse.

Damit diese gruppendynamischen therapeutischen Wirkfaktoren voll zur Geltung kommen können, sollten die Kinder- oder Jugendlichenpatienten möglichst in einer *geschlossenen Gruppe* behandelt werden. Diese Settingbedingung ist dann vorhanden, wenn die Patienten die Psychotherapie gemeinsam beginnen und gemeinsam beenden. In *offenen Gruppen,* in denen die Patienten bei Bedarf aufgenommen und entlassen werden können, lassen sich die gruppentherapeutischen Wirkfaktoren weniger wirksam verwirklichen. (Näheres s. Kap. 10–12).

9.3 Kurzzeit-, Mittelzeit- oder Langzeitpsychotherapie

In Abhängigkeit vom Schweregrad der psychischen Erkrankung und der Anzahl von Risikofaktoren und Heilungsressourcen, kann die Psychotherapie bezüglich ihrer *Kontaktzahl* variieren. Obwohl die optimale Länge einer Psychotherapie in jedem Einzelfall in Abstimmung zwischen dem Patienten, seinen Eltern und dem Psychotherapeuten jeweils individuell festzulegen ist, liegen dennoch einige Richtwerte und Indikationskriterien für eine Kurzzeit-, Mittelzeit- oder Langzeitpsychotherapie vor. Sie sollen im Folgenden genannt werden:

Kurzzeitpsychotherapie: Eine Kurzzeitpsychotherapie sollte nach den Psychotherapie-Richtlinien des Bundesausschusses der Ärzte und Krankenkassen in der Bundesrepublik Deutschland maximal 25 Kontakte von je 50 Minuten Länge oder 50 Kontakte von je 25 Minuten Länge betragen.

Dieses Zeitkriterium ist nur einzuhalten, wenn eine *monosymptomatische* Störung ohne eine komplexe neuronale Verfestigung vorliegt (s. Kap. 3.4). Des Weiteren muss eine optimale *Mitarbeitsbereitschaft* des Kinder- oder Jugendlichenpatienten sowie seiner Eltern gegeben sein. Kurzzeittherapien werden häufig im Rahmen von wissenschaftlichen Studien durchgeführt. Sie dienen in der psychotherapeutischen Kassenpraxis in der Regel als Therapieeinstieg zur Feststellung und Überprüfung der Diagnose sowie zum Aufbau einer therapeutischen Beziehung (s. Kutter, 1999, S. 17 f).

Mittelzeitpsychotherapie: Unter Berücksichtigung des notwendigen psychodiagnostischen Aufwandes und bei der Behandlung von Mehrfachstörungen (diese treten in ca. 50 % der Fälle auf; s. Kap. 3.4) beanspruchen *Kinderpsychotherapien* in der Kassenpraxis einen Zeitaufwand von ca. 70–120 Kontaktstunden für tiefenpsychologische Verfahren und ca. 45–60 Kontaktstunden für behavioralkognitive Verfahren (gemäß den Psychotherapie-Richtlinien des Bundesausschusses der Ärzte und Krankenkassen).

Für *Jugendlichenpsychotherapien* gelten ca. 90–140 Kontaktstunden als Richtzahl für tiefenpsychologische Behandlungen und ca. 45–60 Stunden für behavioralkognitive Therapien. Für *Gruppenpsychotherapien* werden wegen des Angebotes von Doppelstunden (von je 100 Minuten Länge) für behavioral-kognitive Verfahren ca. 45–60 Doppelstunden veranschlagt und für tiefenpsychologische Verfahren ca. 40–60 Doppelstunden.

Langzeitpsychotherapie: In Ausnahmefällen können Psychotherapien über einen längeren Zeitraum durchgeführt werden. Dies ist immer dann notwendig, wenn „aus der Darstellung des therapeutischen Prozesses hervorgeht, dass mit der Beendigung der (mittelzeitlich dauernden) Therapie das Behandlungziel nicht erreicht werden kann, aber begründete Aussicht auf Erreichung des Behandlungsziels bei Fortführung der Therapie besteht" (s. Psychotherapie-Richtlinien, Abschnitt E 1.2.8).

Langzeitpsychotherapien sind im Allgemeinen immer dann indiziert, wenn neben einer Komorbidität eine *erhebliche Entwicklungsverzögerung* vorliegt und wenn das familiäre Milieu so belastet ist, dass parallel zur Kinder- oder Jugendlichenbehandlung eine *intensive Familientherapie* notwendig ist. Es ist aber auch der Fall denkbar, dass die individuelle Kinder- oder Jugendlichenpsychotherapie so lange durchzuführen ist, bis die Eltern nach anfänglichem Zögern ebenfalls zur Teilnahme an der Therapie bereit sind. Die Länge einer Psychotherapie ist also entscheidend von der Mitarbeitsbereitschaft und Mitarbeitsfähigkeit der Eltern abhängig (s. Kap. 8.2.3). Ist diese gering, so ist die Behandlungsdauer im Allgemeinen hoch.

Als Höchstgrenzen für Langzeittherapien geben die Psychotherapie-Richtlinien folgende Werte an: tiefenpsychologische oder verhaltenstherapeutische *Einzeltherapien* (Kinder maximal 159 bzw. 80 Stunden; Jugendliche maximal 180 bzw. 80 Stunden); tiefenpsychologische oder verhaltenstherapeutische *Gruppentherapien* (Kinder maximal 90 bzw. 80 Doppelstunden; Jugendliche maximal 90 bzw. 80 Doppelstunden).

9.4 Ambulante oder stationäre Psychotherapie

Die **ambulante Psychotherapie** stellt in ca. 96 % der Fälle (Fegert, 1993) die Regelversorgung von ärztlicher oder psychologischer therapeutischer Hilfe bei psychischen Störungen von Kindern und Jugendlichen dar. Sie findet im Allgemeinen in kinder- und jugendpsychiatrischen Praxen und Polikliniken, freien psychotherapeutischen Praxen, Erziehungsberatungsstellen sowie Institutionen zur Frühförderung statt (s. Kap. 3.3). Da die psychischen Störungen im Wesentlichen im natürlichen Umfeld der Kinder oder Jugendlichen auftreten, gewährleistet die ambulante Therapie die beste Auseinandersetzung mit den Störungen und deren Ursachen. Zudem können die Kinder oder Jugendlichen ihren außertherapeutischen Verpflichtungen und Hobbys nachkommen und in der Geborgenheit der Familie und ihres Freundeskreises bleiben.

Bei der Analyse der Art der ambulanten psychotherapeutischen Versorgung von Kinder- und Jugendlichenpatienten in der Modellregion Marburg wurde nach Remschmidt und Mattejat (1997, S. 47 f) gefunden, dass fast alle Patienten mit einer *Beratung* bzw. *Krisenintervention* behandelt wurden und die Hälfte der Fälle mit einer *zusätzlichen Psychotherapie.*

Im Einzelnen kamen folgende Psychotherapieverfahren (Mehrfachnennungen waren möglich) zur Anwendung: Gesprächstherapie (53 %); Kinderspieltherapie

(36 %); Verhaltenstherapie (16 %); tiefenpsychologisch fundierte Therapie (5 %); Pharmakotherapie> (9 %) und andere Verfahren (4 %). In 77 % der Fälle fand neben der Kinder- oder Jugendlichenbehandlung eine ausführliche Eltern- bzw. Familienberatung statt.

Als ein Spezialfall der ambulanten Psychotherapie kann die **Behandlung im natürlichen Milieu (home-treatment)** des Kinder- oder Jugendlichenpatienten bezeichnet werden. In diesem Setting werden die Eltern vom Therapeuten dazu angeleitet, ihre (meist jungen) Kinder selbst zu behandeln. Sie werden quasi zu *Kotherapeuten* ausgebildet. Bewährt hat sich diese Settingvariation zur Frühförderung von Kindern mit „Hyperkinetischen Störungen", „Tief greifenden Entwicklungsstörungen" (Autismus) und der „Störung des Sozialverhaltens". Die Behandlung im natürlichen Milleu wird in der Regel von *mobilen therapeutischen Diensten* durchgeführt (vgl. Remschmidt & Warnke, 1997).

Die **stationäre Psychotherapie** findet in der Regel in einer kinder- und jugendpsychiatrischen Klinik statt. Dort stellen Jugendliche ab dem Alter von 12 Jahren das primäre Klientel dar. *Indiziert* ist die Behandlung nach Martin (1997, S. 431 f) bei schweren und chronifizierten psychischen Erkrankungen, beim Vorliegen einer Selbst- oder Fremdgefährdung, bei einer extremen familiären Gefährdung, einer Mangelversorgung oder bei einer kurzfristigen Entlastung des familiären Milieus und Patientenumfeldes (z. B. der Nachbarschaft und der Schule).

Vorrangig werden folgende **psychische Störungen** in stationären oder teilstationären Einrichtungen (z. B. im Rahmen einer Tagesklinik oder ambulanten Wohngruppe) behandelt: • „Anorexia nervosa"; • „Störung des Sozialverhaltens"; • „Depressive Episode"; • schwere Ängste; „Zwangsstörungen"; • „Schizophrenie"; • „Abnorme Gewohnheiten und Störungen der Impulskontrolle" (z. B. pathologisches Stehlen, Glücksspiel oder Brandstiftung) sowie • „Verhaltensstörungen durch psychotrope Substanzen" (z. B. Alkohol- oder Drogensucht).

Obwohl *familiäre Probleme* auf Grund von familiären Konfliktsituationen, Erkrankungen der Eltern, Kindesmissbrauch, Vernachlässigung der Kinder, Alkoholismus und Drogensucht der Eltern oder Jugendlichen der häufigste Einweisungsgrund in stationäre Einrichtungen sind, werden nach Martin (1997, S. 435) 65–80 % der behandelten Patienten wieder in ihre Familien entlassen. In den restlichen Fällen findet eine Unterbringung in Wohngruppen, Heimen oder psychiatrischen Einrichtungen statt.

Da die therapeutische und sozialpädagogische Arbeit mit den Familien der Kinder oder Jugendlichen sehr belastend ist, erfordert sie vom Klinikpersonal viel Geduld, Geschick und eine gute Zusammenarbeit. Diese ist besonders deshalb erforderlich, weil viele Professionen (z. B. Ärzte, Psychologen, Sozialpädagogen, Schwestern, Lehrer, Heilpädagogen etc.) ihre Arbeit aufeinander abstimmen müssen.

Nach Remschmidt und Mattejat (1997, S. 51) finden in der stationären Behandlung in 90 % aller Fälle *Einzel- oder Gruppenpsychotherapien* statt, die in 85 % der Fälle von einer Eltern- bzw. Familientherapie begleitet sind. Als Therapieverfahren kommen zur Anwendung: Gesprächstherapie (73 %); Verhaltenstherapie (26 %); Spieltherapie (19 %) und Pharmakotherapie (46 %). *Medikamente* werden vorwiegend beim Vorliegen einer „Depressiven Episode", „Schizophrenie", „Epilepsie", „Hyperkinetischen Störung" und bei „Verhaltensstörungen durch psychotrope Substanzen" verordnet.

Als ein Spezialfall der stationären Psychotherapie kann die **teilstationäre Behandlung** im Rahmen einer *Tagesklinik* angesehen werden. Der Vorteil dieser Settingbedingung besteht darin, dass eine Trennung von der Familie und eine Hospitalisierung vermieden wird, denn die Kinder- oder Jugendlichenpatienten kehren täglich aus der Tagesklinik nach Hause zurück und verbringen die Wochenenden und Ferien bei ihren Eltern. Im Übrigen können bei dieser Settingform alle Möglichkeiten einer multidimensionalen Psychodiagnostik und Psychotherapie genutzt werden (vgl. Warnke & Quaschner, 1997).

9.5 Einzelbehandler oder Behandlungsteam

Die Variation der **Behandleranzahl** wird in der Alltagspraxis aus ökonomischen Gründen sehr vernachlässigt, weil jede Erhöhung der Anzahl der Behandler zu einer Verteuerung der diagnostisch-psychotherapeutischen Dienstleistung führt. Aus diesen Gründen wird diese notwendige Settingbedingung in den Psychotherapie-Richtlinien der Krankenkassen in der Bundesrepublik Deutschland wahrscheinlich auch nicht ausdrücklich erwähnt. Zur Gewährleistung einer optimalen Patientenversorgung ist die Variation der Behandleranzahl jedoch so wichtig, dass sie hier thematisiert werden soll.

Einzelbehandler: Obwohl es nach den bisherigen Ausführungen zu den Notwendigkeiten einer umfassenden Psychotherapiediagnostik und adaptiven Therapiedurchführung kaum vorstellbar ist, werden die diagnostischen und therapeutischen Dienstleistungen in der Alltagspraxis in der Regel von Einzelbehandlern durchgeführt. Ausnahmen stellen nur Institutionen wie Erziehungsberatungsstellen oder kinder- und jugendpsychiatrische Kliniken dar, in denen das *Teamwork von Fachkräften* Tradition hat und in denen die Finanzierung der Dienstleistungen fallspezifisch und nicht therapeutenspezifisch abgerechnet wird.

Wenn es u.U. vertretbar ist, die diagnostische Dienstleistung von nur einer Person durchführen zu lassen, so ist es unter qualitätsmäßigen Gesichtspunkten nicht mehr zu verantworten, wenn die multidimensionalen Therapiemaßnahmen ebenfalls von nur einer Person und darüber hinaus derselben Person, die die Diagnostik vorgenommen hat, ausgeführt werden. Allein die notwendige Kombination einer individuellen Psychotherapie mit einer parallelen Familientherapie macht es erforderlich, dass *mindestens zwei Behandler* zusammenarbeiten.

Da im adaptiven Psychotherapiekonzept der APT-KJF zudem davon ausgegangen wird, dass keines der drei Basistherapieverfahren in der Lage ist, eine optimale Behandlung für alle Arten von psychischen Erkrankungen und Entwicklungsverzögerungen zu gewährleisten, müssen mehrere Psychotherapeuten zusammenarbeiten; so profitieren z. B. entwicklungszentriert arbeitende klientenzentrierte und tiefenpsychologische Therapeuten von der Kooperation mit symptomzentriert arbeitenden behavioral-kognitiven Therapeuten und Letztere von der Zusammenarbeit mit entwicklungsfördernden Behandlern. Als Fazit bleibt festzustellen, dass beim bisherigen schulenabhängigen Ausbildungsstand der Kinder- und Jugendlichenpsychotherapeuten und der darüber hinaus vorliegenden geringen psychodiagnostischen Kenntnisse der meisten Psychotherapeuten die anfallenden Dienstleistungen nur von einem Behandlungsteam zu erbringen sind.

Behandlungsteam: Die Teambehandlung sollte in der APT-KJF als *Regelbehandlung* angesehen werden. Nur mit ihr ist es möglich, eine Kombination von individueller Psychotherapie und paralleler Familientherapie durchzuführen, eine multidimensionale Maßnahmenzusammenstellung vorzunehmen und eine fachkompetente Psychotherapiediagnostik zu gewährleisten. Damit solche Therapeutenteams in der Alltagspraxis jeweils fallbezogen zusammengestellt werden können, ist das kassenmäßige Bezahlungskonzept für Dienstleistungen dieser Art in der Bundesrepublik Deutschland zu verändern.

Bisher werden Teambehandlungen in der Regel nur in kinder- und jugendpsychiatrischen Diensten sowie Erziehungsberatungsstellen durchgeführt (Fegert, 1993). Sie erfordern ein *vertikales* Management für organisatorische Aufgaben (z. B. Beantragung und Verwaltung der finanziellen Mittel, Kontakte mit den Sozialen Diensten etc.) und ein *horizontales* Management zur patientenspezifischen Abstimmung der psychotherapeutischen Maßnahmen. Letztere sollte möglichst kooperativ in gleichverantwortlicher Weise zwischen allen beteiligten Psychotherapeuten geschehen (vgl. Rotthaus, 1997, S. 128).

Bei der Teambehandlung ist des Weiteren darauf zu achten, dass ein *persönlicher Bezug* zwischen den Behandlern und den Kinder- oder Jugendlichenpatienten sowie deren Eltern aufgebaut wird, sodass heilsame psychotherapeutische Übertragungsprozesse stattfinden können. Aus diesem Grunde sollte die Behandlerzahl pro Fallteam nicht mehr als 2–3 Personen betragen. Die Behandler sollten den Kindern, Jugendlichen und Eltern als Team vorgestellt werden und sich auch als Team supervidieren und evaluieren lassen. Unter Umständen ist es sinnvoll, für jedes der ad hoc zusammengestellten patientenspezifischen Fallteams eine verantwortliche Kontaktperson für die Organisation der verschiedenen diagnostisch-therapeutischen Aufgaben zu bestimmen.

10 Behavioral-kognitive Psychotherapie für Kinder, Jugendliche und Familien

Die **behavioral-kognitive Psychotherapie für Kinder, Jugendliche und Familien** (BKT-KJF) umfasst eine große Anzahl unterschiedlicher Maßnahmen, die aus den empirischen Forschungsergebnissen der Psychologie und anderer Wissenschaften (z. B. der Biologie und Medizin) abgeleitet worden sind (vgl. Reinecker, 1999 a). Sie wird auch als Verhaltenstherapie bezeichnet. Die Maßnahmen der BKT-KJF werden *störungszentriert* und vor dem Hintergrund einer individuellen Verhaltensanalyse eingesetzt. Die Therapieanwendung wird detailliert geplant und bezüglich ihrer Wirksamkeit regelmäßig überprüft. In diesem Sinne ähnelt die Durchführung einer Verhaltenstherapie dem empirisch-experimentellen Vorgehen in der Wissenschaft. Obwohl die Geschichte der Verhaltenstherapie sehr eng mit der psychotherapeutischen Behandlung von Kindern verknüpft ist (z. B. Watson & Rayner, 1920; Jones, 1924), hat sich die Etablierung einer „Kinderverhaltenstherapie" – so der Titel eines Buches von F. Petermann (1997 a) – erst Mitte der 90er Jahre durchgesetzt.

Während in der orthodoxen Verhaltenstherapie die *behaviorale Ebene* mit dem Ziel der Verhaltensbeeinflussung von außen, ohne Berücksichtigung psychischer Vorgänge im Menschen, im Vordergrund stand, sind mit der *kognitiven Wende* in den 70er Jahren psychologische Komponenten in das Erklärungs- und Behandlungskonzept von psychischen Störungen eingefügt worden. Sie haben dazu geführt, dass der klassische Stimulus-(S), Reaktions-(R) und Konsequenz-(C = engl. consequences)-Ansatz um β- und γ-Variablen erweitert worden ist (s. Reinecker, 1999 b, S. 90). Diese psychologischen Variablen betreffen offene oder verdeckte gedankliche und emotionale Prozesse, die sich auf die Verarbeitung der S-C-Variablen beziehen und die ebenfalls als Auslöser der Verhaltensantwort R dienen können (ausführlich s. Kap. 6.1).

Mit der Einführung der psychologischen Variablen hat die kognitive Wende zu einer Veränderung des orthodoxen behavioralen Menschenbildes in Richtung auf ein *Systemmodell* menschlichen Handelns geführt (s. Abb. 6.2 auf S. 91), in dem externale mit internalen Variablen verknüpft werden und in dem das menschliche Handeln rückmeldungsorientiert gesteuert wird.

Ganz im Sinne des multidimensionalen, adaptiven Behandlungsansatzes der APT-KJF bevorzugt die moderne BKT-KJF ein **multimodales Vorgehen**, in dem auf der Basis einer *Mehrebenen-Diagnostik* eine Vielzahl von Behandlungsmaßnahmen zu einem individuellen Therapieprogramm zusammengestellt werden können (vgl. Petermann, 2000 b; Döpfner et al., 2000). Die moderne BKT-KJF stellt somit ein Therapieverfahren dar, das am Weitesten den Rahmenbedingungen der Allgemeinen Psychotherapie für Kinder, Jugendliche und Familien entspricht. Besonders vorteilhaft beim Vorgehen ist, dass die Behandlung *symptomzentriert* vorgenommen werden kann und dass ein umfangreiches Maßnahmenrepertoire zur Verfügung steht (vgl. Linden & Hautzinger, 1996).

Die BKT-KJF hat spezielle Anwendungsformen sowohl für Kinder als auch für Familien entwickelt und geht davon aus, dass die Therapie für Jugendliche der Therapie von Erwachsenen ähnelt. Sie ist nach Petermann (1997 c, S. 13 f) für einen *breiten Störungsbereich* indiziert. Mit ihr lassen sich u. a. behandeln: ● „Störungen des Sozialverhaltens"; ● „Hyperkinetische Störungen"; ● „Affektive Störungen"; ● „Phobische Störungen"; ● „Zwangsstörungen"; ● „Sonstige Angststörungen"; ● „Tief greifende Entwicklungsstörungen" (z. B. Autismus); ● „Sonstige Verhaltens- und emotionale Störungen mit Beginn in der Kindheit und Jugend" (z. B. Enuresis, Enkopresis, Stottern); ● „Ess-Störungen"; ● „Somatoforme Störungen" und ● psychosoziale Folgen chronischer Erkrankungen (wie z. B. Asthma, Neurodermitis, Diabetes mellitus, Krebs etc.).

Eine überblickartige Zusammenstellung der häufigsten Störungsarten, die auf Grund der Anträge zur kassenärztlichen Kostenerstattung mit Verhaltenstherapie für Kinder und Jugendliche behandelt wurden, hat folgende **Verordnungshäufigkeit** ergeben (s. Podeswik et al., 1995; zit. a. Borg-Laufs, 1999, S. 478):

„Umschriebene Entwicklungsstörungen": 22 %; „Hyperkinetische Störungen": 17 %; „Phobische und Angststörungen": 13 %; „Sonstige Angststörungen": 8 %; „Emotionale

Störungen": 13%; „Enuresis": 12%; „Störung des Sozialverhaltens": 8%; „Ess-Störungen": 7%.

Die Anträge betrafen in 7% der Fälle Kinder im *Vorschulalter;* in 4% der Fälle Kinder im *Grundschulalter,* in 30% der Fälle *Jugendliche* im Alter von 12–14 Jahren und in 23% der Fälle *Jugendliche* im Alter von 15–18 Jahren.

Zur Behandlung vieler dieser Störungen liegen mittlerweile gut beschriebene **Therapieprogramme** in Form von Psychotherapiemanualen vor, von denen u. a. zu nennen sind: ● „Training mit sozial unsicheren Kindern" (Petermann & Petermann, 1996 a); ● „Training mit aggressiven Kindern" (Petermann & Petermann, 1997 b); ● „Therapieprogramm für Kinder mit hyperkinetischem und oppositionellem Problemverhalten" (Döpfner et al., 1997); ● „Kopfschmerztherapie für Kinder und Jugendliche" (Denecke & Kröner-Herwig, 2000).

Weitere Maßnahmenprogramme sind beschrieben im: ● „Fallbuch der Klinischen Kinderpsychotherapie" von F. Petermann (1997 b); ● Handbuch „Verhaltenstherapie und Verhaltensmedizin bei Kindern und Jugendlichen" von Steinhausen und von Aster (1999) und ● „Lehrbuch der Klinischen Kinderpsychologie und –psychotherapie" von F. Petermann (2000 a).

Wie in der Einleitung zu Abschnitt II mitgeteilt wurde, sind alle in diesem Buch vorgestellten Psychotherapieverfahren in *unspezifische* und *spezifische* Interventionsstrategien unterteilt worden, wobei mithilfe der spezifischen Strategien die Besonderheiten der jeweiligen Therapieverfahren und mithilfe der unspezifischen Strategien die Gemeinsamkeiten verdeutlicht werden sollen.

Im Einzelnen ist bezüglich der **unspezifischen Interventionsstrategien** für die BKT-KJF festzustellen, dass alle drei der auf Seite 144 angeführten Strategien im diagnostisch-psychotherapeutischen Vorgehen voll berücksichtigt werden. Insofern findet betreffs der Gestaltung des *therapeutischen Beziehungsverhältnisses* eine hinreichende Information über die Aufgaben des Kinder- oder Jugendlichenpatienten, seiner Eltern und des (der) Therapeuten statt. Des Weiteren wird ein *Therapievertrag* abgeschlossen, in dem die Maßnahmen und Rahmenbedingungen der Verhaltenstherapie festgelegt werden. Außerdem werden die Patienten und ihre Eltern über die möglichen *Störungsursachen* sowie den *Ablauf der Therapie* aufgeklärt. Durch die sorgfältige Beschreibung der Therapiemaßnahmen wird eine *konzeptgetreue Durchführung* und durch die Kontrolle der *Prozess- und Ergebnisqualität* eine optimale Validität der BKT-KJF gewährleistet.

Die **spezifischen Interventionsstrategien** der BKT-KJF sind im Wesentlichen in Anlehnung an die Psychotherapie-Richtlinien des Bundesausschusses der Ärzte und Krankenkassen in der Bundesrepublik Deutschland entwickelt worden. In diesen Richtlinien wird die Verhaltenstherapie in folgende Strategien unterteilt: ● stimulusbezogene Maßnahmen; ● responsebezogene Maßnahmen; ● Maßnahmen des Modell-Lernens; ● Maßnahmen der kognitiven Umstrukturierung und ● Maßnahmen der Selbststeuerung.

In der Übertragung dieser Unterteilungskriterien auf das hier vorgestellte Strategienkonzept der BKT-KJF, soll das Verfahren durch folgende vier spezifische Interventionsstrategien beschrieben werden (vgl. Linden & Hautzinger, 1996; Petermann & Petermann, 1997 a; 1999; Reinecker, 1999 c):

Spezifische Interventionsstrategien der behavioral-kognitiven Kinder-, Jugendlichen- und Familientherapie

(1) **Respondente Maßnahmen zum Abbau von primär angstgeleiteten Verhaltensweisen:** z. B. graduierte Angstexposition bzw. Reizkonfrontation in der Fantasie und Realität; Entspannungstraining; systematische Desensibilisierung; Reaktionsverhinderung; Reizkontrolle; Selbstsicherheitstraining etc.

(2) **Operante Maßnahmen zum Auf- und Abbau aller Arten von Verhaltensweisen:** z. B. Verstärker- und Kontingenzmanagement; Tokensysteme; apparative Maßnahmen (u. a. zur Enuresis-Behandlung); Aktivitätsaufbau; Selbstverstärkungsmaßnahmen; Verstärkerentzug; Bestrafungsmaßnahmen etc.

(3) **Trainingsprogramme unter Verwendung des Modell-Lernens zum Auf- und Abbau von komplexen Verhaltensmustern:** z. B. Verhaltensformung; Rollenspiele; stellvertretende Lernförderung durch eine systematische Vorbildbeeinflussung; Beobachtungs- und Diskriminationsschulung; Training von zu erwerbenden Kompetenzen; Hausaufgaben; Patientenschulung; Elterntraining etc.

(4) **Kognitive Umstrukturierungs- und Selbstkontrollmaßnahmen zum Auf- und Abbau von Überzeugungen, Wahrnehmungen und Handlungsmustern:** z. B. Uminterpretation von Kognitionen; Selbstkontrollmaßnahmen; Vermittlung von Problemlösestrategien; Verhaltensberatungen; Selbstverbalisierung und Selbstinstruktion; rational-emotive Maßnahmen; Verhaltensverträge; funktional-systemische Familientherapie etc.

Die genannten spezifischen Interventionsstrategien kommen in altersabhängigen Modifikationen in drei zentralen Anwendungsbereichen zum Einsatz. Sie betreffen die behavioral-kognitive Psychotherapie für Kinder, für Jugendliche und für Familien. Die drei Anwendungsformen sollen im Folgenden näher beschrieben werden.

10.1 Behavioral-kognitive Psychotherapie für Kinder

Die **behavioral-kognitive Psychotherapie für Kinder** (BKT-K) sollte nicht nur auf die Behandlung der Störungssymptome ausgerichtet sein, sondern auch die Pathogenese berücksichtigen. Die Kenntnis und Beeinflussung der Störungsentwicklung ist erforderlich, weil sich viele psychische Probleme von Kindern und Jugendlichen z. T. schon in der frühen Kindheit ausbilden, sodass sie häufig bereits als differenzierte Störungsmuster vorliegen und einer detaillierten, multimodalen Therapie bedürfen. Diese erfordert in der Regel die Kombination einer individuumszentrierten Behandlung mit einer parallelen Eltern- bzw. Familientherapie (vgl. Petermann, 2000 b).

Ein besonderes Erfordernis von behavioral-kognitiven Kindertherapien besteht in der **Berücksichtigung des geistigen Entwicklungsstandes** von Kindern. Nach Piaget (1983; s. Kap. 4.1.4) geschieht die geistig-intellektuelle Entwicklung in folgenden vier Stadien: (a) einem *sensumotorischen Stadium* (Alter: ca. 1–2 Jahre); (b) einem *voroperatorisch-anschaulichen Stadium* (Alter: ca. 3–4 Jahre); (c) einem *konkret-operatorischen Stadium* (Alter: ca. 5–9 Jahre) und (d) einem *formal-operatorischen Stadium* (Alter: ca. ab 10 Jahre).

Wie ein Vergleich der Wirksamkeit von unterschiedlichen Verhaltenstherapiemaßnahmen für Kinder in den verschiedenen geistigen Entwicklungsstadien zeigt (s. Durlak et al., 1991), sind Maßnahmen der kognitiven Umstrukturierung im

Sinne der Interventionsstrategie 4 (s. u.) bei älteren Kindern von ca. 10 Jahren an erheblich effektiver einzusetzen als bei jüngeren Kindern. So wurden für Kinder im voroperatorischen Entwicklungsstadium Effektstärkewerte für Maßnahmen der kognitiven Umstrukturierung von ES = 0,55 (moderate Effekte) gefunden und für Kinder im formal-operatorischen Stadium Werte von ES = 0,92 (gute Effekte).

Aus diesen Befunden lässt sich die Empfehlung ableiten, dass für *jüngere* Kinder respondente-, operante- und Modell-Lernmaßnahmen zu verwenden sind und für *ältere* Kinder kognitive Maßnahmen. Die genannten Maßnahmen sollten anschaulich, sprachlich-konkret und möglichst eindrücklich vermittelt werden, sodass die Kinder den Sinn der Maßnahmen verstehen können.

Als besonders nützlich hat sich in der BKT-K die Verwendung von **Trainings-programmen** erwiesen. Trainingsprogramme ermöglichen durch ihre standardisierte Form einen routinemäßigen Einsatz aller vier der unten genannten Therapiestrategien und können des Weiteren auch in Gruppen benutzt werden.

Zum **Zeitbedarf** von Verhaltenstherapien für Kinder wird in den Psychotherapie-Richtlinien der Ärzte und Krankenkassen in der Bundesrepublik Deutschland für die Dauer einer *individuellen Kinderverhaltenstherapie* ein Richtwert von ca. 45–60 Kontakten (zu je 50 Minuten) angegeben und für die Dauer einer *Gruppen-verhaltenstherapie* ein Richtwert von ca. 45–60 Kontakten zu je 100 Minuten.

Die Durchführung von **Gruppenverhaltenstherapien** für Kinder wird in der Literatur nur selten gesondert thematisiert. Im Allgemeinen wird von einer Gruppengröße von 3–4 Kindern ausgegangen und von einer *störungshomogenen* Gruppenzusammensetzung. Da die Gruppenbehandlung in der Regel mithilfe eines vorstrukturierten Trainingsprogrammes geschieht, werden die Gruppen in *geschlossener Form* (s. Kap. 9) durchgeführt.

Im Weiteren sollen die **spezifischen Interventionsstrategien** der behavioral-kognitiven Kinderpsychotherapie vorgestellt werden. Sie beziehen sich auf die individuelle und gruppenbezogene Behandlung des Kinderpatienten.

Spezifische Interventionsstrategien der behavioral-kognitiven Kindertherapie

(1) **Respondente Maßnahmen für Kinder zum Abbau von primär angstgeleiteten Verhaltensweisen:** In dieser Strategie kommen in der Kinderverhaltenstherapie vorwiegend folgende Maßnahmen zur Anwendung: *graduelle Reizkonfrontation, systematische Desensibilisierung* mithilfe einer gelernten Entspannung und *Reaktionsverhinderung*. Die Maßnahmen werden vorrangig zur Behandlung von Phobien, Angststörungen, posttraumatischen Belastungsstörungen und Zwängen eingesetzt. Um den Transfer der Therapieeffekte auf die Alltagssituation zu erhöhen, werden die Eltern der Patienten in der Regel zu Behandlungsmithelfern ausgebildet (s. Kap. 10.3).

(2) **Operante Maßnahmen für Kinder zum Auf- und Abbau aller Arten von Verhaltensweisen:** Üblicherweise geschieht die Behandlung durch ein gezieltes *Verstärker- und Kontingenzmanagement,* an dem die Eltern mitbeteiligt werden. Des Weiteren werden *Tokensysteme* in Form einer Belohnung durch Chips oder Kärtchen zum Aufbau von gewünschten Verhaltensweisen (z. B. im Rahmen der Schule) benutzt. Das Erlernen neuer Verhaltensweisen kann durch *Selbstverstärkungsmaßnahmen* der Kinder unterstützt werden. Zum Abbau von problematischen Verhaltensweisen werden Techniken des *zeitlichen Ausschlusses* (z. B. aus dem Familien- oder Schulverband), *Verstärkerentzugs* und der *kontrollierten Bestrafung* eingesetzt, wobei der Nutzen und die Form der Bestrafung genau bedacht werden sollte (s. S. 88). Die operanten Maßnahmen werden vorwiegend zur

Behandlung von monosymptomatischen Störungen (z. B. Einnässen, Einkoten, Essproblemen, Ungehorsam und sozialen Problemen etc.) eingesetzt.

(3) **Trainingsprogramme für Kinder unter Verwendung des Modell-Lernens zum Auf- und Abbau von komplexen Verhaltensmustern:** Weisen die Kinder Mehrfachstörungen (Komorbiditäten) auf oder sollen Leistungsmängel in der Schule, soziale Defizite oder Sprach- und Sprechstörungen etc. beseitigt werden, dann ist der Einsatz von *Trainingsprogrammen* angezeigt. Diese Programme können auch zur Patientenschulung (z. B. im Umgang mit chronischen Erkrankungen) eingesetzt werden (s. Warschburger & Petermann, 2000).

Im Rahmen der Programme kann einzeln oder im Gruppenverband ein neues Verhalten sukzessiv aufgebaut und geformt werden *(Shaping-Technik)*. Des Weiteren kann ein problematisches Verhalten *diskriminationsfördernd markiert* und am *Modell stellvertretend* durch Verstärkerentzug, Kritik oder Strafe geahndet werden. Außerdem kann ein Zielverhalten im *Rollenspiel* geübt und durch *Selbstverstärkungen* (z. B. in Form von Selbstbelohnungen) gefestigt werden. Verwendet man *Modell-Lerntechniken*, dann können die Kinder nach Petermann und Petermann (1999, S. 417) folgende Aufgaben erlernen: Beobachtung des Modells; Diskrimination des zu erlernenden Verhaltens; Nachahmung des Verhaltens und selbstinstruierte Durchführung des neuen Verhaltens.

(4) **Kognitive Umstrukturierungs- und Selbstkontrollmaßnahmen für Kinder zum Auf- und Abbau von Überzeugungen, Wahrnehmungen und Handlungsmustern:** Diese Maßnahmen kommen primär bei der Behandlung von älteren Kindern und Jugendlichen (s. Kap. 10.2) zur Anwendung. Sie setzen die Fähigkeit zur Selbstexploration und zum formal-operatorischen Denken voraus. Als ein Beispiel für die Verwendung dieser Strategie kann das *Selbstinstruktionstraining* von Döpfner et al. (1997, S. 163 ff) angesehen werden, mit dem u. a. die Impulsivität und Ablenkbarkeit bei der Durchführung von schulischen Hausaufgaben abgebaut werden soll. Dabei wird die Technik des lauten Denkens sowie des Sich-selbst-Anweisungengebens im Rahmen eines Selbstmanagements verwendet.

Beim *Selbstmanagement* formuliert das Kind eigene Verhaltensziele, beobachtet sein Zielerreichungsverhalten und belohnt sich für ein gezeigtes Zielverhalten. Auch die *Lösung von Problemen* kann in vergleichbarer Weise geübt werden. Ein interessantes Beispiel für die therapeutische *Nutzung von Geschichten* stellt die „Wackelpeter- und Trotzkopfgeschichte" von Döpfner et al. (1997, S. 357 ff) dar, in der Kinder in anschaulicher Weise lernen können, ihre hyperkinetischen Verhaltensstörungen zu bewältigen.

Die **Effektivität** der geschilderten Strategien zur verhaltenstherapeutischen Kinderbehandlung ist in der Literatur leider nicht gesondert für Kinder nachgewiesen worden, sondern wird immer gemeinsam mit den Strategien zur Jugendlichenbehandlung referiert. Aus zahlreichen Metaanalysen von Effektuntersuchungen geht hervor (s. Döpfner et al., 1997, S. 341), dass die Effektstärkewerte gemittelt über alle Strategien zwischen ES = 0,76–0,88 schwanken. Nach der Metaanalyse von Weisz et al. (1995) weisen insbesondere die *operanten Maßnahmen* mit ES = 1,69 hohe Effektwerte auf, gefolgt von *Modell-Lernmaßnahmen* (ES = 0,73), *respondenten Maßnahmen* (ES = 0,70) und *kognitiven Maßnahmen* (ES = 0,67).

Wie bereits erwähnt, hat sich in der Studie von Durlak et al. (1991) ergeben, dass die Maßnahmen der kognitiven Umstrukturierung bei Kindern im Alter von 11 bis 13 Jahren Effektivitätswerte von ES = 0,92 aufweisen, während bei jüngeren Kindern ES-Werte von 0,55–0,75 gefunden wurden.

10.2 Behavioral-kognitive Psychotherapie für Jugendliche

Im Gegensatz zum klientenzentrierten oder tiefenpsychologischen Therapieverfahren gibt es im behavioral-kognitiven Verfahren *keine spezielle Jugendlichenpsychotherapie*. Ohne es explizit anzusprechen, wird davon ausgegangen, dass die Strategien zur Erwachsenenbehandlung oder z. T. auch zur Kindertherapie auch für Jugendliche gelten. Da Jugendliche jedoch ein besonderes therapeutisches Klientel darstellen, sollte sich auch die BKT darum bemühen, eine spezielle Jugendlichenpsychotherapie zu entwickeln.

Aus diesem Grund beruhen die folgenden Aussagen zur **behavioral-kognitiven Psychotherapie für Jugendliche** (BKT-J) nur auf bruchstückhaften Informationen, die im Wesentlichen aus Fallstudien stammen, die dem „Fallbuch der Klinischen Kinderpsychologie" von F. Petermann (1997) entnommen wurden. Weitere Quellen sind Überblicksartikel zur Behandlung von Jugendlichen mit aggressiven, antisozialen Verhaltensweisen (Scheithauer & Petermann, 2000), mit depressiven Störungen (Hautzinger, 1997; Groen & Petermann, 1998; Essau & U. Petermann, 2000) und mit Zwangsstörungen (Döpfner, 2000 b).

Generell sollte sich die BKT-J an den besonderen Gegebenheiten des Jugendalters orientieren, die aus einer intensiven emotionalen und sozialen Labilisierung durch den Übergang vom Kinder- zum Erwachsenenstatus bestehen sowie aus den vielfältigen Belastungen durch biopsychosoziale Risikofaktoren (z. B. im Rahmen der sexuellen körperlichen Entwicklung; des Verlassens der Haupt- oder Realschule; der Lehre oder des Studiums; der Loslösung von den Eltern; der Auseinandersetzung mit den Peers etc.). Neben der Bewältigung dieser Belastungen sind darüber hinaus zahlreiche Entwicklungsaufgaben (s. Kap. 4.3) zu erlernen, sodass die Jugendlichen intensivst mit der Lösung ihrer anfallenden täglichen Probleme beschäftigt sind und selten die Motivation entwickeln, eine psychische Innenschau ihres Lebens vorzunehmen.

Ist das Aufsuchen eines Psychotherapeuten jedoch unvermeidlich, dann eignet sich die BKT-J relativ gut zur Jugendlichenbehandlung, da sie mit ihrer symptomzentrierten Zielsetzung und ihrem handlungsorientierten Maßnahmeninventar einen konkreten Rahmen bietet, um sich vor den Unwägbarkeiten einer selbstreflexiven psychischen Innenschau zu schützen. Dem Bedürfnis nach Überschaubarkeit kommt auch entgegen, dass die Therapie bezüglich ihrer **zeitlichen Erfordernisse** sehr flexibel gehandhabt werden kann; so kann die *Sitzungslänge* zwischen 30–150 Minuten (für eine Gruppenbehandlung) variieren und die *Anzahl der Sitzungen* zwischen 1–2 Kontakten pro Woche. Auf diese Weise kann eine gut geplante und zügig durchgeführte Behandlung (z. B. von depressiven Störungen) bereits in 6–8 Wochen überzeugende Erfolge bringen (s. Hautzinger, 1997, S. 152 ff).

Der relativ geringe Zeitbedarf drückt sich auch in den Angaben der Psychotherapie-Richtlinien der Ärzte und Krankenkassen in der Bundesrepublik Deutschland aus. Hier wird eine *Sitzungsanzahl* von 45–60 Kontakten (von je 50 Minuten Dauer) veranschlagt. Diese Kontaktmenge ist erheblich geringer als die für eine tiefenpsychologische Jugendlichentherapie, in der von einer Kontaktzahl von 90–140 Sitzungen ausgegangen wird (vgl. Kap. 9.3).

Ein weiterer Vorteil der BKT-J besteht darin, dass sie sich mit ihren zahlreichen Trainingsprogrammen relativ gut zur **Gruppenbehandlung** eignet. In der Therapiegruppe können die Jugendlichenpatienten Solidarität, Gleichheit der Probleme, gegenseitige Unterstützung und eine Abgrenzung vor einem zu großen Therapeuteneinfluss erfahren (vgl. Kap. 9.2). Sie sind deshalb weniger gefährdet, die Therapie vorzeitig abzubrechen.

Die *Gruppengröße* beträgt in der Regel 3–4 Jugendliche, die eine vergleichbare Symptomatik aufweisen und die Behandlung gemeinsam beginnen und beenden sollten. Damit sind die Kriterien einer *geschlossenen Gruppenführung* erfüllt. Die Therapie sollte in einem hinreichend großen Therapieraum stattfinden, in dem Rollenspiele durchgeführt, schriftliche Materialien bearbeitet und Videofilme aufgenommen und analysiert werden können. Zur Entspannung sollten Ruhematten etc. vorhanden sein. Um die Ablenkbarkeit möglichst gering zu halten, sollten keine Spielsachen im Therapieraum sichtbar sein. Falls erforderlich, sollten diese in Schränken verschlossen aufbewahrt werden.

Der **Zeitrahmen** für eine verhaltenstherapeutische Gruppenbehandlung entspricht in etwa dem der Einzelbehandlung, wobei in den Psychotherapie-Richtlinien eine Verdoppelung der *Behandlungslänge* von 50 auf 100 Minuten bei gleich bleibender *Kontaktzahl* von ca. 45 bis maximal 60 Sitzungen veranschlagt wird.

Im Folgenden sollen die **spezifischen Interventionsstrategien** der behavioral-kognitiven Jugendlichenbehandlung vorgestellt werden. Sie beziehen sich sowohl auf die Einzel- als auch Gruppenbehandlung des Jugendlichenpatienten (vgl. Linden & Hautzinger, 1996; Reinecker, 1999 c).

Spezifische Interventionsstrategien der behavioral-kognitiven Jugendlichentherapie

(1) **Respondente Maßnahmen für Jugendliche zum Abbau von primär angstgeleiteten Verhaltensweisen:** Wegen der stärkeren Bereitschaft von Jugendlichen, sich ähnlich aktiv wie Erwachsene um die Bewältigung ihrer psychischen Störungen zu bemühen, kann die Behandlung von Ängsten und Zwängen nicht nur mit der Technik der *Systematischen Desensibilisierung,* sondern auch mit Maßnahmen der *Angstkonfrontation* und *Reaktionsverhinderung* durchgeführt werden. Die Effekte dieser Maßnahmen sind nach Reinecker (1999 c; S. 177) insbesondere bei Angststörungen als „ausgesprochen befriedigend" anzusehen und führen unter günstigen Bedingungen bei ca. 80–85 % der Patienten zu einer deutlichen Verringerung der Symptomatik.

Sowohl bei der Behandlung von Ängsten als auch der von Zwängen ist darauf zu achten, dass durch den parallelen Einsatz von *operanten Techniken* alternative Verhaltensweisen aufgebaut werden, die das Zeigen eines ängstlichen oder zwanghaften Verhaltens erübrigen. Zu diesem Zweck werden Techniken des *Selbstmanagements* verwendet. In ähnlicher Weise können depressive Symptome, die auf unangemessene Kognitionen wie willkürliche Annahmen, Übergeneralisierungen, Personalisierungen etc. zurückzuführen sind, durch eine Kombination von *respondenten* und *kognitiven Maßnahmen* (s. Strategie 4) behandelt werden. Zur Verbesserung der allgemeinen Stressbewältigung können auch *Entspannungs- und Selbstsicherheitstrainings* verordnet werden.

(2) **Operante Maßnahmen für Jugendliche zum Auf- und Abbau aller Arten von Verhaltensweisen:** Operante Maßnahmen werden vorwiegend zur Behandlung der „Störung des Sozialverhaltens" und von „Ess-Störungen" (Anorexie und Bulimie) eingesetzt. Sie kommen als Techniken des *Kontingenzmanagements* und in Form von *Selbstverstärkungen, Tokensystemen* und *Selbstkontrollmaßnahmen* zur Anwendung. Treten die psychischen Störungen im familiären Milieu auf, dann werden parallel zur Jugendlichenbehandlung die Eltern darin

ausgebildet, verhaltenstherapeutische Maßnahmen zum Abbau der psychischen Störungen ihres Jugendlichen einzusetzen. Dies geschieht im Allgemeinen im Rahmen von *Rollenspielen*. Hier wird ein angemessenes Verstärker-, Verstärkerentzugs- und Bestrafungsverhalten eingeübt. Außerdem können die Eltern dazu angehalten werden, ein negatives Vorbildverhalten (z. B. das Zeigen von aggressiven Verhaltensweisen) abzubauen.

(3) **Trainingsprogramme für Jugendliche unter Verwendung des Modell-Lernens zum Auf- und Abbau von komplexen Verhaltensmustern:** Wie bereits erwähnt, werden in Jugendlichentherapien sehr häufig *multimodale Trainingsprogramme* eingesetzt, in denen die verschiedensten verhaltenstherapeutischen Techniken zur Anwendung kommen. Auf diese Weise soll eine intensive Beeinflussung der unterschiedlichen Ebenen des menschlichen Verhaltens (aktionale, emotionale, motivationale, kognitive und soziale Ebene) erreicht werden.

Als Beispiel kann das Trainingsprogramm zur Förderung des Arbeits- und Sozialverhaltens von Petermann und Petermann (1996 c) gelten. In diesem Programm sollen die Jugendlichen mithilfe von vorgegebenen Übungen im Gruppenverband lernen, Probleme aus verschiedenen sozialen Lebensbereichen (z. B. Ausbildung, Freizeit, Umgang mit Gleichaltrigen etc.) zu bewältigen. In dem genannten Trainingsprogramm werden in den Gruppensitzungen folgende Ziele angestrebt: Argumentieren lernen; Umgang mit Gefühlen; Einfühlungsvermögen in andere; Ausdruck von Lob und Anerkennung; Außenseiter akzeptieren; Üben von Vorstellungsgesprächen; Umgang mit Kritik und Misserfolg etc.

(4) **Kognitive Umstrukturierungs- und Selbstkontrollmaßnahmen für Jugendliche zum Auf- und Abbau von Überzeugungen, Wahrnehmungen und Handlungsmustern:** Ähnlich wie in der Erwachsenenbehandlung, kommen auch in der Jugendlichentherapie Maßnahmen zur *kognitiven Beeinflussung* von Denk-, Gefühls- und Verarbeitungsprozessen zur Anwendung, die auf einer Gesprächs- und Imaginationsebene vermittelt werden. Als Beispiel kann die *Rational-emotive Therapie* von Ellis (s. Reinecker, 1999 c, S. 256 ff) angesehen werden, in der vor dem Hintergrund einer argumentativen Auseinandersetzung mit dem Patienten der ABC-Entstehungsprozess von psychischen Störungen aufgearbeitet wird.

In der Rational-emotiven Therapie geht man davon aus, dass aktivierende externe Ereignisse (A-Komponenten) nicht direkt zu Verhaltenskonsequenzen (B-Komponenten) auf der aktionalen oder emotionalen Ebene führen, sondern moderierende Einflüsse durch Beliefs (C-Komponenten) erfordern. Diese können sich in Form von Wahrnehmungsverzerrungen, irrationalen Annahmen und dysfunktionalen Verarbeitungsprozessen ausdrücken. Ziel der Rational-emotiven Maßnahmen ist es, den Patienten zu einer grundlegenden Veränderung seines Störungskonzeptes zu veranlassen und deutlich seine Therapieverantwortung zu markieren. Dabei geht der Therapeut zuweilen sehr erziehend und belehrend vor und versucht, den Patienten durch *rationale Argumente, Diskussionsbeiträge* und *Widerstandsbearbeitungen* zu einer Veränderung seiner irrationalen Annahmen und Denkmuster zu führen. In ähnlicher Weise wird auch die *Kognitive Therapie* nach Beck et al. (1996) und das *Problemlösetraining* nach D'Zurilla und Goldfried (1971; ausführlich s. Reinecker, 1999 c) in der Jugendlichenbehandlung eingesetzt.

Zur **Effektivität** der behavioral-kognitiven Jugendlichentherapie liegen keine gesonderten Evaluationsstudien vor. Aus diesem Grunde gelten die am Ende des Kapitels 10.1 gemachten Aussagen auch für die BKT-J.

10.3 Behavioral-kognitive Psychotherapie für Familien

Da auf Grund des Störungskonzeptes der BKT die psychischen Störungen von Kindern und Jugendlichen in hohem Ausmaß von der Verknüpfung mit den

Stimulus-, Verstärker- und Kontingenzbedingungen der Außenwelt abhängig sind, müssen die Eltern der Kinder oder Jugendlichen immer integraler Bestandteil der Störungsbehandlung sein. Aber auch wenn die Störungen funktional nicht direkt vom Elternverhalten abhängig sind, werden die Eltern als *Kotherapeuten* (bzw. *Mediatoren*) in die Behandlung miteinbezogen.

Obwohl die Gültigkeit dieser Annahmen unumstritten ist, liegen in der **behavioral-kognitiven Psychotherapie für Familien** (BKT-F) „kaum konkret ausgearbeitete familienbezogene Interventionen vor" (Petermann, 2000 b, S. 19). Außerdem ist man sich in der BKT-F bislang nicht einig, ob man die verhaltenstherapeutische Familientherapie an Konzepten der modernen Familiensystemtherapie (s. Kap. 13) oder allein an instruktionsgeleiteten Erziehungsprogrammen orientieren soll.

Der Bezug zur *Systemtherapie* ist bereits Ende der 80er Jahre durch die Entwicklung der **Funktionalen Familientherapie** hergestellt, aber nicht weiter vertieft worden. In der Funktionalen Familientherapie geht man mit Heekerens (1993; 1997) davon aus, dass die im Familienverband auftretenden psychischen Störungen eine *kommunikative Funktion* bzw. *Bedeutung* haben, die erst abzuklären ist, bevor die üblichen Strategien des verhaltenstherapeutischen Vorgehens eingesetzt werden können. So kann z. B. das Symptom eines trotzigen Widerstandsverhaltens eines Jugendlichen die Funktion haben, eine größere Distanz zu den Eltern herzustellen, sodass die Therapie dieses Symptomverhaltens nicht aus dem Einsatz einer operanten Abbautechnik bestehen sollte, sondern aus einer Distanzherstellung zwischen dem Jugendlichen und seinen Eltern.

Durch die Berücksichtigung des kommunikativen Bedeutungsaspektes gewinnt die Funktionale Familientherapie eine **kognitiv-systemische Perspektive**, die zur Nutzung von *kognitiven Umstrukturierungstechniken* führen kann. Diese Techniken müssen die Bedeutungsmuster der Familieninteraktionen berücksichtigen, um die familiären Sinngebungsstrukturen zu verändern.

In der neueren Literatur zur verhaltenstherapeutischen Familienbehandlung wird der systemische Aspekt wieder vernachlässigt und stattdessen die **erzieherische Komponente** in den Vordergrund gestellt. Diese Tendenz wird in den „Leitlinien zur Praxis der familienbezogenen Intervention" von Petermann (2000 b) oder in den Interventionsprinzipien zur Gestaltung eines „Erziehungsprogrammes für ein positives Elternverhalten" von Sanders (1998) sichtbar.

In den **Leitlinien zur Praxis der familienbezogenen Intervention** stellt Petermann (2000 b, S. 19 f) u. a. folgende Zielaspekte heraus: ● Die Erfahrungswelt der Familie in Form ihrer Störungskonzepte und Problemlösungsideen soll genutzt werden; ● die Erziehungskompetenz der Eltern ist zu fördern; ● die Beratungsziele und die Interventionsmaßnahmen sollen ausführlich erläutert werden; ● über die Beraterrolle ist aufzuklären; ● mit emotionalen elterlichen Reaktionen soll einfühlsam umgegangen werden; ● auf die Stärken und Entwicklungsmöglichkeiten der Kinder oder Jugendlichen ist hinzuweisen; ● auf belastende Themen ist mit Humor zu reagieren, um die familiäre Betroffenheit zu regulieren; ● die Familienmitglieder sollen nicht mit zu vielen Hausaufgaben überfordert werden und ● die Beratungsgespräche sollen an konkreten Alltagssituationen anknüpfen.

In den **Interventionsprinzipien zur Gestaltung eines positiven Erziehungsverhaltens** empfiehlt Sanders (1998) die Nutzung von Filmmedien, Informationsbroschüren, Gruppengesprächen und Rollenspielen, um bei den Eltern in Einzel- und Gruppensitzungen u. a. folgende Ziele anzustreben: ● Erweiterung des Wissens über die Entstehung von Entwicklungs- und Verhaltensproblemen; ● Verbesserung des Erziehungsverhaltens; ● Erhöhung der Kompetenz im Umgang mit Verhaltenssymptomen; ● Erweiterung der kommunikativen

Geschicklichkeit etc. Aus dem Zielkatalog wird ersichtlich, dass das Elternschulungsprogramm von Sanders mit dem von Petermann in vielen Punkten übereinstimmt und dass es auch Ähnlichkeiten mit dem *„Münchner Trainingsmodell"* von Innerhofer (1977) hat. (Ausführlich über Elterntrainings informiert Warnke, 1997).

Die BKT-F kann nicht nur als standardisiertes Trainingsprogramm angewendet, sondern auch adaptiv an die Besonderheiten einer Familie mit einem psychisch gestörten Kind oder Jugendlichen angepasst werden. In einem solchen Fall kann eine so *enge Verzahnung* der BKT-F mit der individuellen Kinder- und Jugendlichenbehandlung stattfinden (z. B. im Rahmen von gemeinsamen Eltern-Kind-Interaktionsübungen), dass eine Trennung der Settings nicht möglich ist.

Die diesbezügliche eng verzahnte Eltern-Kind (bzw. Eltern-Jugendlichen)-Therapie sollte arbeitsteilig von einem Behandlungsteam vorgenommen werden (vgl. Kap. 9.5). Sie sollte in einem großen Raum stattfinden, in dem Rollenspiele möglich sind, und Videofilme aufgenommen und analysiert werden können.

Bezüglich des **Zeitbedarfs** werden in der Literatur zur BKT-F keine verbindlichen Angaben gemacht. Die Behandlungsdauer dürfte im Vergleich zu den individuellen Kinder- und Jugendlichenbehandlungen eher kurz sein und aus ca. 10 Familiensitzungen von bis zu 100 Minuten Länge bestehen (vgl. Petermann & Petermann, 1997 b, S. 26). Da auch die Psychotherapie-Richtlinien der Ärzte und Krankenkassen keine Zeitangaben für Familienbehandlungen jeder Art machen (sie scheinen in diesen Richtlinien keine besondere Bedeutung zu haben), sollte der Zeitbedarf in zukünftigen Forschungsprojekten genauer ermittelt werden.

Im Folgenden sollen die **spezifischen Interventionsstrategien** der behavioral-kognitiven Familientherapie vorgestellt werden:

Spezifische Interventionsstrategien der behavioral-kognitiven Familientherapie

(1) **Respondente Maßnahmen für Eltern zum Abbau von primär angstgeleiteten Verhaltensweisen:** Die Maßnahmen beziehen sich einerseits auf die Mithilfe bei der Angst- und Phobienbehandlung der Kinder oder Jugendlichen und andererseits auf die Beeinflussung elterlicher Ängste, die bei der Beobachtung der psychischen Störungen der Kinder oder Jugendlichen (z. B. bei Asthmaanfällen) auftreten können. Zur Unterstützung der individualtherapeutischen Maßnahmen für die Kinder oder Jugendlichen können die Eltern darin trainiert werden, *Entspannungs-, Konfrontations- und Reaktionsverhinderungshilfen* zur Überwindung von Ängsten und Zwängen zu geben. Über die Wirkung der einzelnen Techniken sollten die Eltern ausführlich informiert und im Selbstversuch trainiert werden, damit die elterliche Erfahrung mit der Bewältigung der eigenen Ängste für die kotherapeutische Arbeit genutzt werden kann.

(2) **Operante Maßnahmen für Eltern zum Auf- und Abbau von allen Arten von Verhaltensweisen:** Bei monosymptomatischen Störungen der Kinder oder Jugendlichen und einem erzieherisch angemessenen Elternverhalten genügt es häufig, die Eltern über die Anwendung von *operanten Techniken* zum Abbau von gestörten und Aufbau von gesunden Verhaltensweisen zu informieren. Dies ist z. B. bei der Enuresis- oder Schmerzbehandlung (vgl. U. Petermann & Borg-Laufs, 1997; Mühlig et al., 1997) der Fall. Das Ziel einer diesbezüglichen Elternarbeit besteht dann darin, die Eltern zu Kotherapeuten der individuumszentrierten Kinder- oder Jugendlichenbehandlung auszubilden.

(3) **Trainingsprogramme für Eltern unter Verwendung des Modell-Lernens zum Auf- und Abbau von komplexen Verhaltensmustern:** Sind die psychischen Störungen der Kinder oder Jugendlichen sehr eng mit dem Erziehungs- und Interaktionsverhalten der Eltern verwoben oder erfordert ihre Behandlung eine sehr weit reichende Umorganisation des elterlichen

Interaktionsverhaltens, dann sollten die oben erwähnten Trainingsprogramme verwendet werden. Sie beinhalten im Wesentlichen eine *Beobachtungsschulung* des kindlichen und elterlichen Interaktionsverhaltens und eine Information über die Wirkungen von *Strafreaktionen* und Maßnahmen zur *Reizkontrolle, Verstärkung* und zum *Kontingenzmanagement.* Außerdem können in den Programmen Übungen in Form von *Rollenspielen* zum Aufbau von störungsinkompatiblen Verhaltensweisen durchgeführt werden.

Wichtig im Sinne einer **Funktionalen Familientherapie** (s. o.) ist jedoch auch die Einflussnahme auf die *Bedeutungen,* die die Familienmitglieder dem symptomatischen Verhalten der Kinder oder Jugendlichen geben. Diese Bedeutungen können durch *kognitive Techniken* (s. Strategie 4) umgeformt werden. Durch eine stärkere *Nutzung der Ressourcen* des Kinder- oder Jugendlichenpatienten und ein besseres *Abgrenzungsverhalten* der Eltern ist es häufig auch möglich, die Familieninteraktionen so weit zu normalisieren, dass sich kein negatives Beziehungs- und Emotionsverhalten auf den Kinder- oder Jugendlichenpatienten konzentriert.

In der Familienbehandlung von **schizophrenen Jugendlichen** hat es sich z. B. gezeigt, dass die Korrektur eines ursprünglich feindseligen, hochemotionalisierenden Kommunikationsstils (im Sinne von „high expressed emotions"; s. Kap. 5.3.1) zu einer Reduktion der Rückfallwahrscheinlichkeit für schizophrene Erkrankungen geführt hat. Häufig erfordert es die Störungsproblematik (z. B. bei Verhaltens- und Leistungsproblemen in der Schule) auch, dass *Trainingsprogramme mit Lehrern oder Erziehern* durchgeführt werden müssen.

(4) **Kognitive Umstrukturierungs- und Selbstkontrolltechniken für Eltern zum Auf- und Abbau von Überzeugungen, Wahrnehmungen und Handlungsmustern:** Sind die Eltern auf Grund ihrer Fähigkeit zur Selbstreflexion und verbal-kognitiven Beeinflussbarkeit in der Lage, ihre Verhaltensumorganisation relativ selbstständig durchzuführen, empfiehlt sich der Einsatz von *Beratungstechniken, rational-emotiven Überzeugungsgesprächen* und *Selbstinstruktionsempfehlungen* (s. Reinecker, 1999 b). Bei diesem Vorgehen wird die Therapie stärker auf die Beeinflussung innerer Sichtweisen, Erwartungen und Handlungsschemata ausgerichtet als auf die Modifikation des äußeren Verhaltens. Dabei werden auch die Bedeutungs- bzw. Botschaftsaspekte der psychischen Störungen aufgedeckt und änderungsorientiert besprochen.

Um einen engen Bezug zwischen dem Alltagsverhalten und der Therapiesituation herzustellen, werden die Eltern häufig auch gebeten, *Hausaufgaben* durchzuführen und das veränderte häusliche Interaktionsverhalten schriftlich (z. B. in Form von Tagebuchaufzeichnungen) zu fixieren (vgl. Cordes & Petermann, 1997, S. 208; Bäcker & Neuhäuser, 1997, S. 267).

Die **Effektivität** der BKT-F ist insbesondere für die *Funktionale Familientherapie* untersucht worden (s. Heekerens, 1993, S. 85). Sie schwankt zwischen einer Effektstärke von ES = 0,65–0,87. Für eine Familienbehandlung in Form von *Elterntrainingsprogrammen* berichten Weisz et al. (1995) einen mittleren Effektstärkewert von ES = 0,56. Ergänzt man die Familienbehandlung durch parallele individuumszentrierte Kinder- oder Jugendlichentherapien, dann dürften sich die berichteten Effektstärkewerte für die BKT-F wahrscheinlich noch erhöhen.

11 Klientenzentrierte Psychotherapie für Kinder, Jugendliche und Familien

Die **klientenzentrierte Psychotherapie für Kinder, Jugendliche und Familien** (KPT-KJF) ist auf die Beseitigung der den Störungssymptomen zu Grunde liegenden

Ursachen ausgerichtet. Diese betreffen nach Kapitel 6.2 *gestörte Erfahrungsprozesse,* nicht gelöste interne Konflikte in Form von *Inkongruenzen* und ein *gestörtes Beziehungsverhältnis* zu sich und anderen. Die Störungen haben im Laufe der Entwicklung dazu geführt, dass die Kinder und Jugendlichen wegen der Nichtbewältigung ihrer Entwicklungsaufgaben einen Autonomieverlust erworben haben und in zahlreichen Selbstfunktionen eingeschränkt sind. Die *Selbstfunktionseinschränkung* bezieht sich auf ein geringes Selbstwertgefühl, eine mangelhafte Trennung zwischen eigenen und fremden Interessen, ein geringes Selbstbehauptungsverhalten und zahlreiche Wahrnehmungsverzerrungen und Informationsverarbeitungsmängel (s. Schmidtchen, 1999 a, c). Außerdem fällt es den Kindern und Jugendlichen schwer, ihre organismischen Bedürfnisse bei der Gestaltung ihres Lebens angemessen zu berücksichtigen.

Auf diesem gestörten Nährboden bilden sich nach Ansicht der klientenzentrierten Störungslehre psychische Krankheiten aus, deren Überwindung die Beseitigung der genannten Grundprobleme voraussetzt. Auf Grund dessen setzt das klientenzentrierte Interventionsgeschehen an den diversen Problemen an und richtet sich einerseits an die Kinder oder Jugendlichen als Störungsträger und andererseits an die Eltern und anderen wichtigen Personen im Umfeld.

Indiziert ist die KPT-KJF vorwiegend bei *internalisierenden* Störungen in Form von: ● „Sonstigen Angststörungen"; ● „Depressiven Störungen"; ● „Somatoformen Störungen"; ● „Reaktionen auf schwere Belastungen"; ● „Ess-Störungen"; ● „Emotionalen Störungen des Kindesalters"; ● „Störungen sozialer Funktionen mit Beginn in der Kindheit und Jugend"; ● „Persönlichkeitsstörungen" und ● psychosozialen Folgen chronischer Erkrankungen (s. Schmidtchen, 1995; 1996). Als ein psychotherapeutisches Breitbandverfahren eignet sich die KPT-KJF gut zur Behandlung von *Mehrfachstörungen,* wobei auch eine Mischung von internalisierenden und externalisierenden Störungen vorliegen kann (vgl. von Aster et al., 1994).

Das Therapieverfahren weist Ähnlichkeiten mit dem tiefenpsychologischen Verfahren auf (s. Kap. 12) und ist durch die Person von C. R. Rogers (1902–1987), der in seinen Anfängen Psychoanalytiker war, mit diesem verwandt (zur Geschichte der KPT-KJF s. Kap. 6.2). Zuweilen werden die Maßnahmen der klientenzentrierten Kinder- oder Jugendlichentherapie und die der tiefenpsychologischen Behandlung ohne eine schulenmäßige Differenzierung gleichgesetzt (z. B. Mattejat, 1997 e; Remschmidt & Mattejat, 1997), wobei diese Gleichsetzung für die klientenzentrierte Psychotherapie große Probleme bringt, da ihr dadurch die Eigenständigkeit verwehrt wird und damit auch eine Kassenanerkennung in der Bundesrepublik Deutschland. Im Gegensatz zur behavioral-kognitiven und tiefenpsychologischen Psychotherapie ist die klientenzentrierte Kinder- und Jugendlichentherapie nämlich kein Richtlinienverfahren und kann deshalb nicht mit den Krankenkassen abgerechnet werden.

Ein Kernmerkmal der KPT-KJF ist die Nutzung des heilungsfördernden **Spiels** bei Kindern und des **Gesprächs** bei Jugendlichen und Eltern. Aus diesen Gründen wird die KPT-K auch als *Spieltherapie* bezeichnet und die KPT-J als *Gesprächstherapie für Jugendliche.* Im Rahmen von multidimensionalen Maßnahmenanwendungen kommen sowohl das Spiel- als auch das Gesprächsmedium in der klientenzentrierten Kinder-, Jugendlichen- und Familientherapie in vielfältiger Weise zum Einsatz.

Über die Strategienvielfalt der KPT-KJF informieren u. a. folgende Veröffentlichungen: ● „Die Entwicklung der Person und ihre Störung" (Schmidtchen et al., 1995); ● „Personzentrierte Psychotherapie mit Kindern und Jugendlichen" Band 1 und 2 (Boeck – Singelmann et al., 1996; 1997); ● „Praxis der Gesprächspsychotherapie" (Eckert et al., 1997); ● „Klientenzentrierte Spiel- und Familientherapie" (Schmidtchen, 1999 a).

Bei der konkreten Heilungsarbeit wird davon ausgegangen, dass vorrangig die **Selbsthilferessourcen** aller an der Therapie beteiligten Hilfesuchenden genutzt und gefördert werden sollen. Diese Ressourcen beziehen sich vor allem auf die Fähigkeit, Erfahrungen zur Erweiterung des Selbstkonzeptes und zur Entwicklungsförderung zu machen. Die Fähigkeit des **Erfahrungsmachens** (Rogers, 1974; Gendlin, 1981) wird als ein ganzheitlicher *Lernprozess* angesehen, in dem Wahrnehmungs-, Erlebens-, Bewertungs-, Kognitions- und Verarbeitungsprozesse eng miteinander verwoben sind. Wenn ein solches Lernen stattfindet, dann ist es nach klientenzentrierter Sicht „sinngebend" (s. Kap. 6.2.1).

Um dem Kinder- und Jugendlichenpatienten sowie seinen Bezugspersonen zu helfen, entwicklungs- und selbstkonzeptfördernde Erfahrungen zu machen, verhält sich der Therapeut bezüglich der Beeinflussung dieser Prozesse **nicht-direktiv**. Er will es damit dem Patienten ermöglichen, seine Entwicklungs- und Selbstkonzeptthemen selbst auszuwählen und seine Lernprozesse selbst zu organisieren (vgl. Axline, 1997, S. 73 ff).

In der modernen klientenzentrierten Behandlungskonzeption wird die Nicht-Direktivitätsstrategie um die Strategie der **prozessleitenden Hilfen** (vgl. Greenberg et al., 1994; Sachse, 1999; Schmidtchen, 1999 a, c) erweitert. Damit soll die Therapie effektiver gestaltet und die Behandlung eines größeren Spektrums an psychischen Störungen ermöglicht werden. Die prozessleitenden Hilfen drücken sich u. a. in der Verwendung folgender Techniken aus:
● gezielte Stimulation von erfahrungserweiternden Prozessen;
● Fokussierung auf bestimmte Thematiken und Erlebensprozesse;
● Hilfen zur Zielerreichung;
● Hilfen zur Begrenzung von problematischen Verhaltensweisen;
● einsichtsfördernde Rückmeldung und Kommentierung.

Im Folgenden sollen die *unspezifischen* und *spezifischen* Interventionsstrategien der KPT-KJF vorgestellt werden. Ähnlich wie in der Verhaltenstherapie, bemüht sich der Psychotherapeut auch in der klientenzentrierten Therapie, die auf Seite 144 vorgestellten **unspezifischen Therapiestrategien** voll zu nutzen. So wird z. B. auf die Gestaltung eines optimalen therapeutischen *Beziehungsverhältnisses* geachtet und ausführlich auf die Rollenaufgaben der Kinder- oder Jugendlichenpatienten, der Eltern und des Therapeuten hingewiesen. Auch wird nach Beendigung der Diagnostikphase ein *Therapievertrag* abgeschlossen, in dem die Ziele, Maßnahmen und Rahmenbedingungen (Zeit, Ort, Kosten etc.) der Behandlung vereinbart werden.

Des Weiteren findet eine sorgfältige *Therapieplanung* statt. Zu diesem Zweck ist die Pathogenese in der Diagnostikphase abzuklären, ein Zielkonsens mit den Auftraggebern herzustellen und ein Behandlungskonzept zu entwickeln. Die *Qualitätskontrolle* geschieht durch eine Videoaufzeichnung der Behandlungskontakte, eine Selbst- und Fremdsupervision des Therapeuten sowie eine Prä- und Postuntersuchung der Therapieeffekte. Vor Beginn der Behandlung werden die Patienten und deren Eltern über das *Störungs-* und *Therapiekonzept* informiert, wobei der Selbsthilfeaspekt deutlich betont wird. Des Weiteren bemüht sich der Therapeut um eine *konzeptgetreue Maßnahmendurchführung*.

Die **spezifischen Interventionsstrategien** der KPT-KJF orientieren sich im Wesentlichen an den Behandlungsvorstellungen von Rogers (1987; s. a. Biermann-Ratjen et al., 1995; Eckert, 1996; Sachse, 1999) sowie deren Übertragung auf die klientenzentrierte Kinder-, Jugendlichen- und Familienbehandlung durch Axline (1997) und Schmidtchen (1999 a, c). Die Strategien lauten wie folgt:

Spezifische Interventionsstrategien der klientenzentrierten Kinder-, Jugendlichen- und Familientherapie

(1) **Personzentrierte Beziehungsgestaltung zur Verbesserung des Selbstkommunikations- und Sozialverhaltens:** Da im klientenzentrierten Konzept die Entstehung von psychischen Störungen im Wesentlichen auf eine gestörte Beziehung des Patienten zu sich selbst und zu Bezugspersonen zurückgeführt wird, wird im Interventionskonzept sehr viel Wert auf die Gestaltung einer *guten Beziehung* zum Patienten gelegt. Diese Beziehung soll ein Vorbild für die Selbst- und Fremdbeziehung des Patienten sein; sie ist durch eine *unbedingte Wertschätzung*, ein *empathisches Verstehen* und ein *selbstkongruentes* Verhalten (s. Kap. 6.2.3) gekennzeichnet.

Die geschilderten beziehungsfördernden Therapeutenmerkmale sind auf die existenziell wichtigen Verwirklichungsprozesse des Kindes oder Jugendlichen gerichtet und werden deshalb als *personzentriert* bezeichnet. Sie unterscheiden sich von den unspezifischen Merkmalen der therapeutischen Beziehungsgestaltung dadurch, dass sie nicht primär auf die Ausformung des Helfer–Hilfesuchenden–Rollenverhältnisses ausgerichtet sind, sondern auf die gezielte Förderung der Selbstwertschätzung, Autonomie, Selbstverwirklichung und Bindungsfähigkeit des Patienten.

Zur personzentrierten Beziehungsgestaltung gehört auch, dass der Therapeut die Eltern des Patienten darin unterstützt, die oben genannten Beziehungsmerkmale zu verwirklichen und insgesamt mitzuhelfen, eine achtungsvolle, fürsorgliche, bindungssichere und entwicklungsfördernde familiäre Interaktion und Kommunikation herzustellen. Auf diese Weise soll es dem Patienten erleichtert werden, die in der Spieltherapie gemachten Erfahrungen auf die Familiensituation zu übertragen (s. a. Kap. 11.3).

(2) **Nicht-direkte Spiel- und Gesprächsführung zur Förderung von selbstinitiierten, intrinsisch-motivierten Erfahrungsprozessen:** Damit die Patienten und ihre Bezugspersonen neue Erfahrungen zur Verbesserung ihrer Lebenskompetenzen machen können, sollen sie vorrangig die klärenden und heilungsfördernden Prozesse des selbstgewählten, intrinsisch-motivierten und nicht von außen verordneten Spiels und Gesprächs nutzen. Diese Prozesse werden im Kap. 11.1 (Spiel als Therapie) und 11.2 (Gespräch als Therapie) näher geschildert. Zur Stimulierung der erfahrungserweiternden Spielprozesse bietet der Therapeut eine große Spielzeugauswahl an, mit deren Hilfe der Patient die unterschiedlichsten Thematiken und Lebenssituationen inszenieren kann. Wenn es vom Patienten gewünscht wird, spielt der Therapeut auf Aufforderung auch mit.

Die klärenden und selbstreflexiven *Gesprächsprozesse* (insbesondere von Jugendlichen und Eltern) werden durch stimulierende Fragen und Kommentare sowie eine Fokussierung auf ich-nahe Erfahrungen unterstützt. Dies können belastende und befreiende Erfahrungen sein. Die Erfahrungen sollten in einem authentischen Erlebensprozess (genannt: *experiencing*) gemacht werden, damit ein „gefühltes Sinnerleben" („felt sense" im Sinne von Gendlin, 1981) eintreten kann. Dabei sollte die Bezugnahme zum eigenen Erleben und nicht zum Erleben anderer Personen im Zentrum der selbstreflexiven Bearbeitungsprozesse stehen (vgl. Sachse, 1999).

(3) **Prozessleitende Hilfen zur Inkongruenzbewältigung:** In Ergänzung zum Nicht-Direktivitätsgebot werden insbesondere im Rahmen der Inkongruenz- bzw. Problembearbeitung *leitende Hilfen* gegeben. Sie sollen das Bearbeitungsengagement, das affektive Erleben der Inkongruenzsituation, die Klärung der unterschiedlichen Inkongruenztendenzen und die Bevorzugung von organismischen Bedürfnissen (gegenüber fremdbestimmten Motiven) unterstützen (vgl. Greenberg et al., 1994; 1998).

Die prozessleitenden Hilfen sind nach Schmidtchen (1999 a, S. 92 ff) im Wesentlichen darauf ausgerichtet, die eigenständigen Bemühungen des Patienten und seiner Bezugspersonen zur Überwindung der Inkongruenzen zu fördern. Im Rahmen der Hilfen werden u. a. *Markierungen*, *Reflektionshilfen* und *Vorschläge* gegeben sowie *Modelldemonstrationen* und *Grenzsetzungen* vorgenommen. In diesem Sinne hat die KPT – KJF auch eine *pädagogische Funktion*. Ihr Ziel ist es, den Kindern, Jugendlichen und Eltern zu helfen, Kompetenzen für ein gesundes, sozialachtungsvolles Leben unter Berücksichtigung der individuellen und familiären Entwicklungsbedürfnisse zu erwerben.

Die genannten unspezifischen und spezifischen Strategien kommen in der klientenzentrierten Psychotherapie für *Kinder,* für *Jugendliche* und für *Familien* zur Anwendung. Diese speziellen Therapiemethoden sollen im Folgenden näher vorgestellt werden.

11.1 Klientenzentrierte Psychotherapie für Kinder

Die therapeutische Nutzung des Spiels ist der Schwerpunkt der **klientenzentrierten Psychotherapie für Kinder** (KPT-K). Deshalb wird die Kindertherapie auch kurz als klientenzentrierte *Spieltherapie* bezeichnet. Die klientenzentrierte Spieltherapie zeichnet sich dadurch aus, dass ca. 93 % der Therapiezeit spielend verbracht wird und dass *Gespräche* in Form von verbalen Selbstexplorationen des Kindes nur eine geringe Bedeutung haben (vgl. Schmidtchen, 1996; 1999 a, c).

Im Spiel können die Kinder ihre erfahrungsschaffenden Lernprozesse in themenzentrierten Inszenierungen gestalten, wobei die Spieltätigkeiten den Vorteil haben, dass sie per se selbstinitiiert, intrinsisch-motiviert und vorrangig an den organismischen Bedürfnissen der Kinder orientiert sind. Ihr Nachteil besteht jedoch darin, dass die neuen Erfahrungen auf einer Quasi-Realitätsebene gemacht werden, sodass sie nur bedingt auf die Alltagsrealität der Kinder übertragen werden können. Aus diesem Grunde müssen Alltagsbezüge durch *realitätsorientierte Interventionen* hergestellt werden. Dieses geschieht vorrangig im Rahmen der Familientherapie durch klärende Gespräche, Rollenspiele oder Hausaufgaben (s. Kap. 11.3). Die Familientherapie findet parallel zur Spieltherapie statt.

Die Kinder können ein umfassendes **Spielzeugangebot** von ca. 100 Spielsachen (s. Schmidtchen, 1999 a, S. 110 ff) benutzen, um ihre Spielinszenierungen zu gestalten. Letztere dauern im Durchschnitt pro Inszenierung ca. 10 Minuten. Auf diese Weise können in einem 45-minütigen Therapiekontakt ca. vier Spielthemen bearbeitet werden. Eine Analyse der bevorzugten **Spielarten** (Schmidtchen, 1996, S. 116) hat ergeben, dass in der Einzeltherapie *Sozialspiele* eine Auftretenshäufigkeit von ca. *58 %* aufweisen; *Übungs- und Funktionsspiele* von ca. 29 %; *Regel-spiele* von ca. 7 % und *kreative Spiele* von ca. 6 %.

Der Anteil der **Gesprächszeit** variiert bei älteren Kindern zwischen ca. 4 bis 16 Minuten pro Therapiekontakt. Die Gespräche finden im Wesentlichen parallel zu den Spielhandlungen statt und beziehen sich auf Spielthemen oder Berichte über Erlebnisse außerhalb der Therapie. Reflexive Gespräche im Sinne einer Gesprächstherapie finden in der Spieltherapie relativ selten statt; meistens handelt es sich um verbale Bemerkungen der Kinder zu Fragen oder Kommentierungen des Therapeuten.

Um einen Einblick in die entwicklungs- und heilungsfördernden Bedingungen einer Spielhandlung zu geben, sollen im Folgenden in Anlehnung an Schaefer (1993); Oerter (1997) und Schmidtchen (1999 a, d) die *Charakteristika einer entwicklungs- und heilungsfördernden Spieltätigkeit* beschrieben werden:

Charakteristika einer entwicklungs- und heilungsfördernden Spieltätigkeit

(1) **Intrinsische Motiviertheit:** Das Spiel soll vorrangig der Befriedigung von Bedürfnissen nach *Selbstentwicklung und Selbstheilung* dienen. Die Spieltätigkeit sollte deshalb vom Spielenden selbst eingeleitet und organisiert werden, sodass der Spieler Produzent, Regisseur, Schauspieler, Kulissenhersteller etc. seiner Inszenierungen ist.

(2) **Konzentration auf die Prozessaktivität:** Damit entwicklungs- und heilungsrelevante Erfahrungen im Rahmen der Spieltätigkeiten gemacht werden können, sollte der Therapeut seine Aufmerksamkeit nicht so sehr auf die Ergebnisse der Spielhandlungen konzentrieren, sondern auf den *Prozess des intrinsisch-motivierten Erfahrungmachens.* Dabei sind insbesondere Affekte, Bewertungsprozesse, gefühlsmäßige Sinnfindungen und szenische sowie verbale Symbolisierungen von Bedeutung.

(3) **Vorherrschen einer lustvollen Spielstimmung:** Damit der Spieler möglichst lange seine Spieltätigkeiten ausüben kann, sollte das Spiel *Spaß machen* und in einer Umgebung stattfinden, in der Spielstörungen vermieden werden. Zu den positiven atmosphärischen Bedingungen gehört auch eine gefühlsoffene, angstfreie Interaktionsatmosphäre, ein reges Interesse des Therapeuten an Spieltätigkeiten (und auch am *Mitspielen)* sowie die Herstellung einer personzentrierten Beziehung und Kommunikation.

(4) **Vertieftheit bzw. Involviertheit:** Damit die im Rahmen der Spieltätigkeiten gemachten Erfahrungsprozesse möglichst die Bedingungen eines selbstinitiierten, intrinsisch-motivierten Lernens im Sinne von Rogers erfüllen (s. Kap. 6.2.1), sollte dem Spieler geholfen werden, sich möglichst mit allen affektiven, motivationalen, kognitiven, körperlichen etc. Prozessen auf die Spielhandlung einzulassen. Durch dieses *ganzheitliche Erleben* soll ein optimaler Zugang zu Strebungen der organismischen Verwirklichungstendenz erreicht werden und eine möglichst exakte *Symbolisierung* der Erfahrungen im Gedächtnis.

(5) **Quasi-Realität und Freiheit der Bedeutungsgebung:** Im Gegensatz zum Alltagshandeln schafft sich der Spieler im Rahmen seiner Spieltätigkeit eine *neue Realität,* deren Bedingungen er selbst festlegt. Dadurch entsteht die Möglichkeit, seine Bedürfnisse in einem optimalen Kontext zu realisieren. Der Spieler kann sich so die nötigen Rahmenbedingungen schaffen, um seine Ressourcen zur Entwicklungs- und Heilungsförderung voll zu nutzen. Auch kann er durch eine beliebig häufige Wiederholung bestimmter Spielinszenierungen sein Verhalten unter verschiedenen Perspektiven bzw. Bedeutungen betrachten (*Variation der Bedeutungsgebung*).

(6) **Gegenstandsbezogenheit der Handlungsvariationen:** Neben der Bedeutungsvariation kann auf der Spielebene auch eine gegenstands- bzw. themenbezogene *Handlungsvariation* stattfinden. So können, wie z. B. im Musikstück einer Fuge, wichtige Skript- oder Schemakomponenten von problematischen Handlungsplänen (vgl. Oerter, 1997, S. 67 ff) so variiert werden, dass sie in allen belastenden oder auch wünschenswerten Möglichkeiten erlebt werden.

Ähnliche entwicklungs- und heilungsfördernde Spielcharakteristika sind auch vom Psychoanalytiker Erikson (1978, S. 216) herausgestellt worden. Er sieht die heilsame Wirkung eines Spiels darin, dass das Kind im Rahmen seiner Spielinszenierungen „Erfahrungen verarbeiten und die Realität durch Planung und Experiment" beherrschen kann. Auch der Entwicklungspsychologe Piaget (1969) hat einen wichtigen Beitrag insbesondere zum entwicklungsfördernden Charakter der Spieltätigkeit geleistet, in dem er auf den Aspekt der Erweiterung und Erneuerung kindlicher Handlungsschemata hingewiesen hat.

Die **Dauer** einer klientenzentrierten Spieltherapie beträgt in der Regel ca. 18 bis 45 Kontakte (Einzeltherapie zu je 45 Minuten). Der arithmetische Mittelwert liegt bei 30 Kontakten (Schmidtchen, 1996). Zu diesen Kontakten kommen noch ca. 4–5 Diagnostiksitzungen (s. Kap. 8.1) und ca. 10–12 Kontakte Familientherapie hinzu. Das ergibt insgesamt eine **Therapielänge** von ca. 60 Kontakten. Dieser Wert entspricht der Kontaktzahl, die in einer Praktikerbefragung gefunden wurde (s. Wuchner & Eckert, 1995).

Die Therapie findet im Allgemeinen *einmal wöchentlich* statt und erstreckt sich in ihrer **Gesamtzeitdauer** über einen Zeitraum von ca. 9 bis 17 Monaten (der arithmetische Mittelwert liegt bei 13 Monaten). Die Spielbehandlung ist immer in eine *parallele Familientherapie* (s. Kap. 11.3) eingebettet. Sie startet nach der Diagnostikphase aus der ersten Familientherapiesitzung heraus und endet mit einem letzten Familientherapiekontakt. Indiziert ist die Behandlung für die auf Seite 165 genannten psychischen Störungen.

Die Spieltherapie kann auch in einer **Gruppenform** durchgeführt werden. In diesem Fall sollte die *Gruppengröße* die Zahl von drei bis vier Kindern nicht überschreiten (vgl. Ehlers, 1981; Lude, 1997; Schmidtchen, 1999 a). Die Spielgruppen sollten bezüglich des Störungsbildes der Teilnehmer *heterogen* zusammengestellt werden, sodass sich die Kinder in ihrem Entwicklungs- und Heilungsverhalten gegenseitig fördern können. Damit der Spieltherapeut die entwicklungs- und heilungsfördernden Ressourcen der Kinder kennenlernen kann, sollten sie ihm aus Einzeltherapien, die vor der Gruppentherapie stattgefunden haben, bekannt sein.

Kontraindiziert ist eine Gruppentherapie für Kinder, die auf Grund einer gestörten Bindungserfahrung die volle Zuwendung des Therapeuten benötigen und/oder die in Wettbewerbs- und Kritiksituationen mit anderen Kindern extrem verstört reagieren.

In der **Gruppenspieltherapie** (insbesondere mit jüngeren Kindern) sollte der Therapeut eine *Verantwortung für jedes Kind* übernehmen, sodass Ehlers (1981) von einer „Einzeltherapie in der Gruppe" spricht. Dieses Vorgehen ist besonders dann erforderlich, wenn sich die gruppendynamischen Prozesse ungünstig auf bestimmte Kinder auswirken. Um den Überblick über die Gruppenprozesse zu behalten und um der Schutz- und Förderfunktion für jedes Kind nachzukommen, sollte der Therapeut in der Gruppentherapie in der Regel *nicht mitspielen*.

Die *Länge* einer Gruppenspieltherapie sollte zwischen ca. 60–90 Minuten variieren. Bei einer Häufigkeit von einem Kontakt pro Woche sollten ca. 30 Kontakte geplant werden. Wenn vor der Gruppentherapie eine Einzeltherapie stattgefunden hat, kann diese früher beendet und in eine Gruppenbehandlung überführt werden.

Bei schwer wiegenden Entwicklungsproblemen und psychischen Störungen kann die Einzel- und Gruppentherapie länger als üblich dauern. Dies gilt besonders dann, wenn die *Eltern nur eingeschränkt* bereit sind, an einer parallelen Familienbehandlung teilzunehmen. Dann wird die Spieltherapie häufig auch mit dem Ziel durchgeführt, die Eltern zu motivieren, zumindest in ferner Zukunft an einer Familientherapie teilzunehmen.

Wie bereits gesagt, geschehen die wichtigsten Therapeuteninterventionen in Form einer gezielten **Spielbeeinflussung**. Im Rahmen dieser Beeinflussung kann der Therapeut (vorwiegend in der Einzeltherapie) auch *mitspielen*. Im Einzelnen kommen in der klientenzentrierten Spieltherapie folgende **spezifische Interventionsstrategien** zur Anwendung (vgl. Schmidtchen, 1999 a, b, d):

Spezifische Interventionsstrategien der klientenzentrierten Kindertherapie

(1) **Personzentrierte Beziehungsgestaltung mit Kindern zur Verbesserung des Selbstkommunikations- und Sozialverhaltens:** Damit die Kinder eine bessere Beziehung zu sich selbst entwickeln und ein gesundes Selbstkonzept erwerben können, begegnet ihnen der Therapeut mit *unbedingter Wertschätzung, Einfühlungsvermögen* und *Selbstkongruenz* (bzw. Echtheit). Der letztgenannte Aspekt soll gewährleisten, dass der Psychotherapeut als ein berechenbarer und sicherer Bindungspartner gesehen wird und dass das Kind in seiner Gegenwart Zugang zu seinen inkongruenten, konflikthaften internen Prozessen finden kann.

Außerdem bemüht sich der Therapeut auf der Spiel- und Realitätsebene, eine achtungsvolle kooperative und prosoziale *Selbst- und Fremdkommunikation* zu fördern. Dies kann auch eine Kommunikation mit Spielfiguren sein. Die Kommunikation hat das Ziel, Prozesse des *Modell-Lernens* zu nutzen.

Da die Art der Beziehungsgestaltung auch das Lernverhalten der Kinder beeinflusst, führt eine sorgfältige Beachtung der personzentrierten Kommunikationsmerkmale zu einer Unterstützung aller intrinsisch-motivierten Lernprozesse der Kinder. Eine „gute" Beziehung wirkt sich damit auch positiv auf das Lernverhalten von Kindern aus.

(2) **Nicht-direktive Spiel- und Gesprächsführung zur Förderung von selbstinitiierten, intrinsisch-motivierten Erfahrungsprozessen von Kindern:** Das herausragende strategische Kennzeichen einer klientenzentrierten Spieltherapie ist das *Vermeiden von Direktiven* in Form von Anweisungen (Instruktionen) und vorgegebenen Spiel- und Handlungsthemen. Das Nicht-Direktivitätsprinzip im Sinne von Axline (1997) beinhaltet, dass die wesentlichen Veränderungsimpulse vom Patienten ausgehen sollen und dass der Therapeut das Zeigen dieser Impulse abwarten und förderlich begleiten soll. Die Therapie fußt also auf einer „Hilfe zur Selbsthilfe".

Da Kinder im Allgemeinen problemlos spielen können, bezieht sich die nicht-direktive Hilfe auf das Angebot einer *umfassenden Auswahl von Spielsachen*, mit denen alle wichtigen Lebens- und Entwicklungsthemen bearbeitet werden können sowie auf die Aufforderung zu *selbstinitiierten Spielhandlungen*, deren Themen nicht von außen bestimmt werden. Des Weiteren fördert der Therapeut alle weiteren oben genannten *Spielcharakteristika*. Das sind: die Konzentration auf die Prozessaktivität des Spiels; Gewährleistung einer guten Spielstimmung; Förderung und Bewahrung der Vertieftheit sowie Betonung der Freiheit der Bedeutungsgebung und Handlungsvariation.

(3) **Prozessleitende Hilfen für Kinder zur Inkongruenzbewältigung:** Das Angebot von prozessleitenden Interventionshilfen erfolgt im Wesentlichen in Situationen, in denen das Kind trotz all seiner Bemühungen seine internen *Inkongruenzen* (bzw. Konflikte) nicht allein lösen kann. Die Hilfen bestehen aus *Lernfördermaßnahmen* in Form von Problemfokussie-

rungen, Markierungen der unterschiedlichen Inkongruenztendenzen, sprachlichen Reflexionsunterstützungen, Umbewertungen, Verhaltensverlangsamungen, Informationen über fehlende Kenntnisse etc. (vgl. Schmidtchen, 1999 a, S. 92 ff).

Überschreitet der Patient im Verlauf der Therapie soziale Regeln, dann reagiert der Therapeut mit einem abgestuften *Grenzsetzungsverhalten,* das in der ersten Phase aus Informationen über die Grenze (d. h. die Erklärung der Regel), Bitten um Unterlassung der Grenzüberschreitung und Rückmeldungen über die Art des Überschreitungsverhaltens besteht und in der zweiten Phase aus einer zunehmend direktiveren Verhinderung des Überschreitungsverhaltens (vgl. Axline, 1997; Schmidtchen, 1999 a).

Ein weiteres Prinzip der prozessleitenden Hilfen besteht darin, *entwicklungsfördernde Stimulationen* (s. Oerter, 1997 S. 147 ff) in der „Zone der nächsten Entwicklung" zu geben. Damit ist eine Lernzone bzw. -situation gemeint, in der ein Kind unter der Anleitung eines Lernhelfers zu einer Leistung fähig ist, die es ohne den Helfer (noch) nicht erreichen kann.

Das Prinzip der entwicklungsfördernden Stimulation lässt sich in der Spieltherapie durch die Berücksichtigung folgender Maßnahmen nutzen: (a) Schaffung einer gemeinsamen Spielsituation, in der sich der Therapeut auf einem höheren Kenntnis- und Fertigkeitsniveau befindet als der Patient; (b) Nutzung der Entwicklungspotenziale der jeweiligen Spielthematik, die den Patienten zu einer besseren Zielerreichung „drängen"; (c) Stimulation der potenziellen Leistungsmöglichkeiten des Patienten auf der Spiel- und Realitätsebene (vgl. Oerter, 1997, S. 170 f; Schmidtchen, 1999 d).

Durch die enge Verzahnung der Spieltherapie mit der Familientherapie sowie durch die prozesszentrierte Entwicklungs- und Heilungsförderung des Kinderpatienten ist es gelungen, die **Effektivität** der KPT-K erheblich zu erhöhen. So konnten Schmidtchen et al. (1993) in einer Kontrollgruppenstudie einen *Effektstärkewert* von ES = 1,58 ermitteln. Dieser Wert ist dreimal so hoch wie vergleichbare Werte von nicht-direktiv durchgeführten klassischen Spieltherapien ohne eine intensive Familientherapie. Deren Werte schwanken zwischen ES = 0,15–0,56 (s. Döpfner, 1997, S. 341). Der gefundene Effektstärkewert für die Form einer modernen multidimensionalen klientenzentrierten Kinder- und Familientherapie ist auch um die Hälfte höher als der Wert für eine durchschnittliche, schulenunspezifische Kinderpsychotherapie. Deren Effektivität beträgt nach Weisz et al. (1995) ES = 0,71.

11.2 Klientenzentrierte Psychotherapie für Jugendliche

In der **klientenzentrierten Psychotherapie für Jugendliche** (KPT-J) ist das Gespräch das primäre Kommunikationsmedium. Da Jugendliche in der selbstreflexiven Sprachnutzung häufig jedoch noch sehr ungeübt sind, findet sehr oft eine Kombination von Gesprächs- und Spieltherapie statt. Diese Kombination steigert die Therapiemotivation und führt zur Nutzung von sprachlichen *und* spielerisch-szenischen Symbolisierungen im Gedächtnis. Die kombinierte Gesprächs- und Spieltherapie ist damit in ihrer Anwendungsbreite vielseitiger und effektiver als eine alleinige Gesprächspsychotherapie für Jugendliche.

Von besonderer Bedeutung für das Verständnis von sprachlich induzierten Heilungsprozessen ist das **Selbstexplorations-Konzept.** Es besagt, dass Jugendliche (oder Erwachsene) die Sprache benutzen, um sich über ihre inneren Erlebnisse, Gedanken, Einstellungen, Gefühle, Werte, Verhaltensmuster etc. klar zu werden. Die Jugendlichen führen vor den Ohren des Therapeuten quasi ein Gespräch mit sich selbst. Dieses Selbstgespräch wird vom Therapeuten durch eine Aufmerksamkeitszuwendung sowie durch Fragen, Vorschläge und Bemerkungen gefördert. Können sich die Jugendlichen auf diese Form der Selbstklärung und Selbstoffenbarung einlassen, dann ist – wie in Gesprächstherapien mit Erwachsenen gezeigt wurde – ein Therapieerfolg wahrscheinlich (vgl. Eckert, 1996, S. 156 ff).

Im Allgemeinen kann man davon ausgehen, dass Jugendliche oder Erwachsene auf der 9–stufigen *Selbstexplorationsskala* von Tausch et al. (1969) zumindest ein Selbstexplorationsmaß der Stufe 5 aufweisen müssen, um von einer gesprächsorientierten Psychotherapie zu profitieren. Um diese Aussage zu verdeutlichen, soll im Folgenden ein kurzer Einblick in die wichtigsten Stufen der Selbstexplorationsskala gegeben werden (vgl. Eckert, 1996, S. 140 f):

Stufen der Selbstexplorationsskala

Stufe 1: Der Patient *sagt nichts über sich selbst,* weder über sein Verhalten noch über sein inneres Erleben. Er spricht ausschließlich über Tatbestände, die unabhängig von seiner Person sind.

Stufe 2: Der Patient *berichtet nichts über sich selbst,* weder über sein Verhalten noch über sein Erleben. Er erzählt jedoch von Personen und/oder Sachen, *die zu ihm in einer Beziehung stehen* (z. B. von seinen Eltern, seinem Auto etc.).

…

Stufe 5: Der Patient berichtet bereits über *spezifische persönliche Erlebnisse,* die mit seinem Verhalten oder äußeren Vorgängen in Beziehung stehen. Der überwiegende Teil seiner Aussagen besteht jedoch in einer Verhaltens- und Ereignisschilderung; persönliche Erlebnisse werden nur kurz erwähnt.

…

Stufe 8: Der Patient schildert ausführlich seine *spezifischen persönlichen Erlebnisse.* Die Suche nach *neuen Aspekten und Zusammenhängen* in seinem Erleben kommt deutlich zum Ausdruck.

Stufe 9: Der Patient schildert ausführlich seine spezifischen persönlichen Erlebnisse. Es wird deutlich, dass er *neue Aspekte und Zusammenhänge* in seinem Erleben findet.

Eine primär selbstexplorativ ausgerichtete KPT-J stellt relativ hohe Anforderungen an die verbale Reflexionsfähigkeit des Jugendlichen. Dies mag einer der Gründe dafür sein, dass sich viele psychisch belastete Jugendliche nur ungern in eine gesprächsorientierte Jugendlichentherapie begeben und dass die *Therapieabbruchrate* relativ hoch ist; sie schwankt nach Seiffge-Krenke (1986, S. 179) zwischen 36–66 %. Diese Aussage gilt sowohl für die klientenzentrierte als auch für die tiefenpsychologische Gesprächspsychotherapie für Jugendliche (s. Kap. 12.2). Können sich die Jugendlichenpatienten jedoch auf eine Selbstexploration und – wenn möglich – parallelen Familientherapie einlassen, dann gelten für sie die auf Seite 165 genannten Indikationskriterien.

Die KPT-J wird im Allgemeinen in einem großen **Gesprächszimmer** durchgeführt, in dem die Möglichkeit zum Spielen besteht. Aus diesem Grunde sollten in einer *Spielecke* Spielsachen angeboten werden. Zu Dokumentations- und Supervisionszwecken sollte die Therapie (ähnlich wie die Spielbehandlung für Kinder) auf Videobändern aufgezeichnet werden. Die **zeitliche Länge** einer Einzeltherapie beträgt 45 Minuten, wobei die Therapie in Absprache wöchentlich oder 14-tägig stattfinden kann. Die *Behandlungsdauer* erstreckt sich über ca. 61 Kontakte. Sie entspricht damit in etwa der Dauer einer klientenzentrierten Erwachsenenpsychotherapie von durchschnittlich 70 Kontakten (s. Eckert & Wuchner, 1994).

Um den Gesprächsstress zu reduzieren, kann die Therapie zuweilen auch in einer Eisdiele oder während eines gemeinsamen Spazierganges durchgeführt werden. Diese Settingvariationen sollen deutlich machen, dass psychologische Gespräche einen Alltagscharakter haben und nicht der künstlichen Atmosphäre eines Sprechzimmers bedürfen.

Der typische **Verlauf einer klientenzentrierten Jugendlichentherapie** unterteilt sich nach Monden-Engelhardt (1997, S. 34 ff) in Anlehnung an Swildens (1991) in vier Phasen: (1) eine *Anfangs- oder Prämotivationsphase,* in der ein Kennenlernen, thematisches Abklären und der Aufbau einer Beziehung stattfindet; (2) eine *Symptom- und Konfliktbearbeitungsphase,* in der ein Zusammenhang zwischen der Symptomatik (z. B. Suchtproblematik) und den zu Grunde liegenden Entwicklungsstagnationen hergestellt wird, (3) eine *existenzielle Phase,* in der allgemeine und konkrete Lebensthematiken (z. B. Perspektivlosigkeit, überhöhte Selbsterwartungen, Beziehungsfrustrationen etc.) besprochen werden sowie (4) eine *Ablösungs- und Abschiedsphase,* in der eine Rückschau auf wichtige Erfahrungen in der Therapie vorgenommen wird.

Eine große Hilfe zur Verbesserung der Therapiemotivation und zur Vermeidung von Therapieabbrüchen stellt eine **Gruppenpsychotherapie** dar. Im Rahmen der Gruppe wird der Druck zur verbalen Selbstexploration weniger stark erlebt als in einer Einzelpsychotherapie. Außerdem können die Jugendlichen gruppenbezogene Entwicklungsaufgaben (s. Kap. 4.3) besser thematisieren und bearbeiten. Ein weiterer Gruppenvorteil besteht in der Nutzung der *gruppentherapeutischen Wirkfaktoren* im Sinne von Yalom (1975; s. Kap. 9.2). Zu diesen gehören: das Zusammengehörigkeitsgefühl; die interpersonelle Offenheit; das gegenseitige Mutmachen; die Möglichkeit des Modell-Lernens; das Erleben der Universalität des Leidens; die gemeinsame Katharsiserfahrung etc.

Die *Gruppengröße* kann nach Monden-Engelhardt (1997) und Lude (1997) zwischen vier bis zehn Teilnehmern variieren. Beträgt die Teilnehmerzahl mehr als vier Jugendliche, dann sollte die Gruppe *kotherapeutisch* geleitet werden. Die Therapeuten sollten bei einer weiblich-männlich gemischten Patientenzusammenstellung von unterschiedlichem Geschlecht sein. Bezüglich der Teilnehmerzusammensetzung gelten die gleichen Bedingungen wie für eine Gruppentherapie mit Kindern (s. o.).

Im Folgenden sollen die **spezifischen Interventionsstrategien** der KPT-J vorgestellt werden. Sie gehen davon aus, dass die Therapie primär *verbalorientiert* durchgeführt wird (vgl. Eckert, 1996; Schmidtchen, 1999 a).

Spezifische Interventionsstrategien in der klientenzentrierten Jugendlichentherapie

(1) **Personzentrierte Beziehungsgestaltung mit Jugendlichen zur Verbesserung des Selbstkommunikations- und Sozialverhaltens:** Da Jugendliche im Rahmen ihrer Entwicklungsaufgaben bestrebt sind, sich ausführlich mit ihrem Selbst- bzw. Persönlichkeitskonzept zu beschäftigen, können sie im Allgemeinen gut von der *personzentrierten* Zuwendung des Therapeuten profitieren. Im Verlauf dieser Selbstklärungsarbeit neigen sie zuweilen dazu,

sich vom Therapeuten abzugrenzen und ihn kritisch zu hinterfragen; um diesem Verhalten begegnen zu können, ist die *Selbstkongruenz, Selbstsicherheit* und *Kritikfähigkeit* des Therapeuten gefordert.

Weil der Therapeut häufig auch als *Repräsentant der Erwachsenengeneration gesehen* wird, besteht des Weiteren die Möglichkeit, dass die Jugendlichen soziale Probleme mit den Eltern, Arbeitgebern oder anderen Erwachsenen auf den Therapeuten projizieren. Diese Übertragungen müssen durch eine deutliche Herausarbeitung der realen Erfahrungen des Jugendlichen mit den genannten Personen *diskriminationsfördernd* bearbeitet werden (vgl. Beckmann-Herfurth, 1996).

(2) **Nicht-direktive Gesprächs- und Spielführung zur Förderung von selbstinitiierten, intrinsisch-motivierten Erfahrungsprozessen von Jugendlichen:** Da viele Jugendliche Schwierigkeiten mit einer exakten und tiefen Selbstexploration haben, benötigen sie vom Therapeuten *Hilfen zur Explorationsförderung.* Diese bestehen aus klärenden Fragen, Interpretationsvorschlägen und Aufforderungen, die körperlichen Wahrnehmungen und Gefühle, die der Jugendliche im Verlauf seines Explorationsprozesses spürt, in Worte zu fassen.

Um die Themenbereiche selbst finden zu können, in denen der Jugendliche seine Erfahrungen bearbeiten will, macht der Therapeut im Gegensatz zum trainingsorientierten Verhaltenstherapeuten (s. Kap. 10.2) keine Themenvorgaben. Haben die Jugendlichen mit der Selbstexploration Schwierigkeiten, dann kann auf die *Spielebene* ausgewichen werden. Auf ihr können beispielsweise gedankliche Reflexionen über soziale Konfliktsituationen in imaginative Rollenspiele überführt werden, die der Patient vor den Augen des Therapeuten mit verschiedenen Spielfiguren inszeniert. Diese Rollenspiele können dann nach den Regeln einer Spieltherapie bearbeitet werden (s. o.).

(3) **Prozessleitende Hilfen für Jugendliche zur Inkongruenzbewältigung:** Die *Hilfen zur Verbesserung* der verbalen und spielszenischen *Bearbeitung* von Inkongruenzen (bzw. Problemen) beziehen sich in Analogie zum Vorgehen in der klientenzentrierten Erwachsenenpsychotherapie (vgl. Sachse, 1999) im Wesentlichen auf die Markierung von Problemsituationen, die Stimulierung von Bearbeitungsprozessen, das gezielte Anbieten von Informationen, die Anregung zur gedanklichen Reflexion, das Mutmachen zum Ertragen unangenehmer Gefühle und die Konfrontation mit anderen Lösungsalternativen (s. a. Schmidtchen, 1999 a, c).

Die Hilfen sollen auf den aktuellen *Bearbeitungsprozess* des Jugendlichen ausgerichtet sein und dessen Problemlösungskompetenzen stärken. Des Weiteren sollen sie bei der Konfliktbearbeitung die organismische Entwicklungstendenz stimulieren (s. Kap. 6.2).

Zur **Effektivität** der KPT-J liegen keine gesonderten empirischen Studien vor. Überträgt man stattdessen die Ergebnisse aus Effektstudien zur klientenzentrierten *Erwachsenenpsychotherapie* auf die Jugendlichenbehandlung, und dabei insbesondere die Ergebnisse von Greenberg et al. (1994) über die Wirkung von prozessleitenden Hilfen, dann dürfte auch eine diesbezüglich gestaltete klientenzentrierte Jugendlichenpsychotherapie recht gute Effekte aufweisen. So berichten Greenberg et al. (1994, S. 517) von Effektstärkewerten für eine moderne klientenzentrierte Erwachsenentherapie, die zwischen ES = 1,41–2,12 schwanken.

Für eine *klassische* klientenzentrierte Erwachsenenpsychotherapie wird hingegen nur ein durchschnittlicher Wert von ES = 0,62 berichtet (s. Smith et al., 1980; Biermann-Ratjen et al., 1995, S. 67 f). Unabhängig von den berichteten Effektstärkewerten zur Erwachsenenbehandlung gilt jedoch, dass die Effektivität einer klientenzentrierten Jugendlichentherapie erst nachgewiesen werden muss. Zu diesem Zwecke sollten umgehend Wirksamkeitsstudien durchgeführt werden.

11.3 Klientenzentrierte Psychotherapie für Familien

Die **klientenzentrierte Psychotherapie für Familien** (KPT-F) wird in der Regel parallel zur Kinder- oder Jugendlichenpsychotherapie eingesetzt. Unter bestimmten Bedingungen kann sie diese sogar ersetzen. Dieser Spezialfall gilt vornehmlich dann, wenn die Kinder- oder Jugendlichenpatienten nicht zur Teilnahme an einer individuellen Therapie bereit sind oder wenn ihre psychische Problematik vorrangig von Elternproblemen abhängig ist. In letzterem Fall ist es auch denkbar, dass die Familientherapie in eine klientenzentrierte *Paartherapie* übergeht (s. Auckenthaler, 1983).

Bezüglich der Kombination der individuellen Kinder- und Jugendlichentherapie mit der Familientherapie gilt die Empfehlung, dass alle organisatorischen Vorgehensweisen in der Familientherapie besprochen werden sollten. Auch sollten häusliche Veränderungen auf Grund der individuellen Patientenbehandlung nicht mit den Eltern allein, sondern gemeinsam mit dem Kinder- oder Jugendlichenpatienten analysiert werden. Damit soll die Familientherapie als zentraler Planungs- und Entscheidungsort für das gesamte therapeutische Geschehen angesehen werden. Aus diesem Grunde sollte auch Beginn und Ende der parallelen Kinder- oder Jugendlichentherapie in den gemeinsamen Familienkontakten stattfinden.

Die **Interventionsziele** einer KPT-F bestehen darin, den familiären *Kommunikationsstil* in Richtung auf eine gegenseitige Anerkennung, Empathie und Kongruenz zu verbessern; eine *sichere Bindung* zwischen den Eltern und Kindern (bzw. Jugendlichen) herzustellen; ein *klares* und *flexibles Abgrenzungsverhalten* zwischen den Familienmitgliedern (insbesondere zwischen Eltern und Kindern) zu ermöglichen; die *Entwicklungs- und Autonomiebedürfnisse* der Kinder und Jugendlichen zu fördern und allen Familienmitgliedern bei der *Bewältigung ihrer Probleme* zu helfen.

Die Erreichung dieser Therapieziele wird auf der sprachlichen und spielerischen Kommunikationsebene angestrebt, wobei das Gespräch das primäre Kommunikationsmedium aller Beteiligten ist. Es findet in einem großen Zimmer statt, in dem Spielsachen vorhanden sein sollten. Da die Therapie im Allgemeinen von *zwei Therapeuten* durchgeführt wird, von denen einer der Behandler des Kinder- oder Jugendlichenpatienten sein sollte, kann parallel zum Elterngespräch mit dem Kinderpatienten gespielt werden.

Generell gilt, dass alle an der KPT-F beteiligten Familienmitglieder als **ein Behandlungssystem** anzusehen sind, sodass die Berücksichtigung der gesamtfamiliären Bezogenheit eine der Hauptaufgaben der Familientherapie ist. Sie erfordert von den beiden Therapeuten viel Geschick in der Bearbeitung von Individualisierungs- und Trennungsbedürfnissen.

Da die Störungsbehandlung in der klientenzentrierten Familientherapie nicht symptom-, sondern ursachenzentriert durchgeführt wird, bildet die Beseitigung der oben skizzierten Kommunikations- und Interaktionsstörungen das Hauptziel der Familienbehandlung. Dieses wird jedoch nicht (wie in der verhaltenstherapeutischen Familientherapie) durch Anweisungen und Übungen angestrebt, sondern durch klärende Gespräche und bewusst machende Spiele. Ziel ist es dabei, selbstinitiierte Erfahrungsprozesse durch eine verbesserte Kommunikation und Interaktion freizusetzen.

Eine wichtige Funktion hat dabei die Auseinandersetzung mit den individuellen und gemeinsamen **Familienkonzepten**. In diesen Konzepten sind in Analogie zu den Selbstkonzepten, alle wichtigen Wahrnehmungs-, Bewertungs- und Handlungsregeln der Familie abgebildet. Ziel der Familienkonzeptarbeit ist es somit, Abweichungen und Gemeinsamkeiten zwischen den individuellen Konzepten zu besprechen, Irrealitäten aufzudecken, Beharrungs- und Entwicklungsstrebungen herauszuarbeiten und Loslösungs- bzw. Autonomiefantasien zu äußern. Letztere können z. B. auch im Rahmen von *Fantasiespielen* freigesetzt werden. Dies kann beispielsweise durch die Spielanregung geschehen, mit einem Zauberstab die Familienstruktur so umzugestalten, dass vorrangig die Wünsche und Fantasien bestimmter Familienmitglieder erfüllt werden.

Das Spielbeispiel macht deutlich, dass es in der klientenzentrierten Familientherapie möglich ist, Spielelemente zu nutzen. Mit ihrer Hilfe kann eine enge Verzahnung von kindtypischen, spielzentrierten Kommunikationsformen mit erwachsenentypischen Gesprächsformen ermöglicht werden. Durch die Spieltätigkeit können des Weiteren die Ressourcen zur Inkongruenzbewältigung stärker genutzt und Abwehrmechanismen (z. B. in Form von Angriffs- oder Verteidigungshaltungen) umgangen werden. Auch können Kräfte für eine verbesserte partnerschaftliche intrafamiliäre Kooperation freigesetzt werden (vgl. Kemper, 1997).

Die **Länge** einer klientenzentrierten Familientherapie beträgt ohne die Diagnostikkontakte ca. 10–15 Sitzungen von je ca. 90 Minuten Dauer. Sollte es sich auf Grund der familiären Problembedingungen zeigen, dass häufigere Familienkontakte erforderlich sind, dann kann die Kontaktzahl erhöht werden.

Damit die Familienmitglieder die in der Therapie gemachten Erfahrungen in Ruhe verarbeiten können, sollten die *Abstände* zwischen den Therapiesitzungen drei bis vier Wochen betragen. Auf diese Weise ist auch gewährleistet, dass die relativ geringe Kontaktzahl zu einer effektiven Wirkung führen kann.

Im Folgenden sollen die **spezifischen Interventionsstrategien** der KPT-F vorgestellt werden (vgl. Schmidtchen, 1999 a):

Spezifische Interventionsstrategien der klientenzentrierten Familientherapie

(1) **Personzentrierte Beziehungsgestaltung mit Familien zur Verbesserung des Kommunikations- und Sozialverhaltens:** Die Therapeuten sollten in der Familientherapie auf ein wertschätzendes, empathisches und selbstkongruentes *Kommunikationsverhalten* aller Familienmitglieder hinwirken. Zu diesem Zwecke sollten sie die Familienmitglieder über die Vorteile eines positiven Kommunikationstiles informieren, ihn vorbildhaft demonstrieren und Rückmeldungen über seine Wirkung bei den Familienmitgliedern einholen. Zuweilen können in *pantomimischen Rollenspielen* auch die Wirkungen von negativen Kommunikationsweisen karikiert werden (vgl. Satir et al., 2000). Treten missachtende, drohende oder gewalttätige Kommunikationsformen auf, dann sollten diese durch ein *Grenzsetzungsverhalten* unterbunden werden.

Um die Bedürfnisse eines jeden Familienmitgliedes angemessen berücksichtigen zu können, sollten diese erfragt werden. Zuweilen ist es auch notwendig, dass die Therapeuten einem unterdrückten oder vernachlässigten Mitglied (das kann ein Kind oder ein Erwachsener sein) helfen, seine Bedürfnisse zu äußern. Mit dieser Intervention soll die Wichtigkeit auch dieses Familienmitgliedes und die Notwendigkeit der Berücksichtigung seiner Interessen verdeutlicht werden.

(2) Nicht-direktive Gesprächs- und Spielführung zur Förderung von selbstinitiierten intrinsisch-motivierten familiären Erfahrungsprozessen: Das klientenzentrierte Nicht-Direktivitätsprinzip bezieht sich primär auf die *Tolerierung* aller Formen von familiären *Entwicklungs- und Problemlösungsressourcen*. Durch die Zurückhaltung bei der Erteilung von Entwicklungsinstruktionen und Problemlösungshilfen sollen die Selbsthilfepotenziale der Familienmitglieder stimuliert werden. Ähnlich wie in der modernen Systemtheorie (s. Kap. 6.4) wird davon ausgegangen, dass letztlich nur die Familienmitglieder allein entscheiden können, in welchen Bereichen sie sich in welche Richtung und auf welche Weise verändern wollen (vgl. Kriz, 1994).

Haben die Familienmitglieder ihre jeweiligen Veränderungsbereiche und -ziele gefunden, dann sollten die *Mittel zur Zielerreichung* gesucht werden. Bei dieser Suche können sie durch Hinweise, Spielanregungen, Fokussierungshilfen etc. unterstützt werden. Als ein besonders wichtiger Veränderungsbereich ist das elterliche Förderverhalten bei der Bewältigung von Entwicklungsaufgaben der Kinder oder Jugendlichen anzusehen. Hier sind bei Bedarf auch prozessleitende Hilfen zu geben.

(3) Prozessleitende Hilfen für Familien zur Inkongruenzbewältigung: Die prozessleitenden Hilfen zur Entwicklungsförderung und Bewältigung von familiären Inkongruenzen (bzw. Konflikten) beziehen sich im Wesentlichen auf die *Klärung* der Inkongruenzbedingungen, die Freisetzung von unterentwickelten individuellen Verwirklichungstendenzen und die Korrektur von gestörten Familienkonzepten. Die Hilfen bestehen aus: Fokussierungen (bzw. Markierungen) der Inkongruenztendenzen; Fragen bzgl. der individuellen Sichtweisen über die möglichen Ursachen der familiären Inkongruenzen; klärungssteigernden Reflektionshilfen; Angeboten von *Fantasiespielen* (z. B. über die Herstellungsmöglichkeit von Kongruenz); grenzsetzenden Verhinderungen von gewaltsamen Unterdrückungen etc.

Auch Informationen über die familiären und individuellen Risiko- und Schutzfaktoren, die zur Pathogenese der psychischen Störungen geführt haben, gehören zu den prozessleitenden Hilfen.

Haben die Familienmitglieder Schwierigkeiten, Wege zur Bewältigung der familiären Konfliktsituationen zu finden, dann können die Therapeuten *Lösungsvorschläge* machen. Diese Vorschläge können dann in den Familiengesprächen und -spielen bearbeitet werden. Bei überlasteten Familiensystemen (z. B. auf Grund von Alleinerziehung, Arbeitslosigkeit, chronischer Erkrankung der Eltern etc.) können sich die Therapeuten auf Wunsch auch an *konkreten Hilfsbemühungen* z. B. des Jugendamtes, des Sozialamtes oder der Schule mitbeteiligen.

Aussagen zur **Effektivität** der klientenzentrierten Familientherapie liegen nur für die *Kombinationsbehandlung* einer Spiel- und Familientherapie vor. Hier wird von Schmidtchen et al. (1993) ein Effektstärkewert von ES = 1,58 berichtet. Betrachtet man demgegenüber die ES-Werte einer alleinigen Familienbehandlung ohne eine parallele Kinder- oder Jugendlichenpsychotherapie, dann kommen Grawe et al. (1994, S. 576) auf der Basis von Meta-Analysen *unterschiedlicher Familientherapieverfahren* zu einem Durchschnittswert von ES = 0,45–0,50 (vgl. Shadish et al., 1995).

Zukünftige Forschungsprojekte sollten die Wirksamkeit einer individuellen klientenzentrierten Kinder- oder Jugendlichenpsychotherapie ohne eine parallele Familienbehandlung prüfen und mit der Wirksamkeit einer kombinierten Behandlung vergleichen. Auch erscheint es sinnvoll, die Effekte einer alleinigen klientenzentrierten Familientherapie ohne eine parallele Kinderbehandlung zu erheben und mit den anderen Behandlungsalternativen zu vergleichen.

12 Tiefenpsychologische Psychotherapie für Kinder, Jugendliche und Familien

Die tiefenpsychologische Psychotherapie für Kinder, Jugendliche und Familien (TPT-KJF) fußt in ihrem Ursprung in der *Psychoanalyse* von S. Freud (1896–1939), wobei der Beginn der tiefenpsychologischen Kinderpsychotherapie auf das Jahr 1909 datiert werden kann, in dem S. Freud seinen Aufsatz „Analyse der Phobie eines 5-jährigen Knaben" geschrieben hat. Es folgen dann die Bücher von Hermine von Hug-Helmut (1913), Anna Freud (1927), Melanie Klein (1932), Zulliger (1952), Annemarie Dührssen (1960) und Winnicott (1974), in denen immer mehr Spezifikationen zur Kinder- und (später auch) Jugendlichenpsychotherapie dargestellt worden sind (vgl. Harms, 1997).

Diese Spezifikationen lassen sich im Sammelbegriff der *tiefenpsychologischen Störungs- und Psychotherapielehre* zusammenfassen, die in ihren Grundzügen sowohl für Kinder als auch für Jugendliche gilt. Im Folgenden sollen in Bezug auf Kapitel 6.3 kurz die Grundannahmen der **tiefenpsychologischen Störungslehre** skizziert werden:

Grundannahmen der tiefenpsychologischen Störungslehre
- **Unbewusste Prozesse** bestimmen die psychischen Funktionen des Verhaltens.
- **Triebe und Affektmotive** beeinflussen die Steuerung von menschlichen Verhaltensweisen.
- **Entwicklungsphasen** sind Ausdruck von triebhaften libidinösen Energien und können unterschiedliche Ausformungen annehmen.
- **Unbewusste Konflikte** sind für die Entstehung von Symptomen verantwortlich, wobei die Konflikte im wesentlichen auf die Nichtbefriedigung kindlicher Libidobedürfnisse durch die Eltern zurückzuführen sind.
- **Fehlerhafte Beziehungserfahrungen** mit den Eltern führen zu problematischen Beziehungsmustern.
- Unterentwickelte und fehlerhafte **Selbstbildungsprozesse** ergeben sich durch eine gestörte Einstellung zu sich selbst.

Aus diesen Störungsannahmen ergeben sich folgende **Wirkfaktoren** der *tiefenpsychologischen Psychotherapie* (s. Mertens, 1993, S. 194 ff; Rudolf, 1996, S. 301 ff):

Wirkfaktoren der tiefenpsychologischen Psychotherapie
- **Stimulation von Übertragungsprozessen:** In der Übertragungsbeziehung kann der Patient seine belastenden Erfahrungen aus der Vergangenheit auf den Therapeuten projizieren und so der therapeutischen Bearbeitung zugänglich machen.
- **Kontrolle von Gegenübertragungsgefühlen:** Mit den Gegenübertragungsgefühlen reagiert der Therapeut auf die Projektionen des Patienten. Diese Gefühle darf der Therapeut nicht ausagieren, sondern sollte sie nach einer Analyse der Übertragungsprozesse in seinen Deutungsvorschlägen an den Patienten mit berücksichtigen.
- **Angebot von Deutungsvorschlägen:** Mit ihrer Hilfe weist der Therapeut den Patienten auf Zusammenhänge zwischen Problemen der Gegenwart und belastenden Erfahrungen der Vergangenheit hin.
- **Reaktionen des Zuhörenkönnens und der Empathie:** Sie sollen den Patienten ermuntern, in frei assoziierender Weise seine unbewussten Erfahrungen, Wünsche und Bedürfnisse offen zu legen.

- **Angebot einer Halt gebenden Beziehung** („*holding function*" im Sinne von Winnicott, 1974): Zu dieser Halt gebenden Beziehung gehört auch die Schaffung einer „*holding environment*", einer Halt gebenden und bewahrenden Umwelt. Die Realisierung beider Bedingungen soll einen Schutz vor inneren und äußeren Gefahren gewährleisten.
- **Angebot einer Resonanz- bzw. „Container"-funktion:** In ihrem Rahmen sollen die zuweilen recht heftigen Affekte des Patienten verstehend und *ohne Gegenreaktion* des Therapeuten an- und aufgenommen werden.

Indiziert ist die TPT-KJF für psychische Störungen von Kindern und Jugendlichen, die auf zu Grunde liegende Konflikte, Entwicklungsstörungen, Ängste und problematische Abwehrmechanismen zurückzuführen sind. Das sind im Wesentlichen folgende Störungen: • „Emotionale Störungen des Kindesalters"; • „Störungen sozialer Funktionen mit Beginn in der Kindheit und Jugend"; • „Entwicklungsstörungen"; • „Enuresis"; • „Stottern"; • „Zwangsstörungen"; • „Sonstige Angststörungen"; • „Somatoforme Störungen"; • „Depressive Episoden"; • „Konversionsstörungen"; • „Persönlichkeitsstörungen"; • „Ess-Störungen" etc. (vgl. Dührssen, 1995; Fahrig, 1996; Remschmidt & Quaschner, 1997).

Die oben genannten therapeutischen Wirkfaktoren müssen die Erlebens-, Gedankens- und Verarbeitungsspezifika von Kindern und Jugendlichen berücksichtigen. Sie sind wesentliche Bestandteile der unspezifischen und spezifischen tiefenpsychologischen Interventionsstrategien, die im Weiteren kurz vorgestellt werden sollen (vgl. Jongbloed-Schurig & Wolff, 1998).

In den **unspezifischen Interventionsstrategien** wird den Kindern, Jugendlichen und Eltern ein *therapeutisches Beziehungsverhältnis* angeboten und mit den Eltern ein *Therapievertrag* abgeschlossen. Außerdem werden Informationen über die *Aufgaben* des Therapeuten sowie die des Kinder- oder Jugendlichenpatienten und seiner Eltern vermittelt. Des Weiteren wird über die Indikationskriterien zur tiefenpsychologischen Kinder- und Jugendlichentherapie informiert. Die *Therapieplanung* wird anhand einer biografischen und pathogenetischen Anamnese durchgeführt und die *Qualitätskontrolle* auf Grund von schriftlichen Therapieprotokollen und einer Supervision in einer so genannten Balintgruppe.

Vor Beginn der Behandlung werden die Patienten und deren Eltern über die tiefenpsychologische *Störungs- und Psychotherapielehre* unterrichtet, wobei besonders auf die Wirkung von unbewussten Prozessen und auf die Bedeutung der Entwicklungsphasen hingewiesen wird. Des Weiteren bemüht sich der Therapeut um eine *konzeptgetreue Maßnahmenanwendung*.

Die **spezifischen Interventionsstrategien** der TPT-KJF orientieren sich im Wesentlichen an der Psychoanalyse und Dynamischen Psychotherapie (vgl. Dührssen, 1990; 1995; Fahrig, 1996; Remschmidt & Quaschner, 1997).

Spezifische Interventionsstrategien der tiefenpsychologischen Kinder-, Jugendlichen- und Familientherapie

(1) **Nutzung von Übertragungsprozessen zur Verbesserung der trieb- und affektmotivierten Entwicklung:** Die Art der Beziehungsgestaltung hat auch in der TPT-KJF eine herausragende Bedeutung. Sie soll im Wesentlichen das Stattfinden von *Übertragungsprozessen* ermöglichen, mit deren Hilfe die Kinder- oder Jugendlichenpatienten sowie deren Eltern belastende Erfahrungsmuster aus der Vergangenheit auf den Therapeuten projizieren

können (vgl. Bettighofer, 1998). Dabei sollen die mit den Mustern verdrängten Affekte katharisch freigesetzt werden, sodass Raum zum Erwerb von neuen Entwicklungserfahrungen entsteht. Damit die Übertragungsprozesse stattfinden können, bietet sich der Therapeut als ein *resonanz- und schutzgebender Interaktionspartner* an und bemüht sich, negative *Gegenübertragungsreaktionen* zu kontrollieren.

(2) **Dialogische Einsichtsförderung zur Konfliktbewältigung:** Die tiefenpsychologische Einsichtsförderung findet im Wesentlichen im *gesprächsweisen* und *spielerischen Dialog* des Kinder- oder Jugendlichenpatienten (sowie dessen Eltern) mit dem Therapeuten statt. Therapeutische Wirkmechanismen sind dabei: verstehensfördernde *Aufmerksamkeits- und Frageprozesse*; *Erklärungen*; *Deutungen*; *Vorschläge* und die Bereitschaft des Therapeuten, in Angst- und Bedrohungssituationen *Schutz zu geben.* Die Einsichtsförderung betrifft die Herstellung von Zusammenhängen zwischen unbewussten Antrieben (bzw. Restriktionen) und problematischen manifesten Verhaltensweisen. Da sprachliche Reflexionsprozesse von Kindern nur begrenzt durchgeführt werden können, nutzen Kinder vorwiegend spielerisch-analoge Prozesse zum Erkenntnisgewinn. Dabei ist nach Fahrig (1996, S. 285) insbesondere das *Fantasie- und Rollenspiel* die Ebene, auf der sie ihr „inneres Erleben nach außen" bringen können, „denn viele zerebrale Prozesse brauchen nicht die Ebene des sprachlichen Selbstbewusstseins zu erreichen, um handlungs- und wahrnehmungsrelevant zu werden."

(3) **Richtungsgebende Hinweise zur Korrektur von gestörten Selbststrukturen und Objektbeziehungen:** Um dem Patienten durch Hinweise bei der Konfliktbearbeitung zu helfen, lenkt der Therapeut die Aufmerksamkeit des Patienten durch *differenzierende Fragen* und *selektiv-authentische Mitteilungen* (Rudolf, 1996, S. 304). Die Hilfen sind besonders auf die Verarbeitung von problematischen Beziehungserfahrungen mit wichtigen Personen („Objekten") und problematischen Selbststrukturprozessen (z. B. zwischen Es- und Über-Ich-Instanzen) ausgerichtet. Ziel dieser z. T. auch pädagogischen Hilfen ist es, eine *Einsicht* in unbewusste Vorgänge zu ermöglichen und zu einer „Erweiterung des Bewusstseinsumfangs mit erhöhtem Selbstverständnis und vertiefter Selbstbesinnung" zu gelangen (Dührssen, 1995, S. 22).

Die geschilderten tiefenpsychologischen Therapeutenstrategien entwickeln ihre Wirkung in der Verknüpfung aller drei Globalmaßnahmen, wobei die Gestaltung der Übertragungsbeziehung ein besonderes Gewicht hat. Im Weiteren soll die Anwendung der tiefenpsychologischen Psychotherapie gesondert für Kinder, Jugendliche und Familien vorgestellt werden.

12.1 Tiefenpsychologische Psychotherapie für Kinder

In der **tiefenpsychologischen Psychotherapie für Kinder** (TPT-K) ist das *Spiel* das wichtigste Therapiemedium. In ihm finden die Übertragungsprozesse in Form von Spielinszenierungen statt, die in ihrer Wiederbelebungsfunktion von alten Verhaltensmustern einen katharischen Effekt haben können. Des Weiteren können die Inszenierungen dazu dienen, probehandelnde Neubearbeitungen von nicht gelösten Konflikten zu ermöglichen. Im Sinne von Erikson (1978, S. 216) kann das therapeutische Spiel dazu benutzt werden, „Erfahrungen zu verarbeiten und die Realität durch Planung und Experiment" zu beherrschen (s. a. Kap. 11.1).

Im Gegensatz zur tiefenpsychologischen Erwachsenenpsychotherapie verhalten sich die Therapeuten ihren Kinderpatienten gegenüber nicht distanziert und zurückhaltend, sondern „sehr persönlich und intim" (Remschmidt & Quaschner, 1997, S. 84). Da der Kinderpatient sehr stark von seinen Eltern abhängig ist, müssen die Eltern im Rahmen einer Familientherapie oder Elternberatung in die Therapie mit einbezogen werden. Des Weiteren ist es für die TPT-K wichtig, dass die *Übertragungsreaktionen* der Kinder gemäß ihres Entwicklungsalters verstanden und bearbeitet werden (vgl. Jongbloed-Schurig & Wolff, 1998).

Beispiele für die Bearbeitung von Übertragungsreaktionen

Nach Streeck-Fischer (1992) ist bei Kindern mit Störungen in der oralen Phase (zur Phasenerklärung s. Kap. 6.3.1) ein stärker **lenkendes und grenzensetzendes Verhalten** angebracht, als bei Kindern mit Störungen in der phallisch-ödipalen Phase. In Letzterer bezieht sich die Einflussnahme vor allem auf **Regulationshilfen** zur Bewältigung von aggressiv-destruktiven Übergriffen, Nähe- und Distanzkonflikten und Problemen bei der Differenzierung von Selbst- und Objektinteressen. Generell versucht der tiefenpsychologische Kinderpsychotherapeut bei der Bearbeitung des Übertragungsmaterials, Parallelen und Wiederholungen zu erkennen und dem Patienten störungserklärende Zusammenhänge deutlich zu machen.

Außerdem ist jedes Handeln als ein **therapeutischer Dialog** (Dührssen, 1995, S. 39) anzusehen, in dem die kindlichen Spielinszenierungen als Mitteilungen an den Therapeuten verstanden werden. Auf diese Mitteilungen reagiert der Therapeut unter Nutzung seiner Gegenübertragungsgefühle durch *Kommentare, Mitspielreaktionen, Deutungen* etc.

Das tiefenpsychologische **Verständnis der kindlichen Spieltätigkeit** unterscheidet sich damit entscheidend vom alltäglichen Spielverständnis oder von dem der klientenzentrierten Spieltherapie. In der Tiefenpsychologie wird die Spieltätigkeit immer im *Kontext des Übertragungsgeschehens* auf den Therapeuten gesehen und nicht als ein Akt der Selbstkommunikation oder des Lernens durch neue Spielerfahrungen.

Die **Behandlungslänge** einer TPT-K beträgt nach den Psychotherapie-Richtlinien des Bundesausschusses der Ärzte und Krankenkassen ca. 70 bis 120 Therapiestunden (Gruppenbehandlung: ca. 40 bis 60 Doppelstunden). Eine Therapiestunde entspricht dabei einer *Zeiteinheit* von 50 Minuten. Empirische Analysen der real benötigten Therapiekontakte durch Fahrig (1996, S. 390) haben ergeben, dass die *reale Behandlungslänge* ca. 66 bis 73 Kontakte pro Patient beträgt. Da in den Therapie-Richtlinien keine Angaben über die Kontaktzahlen der begleitenden Familien- bzw. Elterntherapie gemacht werden, ist der diesbezügliche Zeitbedarf in den obigen Angaben enthalten.

Die tiefenpsychologische Spieltherapie findet in der Regel 1–2 mal wöchentlich statt und erstreckt sich über eine **Gesamtzeitdauer** von ca. 1 1/2 Jahren. Sie wird in einem Spielzimmer mit einem *Spielzeugangebot* durchgeführt, mit dem die Kinder ihre verdrängten Konflikte und gehemmten Entwicklungsbedürfnisse sowie ihre Selbststrukturdefizite spielerisch-symbolisch darstellen und bearbeiten können. Bezüglich der Ausstattung des Spielzimmers kann man sich an den Angaben von Fahrig (1996) und Krucker (1997) orientieren.

Die tiefenpsychologische Kinderpsychotherapie wird als eine Breitbandmethode angesehen, mit der Mehrfach-Störungen zu behandeln sind. **Indiziert** ist die Methode vorrangig bei der Behandlung von *internalisierenden Störungen*, die sich in emotionalen und sozialen Gehemmtheiten, Ängsten, Konversionsreaktionen, psychosomatischen Problemen, Schlafstörungen, Tagnässen, Stottern etc. kundtun können (vgl. Fahrig, 1996; Remschmidt & Quaschner, 1997).

Die TPT-K kann auch in einer **Gruppenform** durchgeführt werden (vgl. Niebergall, 1997; Rahm, 1999). Damit der Therapieprozess eines jeden Kindes vom

Psychotherapeuten sorgfältig begleitet werden kann, sollte die Gruppe aus nicht mehr als *fünf Kindern* bestehen. Die Kinder sollten ein gleiches Entwicklungsniveau und unterschiedliche Störungsursachen aufweisen. Damit soll gewährleistet werden, dass die Kinder in der Therapie voneinander lernen können. Wichtig ist des Weiteren, dass sich die Therapiekinder bei Gruppenbeginn nicht grundsätzlich ablehnen. Die Gruppe sollte an einem festen Ort mit möglichst gleich bleibenden Anfangs- und Endzeiten (die Therapielänge beträgt ca. 100 Minuten) stattfinden. Die *Behandlungslänge* sollte nach den Psychotherapie-Richtlinien ca. 40–60 Kontakte betragen.

Nach Niebergall (1997, S. 135) sollte es das **Ziel** einer tiefenpsychologischen Gruppenpsychotherapie sein, *korrigierende soziale Erfahrungen* zu vermitteln, mit deren Hilfe soziale Lücken auf Grund verdrängter Konflikte geschlossen werden können. Dabei sollte die Bearbeitung von Konflikten mit rivalisierenden Geschwistern oder Erwachsenen im Vordergrund stehen.

Im Folgenden sollen die **spezifischen Interventionsstrategien** der TPT-K vorgestellt werden. Sie beziehen sich im Wesentlichen auf eine therapeutische Förderung des Spielverhaltens (vgl. Winnicott, 1974; Fahrig, 1996; Krucker, 1997).

Spezifische Interventionsstrategien der tiefenpsychologischen Kindertherapie

(1) Nutzung von Übertragungsprozessen bei Kindern zur Verbesserung der trieb- und affektmotivierten Entwicklung: Damit die Kinderpatienten ihre gehemmten Entwicklungsbedürfnisse freisetzen und ihre Fixierungen und Regressionen überwinden können, lässt der Therapeut die Kinder ihre Spielthemen frei wählen und hält sich mit eigenen Spieltätigkeiten sehr zurück. Statt dessen bemüht er sich um ein *resonanz- und schutzgebendes Beziehungsverhalten*, eine *containermäßige Aufnahme* von problematischen Beziehungserfahrungen und eine *Kontrolle negativer Gegenübertragungsreaktionen*.

In Abwandlung des üblichen nicht-direktiven Spielansatzes können in der Methode der Szenisch-analytischen Spieltherapie von Krucker (1997) oder im Katathymen Bilderleben von Leuner et al. (1990) auch Spiel- oder Fantasiethemenvorschläge gegeben werden (s. a. den Ansatz von Gil, 1996, zur spieltherapeutischen Arbeit mit missbrauchten Kindern).

(2) Dialogische Einsichtsförderung bei Kindern zur Konfliktbewältigung: Die kindliche Konfliktbewältigung wird in der TPT-K vorwiegend auf der *Spielebene* vorgenommen. Zu diesem Zweck thematisiert der Patient die einzelnen Konfliktkomponenten im Fantasie- und Rollenspiel und teilt sie dem Therapeuten mit. Dieser reagiert mit Interesse und Verständnis auf die Komponenten und versucht, das Kind durch *Fragen, Deutungen* oder *Vorschläge* dazu zu veranlassen, bei der Konfliktlösung stärker als bisher die verdrängten Motive angemessen zu berücksichtigen. In diesem Zusammenhang kann es bei der Freisetzung von lange unterdrückten Antrieben zu intensiven Gefühlsausbrüchen (Katharsisprozessen) kommen.

Primäres Ziel der *dialogischen Einsichtsförderung* ist es, dass der Kinderpatient die Notwendigkeit begreift, dass eine gesunde Konfliktlösung die Berücksichtigung der verdrängten Motive erfordert und dass zuweilen auch Kompromisse zu tolerieren sind. Nach Dührssen (1990) ist es insbesondere zur Bewältigung von gehemmten Bedürfnissen hilfreich, wenn der Therapeut dem Kinderpatienten durch *Angebote von Spielsachen oder Spielthemen* einen „expansiven Raum für die gehemmten Antriebsbereiche" zur Verfügung stellt, in dem das Kind u. a. seine Motive nach Sicherheit, neugierigem Erkunden oder Autonomie ausdrücken kann.

(3) Richtungsgebende Hinweise für Kinder zur Korrektur von gestörten Selbststrukturen und Objektbeziehungen: Die Korrektur von gestörten Selbststrukturen und Objektbeziehungen geschieht im Wesentlichen durch *selektive Deutungen, Erklärungen* und *Hinweise*.

Mithilfe dieser Maßnahmen soll die Verarbeitung von problematischen Beziehungserfahrungen und die Auseinandersetzung zwischen Es- und Über-Ich-Instanzen verbessert, die Verwendung von Abwehrmechanismen verringert und die Freisetzung von unbewussten Antrieben gefördert werden.

Nach Fahrig (1997, S. 387) können Deutungen auf der *Spielebene* u. a. dadurch vorgenommen werden, dass der Therapeut dem Patienten durch eine Puppe eine Mitteilung zukommen lässt oder ein Spielverhalten kommentiert.

Direktere Formen der Einflussnahme geschehen in der Methode des Katathymen Bilderlebens von Leuner et al. (1990; s. a. Kampmann-Elsas, 1997), in der den Kindern Themen zur „Bilderstellung" vorgeschlagen werden (z. B. das Thema eines Wiesenbildes, einer Bergbesteigung, des Betretens einer Höhle etc.). Richtungsgebende Hilfen zur therapeutischen Bearbeitung dieser Themen können u. a. aus der *Stimulation* und *Anreicherung* bestimmter Fantasieinhalte bestehen, der *Konfrontation* und *Versöhnung* von Gegensätzen sowie der *Reinigung* von belastenden Erfahrungen. In vergleichbarer Weise wird auch in der Szenischanalytischen Spieltherapie von Krucker (1997) gearbeitet. Hier sollen primär sozialgerichtete Fantasiethemen (z. B. eine Familiendarstellung mit Tieren) in Spielinszenierungen umgesetzt und gemeinsam mit dem Therapeuten bearbeitet werden.

Leider muss nach Remschmidt und Quaschner (1997, S. 90) die empirisch abgesicherte **Effektivität** der TPT-K „als sehr dürftig" bezeichnet werden. Dieser Mangel ist im Wesentlichen darauf zurückzuführen, dass in der Vergangenheit eine empirische Erforschung der tiefenpsychologischen Kinderpsychotherapie als unvereinbar mit der therapeutischen Vorgehensweise angesehen wurde. Vermutlich aus diesem Grunde sind nur ca. 6 % von 223 in den USA (zwischen 1970 und 1989) veröffentlichten Studien zur Wirksamkeit von Psychotherapie bei Kindern und Jugendlichen nach dem *psychodynamischen bzw. psychoanalytischen* Konzept durchgeführt worden. Eine Analyse der Effektstärkewerte dieser Therapien hat gezeigt, dass die Werte zwischen ES = 0,21–0,31 schwanken, also extrem niedrig sind (s. Kazdin, 1990).

Damit die TPT-K ihre Rechte als Psychotherapie-Richtlinienverfahren in der Bundesrepublik Deutschland behalten kann, wäre es wünschenswert, wenn mit ihr neue Effektivitätsstudien durchgeführt und ES-Werte erreicht würden, die denen des behavioral-kognitiven Kindertherapieverfahrens (hier wurden Werte von 0,76–0,91 gefunden) entsprechen.

12.2 Tiefenpsychologische Psychotherapie für Jugendliche

In der **tiefenpsychologischen Psychotherapie für Jugendliche** (TPT-J) ist das *Gespräch* das zentrale Kommunikationsmedium. Seine therapeutische Bedeutung wird durch die folgenden Äußerungen von Rudolf (1997, S. 314 f) belegt: „Der Bericht des Patienten in der therapeutischen Situation ist eine Selbstdarstellung vor den Augen und Ohren des Therapeuten. Indem der Patient ausspricht, was er denkt und empfindet sowie an was er sich erinnert, macht er eine *Mitteilung* an einen anderen.

Er offenbart etwas Persönliches von sich. (...) Diese Aktivität des Patienten zielt darauf ab, dass er sich jemandem öffnen kann; dass er jemanden findet, der ihm zuhört, ohne ihn kritisch zu bewerten; jemanden, der durch sein Zuhören zur

Fortsetzung des Berichtes ermutigt; jemanden, der das Belastende des Berichtes aushält; jemanden, der in den unzusammenhängenden Mitteilungen den roten Faden findet und Sinnzusammenhänge schafft." Das Ziel der tiefenpsychologischen Gespräche mit Jugendlichen ist es, dass sich der Jugendliche durch die Mitteilungen an den Therapeuten und dessen verbale und nichtverbale Reaktionen besser erkennen und selber regulieren kann.

Obwohl Jugendliche genauso häufig wie Kinder psychische Störungen aufweisen und psychologisch-psychiatrische Versorgungseinrichtungen aufsuchen (s. Walter, 1997, S. 11 f), gibt es außer den klassischen Büchern von Dührssen (1992) „Psychotherapie bei Kindern und Jugendlichen" und Seiffge-Krenke (1986) „Psychoanalytische Therapie im Jugendalter" relativ wenig neue Literatur über die TPT-J. Dies mag damit zusammenhängen, dass es nach Remschmidt und Quaschner (1997, S. 88) unter vielen Psychoanalytikern Vorbehalte gibt, eine Jugendlichenpsychotherapie durchzuführen. Wegen der entwicklungsbedingten Loslösungsbemühungen von den Eltern wird nämlich vermutet, dass die Jugendlichenpatienten nur eingeschränkt bereit sind, ihre libidinösen Bedürfnisse auf einen Therapeuten zu übertragen, so dass die wichtige Strategie der Übertragung (vgl. Bettighofer, 1998) nur bedingt zur Anwendung kommen kann.

Des Weiteren soll die alterstypische Neigung von Jugendlichen zum *Agieren* dazu führen, dass der Therapeut Probleme hat, die „Abstinenzregel" bzw. analytische Neutralität einzuhalten. (vgl. Seiffge-Krenke, 1986). Es wird angenommen, dass viele Jugendlichenpatienten durch Provokationen versuchen, den Therapeuten in ihre Konflikte miteinzubeziehen und dass deshalb der sichere Rahmen des psychoanalytischen Settings nicht immer eingehalten werden kann. Um diesen Problemen begegnen zu können, hat es sich in der TPT-J durchgesetzt, das therapeutische *Vorgehen flexibler* zu gestalten und die Therapiethemen am Gegenwartsgeschehen zu orientieren.

Dieses flexible Vorgehen lässt sich relativ gut mit der Methode der **Dynamischen Psychotherapie** von Dührssen (1995) durchführen. Deren Ziel ist es, Entwicklungsdefizite aufzufüllen, kathartische Prozesse zu fördern, den Bewusstseinsumfang mit erhöhtem Selbstverständnis zu erweitern und neurotische Reaktionsmuster durch gesunde zu ersetzen.

Auf Grund der strategisch beweglichen Vorgehensweise ist die TPT-J für ein breites Spektrum von psychischen Störungen **indiziert**. Dies sind u. a.: • „Ess-Störungen"; • „Persönlichkeitsstörungen"; • „Depressive Episoden"; • „Zwangsstörungen"; • „Sonstige Angststörungen"; • „ Entwicklungsstörungen"; • „Somatoforme Störungen"; • „Störungen der Sexualpräferenz" und • „Störungen des Sozialverhaltens".

Die **Rahmenbedingungen** der TPT-J weisen zahlreiche Unterschiede zu den Settingbedingungen der tiefenpsychologischen Erwachsenenbehandlung auf. Sie betreffen im Wesentlichen den Verzicht auf die Couchlage des Patienten, die Begrenzung der Gesamtlänge der Psychotherapie sowie die Ausgestaltung der Therapeut-Patient-Interaktion. In der Jugendlichenpsychotherapie finden die Gespräche in der Regel im *Gegenübersitzen* mit der Möglichkeit zum Blickkontakt statt und werden nicht als selbstreflexiver Monolog, sondern als ein *strukturierter Dialog* durchgeführt. Im Rahmen dieses Dialoges kommunizieren der Jugendlichenpatient und Therapeut in der Regel über ein verabredetes *Konfliktthema* (Fokaltherapie).

Beispiel für die Bearbeitung eines Konfliktthemas

Nach Rudolf (1997, S. 327) besteht die **Bearbeitung des Konfliktthemas** in der ersten Phase aus der Förderung eines *biografischen Themenverständnisses*, das unter dem Motto eines „Woher kennen Sie das?", steht und in dem der Patient angeregt wird, zu überlegen, „ob er ähnliche äußere Situationen oder innere Erfahrungen bereits kennen gelernt hat." Ziel dieser Art von Gesprächsführung ist es, „das Selbstverständnis für die eigenen lebensgeschichtlichen Wurzeln" zu verbessern, damit das aktuelle Erleben und Verhalten sinnvoller gestaltet werden kann. In der zweiten Phase des *Durcharbeitens* geht es darum, den Patienten u. a. zu ermutigen, gegen alte Erfahrungen anzukämpfen; die alten Erfahrungen loszulassen und abzutrennen; sich mit dem Geschehenen auszusöhnen; Neues zu versuchen und Zukunftsperspektiven zu entwickeln. Die abschließende *Trennungsphase* hat die Aufgabe, die Beziehung zwischen dem Patienten und Therapeuten zu lösen und sich im Zusammenhang mit dem Trennungsprozess mit Themen der eigenen Begrenztheit, der Begrenztheit in der Befriedigung seiner Antriebe oder der Begrenztheit von Partnerschaften etc. auseinander zu setzen.

Die Dauer einer tiefenpsychologischen Einzeltherapie mit Jugendlichen beträgt ca. 50 Minuten, wobei die Therapie wöchentlich ein- bis zweimal stattfinden kann. Nach den Psychotherapie-Richtlinien kann die *Gesamtzahl der Kontakte* einer „analytischen" oder „tiefenpsychologisch fundierten" Jugendlichenpsychotherapie zwischen 90–140 Kontakten (Gruppenpsychotherapie: 40–60 Doppelkontakte) variieren.

Da die Jugendlichen selten freiwillig in die Behandlung kommen, sondern von der Schule oder den Eltern geschickt werden, werden viele Therapien *vorzeitig abgebrochen* (vgl. Seiffge-Krenke, 1986). Auf Grund ihrer geringen Behandlungsmotivation sind viele Jugendliche häufig auch nicht bereit, neben ihrer individuellen Therapie an einer parallelen Familienbehandlung teilzunehmen.

Um die Therapiemotivation zu verbessern und die Gefahr eines Therapieabbruches zu verringern, empfiehlt es sich, die TPT-J als **Gruppenpsychotherapie** durchzuführen. Die Vorteile eines solchen Behandlungssettings werden von Seiffge-Krenke (1986, S. 147) in der Erfüllung folgender Bedingungen gesehen:

Vorteile einer tiefenpsychologischen Gruppentherapie mit Jugendlichen

(1) Die **Verantwortung** für die Gestaltung der Therapiesitzungen wird auf alle Jugendlichenpatienten verteilt.

(2) Die **Bearbeitung von Übertragungsprozessen** auf den Therapeuten wird dadurch erleichtert, dass Übertragungsreaktionen auch auf die Gruppenmitglieder stattfinden können.

(3) Durch den **Gruppenschutz** kann der einzelne Jugendliche leichter intensive Gefühlsreaktionen verarbeiten.

(4) Auf Grund der **angstbindenden Funktion der Gruppe** ist der Widerstand gegen die Aufdeckung von verdrängten Erfahrungen geringer. Des Weiteren kann eine gegenseitige Unterstützung der Gruppenmitglieder bei der Bearbeitung von verdrängten Konflikten helfen.

(5) Das individuelle Leid bekommt durch die **Solidarität der Mitleidenden** einen universellen Charakter und ist dadurch leichter zu ertragen (s. a. Kap. 9.2 über weitere Vorteile einer Gruppenpsychotherapie).

Die **Gruppengröße** sollte nach Seiffge-Krenke (1986, S. 198) aus 6–8 Jugendlichen bestehen, die unterschiedliche psychische Störungen aufweisen.

Im Folgenden sollen die **spezifischen Interventionsstrategien** der TPT-J vorgestellt werden. Sie orientieren sich an Strategien der psychoanalytischen Erwachsenentherapie und Dynamischen Psychotherapie (vgl. Dührssen, 1995; Fahrig, 1996; Rudolf, 1996; Reimer, 1996 a.).

Spezifische Interventionsstrategien der tiefenpsychologischen Jugendlichentherapie

(1) **Nutzung von Übertragungsprozessen bei Jugendlichen zur Verbesserung der trieb- und affektmotivierten Entwicklung:** Da die Loslösung von den Eltern und der Erwerb von Autonomie im Vordergrund der Entwicklung stehen, sind Jugendliche in der Regel ungern bereit, in die Abhängigkeitsrolle eines Patienten zu schlüpfen und Kindheitserfahrungen auf den Psychotherapeuten zu projizieren. Deshalb muss das klassische Setting der tiefenpsychologischen Erwachsenenpsychotherapie (z. B. die abhängigkeitsschaffende Couch und die thematische Offenheit) zu Gunsten einer *partnerschaftlich-dialogischen Kommunikation* und *thematischen Begrenzung* auf Themen der gegenwärtigen Situation aufgegeben werden. Im Zentrum der Gespräche sollte die Bewältigung von Entwicklungsaufgaben stehen; diese Gespräche können am besten im Gruppenverband durchgeführt werden. Der Therapeut sollte dabei als ein guter *Zuhörer, Erklärer* von Bezügen und Realitäten sowie *freundschaftlicher Berater* zur Verfügung stehen (vgl. Rudolf, 1996, S. 303 f.).

(2) **Dialogische Einsichtsförderung bei Jugendlichen zur Konfliktbewältigung:** Im Gegensatz zur klientenzentrierten Jugendlichenpsychotherapie (s. Kap. 11.2) findet die dialogische Bearbeitung von Konflikten *nur durch Gespräche* und nicht durch eine Kombination von Spielen und Gesprächen statt. Die Gespräche werden mit dem Ziel durchgeführt, die Fähigkeit zur Selbstbeobachtung und verbal-reflexiven Introspektion zu fördern sowie Konflikte der Gegenwart und Vergangenheit zu bearbeiten. Dabei muss der Aspekt des Unbewussten sehr vorsichtig gehandhabt werden, weil bei Jugendlichen die Wahrscheinlichkeit von *Widerständen gegen Übertragungsdeutungen* sehr groß ist (vgl. Remschmidt & Quaschner, 1996, S. 88). Das dialogische Gespräch sollte vom Therapeuten *aktiv unterstützt* werden, damit der Jugendliche in seiner sprachlich-gedanklichen Reflexionstätigkeit nicht zu schnell ermüdet.

(3) **Richtungsgebende Hinweise für Jugendliche zur Korrektur von gestörten Selbststrukturen und Objektbeziehungen:** Da sich der Jugendliche bereits auf Grund seiner Entwicklungsaufgaben mit Fragen der Identitätsbildung und Zukunftsentwicklung sowie seiner Beziehung zu den Eltern (als auch Freunden, sexuellen Partnern etc.) beschäftigt, wird er keine Probleme mit der Zielsetzung dieser Strategie haben. Die Gespräche sollten *gegenwartsorientiert* und *einsichtsfördernd* stattfinden. Statt zu deuten, sollte der Therapeut Zusammenhänge mit der Vergangenheit durch Fragen aufdecken (s. Fahrig, 1996, S. 389). Ein wichtiges Thema sollte auch die Gewissensbildung, die Formulierung von Ich-Idealen sowie die Lösung von Konflikten zwischen Triebansprüchen und den realen Befriedigungsmöglichkeiten dieser Ansprüche sein.

Bezüglich der Ablösung von den Eltern sollten Konzepte einer „bezogenen Individuation" (Stierlin, 1987) und „Koevolution" (Willi, 1985) verfolgt werden. Zur gezielten Arbeit an den Selbststrukturen und Objektbeziehungen kann auch die Methode des Katathymen Bilderlebens (vgl. Leuner et al., 1990; Wilke, 1996) oder des Psychodramas (vgl. Niebergall, 1997) verwendet werden.

Bezüglich der **Effektivität** der TPT-J liegen keine spezifischen Studien vor. Werden psychodynamische Kinder- und Jugendlichenpsychotherapien gemeinsam bezüglich ihrer Effektivität untersucht, dann finden sich in amerikanischen Metaanalysestudien Effektstärkewerte von ES = 0,21–0,31 (s. Döpfner, 1997, S. 341). Dieser Ergebnisstand muss mit Remschmidt und Quaschner (1997, S. 90) „als sehr dürftig" bezeichnet werden.

Zu ähnlichen Einschätzungen über die tiefenpsychologische *Erwachsenenpsychotherapie* kommen Grawe et al. (1994, S. 216). Sie stellen fest, dass „der tatsächlich nachgewiesene Nutzen in einem ziemlich krassen Widerspruch zur fraglos akzeptierten Etablierung und Verbreitung psychoanalytischer Therapien im Versorgungssystem der Bundesrepublik Deutschland steht." Zukünftig ist zu wünschen, dass eine eigenständige Effektanalyse der TPT-J stattfinden möge; insbesondere deshalb, weil die Therapie mit dem hier skizzierten stärker strukturierenden Vorgehen wahrscheinlich günstige Effekte aufweisen dürfte.

12.3 Tiefenpsychologische Psychotherapie für Familien

Die **tiefenpsychologische Psychotherapie für Familien** (TPT-F) wird deshalb als eine Methode der Kinder- und Jugendlichenpsychotherapie angesehen, weil die meisten psychischen Störungen von Kindern und Jugendlichen das Ergebnis von problematischen frühkindlichen Objektbeziehungen sind (s. Kap. 6.3.3) und weil die noch in der Gegenwart vorliegenden Beziehungsstörungen nicht allein durch eine nur kind- oder jugendlichenzentrierte Behandlung korrigiert werden können.

Bezüglich des Zusammenhanges zwischen früh entstandenen Beziehungsstörungen und dem gegenwärtigen Problemverhalten zwischen Eltern und Kindern gehen z. B. Massing et al. (1994) davon aus, dass sich Störungen und Konflikte der jeweiligen Kindergeneration regelmäßig aus unverarbeiteten und teils unbewussten Konflikten zwischen den Eltern und Großeltern bzw. den Kindern und ihren Eltern ergeben. Diese Konflikte entstehen durch vielfältige intrafamiliäre Übertragungsprozesse, die dem Prinzip des Wiederholungszwanges folgen.

Das Ziel einer tiefenpsychologischen Familientherapie ist es deshalb, den Kindern und Jugendlichen zu helfen, sich aus den verstrickten Familiennetzen zu entwirren, um ein individuelles Wachstum und eine gemeinsame Familienentwicklung zu ermöglichen. Zu diesem Zweck müssen ausgewogene *Generationsgrenzen* geschaffen werden, die dem kindlichen Ich einen ausreichenden Raum für seine Autonomieentwicklung geben. Außerdem muss der Therapeut im Interaktionsverhalten zwischen Eltern und Kindern nach den *unbewussten Bedeutungsebenen* forschen, auf die das Symptom des Indexpatienten hinweist. Das Symptom bekommt damit in der TPT-F eine kommunikationsleitende Funktion, indem es dazu verwendet wird, die Familienmitglieder anzuregen, Hypothesen über problematische familiäre Themen und Interaktionsprozesse zu bilden (z. B. über mögliche Familiengeheimnisse und Familienmythen). Es wird erwartet, dass die Aufdeckung dieser belastenden Themen zu veränderten familiären Interaktionsweisen und zum Abbau des Symptomverhaltens führt (vgl. Cierpka, 1996 b).

Es ist Stierlin (1975; 1978) zu verdanken, dass die tiefenpsychologische Störungslehre ein differenziertes **familiensystemisches Pathogenesekonzept** erhalten hat, mit dem die problematischen familiären Interaktionen erklärt werden können. Diese Interaktionen bestehen aus: (a) einem Mangel an einer *bezogenen Individuation*; (b) einer Imbalance zwischen *Bindung und Ausstoßung*; (c) einer

Überbetonung des *Delegationsaspektes*; (d) einer belastenden *Mehrgenerations-perspektive* bezüglich Schuld und Verdienst und (e) einer problematischen Verteilung von *Macht- und Durchsetzungsansprüchen* (s. a. Kap. 6.3.3).

Die TPT-F kann gemäß Voll (1996, S. 377) nach einem *Begegnungs-* oder *Systemmodell* durchgeführt werden.

Verschiedene Durchführungsformen der TPT-F

Im **Begegnungsmodell** sollen anhand von *regelmäßigen wöchentlichen Gesprächen* die familiären Ressourcen zur Bewältigung der unbewussten Konflikte und problematischen familiären Interaktionen freigesetzt werden. Dabei geht es insbesondere darum, die stagnierende elterliche Individuationsförderung für den Patienten zu aktivieren, Delegationen und Parentifizierungen abzubauen, bisher abgewehrte Trauerprozesse über Probleme der eigenen Kindheit zu unterstützen und Familienmythen und Familiengeheimnisse aufzudecken. Diese Form der kommunikativen Arbeit ist besonders in den Familien möglich, die mit *hoher Motivation* regelmäßig in die Therapie kommen und die genügend Zeit zur Aufarbeitung ihrer Probleme mitbringen. Ein Spezialfall des Begegnungsmodells ist die „Mehrgenerationen Familientherapie" von Massing et al. (1994).

Die Arbeit nach dem **Systemmodell** findet mit Familien statt, die auf Grund vielfältiger Ursachen relativ *wenig Zeit zu einer detaillierten Aufarbeitung* der familiären Beziehungen haben. Dies sind nach Stierlin et al. (1985, S. 95 ff) im Wesentlichen Familien, die sich in Auflösung befinden, oder Familien mit einem delinquenten oder drogengefährdeten Jugendlichen. Die Systemarbeit findet durch eine intensive Beratung und Beeinflussung nach Konzepten der *systemischen Familientherapie* (s. Kap. 13) statt. Nach Mattejat (1997 c, S. 152 ff) konzentriert sich die Systemarbeit primär darauf, „die Eltern in die Lage zu versetzen, die psychischen Probleme des Patienten besser zu verstehen, die eigenen Reaktionen hierauf zu erkennen und dem Patienten bei der Bewältigung seiner Probleme zu helfen."

Indiziert ist eine TPT-F nach Wirsching (1990) bei familiären Interaktionskonflikten, die u. a. zu folgenden psychischen Störungsbildern von Kindern und Jugendlichen führen können: ● „Verhaltens- und emotionale Störungen mit Beginn in der Kindheit und Jugend"; ● „Affektive Störungen"; ● „Ess-Störungen"; ● „Persönlichkeitsstörungen"; ● „Sonstige Angststörungen"; ● „Alkohol- oder Drogenabhängigkeit" (vgl. Massing et al., l994). Parallel zur Familientherapie sollte eine individuumszentrierte Behandlung des Kindes oder Jugendlichen durchgeführt werden.

Die Familientherapie sollte **kotherapeutisch** vorgenommen werden, wobei einer der Therapeuten der Behandler des Kindes oder Jugendlichen sein sollte (Voll, 1996, S. 379). Sie findet üblicherweise in einem *großen Raum* mit einer Einwegscheibe und/oder Videoausstattung statt, in dem die Familienmitglieder und Therapeuten miteinander sprechen und die Kinder miteinander spielen können.

Das *Spielzeugangebot* für Kinder sollte nach Stierlin et al. (1985, S. 62 f) „nicht überreichlich" sein. In der Regel genügen ein paar Autos, Spielpuppen und ein offen ausgebreitetes Zeichenmaterial. Auch der Sceno-Test (s. S. 129) kann nützliche Verwendung finden. Als ungeeignet erweisen sich Spiele, die ein oder zwei Kinder so absorbieren, dass sie nicht mehr am Familiengespräch teilnehmen können.

Einige Familientherapeuten (z. B. Müssig, 1991; Arnold et al., 1996) empfehlen auch die Benutzung von gestaltenden Materialien, mit denen Familienmitglieder ihre Empfindungen ausdrücken können oder die Durchführung eines gemeinsamen Katathymen Bilderlebens (Wilke, 1996).

Exakte Angaben zur **Kontakthäufigkeit** einer TPT-F liegen leider nicht vor. Fahrig (1996, S. 389) berichtet von einem Verhältnis von 4 zu 1 zwischen Kontakten einer individuellen Kinder- und Jugendlichentherapie und einer begleitenden Familientherapie. Legt man die in den Psychotherapie-Richtlinien angegebenen Richtzahlen für die Kontakthäufigkeit von tiefenpsychologischen Kinder- und Jugendlichentherapien zu Grunde (sie variieren zwischen 70–120 Kontakten), dann ergibt sich aus diesen Zahlen per Rückschluss, dass tiefenpsychologische Familientherapien zwischen 14–32 Kontakten lang sein können. Massing et al. (1994, S. 122) geben eine Länge von 15–40 Kontakten an. Die **zeitliche Dauer** einer Familientherapiesitzung beträgt ca. 90 Minuten.

Im Folgenden sollen die **spezifischen Interventionsstrategien** der TPT-F vorgestellt werden. Sie benutzen im Wesentlichen das *Gespräch* als gemeinsame Kommunikationsbasis; in Ausnahmefällen können auch spielerische Kommunikationselemente verwendet werden (vgl. Voll, 1996; Rudolf, 1996; Stierlin et al., 1985).

Spezifische Interventionsstrategien der tiefenpsychologischen Familientherapie

(1) **Nutzung von Übertragungsprozessen von Familien zur Verbesserung der trieb- und affektmotivierten Entwicklung:** Wegen der Notwendigkeit, Übertragungsprozesse von allen Familienmitgliedern auf die Therapeuten zu ermöglichen, sollte die Familientherapie nach dem *Begegnungsmodell* (s. o.) stattfinden. Im Rahmen dieses Modelles wird versucht, „einen individuierenden, befreienden innerfamiliären Dialog in Gang zu bringen" (Voll, 1996, S. 377). Dabei bemühen sich die Therapeuten, „sich auf das Weltbild seines jeweiligen Gegenübers einzustellen", um dadurch mit der Familie in einen „vertrauensvollen Kontakt zu kommen".

Da die Therapeuten nicht nur die individuellen Übertragungen, sondern auch die der Gesamtfamilie wahrnehmen und bearbeiten müssen, halten sie die Familienmitglieder dazu an, direkt miteinander zu kommunizieren. Diese Kommunikation geschieht im Wesentlichen in *verbaler* Form, wobei die Kinder ihr *analog-spielerische Kommunikationsbeiträge* liefern können.

(2) **Dialogische Einsichtsförderung bei Familien zur Konfliktbewältigung:** Die Einsichtsförderung geschieht auch in der tiefenpsychologischen Familientherapie auf der Basis von *Dialogprozessen*. Dies können Dialoge zwischen den Familienmitgliedern und mit dem Therapeuten sein. Zur Ermöglichung der Dialoge muss ein angemessenes Gesprächsklima und eine partnerschaftliche Beziehungskonstellation geschaffen werden.

Bei der *tiefenpsychologischen Konfliktarbeit* sollten sich die Therapeuten darum bemühen, die Analyse von dyadischen, triadischen oder gesamtfamiliären Konflikten zu ermöglichen. Zu diesem Zwecke sollten sie die Aufmerksamkeit der Familienmitglieder auf unbewusste und bewusste Konfliktkomponenten leiten. Zur Erleichterung der Konfliktarbeit können nach Arnold et al. (1996, S. 339 ff) auch *Familienskulpturverfahren* verwendet werden oder nach Wilke (1996, S. 110 ff) Methoden des Katathymen Bilderlebens. Des Weiteren können durch *Familien-Genogramme, Reih-um-Befragungen, Interaktions- oder Symptomdeutungen* die familiären Ressourcen aktiviert werden (vgl. Voll, 1996, S. 377 ff).

(3) **Richtungsgebende Hinweise für Familien zur Korrektur von gestörten Selbststrukturen und Objektbeziehungen:** Die richtungsgebenden Hinweise zur Korrektur von gestörten Interaktionsmustern und intrafamiliären Kommunikationsprozessen finden im Wesentlichen durch *selektiv-authentische Mitteilungen* in Form von Wahrnehmungen, Interpretationen, Informationen etc. statt (vgl. Rudolf, 1996, S. 304). Die Hinweise können auch im Rahmen einer familientherapeutischen *Systemarbeit* (s. o.) gegeben werden. Hier wird

darauf hingewirkt, dass die familiären Interaktionen stärker die Aspekte der gegenseitigen Bezogenheit, der Balance von Bindung und Distanz, des Vermeidens von Delegationen und der Gleichverteilung von Macht und Verantwortung berücksichtigen. Damit diesbezügliche Selbstkorrekturprozesse stattfinden können, kann man den Familien *Hausaufgaben* erteilen. Diese müssen zwischen den Therapiesitzungen bearbeitet werden.

Um genügend Zeit für die Veränderungsprozesse im familiären Alltag zu schaffen, sollten die Zeitabstände zwischen den Therapiesitzungen auf 4–6 Wochen ausgedehnt werden (vgl. Stierlin et al., 1995). Im Gegensatz zum Begegnungsmodell finden die therapeutischen Veränderungsprozesse im Systemmodell nämlich nicht in Gegenwart der Therapeuten, sondern im familiären Umfeld statt.

Bezüglich der **Effektivität** der TPT-F liegen ähnlich wie zur Wirksamkeit der klientenzentrierten Familientherapie nur geringe Forschungsbefunde vor. So beträgt nach Kazdin (1990) der Familientherapieanteil an 223 publizierten Studien zur Wirksamkeit von Psychotherapie bei Kindern und Jugendlichen für die Jahre von 1970 bis 1989 ohne Spezifizierung des theoretischen Hintergrundes nur 4,1 %. Grawe et al. (1994, S. 578) wünschen sich deshalb, dass die familientherapeutische Perspektive in der Psychotherapie „auf breiterer Linie verfolgt und ausgearbeitet" wird.

Bezüglich der tiefenpsychologischen Familientherapie ist zu fordern, dass umgehend empirische Effektivitätsstudien erstellt werden. Dabei sollte ein Versuchsplan gewählt werden, der dem von Effektivitätsstudien für klientenzentrierte Familientherapien ähnelt (s. S. 178).

13 Familiensystemische Psychotherapie

Die **familiensystemische Psychotherapie** (FST) unterscheidet sich grundlegend von der kognitiv-behavioralen, klientenzentrierten oder tiefenpsychologischen Familientherapiemethode. Sie geht von keinem individualistischen Störungskonzept aus und behandelt deshalb auch keine Kinder oder Jugendlichen in parallelen Individualtherapien. Außerdem führt sie die Störungen des Indexpatienten (so wird das psychisch kranke Kind oder der Jugendliche genannt) auf *interaktive Dysfunktionen* im Familiensystem zurück (vgl. Schipek, 1999). Diese bestehen aus einer: (1) problematischen Zielsetzung, Aufgabenverteilung und intrafamiliären Abgrenzung; (2) fehlerhaften familiären Abstimmung zwischen Erhaltungs- und Entwicklungsfunktionen und (3) gestörten familiären Kommunikation und Bedeutungsebung (s. Kap. 6.4).

Historisch geht die FST auf die „Mailänder Schule" von Selvini-Palazzoli et al. (1977) und deren Bemühen zurück, die therapeutischen Strategien aus **systemtheoretischen Konzepten** abzuleiten. Letztere beziehen sich primär auf *kybernetische Modelle 1. Ordnung,* in denen Aussagen über die vermuteten Grenzen, Regeln, Subsysteme, Koalitionen etc. des Familiensystems gemacht werden (vgl. Haley, 1977; Minuchin & Fishman, 1983). Die Aussagen betreffen intime Interaktionen in der Familie, die zum Zwecke der Reproduktion, Existenzsicherung,

Regeneration, Sozialisierung und Platzierung unternommen werden (vgl. Schnee-wind, 1999, S. 24 ff). Dabei ist es für ein Familiensystem charakteristisch, dass es nicht nur Erhaltungs-, sondern auch Entwicklungsfunktionen hat.

Nach Mattejat (1997 c, S. 150 f) drückt sich die **Entwicklungsfunktion** u. a. darin aus, dass die Familie neben den Anforderungen an die Kinder oder Jugendlichen (z. B. in Form von Entwicklungsaufgaben) auch Hilfen zur Entwicklungsförderung liefern muss. Unter diesem Aspekt ist ein Familiensystem „rückbezüglich" organisiert; d. h. „seine Merkmale sind selbst das Ergebnis von Entwicklungsprozessen".

Zentral für das Verständnis von familiensystemischen Interaktionen sind Annah-men über die Organisations- und Funktionsprozesse in *autopoietischen Systemen* (gr: sich selbst erzeugenden Systemen). Diese Systeme sind einer Körperzelle vergleichbar, in der wie in einer Molekularfabrik fortwährend die einzelnen Zellbestandteile und *die sie nach außen trennenden* Membranen produziert werden. Sie lassen sich wie folgt charakterisieren:

Autopoietische Systeme
Autopoietische Systeme sind „strukturell determiniert; d. h. die jeweils aktuelle Struktur bestimmt, in welchen Grenzen sich ein Lebewesen verändern kann, ohne seine autopoieti-sche Organisation zu verlieren, also zu sterben. Sie haben keinen anderen Zweck, als sich selbst zu reproduzieren; alle anderen Behauptungen über ihren Sinn werden durch Beob-achter an sie herangetragen.
Sie sind operationell geschlossen, d. h. sie können nur mit ihren Eigenzuständen operieren und nicht mit systemfremden Komponenten. Operationelle Geschlossenheit meint etwas ganz Anderes als informationelle Geschlossenheit. Lebende Systeme können sehr wohl Umweltinformationen aufnehmen (hören, verarbeiten). Aber sie sind nicht unbegrenzt beeinflussbar, formbar, instruierbar durch diese. Die Außenwelt wird nur so weit zur relevanten Umwelt (und die von dort kommende Information wird nur so weit zu einer relevanten Information), wie sie im System Eigenzustände anzustoßen, zu *verstören,* vermag" (von Schlippe & Schweitzer, 1998, S. 68).

Auf Grund dieser systemtheoretischen Annahmen sind Familien nur begrenzt von außen therapeutisch beeinflussbar. Da sie als Systeme „operationell geschlossen" sind, kann man Familien nur durch Vorschläge, Konfrontationen, Verwirrungen (d. h. „Verstörungen" im Sinne von Maturanas *Konzept der Perturbacion)* anregen, ihre Eigenzustände zu korrigieren. Insofern müssen sich die Therapeuten wie in allen hier vorgestellten Familientherapiemethoden darum bemühen, Ver-änderungsressourcen der Familie zu aktivieren. Machtbetonte Vorgehensweisen, wie sie früher in orthodoxen systemischen Familientherapien üblich waren, sind heute nicht mehr angemessen.

Auf Grund der geringen Beeinflussungsmöglichkeiten durch den Therapeuten sollten die familiären Veränderungen in systemisch durchgeführten Familienthe-rapien vorrangig in der **Alltagssituation** und nicht während der Therapiesitzungen stattfinden. Daraus ergeben sich bezüglich der therapeutischen Rahmenbedingun-gen deutliche Abweichungen zum Vorgehen der in den Kapiteln 10.3–12.3 geschilderten Familientherapiemethoden. Sie betreffen im Wesentlichen die zeit-lichen Abstände zwischen den Sitzungen, die Anzahl und Dauer der Sitzungen, die Anzahl der Therapeuten und die Art der Zusammenarbeit zwischen den Thera-peuten und Familienmitgliedern.

Bezüglich der **Therapiedauer** werden in Abhängigkeit von der Art der Zusammenarbeit zwischen den Therapeuten und Familienmitgliedern unterschiedliche Angaben gemacht. Eine systemische Standardtherapie nach dem Heidelberger Konzept, in der zwei Therapeutenteams nach dem *Zwei-Kammern-Modell* (s. u.) mit der Familie arbeiten, dauert ca. 5–10 Sitzungen, wobei die Sitzungen im monatlichen Abstand stattfinden und mit Vor- und Nachbesprechungen der Therapeutenteams einen Zeitbedarf von ca. 95–120 Minuten pro Therapiekontakt aufweisen.

Eine Therapie nach dem Modell der *Zwei Reflektierenden Therapeutenteams* dauert hingegen ca. 10–15 Sitzungen (maximal 20 Kontakte) und hat einen durchschnittlichen Zeitbedarf von ca. 85–125 Minuten pro Therapiekontakt. Im Folgenden sollen die beiden Vorgehensweisen näher vorgestellt werden:

Systemische Familientherapie nach dem Zwei-Kammern-Modell

Eine Familientherapiesitzung nach dem **Zwei-Kammern-Modell** der Heidelberger Schule findet in der Weise statt, dass zwei Therapeutenteams zusammenarbeiten. Die Teams befinden sich in unterschiedlichen Räumen (Kammern) und sind durch eine Videoanlage miteinander verbunden. Ein Team arbeitet im Therapiezimmer direkt mit der Familie zusammen und das andere Team analysiert diese Arbeit. Üblicherweise besteht eine Therapiesitzung aus folgenden fünf Bestandteilen: (a) Einer kurzen *Vorsitzung* von ca. 5–15 Minuten, in der die beiden Therapeutenteams ihre Strategien festlegen; (b) einer *Interviewphase* von ca. 50–60 Minuten mit der Familie; (c) einer *Zwischensitzung* der beiden Therapeutenteams von ca. 15–20 Minuten in einem separaten Raum, in dem Hypothesen für eine Schlussintervention (s. u.) entwickelt werden; (d) eine *Schlussintervention* von ca. 10 Minuten und (e) einer *Nachsitzung* der Therapeutenteams von ca. 15 Minuten. (vgl. von Schlippe & Schweitzer, 1998, S. 29).

Eine Familientherapiesitzung nach dem Modell **Zweier Reflektierender Therapeutenteams** geht mit Andersen (1990) davon aus, dass eine *Flexibilisierung der Hypothesenbildung* die inneren und äußeren Dialoge der Familienmitglieder verbessern und den Übergang von einer „Entweder-oder-Logik" zu einer „Sowohl-als-auch-Logik" ermöglichen kann. Damit diese geistige und kommunikative Flexibilität ermöglicht wird, muss zwischen den Familienmitgliedern und Therapeuten eine Beziehung geschaffen werden, die sich durch Kooperation, Transparenz, Gleichheit und das Bemühen um ein Verständnis der komplexen familiären Interaktionsprozesse auszeichnet.

Die Grundstruktur der Arbeit der Zwei Reflektierenden Therapeutenteams besteht darin, dass ein Team eng mit der Familie zusammenarbeitet und dass das andere Team das Geschehen in einem anderen Raum durch eine Videoanlage beobachtet. Es hat die Aufgabe, beratende Hypothesen zu erstellen.

Systemische Familientherapie nach dem Modell Zweier Reflektierender Therapeutenteams

Die Familientherapiesitzung beginnt im Allgemeinen mit einem ca. 20–25 minütigem *Anfangsgespräch* zwischen den Familienmitgliedern und dem ersten Therapeutenteam. Danach wird die Sitzung zu Gunsten einer *ersten Reflexionsphase* zwischen den beiden Therapeutenteams unterbrochen. Diese dauert ca. 5–10 Minuten, wobei die Familie über eine Videoanlage die Reflexionstätigkeit beider Therapeutenteams beobachten kann. Zuweilen findet die Reflexionsarbeit auch im Beisein der Familie statt.

In der anschließenden *Sitzungsfortführung* kann jedes Familienmitglied zu den mitgeteilten Hypothesen der beiden Therapeutenteams Stellung nehmen. Insgesamt kann dieser zentrale Therapieteil ca. 60–90 Minuten dauern und zwei- bis dreimal zwecks Beratung der beiden Therapeutenteams unterbrochen werden. Das *Abschlusswort* der Sitzung sollen die Familienmitglieder haben, sodass keine Schlussintervention in Form einer Hausaufgabe gegeben wird.

Indiziert ist eine systemische Familientherapie vor allem dann, wenn die Therapie kurz sein soll und wenn die Familienmitglieder (insbesondere der Indexpatient) ohne eine detaillierte therapeutische Hilfe in der Lage sind, ihr gestörtes Interaktionsverhalten selbstständig zu verbessern. Die Therapie setzt damit ein hohes Ausmaß an Lern- und Kooperationsfähigkeit bei den Familienmitgliedern voraus. Sie ist deshalb nur für bestimmte Familiensysteme anwendbar. Da sie zudem nicht primär auf die Beseitigung der psychischen Störungssymptome von Kindern und Jugendlichen ausgerichtet ist, ist ihre diesbezügliche Effektivität gering (s. u.).

Vorrangig werden die Beeinflussungsstrategien der FST zur Supervision und Verbesserung der Arbeit von *institutionalisierten Helfersystemen* (z. B. im Rahmen der Kinder- und Jugendpsychiatrie, des Jugendamtes oder der Schule) angewendet (vgl. Hennig & Knödler, 1995). Im Übrigen sind viele Therapietechniken der FST von den in den vorangehenden Kapiteln genannten Familientherapiemethoden importiert worden.

Die Strategien der systemischen Familientherapie lassen sich in *unspezifische* und *spezifische* Strategien einteilen. Sie sind auf das gestörte familiäre Interaktionsverhalten ausgerichtet. Bei dieser Zielsetzung findet im Allgemeinen keine parallele Individualtherapie mit dem Kinder- oder Jugendlichenpatienten statt. Im Weiteren sollen die **unspezifischen Interventionsstrategien** näher charakterisiert werden.

Zu Behandlungsbeginn wird ein (meist mündlicher) *Therapievertrag* abgeschlossen, in dem die Therapiewünsche der Familienmitglieder und die *Aufgaben* der Familienangehörigen und Therapeuten festgehalten werden. Bezüglich der Aufgaben wird z. T. noch stärker als in den anderen Familientherapiemethoden auf die familiäre Eigenaktivität zur Beseitigung der Interaktionsprobleme hingewiesen. Bezüglich des therapeutischen *Beziehungsverhältnisses* wird eine größere Distanz zu den Familienmitgliedern als in den anderen Therapiemethoden hergestellt. Diese drückt sich am stärksten darin aus, dass ein zweites Therapeutenteam damit beauftragt ist, die familiären Interaktionen zu beurteilen und dass sich dieses Team ganz bewusst der familiären „Kontrolle" entzieht.

Durch den parallelen Einsatz zweier Therapeutenteams wird eine optimale *Planung* und *Supervision* des therapeutischen Vorgehens gewährleistet. Die *Information über das Störungs- und Therapiekonzept* wird in der Regel sorgfältig vorgenommen und die Behandlung wird *konzeptgetreu* durchgeführt.

Anschließend sollen die **spezifischen Interventionsstrategien** der systemischen Familientherapie vorgestellt werden. Sie orientieren sich im Wesentlichen an Überlegungen zur Beeinflussung von autopoietischen Systemen (vgl. von Schlippe & Schweitzer, 1998).

Spezifische Interventionsstrategien der systemischen Familientherapie

(1) **Zirkuläre Fragen und Visualisierungsaufträge zur Verbesserung der familiären Bedeutungsgebung und Konfliktbewältigung:** *Zirkuläre Fragen* sind dadurch gekennzeichnet, dass man ein Familienmitglied X nach der Befindlichkeit des Mitgliedes Y befragt (z. B. Was

denkst du, wie deine Schwester sich fühlt?). Diese ungewöhnliche Frageform soll es ermöglichen, dass der Betroffene aus der Perspektive der anderen Familienmitglieder feststellen kann, wie z. B. seine Befindlichkeitsbotschaften von den anderen gedeutet werden. Kreisförmige Fragen können auch in Form von Klassifikationsfragen (z. B. Wer ärgert sich über die Symptomatik des Kindes am meisten?) oder als Prozentfragen (z. B. Wie viel Prozent von Mutters Gesamtenergie werden im Moment durch die Magersucht der Tochter verbraucht?) gestellt werden.

Weitere Fragen beziehen sich auf die familiären *Wirklichkeits- und Möglichkeitskonstruktionen*. Um diese aufzudecken, können die Familienmitglieder z. B. dahingehend exploriert werden, wer am meisten auf das Problemverhalten des Indexpatienten reagiert oder was die Familie tun würde, wenn das Problem plötzlich gelöst wäre.

Die unterschiedlichen Sichtweisen der Familienmitglieder können auch durch die Nutzung von *Visualisierungstechniken* (z. B. Skulpturtechnik oder Darstellung der „Familie in Tieren") deutlich gemacht werden. Die *Skulpturtechnik* beispielsweise ist dadurch gekennzeichnet, dass man ein Familienmitglied, das nicht im Zentrum des Konfliktes steht, bittet, die Familie ohne Worte so im Raum als lebende Plastik anzuordnen, dass sich aus seiner Sicht stimmige Repräsentationen der Beziehungen innerhalb der Familie ergeben (s. Arnold et al, 1996; Satir et al., 2000). Im Zeichentest „Familie in Tieren" sollen die Familienmitglieder als Tiere dargestellt werden (s. Brem-Gräser, 1995).

(2) Umdeutungen und Anweisungen zur Korrektur von problematischen familiären Interaktionen und Entwicklungsprozessen: *Umdeutende Interpretationen* haben die Funktion, die gedanklichen Hintergründe der Familienmitglieder zu verändern, denn diese können die Basis zur Produktion von problematischen Interaktionen sein. Die Hintergründe werden mit dem englischen Wort *frame* gekennzeichnet und *reframing* bedeutet eine Veränderung des Rahmens, in den ein bestimmtes Verhalten eingebettet ist. Eine erfolgreiche therapeutische Umdeutung muss einen prägnanten Unterschied zur bisherigen Sicht der Familie herstellen und die alte Sicht möglichst „verstören".

Anweisungen können am Ende der Therapiesitzungen als Hausaufgabe in Form von Ritualen oder paradoxen Symptomverschreibungen gegeben werden. Eine *Ritualverschreibung* besteht z. B. aus der Anordnung, eine sinnträchtige Handlungsweise (z. B. das Zur-Toilette-Führen eines Puppenkindes) vor dem Schlafengehen durchzuführen, um einem bettnässenden Jungen auf diese Weise die Bewältigung seiner Symptomatik zu erleichtern. Eine *Symptomverschreibung* kann darin bestehen, dass die Therapeuten einem aggressiven Familienvater empfehlen, sich an jedem Dienstag und Samstag der Woche einen „Aggressionstag" zu gönnen (möglichst noch zu einer bestimmten Uhrzeit), um an diesem Tag allen Familienmitgliedern zu zeigen, wie „bissig" er sein kann. Auf diese Weise sollen die aggressiven Verhaltensweisen ihren ängstigenden Charakter verlieren. Die geschilderten Techniken können auch dazu verwendet werden, zu starre Homöostasebemühungen einzelner Familienmitglieder zu Gunsten von entwicklungsfördernden Interaktionen zu verändern.

Bezüglich der **Effektivität** der systemischen Familientherapie ist mit von Schlippe und Schweitzer (1998, S. 285) festzustellen, „dass die empirische Befundlage (...) noch nicht befriedigend ist." Dies mag damit zusammenhängen, dass die Behandlungsstrategien primär auf den Abbau des problematischen *Interaktionsverhaltens* und erst sekundär auf die Reduzierung des Symptomverhaltens des Indexpatienten ausgerichtet sind. Außerdem ist die therapieinterne Lern- und Übungszeit zum Aufbau gesunder familiärer Interaktionen und symptomersetzender Verhaltensweisen zu kurz.

Aus diesen Gründen weisen die *Symptomabbauwerte* der systemischen Familientherapie in verschiedenen Meta-Analysen nur Verbesserungen zwischen ES = 0,45–0,63 auf (vgl. Grawe et al., 1994; Shadish et al., 1995). Da die durchschnittlichen Verbesserungswerte für individuelle Erwachsenentherapien jedoch ES = 0,85 betragen und da behavioral-kognitive Kindertherapien ebenfalls ES-Werte zwischen 0,76 und 0,88 aufweisen (s. Weisz et al., 1995), sind die für die systemische Familientherapie gefundenen Effektstärke-Werte als zu gering einzustufen.

14 Psychopharmakotherapie für Kinder und Jugendliche

Neben psychologischen Psychotherapieverfahren besteht auch die Möglichkeit, viele Symptome psychischer Störungen durch eine **Pharmakotherapie** für Kinder und Jugendliche (PPT-KJ) zu behandeln. Psychopharmaka sind Medikamente, die auf das Erleben und Verhalten von Menschen einwirken und die zu einer zeitlich begrenzten *Reduktion der Symptome* führen können. Sie können deshalb in sorgfältiger Abwägung ihrer Vor- und Nachteile gut in einen umfassenden Psychotherapieplan integriert werden (vgl. Petermann, 1998, S. 975).

Wegen der Gefahr von **Nebenwirkungen** sollte eine Verordnung der PPT-KJ nur in enger Kooperation zwischen einem ärztlichen und psychologischen Psychotherapeuten vorgenommen werden. Da die *Dosierung* des erforderlichen Medikamentes innerhalb bestimmter Schwankungsbreiten eine individuelle Anpassung erfordert, muss eine sehr sorgfältige Einstellung des Patienten auf das Medikament stattfinden. Dies gilt insbesondere deshalb, weil eine zu hohe Dosierung zu gefährlichen Intoxikationen (Vergiftungen) führen kann. Um Wechselwirkungen zwischen verschiedenen Substanzen zu vermeiden, sollte in der Regel nur mit einer Substanz behandelt werden. Außerdem sind die Kinder oder Jugendlichen sowie deren Eltern über die *Grenzen* einer Psychopharmakotherapie aufzuklären (vgl. Steinhausen, 1996; Knölker, 1997 d).

Beim Einsatz von Psychopharmaka zur Behandlung von seelischen Störungen bei Kindern und Jugendlichen sollten folgende biologische, psychologische, entwicklungsorientierte, ethische und pragmatische *Indikationsaspekte* beachtet werden (vgl. Amminger, 1997, S. 174):

Spezielle Indikationsaspekte einer Psychopharmakotherapie für Kinder und Jugendliche

Biologische Aspekte: Da bisher wenig Kenntnisse über die Wirkung von Psychopharmaka auf *Reifungs- und Entwicklungsprozesse* von Gehirn- und Organfunktionen bei Kindern vorliegen, sollte eine Verordnung von Psychopharmaka bei Kindern und Jugendlichen „auf die wenigen wissenschaftlich gesicherten Indikationen der Kinder- und Jugendpsychiatrie beschränkt bleiben" (Steinhausen, 1996, S. 319).

Psychologische Aspekte: Um *stigmatisierende Effekte* in der Gruppe der Gleichaltrigen durch die Einnahme von Medikamenten zu vermeiden, ist darauf zu achten, dass andere Kinder die Patienten nicht als „Pillenschlucker" verspotten oder sie wegen der medikamentös verursachten *Nebenwirkungen* hänseln.

Entwicklungsorientierte Aspekte: Weil durch eine Psychopharmakotherapie häufig die Symptomatik (z. B. in Form von Ängsten oder hyperkinetischen Unruhezuständen) deutlich verringert wird, besteht die Gefahr, dass die Kinder und Jugendlichen nicht mehr an der Durchführung einer psychologischen Therapie interessiert sind. Damit vergeben sie die

Chance zu lernen, wie sie ihre psychischen Störungen auch ohne Medikamente bewältigen können. Da zudem der Einfluss von Nebenwirkungen bei einer *Langzeiteinnahme* von Psychopharmaka durch Kinder und Jugendliche nicht hinreichend geklärt ist, sollten Medikamente nur in einem zeitlich begrenzten Rahmen verabreicht werden.

Ethische Aspekte: Wenn in wissenschaftlich-kontrollierten Therapievergleichsstudien gezeigt worden ist, dass eine symptomreduzierende Wirkung auch durch *Placebomedikamente* erreicht werden kann, sollte die Verordnung von Psychopharmaka sorgfältig bedacht werden. Im Zweifel sollte eine psychologische Behandlung oder eine schnelle Überführung der Medikamentenbehandlung in eine Psychotherapie vorgeschlagen werden.

Pragmatische Aspekte: Wegen der z. T. beträchtlichen symptomreduzierenden Wirkung ist die Vergabe von Psychopharmaka bei einigen Störungen zumindest zum Zwecke einer *Krisenintervention* und zur Vorbereitung einer Psychotherapie nützlich. Deshalb sollte dieses Hilfsmittel nicht aus ideologischen Gründen abgelehnt werden.

Die Verordnung von Psychopharmaka darf in Deutschland gesetzlich nur von einem Mediziner vorgenommen werden. Dieser sollte sich (falls er nicht gleichzeitig Psychotherapeut ist), mit einem ärztlichen oder psychologischen Psychotherapeuten absprechen. Außerdem sollte eine pharmakologische Therapie nur von einem Arzt vorgenommen werden, der spezifische Erfahrungen mit der Wirkung von Medikamenten auf Kinder und Jugendliche hat. Bei der Abwägung zwischen den Vorteilen einer Pharmakotherapie oder einer psychologischen Therapie ist immer auch der schnelle symptomreduzierende Einfluss des Medikamentes auf die Therapiemotivation der Kinder, Jugendlichen und Eltern zu bedenken. Es besteht dabei die Gefahr, dass der leichtere Weg einer medikamentösen Symptombehandlung dem schwereren Weg einer psychologischen Behandlung vorgezogen wird.

Wie eine Analyse der **Verordnungshäufigkeit** von PPT-KJ gezeigt hat (vgl. Remschmidt & Mattejat, 1997, S. 51), werden Psychopharmaka vorrangig in *stationären Einrichtungen* (z. B. im Rahmen einer kinder- und jugendpsychiatrischen Klinik) in 46 % der Behandlungsfälle eingesetzt. Dabei findet in der überwiegenden Zahl eine Kombination mit psychologischen Maßnahmen statt. Im Einzelnen werden im stationären Bereich folgende Medikamentengruppen in folgender Rangreihe verordnet: (1) Neuroleptika, (2) Antidepressiva, (3) Antikonvulsiva, (4) Stimulanzien und (5) Tranquilizer.

In *ambulanten Therapiesettings* werden Psychopharmaka nach Remschmidt und Mattejat (1997, S. 48) erheblich seltener eingesetzt. Sie betreffen ca. 9 % der Behandlungsfälle. Im Einzelnen werden in ambulanten Settings folgende Medikamentengruppen in folgender Rangreihe verordnet: (1) Antikonvulsiva, (2) Neuroleptika, (3) Stimulanzien, (4) Antidepressiva und (5) Tranquilizer. Wie ein Vergleich der Verordnungshäufigkeiten zeigt, überwiegt im stationären Setting die Verordnung von *Neuroleptika* zur Behandlung von Wahnvorstellungen und Halluzinationen und im ambulanten Setting die von *Antikonvulsiva* zur Behandlung von Anfallsleiden.

Indiziert ist eine Psychopharmakotherapie vorwiegend bei folgenden psychischen Störungen von Kindern und Jugendlichen: ● „Hyperkinetische Störungen"; ● „Zwangsstörungen"; ● „Sonstigen Angststörungen"; ● „Depressiven Episoden"; ● „Schizophrenie"; ● „Ticstörungen" und zuweilen auch beider ● „Störung des Sozialverhaltens". Da die Beeinflussung von aggressiven und antisozialen Verhaltensweisen jedoch nur durch eine hohe Medikamentendosis möglich ist, sollten Neuroleptika zur Behandlung der „Störung des Sozialverhaltens" wegen ihrer Nebenwirkungen nur kurzfristig verabreicht werden.

Als Nächstes sollen die *unspezifischen* und *spezifischen* Interventionsstrategien der Psychopharmakotherapie vorgestellt werden. Da die Wirksamkeitsansprüche einer Medikamentenbehandlung denen einer psychologischen Therapie entsprechen, gelten für eine Psychopharmakotherapie die gleichen **unspezifischen Interventionsstrategien** wie für psychologische Psychotherapien.

Im Einzelnen ist ein *Psychotherapievertrag* abzuschließen, in dem die Aufgaben aller Beteiligten festgelegt und der zeitliche Rahmen der Behandlung angegeben wird. Des Weiteren ist auf die sorgfältige Gestaltung des *therapeutischen Beziehungsverhältnisses* zu achten sowie auf eine umfassende adaptive *Therapieplanung, konzeptgetreue Behandlungsdurchführung* und regelmäßige *Qualitätskontrolle.* Damit langfristig ein medikamenten-unabhängiger Abbau der Symptomatik gewährleistet wird, ist bei der Behandlungsplanung auch darauf zu achten, dass sie gemeinsam von ärztlichen und psychologischen Psychotherapeuten vorgenommen wird.

Die **spezifischen Interventionsstrategien** der Psychopharmakotherapie für Kinder und Jugendliche beziehen sich vorrangig auf die unterschiedliche Nutzung der verschiedenen Wirkaspekte in den einzelnen Medikamentengruppen. In diesem Sinne wird zwischen drei globalen Strategien unterschieden (vgl. Reimer, 1996 c; Amminger, 1997; Spiegel, 1998; Möller et al., 2000):

Spezifische Interventionsstrategien der Psychopharmakotherapie für Kinder und Jugendliche

(1) **Verordnung von Neuroleptika zur Reduzierung von Wahnvorstellungen und Halluzinationen:** Um starke Angst-, Unruhe- und Erregungszustände zu dämpfen sowie eine schwere Schlaflosigkeit zu lindern, werden **Neuroleptika** eingesetzt. Sie finden am häufigsten in der Behandlung von aggressiven und hyperaktiven Symptomen Anwendung sowie bei der Milderung von Wahn- und Halluzinationssymptomen im Rahmen von schizophrenen Erkrankungen (vgl. Petermann, 1998).

Die **Nebenwirkungen** der Neuroleptika bestehen aus *vegetativen Symptomen* wie Bauchschmerzen, Mundtrockenheit und Auswirkungen auf das Herz-Kreislauf-System. Besonders sichtbar werden Nebenwirkungen im *motorischen System;* sie können dort als Muskelverkrampfungen und parkinsonähnlichen Symptomen (z. B. in Form eines erhöhten Muskeltonus und leichten Zitterns) auftreten. Des Weiteren kann das *Blut bildende System* oder die *Leber- und Nierenfunktion* negativ beeinflusst werden (vgl. Amminger, 1997, S. 177).

(2) **Verordnung von Antidepressiva und Tranquilizern zur Reduktion von depressiven und ängstlichen Symptomen:** Um die Wirkung von Depressions- und Angstzuständen zu mildern, werden **Antidepressiva** eingesetzt (s. Kap. 19). Sie haben einen *stimmungsaufhellenden Effekt*, der sich in der Regel nach mehreren Verabreichungstagen (manchmal jedoch erst nach Wochen) einstellt. Die positive Wirkung tritt jedoch nur dann ein, wenn außer den genannten Zuständen keine weiteren psychischen Störungen vorliegen. Da die Komorbiditätswahrscheinlichkeit jedoch sehr hoch ist (s. Kap. 3.4), ist der Einsatz dieser Medikamentengruppe eingeschränkt.

Des Weiteren wird von Antidepressiva erwartet, dass sie einen beruhigenden Effekt auf *motorische Unruhezustände* von hyperaktiven Kindern haben und dass Derivate der Medikamentengruppe in Form des Clomipramins zur Behandlung von *Zwangserkrankungen* oder des Imipramins zur Behandlung des nächtlichen *Einnässens* zur Anwendung kommen können. Die **Nebenwirkungen** der Antidepressiva können aus *vegetativen Störun-*

gen in Form von Tachykardien (erhöhtem Herzklopfen) und Blutdruckdysregulationen in Form von Schwindel, Müdigkeit und Kollapszuständen bestehen.

Auch **Tranquilizer** können zum Abbau von Angstzuständen verordnet werden. Da sie eine *dämpfende* und *muskelrelaxierende Wirkung* haben, lassen sie sich auch gegen Einschlafstörungen und Alpträume verwenden. Kontraindiziert sind Tranquilizer bei Drogenabhängigkeit (s. Steinhausen, 1996, S. 325). **Nebenwirkungen** des Medikamentes können zuweilen bei organischen Vorschädigungen des Zentralen Nervensystems auftreten, die bei vielen Formen der Geistigen Behinderung anzutreffen sind. Die Anwendung von Tranquilizern kann dann zu *paradoxen Reaktionen* führen, die aus angstauslösenden Erregungs- und Unruhezuständen bestehen (s. Amminger, 1997, S. 179).

(3) Verordnung von **Stimulanzien zur Reduktion von hyperkinetischen Symptomen:** Erschöpfungszustände und Gefühle der Müdigkeit können durch die anregende Wirkung von **Stimulanzien** vorübergehend unterdrückt werden. Aus diesem Grunde können auch *Antriebs-* und *Aufmerksamkeitsstörungen,* die ein wichtiger Teilaspekt des hyperkinetischen Syndroms sind, mit Stimulanzien (hauptsächlich *Ritalin)* behandelt werden. Insbesondere Kinder über fünf Jahre sprechen positiv auf das Medikament an, das ca. 30 bis 45 Minuten nach Einnahme seine größte Wirkung zeigt, die etwa 2 bis 4 Stunden anhält. Das Medikament wird häufig zur Reduktion der hyperkinetischen Symptomatik während des Schulunterrichtes eingesetzt (vgl. Trott & Wirth, 2000; s. Kap. 16).

Trotz einer deutlichen Einschränkung des hyperaktiven Verhaltens empfiehlt sich kein längerfristiger Einsatz von Stimulanzien, weil diese nicht zu einer Gesundung führen. Aus diesem Grunde sollten „Hyperkinetische Störungen" vorrangig mit psychologischen Therapiemaßnahmen behandelt werden (s. Kap. 16). Da zudem eine wirksame Medikamentenbehandlung nur in hoher Dosierung möglich ist, steigt die Wahrscheinlichkeit des Eintretens von **Nebenwirkungen** bei einer Langzeitbehandlung. Diese können u. a. aus einer Hemmung des *Größenwachstums* während der Pubertät bestehen (s. Steinhausen, 1996, S. 320).

Leider sind in den verwendeten Überblicksartikeln keine Aussagen zur **Effektivität** der Psychopharmakotherapie für Kinder und Jugendliche gemacht worden. Insofern kann über die Wirksamkeit der einzelnen Medikamente, insbesondere im Vergleich mit Placebomedikamenten oder Psychotherapie, keine Aussage gemacht werden.

15 Kombinationsmöglichkeiten von Psychotherapiemaßnahmen

Die Klärung der Frage, welche Psychotherapiemaßnahmen in bestmöglicher Weise zur Behandlung der psychischen Störungen von Kindern und Jugendlichen angewendet werden können, hängt entscheidend von der Vielfältigkeit und Differenziertheit des *Maßnahmenangebotes* ab. Sind die Behandler in der Lage, ihre Maßnahmen den spezifischen Erfordernissen des Patienten, seiner Störung und seiner Familie anzupassen, dann ist die Möglichkeit einer **adaptiven Indikationsentscheidung** erfüllt.

Können die Behandler wegen ihrer Schulenabhängigkeit und der in Deutschland geltenden kassenärztlichen Zwänge nicht die für den Patienten optimalste Therapie anbieten, dann müssen sie diejenigen Patienten und Störungen für ihre Therapie auswählen, die nach den Ergebnissen störungsspezifischer Effektivitätsstudien am besten für ihr praktiziertes Therapieverfahren geeignet sind. Diese Auswahlform wird als *selektive Indikationsentscheidung* bezeichnet.

Die **selektive Indikationsentscheidung** bedeutet für die Praxis, dass im Rahmen der therapiediagnostischen Planungsphase die Patienten und Störungsbilder auszuwählen sind, die sich für ein das Behandlungsangebot des Therapeuten am besten eignen. Andere Patienten müssen den Behandlern zugewiesen werden, die die notwendigen Behandlungsmaßnahmen anbieten können. Somit können Patienten in der Regel nicht beim Therapiediagnostiker bleiben, sondern müssen an *die* Behandler weiter vermittelt werden, die das geeignete Therapieverfahren beherrschen. Diese Situation ergibt sich daraus, dass die Therapeutenausbildung in der Bundesrepublik Deutschland verfahrensspezifisch ist und dass kein Therapieverfahren in der Lage ist, alle Patienten und Störungsbilder adaptiv zu behandeln. Nur wenn der Therapiediagnostiker zufällig das geeignete Verfahren beherrscht, das für den diagnostizierten Patienten und seine Störung passend ist, muss kein Therapeutenwechsel vorgenommen werden.

Die Art der Behandlungszuweisung hängt also entscheidend vom Ausbildungswesen zum Psychotherapeuten ab. Solange keine Ausbildung in einer schulenübergreifenden Allgemeinen Psychotherapie für Kinder, Jugendliche und Familien stattfindet, solange ist die für den Patienten günstigste Zuweisungsform im Sinne einer adaptiven Indikation nicht möglich. Nur sie würde es ermöglichen, dass der Patient beim Therapiediagnostiker bleiben kann, weil dieser in der Lage ist, aus einem umfassenden Therapieangebot die geeigneten Behandlungsmaßnahmen anzubieten.

Da es die schulenübergreifende Ausbildung zu einer APT-KJF im Moment nicht gibt, muss in der Praxis ein *Kompromiss* zwischen einer adaptiven und selektiven Zuweisungsform gefunden werden. Der Kompromiss sollte so aussehen, dass der Therapiediagnostiker auf Grund seiner schulenspezifischen Ausbildung eines der oben genannten Basistherapieverfahren beherrscht und dass er in der Planungsdiagnostik fähig ist, entscheiden zu können, welche Maßnahmen aus anderen Therapieverfahren importiert werden müssen. Für diese Importe muss dann ein anderer Therapeut ins Behandlungsteam integriert werden, sodass zwar eine selektive Zuweisung des Patienten zu den importierten Maßnahmen stattfindet, diese jedoch dadurch patientenspezifisch (d. h. adaptiv) vorgenommen wird, indem der Behandler zum Patienten kommt und nicht umgekehrt.

Damit dieser **Zuweisungskompromiss** möglich ist, sollte dem behavioral-kognitiven, klientenzentrierten und tiefenpsychologischen Therapieverfahren das Attribut einer *Basistherapie* zugesprochen werden. Dieses Attribut bedeutet, dass alle drei Verfahren so elaboriert sind, dass sie: (a) ein breites Spektrum an seelischen Störungen behandeln können; (b) spezifisch sowohl auf Kinder, Jugendliche und Familien anzuwenden sind und (c) in den wichtigsten Settings (s. Kap. 9) eingesetzt werden können. Da andererseits alle drei Verfahren nicht in der Lage sind, sowohl einen umfassenden Störungsabbau als auch eine optimale Gesundheits- und Entwicklungsförderung zu gewährleisten (s. Kap. 7), sind die Maßnahmen der Basisverfahren durch Importe aus anderen Therapieverfahren anzureichern.

Dieses geschieht mit dem Ziel, eine patientenzentrierte, adaptive Maßnahmenkombination vorzunehmen.

Die empfohlene Maßnahmenkombination auf der Grundlage eines psychotherapeutischen Basisverfahrens ist deshalb möglich, weil die für eine Kombination erforderliche *theoretische Stimmigkeit der Strategien* des Basisverfahrens mit den Maßnahmenimporten aus anderen Verfahren durch die vielen bereits schulenintern durchgeführten Konzepterweiterungen der Basisverfahren gegeben ist. Außerdem besitzen alle drei der oben genannten Basistherapieverfahren einen so breiten Sockel an wissenschaftlich fundierten Interventionsstrategien, dass dieser Wissenschaftssockel eine gute Grundlage für die Integration weiterer wissenschaftlich begründeter Therapiemaßnahmen ist.

Im Folgenden sollen die zwei wichtigsten Kriterien vorgestellt werden, nach denen die Maßnahmenkombination vorgenommen werden kann. Es handelt sich um die Kriterien einer angemessenen Berücksichtigung der verschiedenen Aspekte von *Interventionszielen* und von *therapeutischen Wirkfaktoren*.

15.1 Berücksichtigung von Interventionszielen

Um alle wichtigen **Interventionsziele** bei der Maßnahmenkombination angemessen berücksichtigen zu können, sind in der Strategiendarstellung zu den in den Kapiteln 10–14 vorgestellten Psychotherapieverfahren explizite oder implizite *Zielhinweise* gegeben worden. Diese Hinweise beziehen sich auf folgende Zielaspekte:

Überblick über mögliche Zielaspekte von psychotherapeutischen Maßnahmen
● Förderung der Entwicklung und Gesundheit;
● Verbesserung der sozialen Beziehungen;
● Verbesserung von Funktionsaspekten des Selbstsystems;
● Verbesserung der einsichtsorientierten Konfliktbewältigung;
● Abbau der psychischen Störungssymptome.

In der Tabelle 15.1 werden die in den genannten Kapiteln vorgestellten Therapiestrategien noch einmal überblicksweise zusammengefasst, sodass erkennbar ist, welches Strategienrepertoire als Basis- und Importmaßnahme mit welcher Zielsetzung zur Verfügung steht.

Im Einzelnen weist das behavioral-kognitive Therapieverfahren vier Strategien auf (B 1–4) auf, das klientenzentrierte Therapieverfahren drei Strategien (K 1–3), das tiefenpsychologische Therapieverfahren drei Strategien (T 1–3), das familiensystemische Therapieverfahren zwei Strategien (F 1–2) und das pharmakologische Verfahren drei Strategien (P 1–3). Die Strategien des zuletzt genannten Verfahrens bedürfen jedoch einer Korrektur, da im Wesentlichen nur der Zielaspekt des Symptomabbaus angesprochen wird, sodass das pharmakologische Verfahren letztlich nur durch eine Strategie gekennzeichnet ist.

Analysiert man im Einzelnen die in den Strategien berücksichtigten **Zielaspekte pro Therapieverfahren** (s. Tab. 15.2), dann fällt auf, dass keines der untersuchten Verfahren mit seinen Strategien alle oben genannten fünf Zielaspekte abdecken kann und dass jedes Therapieverfahren zumindest ein wichtiges Ziel, häufig jedoch

Tab. 15.1: Überblick über die Strategien der behavioral-kognitiven, klientenzentrierten, tiefenpsy-chologischen, familiensystemischen und pharmakologischen Psychotherapie für Kinder, Jugendliche und Familien

Strategien der behavioral-kognitiven Psychotherapie (B):

B 1 – Respondente Maßnahmen zum Abbau von primär angstgeleiteten Verhaltensweisen.

B 2 – Operante Maßnahmen zum Auf- und Abbau aller Arten von Verhaltensweisen.

B 3 – Trainingsprogramme unter Verwendung des Modell-Lernens zum Auf- und Abbau von komplexen Verhaltensmustern.

B 4 – Kognitive Umstrukturierungs- und Selbstkontrollmaßnahmen zum Auf- und Abbau von Überzeugungen, Wahrnehmungen und Handlungsmustern.

Strategien der klientenzentrierten Psychotherapie (K):

K 1 – Personzentrierte Beziehungsgestaltung zur Verbesserung des Selbstkommunikations- und Sozialverhaltens.

K 2 – Nicht-direktive Spiel- und Gesprächsführung zur Förderung von selbstinitiierten, intrinsisch-motivierten Erfahrungsprozessen.

K 3 – Prozessleitende Hilfen zur Inkongruenzbewältigung.

Strategien der tiefenpsychologischen Psychotherapie (T):

T 1 – Nutzung von Übertragungsprozessen zur Verbesserung der trieb- und affektmotivierten Entwicklung.

T 2 – Dialogische Einsichtsförderung zur Konfliktbewältigung.

T 3 – Richtungsgebende Hinweise zur Korrektur von gestörten Selbststrukturen und Objektbe-ziehungen.

Strategien der familiensystemischen Psychotherapie (F):

F 1 – Zirkuläre Fragen und Visualisierungsaufträge zur Verbesserung der familiären Bedeutungs-gebung und Konfliktbewältigung.

F 2 – Umdeutungen und Anweisungen zur Korrektur von problematischen familiären Interaktio-nen und Entwicklungsprozessen.

Strategien der Psychopharmakotherapie (P):

P 1 – Verordnung von Neuroleptika zur Reduzierung von Wahnvorstellungen und Halluzinationen.

P 2 – Verordnung von Antidepressiva und Tranquilizern zur Reduktion von depressiven und ängstlichen Symptomen.

P 3 – Verordnung von Stimulanzien zur Reduktion von hyperkinetischen Symptomen.

---

mehrere Ziele, vernachlässigt. So wird im *behavioral-kognitiven* Verfahren die Entwicklungsförderung und Verbesserung von Selbstsystemfunktionen nicht ge-nügend berücksichtigt, im *klientenzentrierten* und *tiefenpsychologischen* Verfah-ren der Symptomabbau und im *familiensystemischen* Verfahren die Verbesserung der Selbstsystemfunktionen und der Symptomabbau. Das *pharmakologische* Verfahren vernachlässigt bis auf den Abbau der Störungssymptome alle anderen Zielaspekte.

Tab. 15.2: Interventionsziele der behavioral-kognitiven, klientenzentrierten, tiefenpsychologischen, familiensystemischen und pharmakologischen Psychotherapie für Kinder, Jugendliche und Familien

Interventionsziele:	Zugeordnete Strategien:				
	B-Therapie	K-Therapie	T-Therapie	F-Therapie	P-Therapie
Förderung der Entwicklung und Gesundheit	–	K 2	T 1	F 2	–
Verbesserung der sozialen Beziehungen	B 3	K 1	T 3	F 2	–
Verbesserung von Funktionsaspekten des Selbstsystems	–	K 1	T 3	–	–
Verbesserung der einsichtsorientierten Konfliktbewältigung	B 4	K 3	T 2	F 1	–
Abbau von psychischen Störungssymptomen	B 1–4	–	–	–	P 1–3

Abkürzungen: B = behavioral-kognitive; K = klientenzentrierte; T = tiefenpsychologische; F = familiensystemische; P = pharmakologische Psychotherapie

Wegen dieser Mängel muss jedes der drei Basistherapieverfahren **Strategienimporte** aus den anderen Verfahren vornehmen, wenn es die Pathogenese und der Gesundheits- und Entwicklungszustand des Patienten erforderlich macht. So muss das behavioral-kognitive Verfahren Strategien zur Entwicklungsförderung und Selbstfunktionsverbesserung importieren und das klientenzentrierte und tiefenpsychologische Verfahren Strategien zum Symptomabbau.

Das familiensystemische Verfahren sollte wegen seines Nichtangebotes einer individuellen Behandlungsmethode für Kinder und für Jugendliche nur zum Strategienexport verwendet werden. Die gleiche Empfehlung gilt auch für die Pharmakotherapie, die zum Zwecke der Krisenintervention kurzfristig zum Symptomabbau eingesetzt werden kann.

Im Folgenden soll der Aspekt einer angemessenen Berücksichtigung von *therapeutischen Wirkfaktoren* untersucht werden.

15.2 Berücksichtigung von therapeutischen Wirkfaktoren

Nach Grawe et al. (1994, S. 784; Grawe, 1998, S. 541 ff) lässt sich der Erfolg einer Psychotherapie auf die Nutzung folgender therapeutischer **Wirkfaktoren** zurückführen:

Überblick über mögliche Wirkfaktoren von psychotherapeutischen Maßnahmen
● Beziehungshilfe;
● Ressourcenaktivierung;
● Klärungshilfe;
● Bewältigungshilfe.

Die Wirkfaktoren lassen sich für die APT-KJF wie folgt charakterisieren:

Beziehungshilfe: Die Beziehung des Kinder- oder Jugendlichenpatienten und seiner Eltern zum Psychotherapeuten (bzw. Therapeutenteam) ist der *tragende Untergrund,* auf dem die Heilungsprozesse stattfinden können. Sie ist durch eine eindeutige Auftragslage und daraus resultierende Rollenverteilung sowie durch folgende *Therapeutenmerkmale* gekennzeichnet: einfühlendes Verständnis, emotionale Unterstützung, Berücksichtigung von Übertragungs- und Gegenübertragungsprozessen, Wertschätzung, Geduld, Hilfsbereitschaft etc.

Ressourcenaktivierung: Weil sich nach der Systemtheorie (s. Kap. 13) das Patienten- und Familiensystem nur selbst verändern kann, müssen alle *veränderungswirksamen* Handlungen vom Patienten bzw. von seinen Eltern unternommen werden. Diese heilungsfördernden Handlungen werden unter dem Begriff *Ressourcen* zusammengefasst. Sie stellen den Möglichkeitsraum des Patienten dar, in dem er sich bewegen kann (Grawe, 1998, S. 34). Zu ihnen gehören u. a.: Schutzfaktoren, erfolgreich bewältigte Entwicklungsaufgaben, Resilienzen etc. (s. Kap. 7.1.1–7.1.3). Die Aktivierung der Ressourcen des Patienten und seiner Eltern kann der Therapeut durch Aufforderungen, Fragen, Anstösse, Problemanalysen, Übertragungsstimulationen etc. fördern.

Klärungshilfe: Damit die angestrebten therapeutischen Veränderungen dauerhaft und in jeder Umgebung realisiert werden können, ist es hilfreich, wenn der Patient und seine Eltern *Einsicht* in die Störungsursachen und deren Bewältigungsmöglichkeiten gewinnen können. Diese Einsicht kann zu einem *willentlich eingeleiteten Heilungsverhalten* führen. Auf Therapeutenseite werden die Klärungsprozesse u. a. durch Problem- bzw. Symptomfokussierungen, Fragen, Interpretationen und Erklärungen etc. unterstützt sowie durch Informationen über wichtige Störungs- und Heilungskonzepte.

Bewältigungshilfe: Als Bewältigungsverhalten sollen alle Bemühungen des Patienten und seiner Eltern bezeichnet werden, die diese zum Abbau der Störungssymptome und zur Gesundheits- und Entwicklungsförderung unternehmen. Aufseiten des Therapeuten können diese Bemühungen u. a. durch Anweisungen, Übungen, apparative Hilfen (z. B. in Form eines Weckapparates im Rahmen der Enuresisbehandlung, s. Kap. 18), Medikamente, Informationen, Reiz- und Verstärkerkontrollen etc. unterstützt werden.

In Tabelle 15.3 wird ein **Überblick über die therapeutischen Wirkfaktoren** der untersuchten Therapieverfahren gegeben. Der Überblick macht deutlich, dass keines der Therapieverfahren alle vier der genannten Wirkaspekte in seinen Strategien nutzt.

So verwendet das *behavioral-kognitive* Therapieverfahren vorrangig die Wirkaspekte der Klärungs- (s. Strategie B4) und Bewältigungshilfe (s. B 1–4); das *klientenzentrierte* und *tiefenpsychologische* Verfahren die Wirkaspekte der Beziehungshilfe (s. K1 u. T1), der Ressourcenaktivierung (s. K2 u. T1) und der Klärungshilfe (s. K3 u. T2, T3) und das *familiensystemische Verfahren* die Wirkaspekte der Ressourcenaktivierung (s. F1) und Klärungshilfe (s. F1, F2). Das *pharmakologische Verfahren* nutzt primär den Wirkaspekt der Bewältigungshilfe (s. P 1–3).

Alle drei Basistherapieverfahren weisen bezüglich der Nutzung der oben genannten therapeutischen Wirkfaktoren also gewisse Defizite auf und bedürfen somit eines **Strategienimportes.** So sollte die behavioral-kognitive Therapie Strategien zur Beziehungshilfe und Ressourcenaktivierung importieren und die klientenzentrierte und tiefenpsychologische Therapie Strategien zur Bewältigungshilfe. Letztere sollten aus dem Repertoire des behavioral-kognitiven und pharmakologischen Therapieverfahrens stammen.

Tab. 15.3: Wirkfaktoren der behavioral-kognitiven, klientenzentrierten, tiefenpsychologischen, familiensystemischen und pharmakologischen Psychotherapie für Kinder, Jugendliche und Familien

Wirkfaktoren:	Zugeordnete Strategien:				
	B-Therapie	K-Therapie	T-Therapie	F-Therapie	P-Therapie
Beziehungshilfe	–	K 1	T 1	–	–
Ressourcenaktivierung	–	K 2	T 1	F 1	–
Klärungshilfe	B 4	K 3	T 2, 3	F 1, 2	–
Bewältigungshilfe	B 1–4	–	–	–	P 1–3

Abkürzungen: B = behavioral-kognitive; K = klientenzentrierte; T = tiefenpsychologische; F = familiensystemische; P = pharmakologische Psychotherapie

Resümierend ist zur Möglichkeit eines patientenzentrierten, adaptiven Maßnahmenangebotes festzustellen, dass keines der drei psychotherapeutischen Basisverfahren in der Lage ist, alle notwendigen Ziel- und Wirkaspekte zu berücksichtigen. Aus diesem Grunde müssen alle drei Basistherapieverfahren Strategienimporte vornehmen.

Bezüglich des familiensystemischen Verfahrens ist festzustellen, dass es wegen seiner methodischen Einseitigkeit (es gibt keine individuelle Behandlungsmethode für Kinder und für Jugendliche) nur als Fundus für einen Strategienexport zu verwenden ist. Dieser Status gilt auch für das pharmakologische Therapieverfahren. Letzteres ist bezüglich seiner Zielsetzung so eingeschränkt, dass es nur für eine medikamentöse Beeinflussung der Störungssymptome in Frage kommt.

III Anwendung der Allgemeinen Psychotherapie für Kinder, Jugendliche und Familien bei speziellen Störungsbildern

Aus dem Multidimensionalen Ätiologiekonzept und dem Konzept der Allgemeinen Psychotherapie für Kinder, Jugendliche und Familien ergibt sich, dass die Behandlung von psychischen Störungen *multidimensional* gestaltet werden muss. Im Einzelnen muss sie auf die Sanierung der allgemeinen und speziellen Störungsursachen ausgerichtet sein, die Förderung des Gesundheits- und Entwicklungsverhaltens sowie den Abbau der Störungssymptome. Diese vielfältige Zielsetzung erfordert ein vielgestaltiges therapeutisches Vorgehen, das sich sowohl auf den Kinder- oder Jugendlichenpatienten als auch seine Familienmitglieder und häufig auch sein Umfeld (z. B. den Kindergarten oder die Schule) beziehen muss.

Wegen der großen Variabilität der zu berücksichtigenden Indikationsbedingungen ist eine erfolgreiche Behandlung aller Störungsursachen und -symptome sowie aller Altersgruppen von Kinder- und Jugendlichenpatienten mit den Maßnahmen eines einzigen Psychotherapieverfahrens beim augenblicklichen Forschungsstand nicht möglich. Statt dessen müssen vor dem Hintergrund einer der drei großen Therapierichtungen **Maßnahmenkombinationen** vorgenommen werden, um eine optimale adaptive Psychotherapie durchzuführen. Dabei hat sich das *behavioral-kognitive* Therapieverfahren als eine gute Basistherapie erwiesen, weil es einerseits symptomzentriert ausgerichtet ist und andererseits eine große Maßnahmenvielfalt aufweist, die patientenspezifisch kombiniert werden kann (vgl. Steinhausen & von Aster, 1997; Schulte-Markwort et al., 1998; Petermann, 2000).

Aber auch das *klientenzentrierte* und *tiefenpsychologische* Verfahren weist für spezielle Störungsursachen und Therapieziele große Vorteile auf, sodass es auch als eine sinnvolle Basistherapie eingesetzt werden kann. Die Vorteile beziehen sich vorrangig auf eine differenzierte Gesundheits- und Entwicklungsförderung, eine intensive Nutzung der Heilungskräfte im kindlichen Spiel und eine intensive Förderung und Nutzung des therapeutischen Beziehungsverhältnisses zum Patienten und zu seinen Eltern (vgl. Boeck-Singelmann et al., 1996; 1997; Remschmidt, 1997; Knölker et al., 1998; Schmidtchen, 1999a).

Das hier vorgeschlagene Behandlungskonzept einer adaptiven Maßnahmenzusammenstellung vor dem Hintergrund einer behavioral-kognitiven, klientenzentrierten oder tiefenpsychologischen **Basistherapie** entspricht dem momentanen Handeln vieler Therapiepraktiker. Es wird empfohlen, weil es eine schulenübergreifende Allgemeine Psychotherapie für Kinder, Jugendliche und Familien im Moment noch nicht gibt und weil keines der genannten Therapieverfahren in der

Lage ist, alle Zielerfordernisse einer umfassenden Kinder- und Jugendlichenpsychotherapie abzudecken.

Leider gibt es für den empfohlenen Ansatz der adaptiven Maßnahmenkombination zwar viele gute Argumente und Praxisbelege, jedoch keine wissenschaftlichen Befunde auf der Basis von kontrollierten Therapiestudien. Dies mag u. a. damit zusammenhängen, dass in den Veröffentlichungen zur Behandlung bestimmter Störungsbilder und Patientenpopulationen weiterhin eine schulenspezifische Darstellungsweise vorherrscht und selten die Bereitschaft, schulenübergreifende Maßnahmenkombinationen vorzunehmen oder vorgenommene als solche zu kennzeichnen.

Aus diesem Grunde werden in den folgenden **Empfehlungen zur Behandlung bestimmter Störungsbilder** von Kindern und Jugendlichen keine wissenschaftlich erforschten Maßnahmenkombinationen vorgestellt, sondern theoretisch erdachte und praktisch erprobte. Sie beruhen auf der Berücksichtigung der jeweiligen multidimensionalen Pathogenese der Störungen, des multidimensionalen Zielkonzeptes der APT-KJF, der strategischen Interventionsmöglichkeiten der gewählten Basistherapieverfahren und der Art der zur Verfügung stehenden Importstrategien.

Bei der empfohlenen Maßnahmenkombination zur Behandlung bestimmter Störungsbilder wird es sich zeigen, dass man mit dem behavioral-kognitiven Verfahren zwar die Symptome der verschiedenen Störungen sehr differenziert behandeln kann, aber nur in begrenzter Weise die zu Grunde liegenden Gesundheits- und Entwicklungsdefizite. Diese lassen sich vorrangig mit den Strategien des klientenzentrierten oder tiefenpsychologischen Psychotherapieverfahrens beheben. Der Mangel der zuletzt genannten Verfahren besteht andererseits darin, dass sie kein symptomzentriertes Maßnahmenrepertoire aufweisen.

Im Einzelnen soll die adaptive, multidimensionale Behandlung folgender psychischer Störungen von Kindern und Jugendlichen dargestellt werden: „Hyperkinetische Störungen" (Kap. 16), „Störung des Sozialverhaltens" (Kap. 17), Einnässen[1] (Kap. 18) und Angststörungen (Kap. 19). Zu Beginn eines jeden Kapitels werden die jeweiligen Störungssymptome gemäß der ICD-10 Klassifikation genannt und die multidimensionalen Ätiologiefaktoren diskutiert. Danach werden die Behandlungsmaßnahmen geschildert.

16 Psychotherapie von Hyperkinetischen Störungen

Die „Hyperkinetischen Störungen" (nach ICD-10) oder *Aufmerksamkeitsdefizits-/ Hyperaktivitätsstörungen* (nach DSM-IV) stellen eine der häufigsten psychischen Auffälligkeiten im Kindesalter dar. Sie sind durch eine Beeinträchtigung der Aufmerksamkeit (im Sinne von *Unaufmerksamkeit*), der Aktivität (im Sinne von *Hyperaktivität*) und der Impulskontrolle (im Sinne von *Impulsivität*) gekennzeich-

---

[1] Die Störungsbezeichnungen, die nicht den exakten Namen der entsprechenden ICD-10 Kategorie wiedergeben, werden nicht in Anführungszeichen gesetzt.

net. Diese Auffälligkeiten sind vor dem Alter von sechs Jahren meist gut erkennbar und treten in der Regel in mehreren Situationen und Lebensbereichen (z. B. in der Familie, im Kindergarten, in der Schule, in der psychologischen Untersuchungssituationen etc.) auf. Die Symptome der Unaufmerksamkeit, Hyperaktivität und Impulsivität müssen über einen Zeitraum von mindestens *sechs Monaten* in einem Ausmaß vorhanden sein, dass sie zu einer Fehlanpassung des Kindes führen und zu einem Verhalten, dass seinem Entwicklungsstand nicht angemessen ist.

Im Folgenden sollen die Symptome der „Hyperkinetischen Störungen" spezifiziert werden:

Symptome der „Hyperkinetischen Störungen" nach ICD-10

(A) Unaufmerksamkeit

Mindestens *sechs* der folgenden Symptome müssen mindestens *sechs Monate* lang vorhanden sein:

(1) Die Kinder sind häufig unaufmerksam gegenüber Details oder machen Sorgfaltsfehler bei den Schularbeiten und sonstigen Arbeiten und Aktivitäten.

(2) Die Kinder sind häufig nicht in der Lage, die Aufmerksamkeit bei Aufgaben und beim Spielen aufrecht zu erhalten.

(3) Die Kinder hören häufig scheinbar nicht, was ihnen gesagt wird.

(4) Die Kinder können oft Erklärungen nicht folgen oder ihre Schularbeiten, Aufgaben oder Pflichten am Arbeitsplatz erfüllen. Diese Leistungsstörungen treten nicht wegen eines oppositionellen Verhaltens auf oder weil die Kinder die Erklärungen nicht verstanden haben.

(5) Die Kinder sind häufig beeinträchtigt, Aufgaben und Aktivitäten zu organisieren.

(6) Die Kinder vermeiden ungeliebte Arbeiten (wie Hausaufgaben), die ein geistiges Durchhaltevermögen erfordern.

(7) Die Kinder verlieren häufig Gegenstände, die für bestimmte Aufgaben wichtig sind (z. B. Bleistifte, Bücher, Spielsachen, Werkzeuge etc.).

(8) Die Kinder werden häufig von externen Reizen abgelenkt.

(9) Die Kinder sind im Verlauf der alltäglichen Aktivitäten oft vergesslich.

(B) Hyperaktivität

Mindestens *drei* der folgenden Symptome müssen mindestens *sechs Monate* lang auftreten:

(1) Die Kinder fuchteln häufig mit den Händen und Füßen oder winden sich auf den Sitzen.

(2) Die Kinder verlassen ihren Platz im Klassenraum oder in anderen Situationen, in denen ein Sitzenbleiben erwartet wird.

(3) Die Kinder laufen häufig herum oder klettern auf Gegenstände, bei denen dies unpassend ist (bei Jugendlichen oder Erwachsenen entspricht dieses Verhalten einem allgemeinen Unruhegefühl).

(4) Die Kinder sind häufig unnötig laut beim Spielen oder haben Schwierigkeiten bei leisen Freizeitbeschäftigungen.

(5) Die Kinder zeigen ein anhaltendes Muster exzessiver motorischer Aktivitäten, das durch den sozialen Kontext oder Verbote nicht durchgreifend beeinflussbar ist.

(C) Impulsivität

Mindestens *eines* der folgenden Symptome muss mindestens *sechs Monate* lang auftreten:

(1) Die Kinder platzen häufig mit der Antwort heraus, bevor die Frage beendet ist.

(2) Die Kinder können häufig nicht warten, bis sie beim Spielen oder in Gruppensituationen an der Reihe sind.

(3) Die Kinder unterbrechen und stören häufig andere Personen oder mischen sich ins Gespräch oder Spiel anderer Kinder ein.

(4) Die Kinder reden häufig exzessiv, ohne angemessen auf soziale Beschränkungen zu reagieren.

Zur Symptommanifestation wird in der ICD-10 gefordert, dass die Kriterien in *mehr als* einer Situation erfüllt sein müssen; z. B. sollte die Kombination von Unaufmerksamkeit und Überaktivität sowohl zuhause als auch in der Schule bestehen oder in der Schule und an einem anderen Ort. Die Symptome sollten ein deutliches *Leiden* oder eine *Beeinträchtigung* in sozialen, schulischen und beruflichen Funktionsfähigkeiten verursachen.

Bezüglich der **Prävalenz** der „Hyperkinetischen Störungen" werden wegen der zahlreichen Kriterien unterschiedliche Auftretenshäufigkeiten genannt; sie schwanken in verschiedenen epidemiologischen Studien zwischen 3–15 %. Werden die Kriterien operational gut erfasst, dann treten Prävalenzraten von 3–8 % auf, wobei die Störungssymptome bei Jungen im Verhältnis von 3:1 gegenüber Mädchen überwiegen (s. Döpfner, 2000 a, S. 158).

Die *entwicklungsbedingte Veränderung* der hyperkinetischen Störungssymptome ist in Längsschnittstudien relativ gut untersucht worden, sodass bekannt ist, welche Symptome in verschiedenen Altersabschnitten auftreten.

Entwicklungsbedingte Veränderung der hyperkinetischen Störungssymptome

Frühe Kindheit: Hier treten Symptome auf wie: ● häufiges Weinen; ● Schlafstörungen; ● Überaktivierung; ● motorische Unruhe etc.

Vorschulalter: Hier treten Symptome auf wie: ● Unaufmerksamkeit; ● Überaktivierung; ● hohe Erregbarkeit; ● schlechtes Benehmen; ● Ablehnung durch Gleichaltrige etc.

Grundschulalter: Hier zeigen sich Symptome wie: ● Überaktivierung; ● Impulsivität; ● Unaufmerksamkeit; ● schlechte Schulleistungen; ● geringes Selbstwertgefühl; ● leicht erniedrigter Intelligenzquotient im Vergleich zum Altersdurchschnitt; ● motorische Schwerfälligkeit; ● Unorganisiertheit etc.

Jugendalter: Hier zeigen sich Symptome wie: ● Ruhelosigkeit; ● schlechte Schulnoten; ● Sitzenbleiben; ● rebellisches Benehmen; ● Lernschwierigkeiten; ● Lügen; ● Alkoholmissbrauch etc.

Nach einer Untersuchung von Barkley et al. (1990) leiden ca. 70 % der Jugendlichen, die bereits im Vorschulalter als hyperkinetisch diagnostiziert worden sind, auch im Jugendalter mit 14;9 Jahren unter der Störung. Zusätzlich wurde bei ca. 40–60 % der Jugendlichen eine „Störung des Sozialverhaltens" diagnostiziert, während dies nur bei ca. 2–11 % der Kontrollgruppe der Fall war. Generell wiesen Jugendliche mit „Hyperkinetischen Störungen" folgende Zusatzprobleme bzw. Komorbiditäten auf:

Auftretenswahrscheinlichkeit von Zusatzproblemen und Komorbiditäten

Nach Barkley et al. (1990) traten bei den Jugendlichen mit „Hyperkinetischen Störungen" zusätzlich folgende *Probleme des Sozialverhaltens* auf: 50 % der Jugendlichen hatten einen Diebstahl begangen; bei 14 % wurde eine Haftstrafe verhängt; 21 % hatten fremdes Eigentum zerstört und 14 % besaßen Drogen oder handelten mit ihnen.

Auffällig war auch das Auftreten von *Schulproblemen:* 29 % mussten die Klasse wiederholen; 46 % wurden vom Unterricht beurlaubt; 10 % mussten die Schule abbrechen; 33 % besuchten Sonderklassen für Lernstörungen und 36 % Sonderklassen für Verhaltensstörungen.

Leider setzten sich bei vielen Jugendlichen die Probleme bis ins Erwachsenenalter fort, sodass die Betroffenen ein erhöhtes Risiko zur Entwicklung einer *„Dissozialen Persönlichkeitsstörung"* aufwiesen. In speziellen Komorbiditätsuntersuchungen wurde gefunden, dass die „Hyperkinetischen Störungen", insbesondere in klinischen Stichproben, häufig in

Kombination mit *Angststörungen* (in 25–40 % der Fälle), *depressiven Störungen* (15–20 %), *„Intelligenzminderungen"* (bis zu 15 IQ-Punkten), *„Ticstörungen"* und *„Sprech- und Sprachstörungen"* auftraten (Döpfner, 2000 a, S. 153 ff).

Auf Grund der oben skizzierten variablen Erscheinungsweise der Störungssymptome in verschiedenen Altersstufen kann festgestellt werden, dass es sich bei den „Hyperkinetischen Störungen" um eine sehr *dauerhafte Erkrankung* handeln kann, die sich zuweilen bis ins Erwachsenenalter erstreckt. Die Persistenz der Erkrankung hängt dabei von der Intelligenz der Patienten, dem Ausmaß aggressiver und dissozialer Komorbiditätssymptome, dem sozioökonomischen Status der Familie, dem Vorhandensein psychischer Störungen bei den Eltern sowie der Ansprechbarkeit auf eine Therapie ab (s. a. Kap. 3.4).

16.1 Ätiologie

Als Ursachen für die Entstehung der „Hyperkinetischen Störungen" werden die im Kapitel 5 genannten **multidimensionalen Risikofaktoren** angesehen. Dabei wird den biologischen Belastungsfaktoren das größte Gewicht zugesprochen, während familiäre, sozioökologische und personale Faktoren mehr die Ausprägungsart und den Störungsverlauf bestimmen (vgl. Steinhausen, 2000); Branteis, 2000).

Bezüglich des Einflusses der **biologischen Risikofaktoren** wird nach Döpfner (2000 a, S. 161) angenommen, dass sich die Störungen „überwiegend auf einer genetischen Grundlage entwickeln und dass funktionelle Auffälligkeiten vor allem im Bereich des Frontalhirns und der Basalganglien vorliegen." Des Weiteren wird vermutet, dass der Dopaminstoffwechsel eine bedeutende Rolle spielt. Die Annahme einer *genetischen* Grundlage wird durch Zwillingsstudien gestützt, wonach der Erblichkeitsanteil bei ca. 75–98 % liegt (s. Tannock, 1998).

Als nicht haltbar hat sich die lange vertretene Hypothese erwiesen, die Störungen würden auf **minimale cerebrale Dysfunktionen** zurückzuführen sein, die durch prä-, peri- oder postnatale Komplikationen entstanden sind (s. Kap. 5.1). Ebenfalls durch empirische Untersuchungen zurückgewiesen wurde die Annahme, die Störungen seien das Ergebnis einer **allergischen Reaktion** auf bestimmte Nahrungsmittelzusätze wie z. B. Farbstoffe, Phosphate und Zucker (vgl. Egger, 2000).

Die Analyse der **familiären Risikobedingungen** für die Mitverursachung der „Hyperkinetischen Störungen" hat ergeben, dass insbesondere unvollständige Familien, überbelegte Wohnungen, Alkoholismus der Eltern, eine psychische Erkrankung der Mutter und ein problematisches Familienklima als Risikofaktoren anzusehen sind. Besonders belastend ist dabei ein *fehlerhaftes Erziehungsverhalten* von Eltern und Lehrern in Reaktion auf die Störungssymptome des Kindes. Es betrifft insbesondere die Art der Grenzsetzung, die spezifisch auf die Problematik der aufmerksamkeitsgestörten und impulsiv reagierenden Kinder ausgerichtet sein muss (vgl. Steinhausen, 2000).

Die **Einhaltung der Grenzen** sollte von den Kindern konsequent und ruhig gefordert werden. Hilfreich ist es auch, bereits im Vorfeld einer möglichen Grenzüberschreitung das Reizfeld des Kindes auf die nötigsten Stimuli einzuschränken, sodass nur *geringe Ablenkungen* auftreten können. Auf jeden Fall sollte vermieden werden, gereizt oder aggressiv auf eine Grenzüberschreitung zu reagieren, um eine Eskalation von aggressiven Verhaltensweisen zu vermeiden und eine Entkoppelung hyperkinetischer Störungssymptome von gestörten sozialen Verhaltensweisen vorzunehmen.

Als belastende **sozioökologische Risikofaktoren** werden überbelegte Wohnungen und ein niedriger sozioökonomischer Status angenommen. Diese Faktoren bewirken jedoch nicht primär die Ausbildung der hyperkinetischen Symptome, sondern begünstigen in Kombination mit familiären und personalen Belastungsbedingungen den zusätzlichen Erwerb einer „Störung des Sozialverhaltens".

Als **personale Risikofaktoren** werden Mängel in der kindlichen *Aufmerksamkeitsregulation* angenommen, die sich nach Douglas (1989) auf folgende Regulationsaufgaben des Patienten beziehen können: ● eine dauerhafte Aufmerksamkeit zur Lösung bestimmter Aufgaben aufzubringen; ● impulsives Reagieren zu kontrollieren; ● ablenkende Umgebungsreize nicht zu beachten, wenn man mit der Lösung einer Aufgabe beschäftigt ist; ● das Aktivierungsniveau den situativen Forderungen anzupassen und ● Selbststimulationen zur Aufmerksamkeitserhöhung zu unterlassen. Zu den geschilderten Regulationsdefiziten kommt häufig noch eine *eingeschränkte Problemlösungsfähigkeit* hinzu, sodass die personalen Belastungsfaktoren noch weiter vergrößert werden.

In neuerer Zeit werden als zentrale personale Risikofaktoren zur Auslösung von „Hyperkinetischen Störungen" **gestörte Prozesse der Handlungsausführung** angenommen. Nach Barkley (1997) betreffen die Störungen vorwiegend *mangelhaft ausgebildete Impulshemmungsprozesse*, die sich auf das Arbeits- und Kurzzeitgedächtnis beziehen sowie auf die Affekt-, Motivations- und Aufmerksamkeitsstimulation und die Ausbildung von Handlungssequenzen.

Die Entstehung dieser Mängel in der Impulshemmung dürfte z. T. das Ergebnis von genetischen Defiziten und Neurotransmitterstörungen sein (vgl. Brandeis, 2000).

16.2 Behandlungsmaßnahmen

Wegen der vielfältigen Verhaltensprobleme in den verschiedensten Bereichen empfiehlt es sich, die „Hyperkinetischen Störungen" durch eine **multidimensionale bzw. multimodale Therapie** zu beeinflussen. Im Rahmen eines solchen adaptiven Behandlungsangebotes sollten die biologischen Risikofaktoren durch eine *medikamentöse* Therapie und die personalen und familiären Faktoren durch eine *Kombination von Kinder- und Familientherapie* saniert werden. Wenn nötig, sollte auch das außerfamiliäre Umfeld (Kindergarten, Schule etc.) durch *soziotherapeutische Maßnahmen* (s. Kap. 1.5) heilend beeinflusst werden. Die Durchführung einer mehrdimenisionalen Therapie wird auch von der „American Academy of Child and Adolescent Psychiatry" (1997) empfohlen.

Zur *Therapieplanung* eignet sich ein von Döpfner (2000 a, S. 166) vorgeschlagener Abbauplan, nach dem die Therapie mit der Vergabe eines stimulierenden **Medikamentes** (im allgemeinen Ritalin) begonnen werden sollte, wenn die Störungen sehr stark ausgeprägt sind und sich eine krisenhafte Zuspitzung in der

Schule und Familie entwickelt hat. Da die Medikamente aber Nebenwirkungen haben können (z. B. leichte Durchschlafstörungen; vgl. Trott & Wirth, 2000) und keine Heilung herbeiführen, sollte die Pharmakotherapie (s. Kap. 14) immer mit einer multidimensionalen Psychotherapie kombiniert werden.

Bezüglich der **kind- und familienzentrierten psychotherapeutischen Maßnahmen** hat man die Wahl zwischen einer multimodalen behavioral-kognitiven, klientenzentrierten oder tiefenpsychologischen Kinder- und Familientherapie.

Entscheidet man sich für eine **klientenzentrierte Therapie** (s. Schmidtchen, 1999 a, b, c)[2], dann sollte der Aspekt *der prozessleitenden Grenzsetzung* und der intensiven Eltern- und Erzieherhilfe im Vordergrund stehen. Die Eltern- und Erzieherarbeit sollte sich vorrangig auf das Vermeiden eines störungsinduzierenden Verhaltens und den Abbau von familiären Belastungen beziehen, die die Eltern und Patienten daran hindern, in gesunder Weise miteinander zu kommunizieren. Zu einer gesunden elterlichen Kommunikation gehört im Wesentlichen eine angemessene personzentrierte Ansprache und Unterstützung der Autonomie-, Abgrenzungs- und Selbstkontrollbedürfnisse des Kinderpatienten. Des Weiteren sollten durch die Stärkung der Fertigkeit zum selbstreflexiven, planvollen Handeln Hilfen zur Regulation der Impulsivität gegeben werden.

Die **multidimensionale klientenzentrierten Kinder- und Familientherapie** sollte vorrangig bei Kindern im Vorschul- und Grundschulalter zur Anwendung kommen. Sie hat das zentrale Ziel, die Aufmerksamkeit des Kindes und der Familienmitglieder auf den Erwerb von *gesunden, entwicklungsgemäßen* Verhaltensweisen zu richten. Dies soll das Zeigen der Störungssymptome erübrigen. Im Rahmen des aktuellen Interventionsprozesses wird dabei viel Wert auf eine Verbesserung der *Eltern-Kind-Beziehung* und eine Unterstützung des Kindes bei der Bewältigung der genetisch erworbenen *Selbstregulationsschwierigkeiten* gelegt (s. Kap. 11).

Langfristiges Ziel der klientenzentrierten Bewältigungshilfe ist es, den Kindern dabei zu helfen, ihre Defizite durch ein entsprechendes *Anti-Störungsmanagement* selbstständig zu überwinden. Um Krisensituationen zu überbrücken oder die Lernbedingungen von älteren Schulkindern zu verbessern, können kurzfristig auch stimulierende Medikamente (z. B. Ritalin) verordnet werden.

Bei älteren Kindern oder Jugendlichen sollte die Anwendung einer multimodalen **behavioral-kognitiven Therapie** (s. Kap. 10) verordnet werden. Sie ist vorrangig darauf ausgerichtet, die Kinder und ihre Eltern (bzw. anderen Bezugspersonen) dabei zu unterstützen, die störende Symptomatik zu verringern. Maßnahmen aus der Verhaltenstherapie sind auch als Ergänzung zur klientenzentrierten Therapie dann indiziert, wenn sich die hyperkinetischen Symptome mit den geschilderten klientenzentrierten Maßnahmen nicht zurückgebildet haben.

Im Folgenden soll beispielhaft ein multimodales verhaltenstherapeutisches Therapieprogramm für Kinder mit hyperkinetischem und oppositionellem Problemverhalten in Form des THOP von Döpfner et al. (1997) vorgestellt werden. In diesem Programm werden mit den Eltern in häufiger Anwesenheit des Kindes- oder Jugendlichenpatienten Übungen durchgeführt, in denen *Erziehungshilfen* zur

---

[2] Eine tiefenpsychologische Therapie müsste in etwa nach den gleichen Prinzipien wie eine klientenzentrierte Therapie durchgeführt werden.

Bewältigung des Symptomverhaltens vermittelt werden. Das Programm besteht aus folgenden Bausteinen:

Bausteine des verhaltenstherapeutischen Therapieprogrammes THOP

(1) **Problemdefinition, Entwicklung eines Störungskonzeptes und Behandlungsplanung:**
- Definition der Verhaltensprobleme des Kindes.
- Erarbeitung der Elemente eines Störungskonzeptes.
- Einigung auf ein gemeinsames Störungskonzept.
- Festlegung von Behandlungszielen und Vornahme einer Behandlungsplanung.

(2) **Förderung positiver Eltern-Kind-Interaktionen und Eltern-Kind-Beziehungen:**
- Fokussierung auf positive Erlebnisse mit dem Kind.
- Aufbau positiver Spielinteraktionen.

(3) **Pädagogisch-therapeutische Interventionen zur Verminderung von impulsiven und oppositionellen Verhaltensweisen:**
- Entwicklung effektiver Aufforderungen.
- Soziale Verstärkung bei der Beachtung von Aufforderungen.
- Soziale Verstärkung bei nicht störendem Verhalten.
- Aufbau wirkungsvoller Kontrollprozesse.
- Erwerb von natürlichen Bestrafungsreaktionen.

(4) **Tokensysteme, Response-Cost und Auszeit:**
- Einrichtung von Tokensystemen (Belohnungsreizen) zum Erwerb eines positiven Verhaltens.
- Anpassung der Tokensysteme an die Störungs- und Situationsbedingungen.
- Aufbau von Verstärker-Entzugs-Systemen.
- Verwendung von Ausschlussreaktionen (Auszeit) nach dem Zeigen eines Störverhaltens.

(5) **Interventionen bei spezifischen Verhaltensproblemen:**
- Durchführung eines Spieltrainings.
- Durchführung eines Selbstinstruktionstrainings.
- Erwerb von Fertigkeiten zum Selbstmanagement.
- Bewältigung von Verhaltensproblemen durch die Verordnung von Hausaufgaben.
- Training zur Bewältigung von Verhaltensproblemen in der Öffentlichkeit.

(6) **Stabilisierung der Effekte:**
- Training zur selbstständigen Bewältigung von zukünftigen Verhaltensproblemen.

Bei der **Durchführung des Programmes** ist die Mitarbeit beider Elternteile wünschenswert, aber nicht zwingend notwendig. Der allgemeine Ablauf einer Therapiesitzung gestaltet sich so, dass nach einer Zusammenfassung der Inhalte der vorangegangenen Sitzung neue Inhalte durch Informationen und Rollenspiel vermittelt werden. Diese sollen dann als Hausaufgaben in der Alltagssituation geübt werden. Die Effekte der Hausaufgaben sind zu protokollieren und in der nächsten Sitzung vorzustellen.

Das skizzierte behavioral-kognitive Behandlungsprogramm für „Hyperkinetische Störungen" mit oder ohne oppositionellem Problemverhalten kann bei Kindern im Alter von 3–12 Jahren sowie Jugendlichen angewendet werden. Es kombiniert kind- und elternzentrierte Maßnahmen und kann durch die Vergabe von *Medikamenten* ergänzt werden. Da die hyperkinetischen Symptome eine Neigung zu chronischen Verläufen haben, ist eine *langfristige Therapie* notwendig (s. Döpfner, 2000 a, S. 178).

Resümiert man die Vor- und Nachteile der verschiedenen Behandlungsverfahren zur Psychotherapie von „Hyperkinetischen Störungen", dann besticht das *behavioral-kognitive Verfahren* durch seine Maßnahmenvielfalt und Differenziertheit des Vorgehens. Da das *klientenzentrierte* oder *tiefenpsychologische Verfahren* nicht primär symptomspezifisch ausgerichtet ist, bedarf es diesbezüglich bei älteren Kindern und Jugendlichen einer Ergänzung. Es kann deshalb nur unter Einschränkung und primär bei Kindern im Vorschulalter oder bei Patienten mit einer geringen Symptomausprägung eingesetzt werden. Der Schwerpunkt des klientenzentrierten oder tiefenpsychologischen Verfahrens liegt in der Entwicklungsförderung, Verbesserung des Beziehungsverhaltens und Behandlung von Komorbiditätsursachen.

17 Psychotherapie der Störung des Sozialverhaltens

Als „Störung des Sozialverhaltens" wird nach der ICD-10 ein komplexes, persistierendes Verhaltensmuster bezeichnet, bei dem die Grundrechte anderer oder die wichtigsten altersentsprechenden sozialen Normen oder Gesetze verletzt werden. Die Störung muss mindestens *sechs Monate* lang andauern und mindestens *drei* Symptome aus der folgenden Problemliste aufweisen:

Symptome der „Störung des Sozialverhaltens" nach der ICD-10
(1) Ungewöhnlich häufige und schwere Wutausbrüche.
(2) Häufiges Streiten mit Erwachsenen.
(3) Häufige aktive Ablehnung der Wünsche und Vorschriften von Erwachsenen.
(4) Häufiges wohl überlegtes Ärgern anderer.
(5) Andere werden häufig für die eigenen Fehler verantwortlich gemacht.
(6) Häufige Empfindlichkeit und häufiges Sichbelästigtfühlen.
(7) Häufiger Ärger oder Groll.
(8) Häufige Gehässigkeit oder Rachsucht.
(9) Häufiges Lügen oder Brechen von Versprechungen, um Vorteile und Begünstigungen zu erhalten.
(10) Häufiger Beginn von körperlichen Auseinandersetzungen.
(11) Häufiger Gebrauch von gefährlichen Waffen.
(12) Häufiges Draußenbleiben in der Dunkelheit entgegen dem Verbot der Eltern.
(13) Häufige körperliche Grausamkeit gegenüber anderen Menschen.
(14) Tierquälerei.
(15) Absichtliche Destruktivität des Eigentumes anderer.
(16) Absichtliches Feuerlegen.
(17) Stehlen von Wertgegenständen.
(18) Häufiges Schuleschwänzen.
(19) Weglaufen von den Eltern.
(20) Jede kriminelle Handlung, bei der ein Opfer direkt angegriffen wird.
(21) Zwingen einer anderen Person zu sexueller Aktivität.
(22) Häufiges Tyrannisieren anderer.
(23) Einbruch in Häuser, Gebäude oder Autos.

Die Störung kann in folgenden **Unterformen** auftreten: • „Auf den familiären Rahmen beschränkte Störung des Sozialverhaltens"; • „Störung des Sozialverhaltens bei fehlenden sozialen Bindungen"; • „Störung des Sozialverhaltens bei vorhandenen sozialen Bindungen" und • „Störung des Sozialverhaltens mit oppositionellem, aufsässigem Verhalten".

Die Diagnose der Störung ist nur dann vorzunehmen, wenn es sich bei den geschilderten problematischen Verhaltensweisen um *schwer wiegende Tatbestände* handelt und nicht um ein entwicklungsbedingtes, vorübergehendes aufmüpfiges oder Grenzen austestendes Verhalten. Wie aus der Beschreibung der Einzelmerkmale zu ersehen ist, muss eindeutig eine *Schädigungsabsicht* des Täters vorhanden sein und ein deutlich *normabweichendes* Verhalten im Vergleich mit anderen Kindern oder Jugendlichen.

In der Literatur und Alltagssprache wird die „Störung des Sozialverhaltens" gemeinhin durch die Attribute *aggressives* und/oder *dissoziales Verhalten* gekennzeichnet. Da diese Begriffe recht gut die Charakteristika der Störung verdeutlichen, werden sie im Folgenden synonym zur gültigen Benennung verwendet.

Störungsklassifikation nach DSM-IV

Im **DSM-IV** werden ähnliche Symptome wie die oben genannten zur Charakterisierung der Störung vorgeschlagen. Interessant ist die Gruppierung der Symptome in die vier Klassen:

(a) *Aggressives Verhalten gegenüber Menschen und Tieren;*
(b) *Zerstörung von Eigentum;*
(c) *Betrug oder Diebstahl;*
(d) *schwere Regelverstöße.*

Zeigen Kinder oder Jugendliche nicht dieses breite Spektrum an sozialem Störverhalten und nehmen nur gegenüber vertrauten Personen eine ablehnende, feindselige und trotzige Haltung ein, dann wird die DSM-IV-Kategorie: *„Störung mit oppositionellem Trotzverhalten"* signiert. Eine Unterteilung in weitere Unterklassen gibt es im DSM-IV nicht.

Zum **Verlauf** der Störung ist festzustellen, dass sie sich häufig aus „Hyperkinetischen Störungen" im Kindesalter entwickelt und zeitstabil bis ins Jugend- und frühe Erwachsenenalter hineinreicht (s. Loeber & Farrington, 1998). Im *Jugendalter* drückt sie sich durch einen frühen Beginn von sexuellen Verhaltensweisen, Alkoholmissbrauch, Gebrauch von Drogen, Vandalismus, Gewaltanwendung und rücksichtslose und risikoreiche Verhaltensweisen aus. Auf Grund dieser Probleme werden die Jugendlichen häufig ohne Schulabschluss aus der Schule verwiesen, sind arbeitslos und kommen mit der Polizei, dem Jugendamt und dem Gericht in Kontakt.

Dieser Tatbestand läßt sich z. B. durch die Delinquenzstatistik des Bundeslandes Bremen für das Jahr 1997 belegen. In ihr wurde folgende Verteilung von *Straftaten* registriert: Kinder ca. 7 %; Jugendliche (14–17 Jahre) ca. 13 % und Heranwachsende (18–20 Jahre) ca. 10 % (s. Petermann & Scheithauer, 1998, S. 252). Diese Zahlen sind alarmierend, denn sie weisen auf die ungünstige Prognose der „Störung des Sozialverhaltens" hin.

In der klinischen Praxis zeigt sich eine **Komorbidität** der „Störung des Sozialverhaltens" mit Angststörungen, „Affektiven Störungen", „Hyperkinetischen Störungen" und Suchterkrankungen. Die Komorbiditätsraten schwanken zwischen ca. 5–45 % (vgl. Kap. 3.4).

Die Angaben zur **Prävalenz** des aggressiven, dissozialen Verhaltens variieren erheblich. Nach Scheithauer und Petermann (2000, S. 191) weisen ca. 5–9 % der Kinder und Jugendlichen eine „Störung des Sozialverhaltens" auf. Die starken Schwankungen ergeben sich u. a. durch eine häufig nicht repräsentative Zusammensetzung der Untersuchungsstichproben (z. B. zeigen Jungen die Störung häufiger als Mädchen) und eine unterschiedliche Wahl des Prävalenzkriteriums (Punkt-, Sechs-Monats-, Ein-Jahres- oder Lebenszeitprävalenz).

17.1 Ätiologie

Bezüglich der Verursachung der „Störung des Sozialverhaltens" wird eine Wechselwirkung zwischen biologischen, familiären, sozioökologischen und personalen Risikofaktoren angenommen. Dabei wird den familiären und sozioökologischen Belastungsfaktoren das größere Gewicht zugesprochen.

Auf Grund von Zwillings- und Adoptionsstudien gehen Carey und Goldman (1997) davon aus, dass das Auftreten von dissozialen Verhaltensweisen durch **biologische Risikofaktoren** in Form von *genetischen* Einflüssen erklärt werden kann, die mit umweltbedingten Effekten in Wechselwirkung stehen. Der genetische Beeinflussungsanteil wird dabei auf ca. 40–50 % geschätzt. Als weitere biologische Risikofaktoren werden angesehen: das *Geschlecht* der Kinder und Jugendlichen (Jungen sind prädestinierter zur Entwicklung der dissozialen Störung als Mädchen); *prä-, peri- und postnatale Belastungsfaktoren* und niedrige Werte im *Serotoninstoffwechsel.* Dem Neurotransmitter Serotonin wird im Zentralen Nervensystem eine hemmende Funktion zugesprochen, sodass ein Mangel an Serotonin zu einer Erhöhung der aggressiven Erregbarkeit führen kann (vgl. Petermann & Scheithauer, 1998 a, S. 272 ff).

Von entscheidender Bedeutung für die Verursachung des gestörten Sozialverhaltens dürfte aber das **familiäre Umfeld** sein und dabei insbesondere ein gestörtes Kommunikations-, Bindungs- und Erziehungsverhalten der Eltern. Diese interaktiven Probleme gehen in der Regel mit folgenden familiären Schwierigkeiten einher (vgl. Scheithauer & Petermann, 2000): ● Partnerschaftsproblemen zwischen den Eltern; ● finanziellen Probleme; ● allein erziehender Elternteil; ● Probleme mit der Wohnung und Wohngegend; ● Überforderungen durch eine chronische psychische Erkrankung eines Elternteils (z. B. Alkohol- oder Drogenabhängigkeit, Depression oder Schizophrenie) etc.

Die familiären Belastungsfaktoren wirken sich besonders dann nachteilig auf Kinder und Jugendliche aus, wenn die Eltern ein extremes *Vernachlässigungs-* und *Entwertungsverhalten* zeigen. Es drückt sich durch ein Desinteresse am körperlichen und seelischen Wohlbefinden des Kindes oder Jugendlichen aus sowie an häufigen Beleidigungen, Aggressionen und Schuldzuweisungen.

Belastend ist auch ein *inkompetentes elterliches Erziehungsverhalten,* das aus einer Aufstellung von zu geringen oder zu widersprüchlichen sozialen Regeln besteht und der modellhaften Demonstration von elterlichen aggressiven und dissozialen Verhaltensweisen. Unter diesem Aspekt ist auch die *Reziprozität* einer dissozialen Eltern-Kind-Interaktion zu beachten, die nicht nur den Einfluss der

216

Eltern auf das Kind betont, sondern auch den des Kindes auf die Eltern. So kann ein Kinder mit z. B. aggressiven Verhaltensweisen in einem sich steigernden Wechselwirkungsprozess auch die Eltern zu zunehmend aggressiveren Begegnungsformen stimulieren.

Unter den **personalen Risikofaktoren** gibt es eine Reihe von Belastungsbedingungen, die sich u. a. auf ein entwicklungsverzögertes moralisches Urteil beziehen (z. B. ein starkes Verhaftetsein in einer egozentrischen Weltsicht), ein mangelhaftes Konflikt- bzw. Problemlösungsverhalten, Minderwertigkeitsgefühle und ein gespaltenes Selbsterleben.

Kinder mit aggressiven und dissozialen Verhaltensweisen haben bezüglich ihres *moralischen Urteilsvermögens* große Schwierigkeiten, soziale Konventionen zu verstehen und einzuhalten; sich in die Perspektive anderer Menschen hineinzuversetzen sowie sich gedanklich mit Situationen zu beschäftigen, in denen verschiedene moralische Gesichtspunkte gegeneinander abzuwägen sind. Insgesamt gesehen fehlt es ihnen an einer retrospektiven und antizipatorischen Reflexivität (vgl. Kap. 4.1.7). Wegen dieses Mangels haben sie intensive Probleme, *soziale Konflikte* angemessen bewältigen zu können. In ihrer Hilflosigkeit oder Inkompetenz wählen sie häufig unangemessene soziale Verhaltensweisen und müssen dann erleben, dass dieses Verhalten die Konflikte nicht löst, sondern vertieft. Werden die Kinder zudem von anderen Kindern und Erwachsenen abgelehnt und sozial ausgeschlossen, dann werden ihre *Minderwertigkeitsgefühle* weiter vertieft und ihre dissozialen Selbstbehauptungstendenzen weiter vergrößert. Auf Grund dessen erleben sich die Kinder und Jugendlichen in einem Teil ihres Selbsterlebens als abgelehnt, einsam und ungeborgen und im anderen Teil als mächtig und omnipotent. Da sie aber eine Bewusstwerdung der negativen Selbstbewertungen nur in Ausnahmesituationen zulassen, kann sich ein *gespaltenes Selbsterleben* ausbilden, in dem das fantasierte omnipotente Selbstideal im Vordergrund steht und ein schwaches, vernachlässigtes und trauriges Selbst im Hintergrund.

Als Grundlage für die geschilderten personalen Probleme wird in letzter Zeit eine eingeschränkte **sozial-kognitive Informationsverarbeitung** angenommen (Crick & Dodge, 1994; Dodge & Schwartz, 1997). Diese drückt sich in einer Reihe von Defiziten aus, die sich auf eine fehlerhafte Ausprägung wichtiger Aspekte des sozialen Problemlösungsprozesses beziehen. Im Einzelnen wird eine fehlerhafte *Kodierung und Interpretation* von Schlüsselreizen angenommen, sodass konflikthafte Reize nicht als solche markiert, sondern als bedrohlich oder provokativ interpretiert werden. Des Weiteren wird von einer fehlerhaften *Zielsetzung* ausgegangen, in der aggressive und antisoziale Zielerreichungsweisen bevorzugt werden sowie von einem eingeschränkten Repertoire an *prosozialen Konfliktlösungsmöglichkeiten*.

Nach Scheithauer und Petermann (2000, S. 204) wirken diese sozial-kognitiven Informationsverarbeitungsdefizite häufig als ein Mediator (Bindeglied) zwischen den problematischen Familienbedingungen und persönlichen Vulnerabilitäten (z. B. schwierigem Temperament, unsicherer Bindungsrepräsentation, niedrigem Selbstwertgefühl etc.).

Davison und Neale (1996, S. 502) vertreten die berechtigte Auffassung, dass die Ätiologie der „Störung des Sozialverhaltens" ohne die Berücksichtigung von **sozioökologischen Belastungsfaktoren** nicht zu verstehen ist, denn zwischen einem niedrigen sozioökonomischen Status der Kinder oder Jugendlichen auf

Grund von *Armut, Arbeitslosigkeit* und *schlechtem Bildungsstand* der Eltern und der Entwicklung der Störungssymptome besteht ein enger Zusammenhang. Davison und Neale sind der Meinung, dass eine umfassende Theorie der „Störung des Sozialverhaltens" diese soziologischen Befunde berücksichtigen muss.

17.2 Behandlungsmaßnahmen

Wegen der häufig vorliegenden *geringen Krankheitseinsicht* und der daraus resultierenden *geringen Mitarbeitsbereitschaft* der Kinder- oder Jugendlichenpatienten, ist die „Störung des Sozialverhaltens" nur schwer erfolgreich zu therapieren. Dies gilt besonders für die Fälle, in denen sich die Symptomatik über viele Jahre verfestigt und differenziert hat und quasi ein unverzichtbarer Bestandteil des Lebensstils der Kinder und Jugendlichen geworden ist. Aus diesem Grunde wird empfohlen, die Störung bereits in der Frühphase ihrer Entstehung zu behandeln und alle **Prophylaxemöglichkeiten**, insbesondere in Form einer frühzeitigen Familienbetreuung, zu nutzen (s. Kap. 1.7). Da sich die „Störung des Sozialverhaltens" sehr häufig aus „Hyperkinetischen Störungen" entwickelt, sollten die Ursachen dieser Eingangsproblematik umgehend behandelt werden (z. B. mit dem verhaltenstherapeutischen Therapieprogramm von Döpfner et al., 1997; s. Kap. 16.2).

Generell ist festzustellen, dass das gleichzeitige Vorliegen zahlreicher anderer Risikofaktoren sowie das Auftreten einer weiteren psychischen Erkrankung die Wahrscheinlichkeit eines Behandlungserfolges senkt (s. Kap. 3.4). Liegen hingegen günstige familiäre Bedingungen vor und ist die Familie und auch das Kind zur Mitarbeit bereit, so sind Therapieerfolge möglich. Als prognostisch vorteilhaft wirkt es sich dabei aus, wenn das gestörte Sozialverhalten nur auf wenige Situationen beschränkt ist und nicht situationsübergreifend auftritt (vgl. Scheithauer & Petermann, 2000, S. 208 ff).

Wegen der multidimensionalen Verursachung der Störung muss die Behandlung auf alle Risikofaktoren ausgerichtet sein. Aus diesem Grunde empfiehlt sich die Durchführung eines **multidimensionalen Behandlungsprogrammes**, in dem kind- bzw. jugendlichenzentrierte, familientherapeutische und soziotherapeutische Maßnahmen zur Anwendung kommen sollten.

Im Rahmen von **soziotherapeutischen Maßnahmen** (s. a. Kap. 1.5) sind vorrangig die Lebensbedingungen der Familie so zu verändern, dass durch die Gewährleistung einer angemessenen Wohnung in einer mit Delinquenz weniger belasteten Wohngegend die Voraussetzungen zu bleibenden therapeutischen Erfolgen gelegt werden. Des Weiteren ist es erforderlich, dass man der Familie hilft, im Fall von Arbeitslosigkeit einen Arbeitsplatz zu finden und sie im Kontakt mit Ämtern und sozialen Institutionen (z. B. dem Jugendamt und der Schule) unterstützt. Generelles Ziel der Soziotherapie sollte es sein, die sozioökonomischen Risikofaktoren so zu verringern, dass die Familie langfristig in der Lage ist, ihre widrigen sozialen Umstände besser bewältigen zu können. Erst wenn dies einigermaßen gewährleistet ist, können therapeutisch und pädagogisch ausgerichtete kind- und familienzentrierte Anti-Aggressivitätsprogramme eine dauerhafte Wirkung zeigen.

Im Folgenden sollen die **kind- bzw. jugendlichenzentrierten Maßnahmen** zur Behandlung der Störung vorgestellt werden. Mit ihrer Hilfe soll die moralische, soziale, emotionale und kognitive Entwicklung der Kinder und Jugendlichen gefördert und das Störungsverhalten abgebaut werden. Die Maßnahmen entstammen dem Repertoire der behavioral-kognitiven, klientenzentrierten und tiefenpsychologischen Psychotherapierichtung. Da die schulenspezifischen Maßnahmen ihre jeweiligen Begrenztheiten aufweisen, empfiehlt es sich, in jedem Einzelfall zu prüfen, welche Therapierichtung man als Basistherapie wählen möchte.

Will man z. B. im Rahmen eines Krisenmanagements in der Familie und/oder Schule die Intensität und Häufigkeit des *Symptomverhaltens* einschränken, dann empfiehlt sich die Wahl des behavioral-kognitiven Behandlungsverfahrens. Will man hingegen die *Gesundheits-* und *Entwicklungspotenziale* des Patienten fördern, dann sollte man das klientenzentrierte oder tiefenpsychologische Verfahren wählen.

Letztlich bestimmt die Ausgangslage des Patienten die Wahl der Basistherapie und die Zusammensetzung des Behandlungsprogrammes. Dabei sollte der Blick nicht nur auf die Symptomatik gerichtet sein, sondern auch auf die psychische Befindlichkeit des Patienten und seinen Entwicklungsstand. Da die Patienten in der Regel trotz ihrer aggressiven Verhaltensweisen eine große *Empfindlichkeit* gegenüber Kränkungen, Ungerechtigkeiten, sozialen Diffamierungen etc. aufweisen und unter Minderwertigkeitsgefühlen, Abwehrmechanismen, inneren Konflikten und Selbstkonzeptspaltungen leiden, haben klientenzentrierte oder tiefenpsychologische Behandlungsverfahren (mit gewissen strategischen Modifikationen) durchaus einen großen Nutzen bei der Therapie der „Störung des Sozialverhaltens". Sie sollten deshalb z. B. im Rahmen der Frühbehandlung und bei einer geringen Symptomausprägung als Basistherapie gewählt werden.

Dabei sollte die **klientenzentrierte** oder **tiefenpsychologische Basisbehandlung** aus einer engen Verzahnung der kind- bzw. jugendlichenzentrierten Therapie mit der Familien- und Soziotherapie bestehen und auf die Beseitigung der zu Grunde liegenden Probleme und Entwicklungsdefizite ausgerichtet sein. Wie das therapeutische Vorgehen im Einzelnen aussieht, soll beispielhaft für die klientenzentrierte Basistherapie demonstriert werden. Für die tiefenpsychologische Basisbehandlung gelten vergleichbare Maßnahmen (s. Herpertz-Dahlmann, 1997 u. Kap. 12).

Klientenzentrierte Maßnahmen zur kind- bzw. jugendlichenzentrierten Therapie der „Störung des Sozialverhaltens" (vgl. Vieth & Schmidtchen, 2001)

In der **klientenzentrierten Basistherapie** wird vorrangig am Zusammenhang zwischen der Störungssymptomatik und den entwicklungs- und beziehungsorientierten Problemen der Kinder oder Jugendlichen gearbeitet (s. Schmidtchen, 1999 a, b, c; u. Kap. 11). Dabei wird versucht, den Patienten auf der Spiel- und Gesprächsebene sowie im Alltagsgeschehen zu helfen, ihre Entwicklungs- und Beziehungsdefizite zu kompensieren. Welcher Art diese Defizite im Einzelnen sein können, ist von Zander (1998) im Rahmen einer empirischen Analyse des Spieltherapieverhaltens von Kindern mit dissozialen Verhaltensweisen untersucht worden. Bei dieser Analyse fand Zander, dass sich die Therapiekinder in der Behandlung vorrangig mit folgenden Entwicklungs- und Beziehungsinhalten (im Sinne von Interventionszielen) beschäftigten: • sich seine physiologischen Bedürfnisse in zuverlässiger Weise von einer Bezugsperson befriedigen zu lassen; • Anstreben einer sicheren Unterstützung in Bedrohungs- und Angstsituationen durch Bezugspersonen; • Verbesserung der

Fähigkeit, seine Spannungen und Ängste in Erregungssituationen selbst zu bewältigen; ● Verbesserung der Fähigkeit, mit anderen Menschen einen prosozialen Kontakt aufzunehmen; ● Verbesserung der Fähigkeit, sich von anderen Kindern abgrenzen zu können; ● Verbesserung der Fähigkeit, Konflikte mit anderen Kindern und Erwachsenen lösen zu können; ● Verbesserung der Fähigkeit, Freundschaftsbeziehungen zu anderen Kindern aufbauen zu können etc.

Diese Inhalte wurden von den Kindern in der klientenzentrierten Spiel- und Familientherapie so bearbeitet, dass deutliche Verbesserungen des Sozialverhaltens, des Selbsterlebens und der Symptomatik auftraten (vgl. Fröhlich-Gildhoff, 1996; Schmidtchen, 1997).

Da die Symptome der „Störung des Sozialverhaltens" für die Umwelt sehr belastend sind, wird von den Eltern, Erziehern oder Lehrern häufig eine primär *symptomzentrierte Behandlung* gewünscht. In diesem Fall sollte das **behavioral-kognitive Therapieverfahren** als Basistherapie gewählt werden. Für dieses Verfahren liegen relativ gut ausgearbeitete multimodale Behandlungsprogramme sowohl für die kind- und jugendlichenzentrierte als auch familienbezogene Behandlung vor (vgl. Scheithauer & Petermann, 2000). Wie die Verhaltenstherapie zur Behandlung von dissozialen Störungen im Einzelnen aussieht, soll im Folgenden kurz beschrieben werden:

Behavioral-kognitive Maßnahmen zur kind- bzw. jugendlichenzentrierten Therapie der „Störung des Sozialverhaltens"

Als primäres Ziel einer **behavioral-kognitiven Basistherapie** wird eine Verbesserung der *sozial-kognitiven Informationsverarbeitung* und ein *Abbau des Symptomverhaltens* angestrebt. Als ein Beispiel für die Inhalte einer solchen Basisbehandlung können die Interventionsziele des „Trainings mit aggressiven Kindern" von Petermann und Petermann (1997) angesehen werden. In diesem Trainingsprogramm wird am Erwerb folgender Kompetenzen gearbeitet: ● sich entspannen können; ● seinen Ärger kontrollieren können; ● angemessen kommunizieren können; ● sich selbst verstärken können; ● sich prosozial verhalten können; ● sich behaupten können; ● Konflikte sozial-integrativ lösen können. Diese Ziele werden den Kindern und Jugendlichen in Einzel- und Gruppensettings von ca. 6–10 Sitzungen zu je 60 Minuten Dauer vermittelt.

Begleitend zur kind- bzw. jugendlichenzentrierten Therapie findet eine **Elternbehandlung** von mindestens vier Kontakten zu je zwei Stunden statt. Darin werden die gleichen Therapieziele unter Elternaspekten bearbeitet. Dabei werden Hausaufgaben, Rollenspiele und Videofilme verwendet (s. a. Kap. 14).

Aus den Beispielen zu einer klientenzentrierten oder verhaltenstherapeutischen Basisbehandlung gestörter sozialer Verhaltensweisen ist zu ersehen, dass die kind- bzw. jugendlichenzentrierten Maßnahmen zwingend mit einer **Familien- bzw. Elternbehandlung** kombiniert werden müssen. Die Schwierigkeit einer solchen Familientherapie bzw. Elternbehandlung besteht häufig jedoch darin, dass viele Eltern nicht bereit sind, sich in Gesprächen und Übungen mit ihrem problematischen Erziehungs- und Entwicklungsförderungsverhalten sowie ihren eigenen aggressiven und dissozialen Verhaltensweisen auseinander zu setzen. Außerdem sind sie oft so sehr mit alltäglichen Sorgen, zwischenmenschlichen Problemen und finanziellen Nöten belastet, dass sie selten die Motivation zu einer Familientherapie besitzen.

Aus diesem Grunde müssen häufig erst *motivationssteigernde Maßnahmen* zur Anwendung kommen. Diese können z. B. darin bestehen, dass der Therapeut die

Eltern beim Kontakt mit der Schule oder dem Jugendamt unterstützt oder ihnen hilft, eine Arbeitsstelle zu finden. Bei der Unterstützung sollte man darauf achten, eine *Hilfe zur Selbsthilfe* zu geben, weil viele Familien aus diesem Problemfeld die Neigung haben, eine dauerhafte Unterstützung anzustreben, anstatt langfristig unabhängig von dieser Hilfe zu werden.

Welche Maßnahmen in der klientenzentrierten, tiefenpsychologischen oder behavioral-kognitiven Familientherapie im Einzelnen zur Anwendung kommen, soll im Folgenden kurz beschrieben werden:

Klientenzentrierte und tiefenpsychologische Familientherapie der „Störung des Sozialverhaltens"

In der **klientenzentrierten** oder **tiefenpsychologischen Familientherapie** zur Behandlung der „Störung des Sozialverhaltens" hat die Verbesserung des *elterlichen Fürsorgeverhaltens* einen großen Stellenwert. Dieses betrifft eine angemessene Befriedigung der Entwicklungsbedürfnisse der Kinder und Jugendlichen sowie eine Verbesserung des kind- bzw. jugendlichenbezogenen Bindungs-, Autonomieförder- und Wertschätzungsverhaltens. Diese Interventionsziele werden in erfahrungsschaffenden und klärenden Gesprächen und Spielen angestrebt (s. Vieth & Schmidtchen, 2001).

Parallel dazu wird versucht, bei den Eltern durch die *Aufarbeitung der eigenen Beziehungserfahrungen* eine kritische selbstreflexive Haltung aufzubauen, die sie zu einer bewusst korrigierenden Verhaltensänderung führen kann. Im methodischen Vorgehen wird viel Wert auf die Nutzung von Selbsthilferessourcen, Einsichtsprozessen, Empfehlungen, Informationen über wichtige internale Konflikte, Grenzsetzungen und Interpretationen von Interaktionsweisen und Symptomen gelegt (vgl. Kap. 11.3 u. 12.3). Da sowohl die klientenzentrierte als auch die tiefenpsychologische Familientherapiemethode keine spezifischen symptomabbauenden Maßnahmen besitzt, müssen diese – wenn erforderlich – aus dem behavioral-kognitiven Verfahren importiert werden. Dieser Import sollte jedoch mit der beziehungs- und entwicklungorientierten Zielsetzung abgestimmt sein (vgl. Mattejat, 1997 c).

Behavioral-kognitive Familientherapie der „Störung des Sozialverhaltens"

In der **behavioral-kognitiven Familientherapie** zur Behandlung der „Störung des Sozialverhaltens" steht die Verbesserung des *elterlichen Erziehungsverhaltens* und des *Abbaus der Störungssymptomatik* im Vordergrund. Durch das Training von operanten Konditionierungsmaßnahmen (z. B. im Rahmen von Rollenspielen), die Vermittlung von Informationen (z. B. über die Wirkung von Bestrafungen) oder durch Selbstkontrollübungen sollen die Eltern lernen, wie sie ihren Kindern oder Jugendlichen beim Erwerb von *prosozialen Verhaltensweisen* helfen können. Außerdem ist es wichtig, ihnen zu vermitteln, wie sie den Teufelskreis von *symptominduzierenden Eltern-Kind-Interaktionen* durchbrechen können (Webster-Stratton, 1998; Brack, 1997). Die behavioral-kognitiven Therapiemaßnahmen können in *Elterngruppen* oder *individuell* durchgeführt werden; sie sind eng mit den oben skizzierten kind- bzw. jugendlichenzentrierten Maßnahmen zu verknüpfen. Sie werden über mehrere Medien in Form von Gesprächen, Textbüchern, Rollenspielen, Videofilmen etc. vermittelt, sodass eine *Mehrebenen-Beeinflussung* der Eltern stattfinden kann. Dadurch ist gewährleistet, dass auch sprachlich eingeschränkte Eltern von der Therapie profitieren können (vgl. Kap. 10.3).

Resümiert man die Vor- und Nachteile der verschiedenen Behandlungsverfahren für die „Störung des Sozialverhaltens", dann besticht die *behavioral-kognitive* Basistherapie durch die Symptomzentriertheit, Vielfalt ihrer Behandlungsmaßnahmen und Vielzahl neuer Veröffentlichungen zur Behandlung dieses Störungsbildes.

Der Schwerpunkt der *klientenzentrierten* oder *tiefenpsychologischen* Basistherapie liegt hingegen auf der Entwicklungs- und Beziehungsförderung sowie der Initiierung und Unterstützung von Einsichtsprozessen. Da die Beeinflussung der aggressiven, dissozialen Verhaltensweisen der Kinder, Jugendlichen und Eltern eine Kenntnis und Auseinandersetzung mit prosozialen Interaktionsweisen erfordert, muss der Therapeut diesbezüglich seine Nicht-Direktivitätsstrategie zugunsten von prozesslenkenden, grenzensetzenden und modellgebenden Maßnahmen aufgeben. Außerdem muss er viel Mühle und Zeit in motivationsstützende Hilfen investieren. Zeigt sich trotz aller dieser Vorgehensweisen kein deutlicher Abbau der Störungssymptome, dann müssen symptomreduzierende Maßnahmen aus dem behavioral-kognitiven Therapieverfahren importiert werden.

18 Psychotherapie des Einnässens (Enuresis)

Die Störung der „Nichtorganischen Enuresis" tritt in einem Alter auf, in dem Kinder in der Regel gelernt haben, ihre Blase kontrollieren zu können. Deshalb müssen die Kinder nach der ICD-10 mindestens *fünf Jahre* alt sein, bevor die Diagnose gestellt werden kann. Außerdem muss die Störung mindestens *zweimal im Monat* (nach DSM-IV zweimal pro Woche) über drei aufeinander folgende Monate auftreten und *keine organischen Ursachen* (z. B. als Nebenwirkung einer Diabetes- oder Epilepsieerkrankung) haben. Das Einnässen kann am Tag und in der Nacht geschehen und als primäre Enuresis (sie besteht von Geburt an) oder sekundäre Enuresis (sie setzt eine bereits erworbene Blasenkontrolle voraus) auftreten (vgl. Grosse, 1991).

Bezüglich der Ätiologie wird davon ausgegangen, dass die *sekundäre Enuresis* am stärksten durch psychosoziale Risikofaktoren mitverursacht wird. Dies drückt sich u. a. durch eine erhöhte Komorbidität mit anderen psychischen Störungen (z. B. „Hyperkinetischen Störungen", Angststörungen etc.) und das häufigere Vorliegen von kritischen Lebensereignissen aus.

Die **Prävalenz** der „Nichtorganischen Enuresis" beträgt im Alter von *fünf Jahren* ca. 10 % (Jungen 7 %; Mädchen 3 %) und im Alter von *zehn Jahren* ca. 5 % (Jungen 3 %; Mädchen 2 %). Sie variiert von Land zu Land und von Studie zu Studie beträchtlich (vgl. Petermann & Petermann, 2000). Da die Störung auch vom Entwicklungsstand der Kinder abhängig ist, weist sie mit zunehmendem Alter eine hohe spontane *Rückbildungsquote* auf. Wegen der Entwicklungsabhängigkeit empfiehlt sich bei der Erstdiagnose die Verwendung von Entwicklungs- bzw. Intelligenztests. Mithilfe dieser Tests kann geklärt werden, ob das Entwicklungs- bzw. Intelligenzniveau mindestens dem Alter von fünf Jahren (nach der ICD-10) entspricht (ausführliche Informationen zur Diagnostik geben Richter & Goldschmidt, 1999).

18.1 Ätiologie

Die „Nichtorganische Enuresis" wird durch eine Wechselwirkung zwischen bio-psychosozialen Risikofaktoren verursacht. Als **biologische Risikofaktoren>** kommen im Wesentlichen *genetische Komponenten* in Betracht. So wurde in Zwillingsstudien gefunden, dass eineiige Zwillinge mit 68 % Übereinstimmung die Störung aufwiesen und zweieiige mit 36 % (von Gontard & Lehmkuhl, 1997). Als weitere biologische Belastungsfaktoren werden eine zu geringe Blasenkapazität, eine übermäßige nächtliche Harnausscheidung, eine Störung der Harnentleerung (z. B. Dranginkontinenz oder Harninkontinenz auf Grund einer verspannten Miktion), eine Geistige Behinderung, eine verzögerte Motorikentwicklung etc. angenommen.

Nach Petermann und Petermann (2000, S. 390 f) sind die möglichen biologischen Risikofaktoren „ebenso heterogen wie das klinische Erscheinungsbild". Sie kommen in relativ „reiner Form" bei der primären Enuresis zur Wirkung. Die Ausbildung einer sekundären Enuresis wird hingegen auf einen stärkeren Einfluss psychosozialer Belastungsfaktoren zurückgeführt. Hier werden die biologischen Risikofaktoren als Vulnerabilitäten angesehen, die durch familiäre und sozio-ökologische Stressoren zur Störungsausbildung angeregt werden.

An **personalen Risikofaktoren** für die Ätiologie der Enuresis wird im Rahmen des *behavioral-kognitiven* Störungskonzeptes angenommen, dass die Kinder nicht angemessen gelernt haben, die Blasenentleerung zu kontrollieren. Insbesondere haben sie nicht die konditionierte Reaktion gelernt, auf Grund einer vollen Blase aufzuwachen und zu verhindern, dass sich der Schließmuskel der Blase öffnet. Das Geschlossenhalten des Blasenmuskels erfordert eine beträchtliche sensumotorische Kompetenz, weil das Öffnen bzw. Entspannen des Muskels bei voller Blase ein natürlicher Reflex und das Geschlossenhalten eine erlernte Reaktion ist.

Das *tiefenpsychologische* und *klientenzentrierte* Störungskonzept geht davon aus, dass die Enuresis Ausdruck einer Störung der Selbstentwicklung ist, die aus einer Fixierung auf nicht befriedigte frühkindliche Bedürfnisse des Versorgt- und Gereinigtwerdens besteht. Diese Fixierung hemmt die Autonomieentwicklung der Kinder und die dafür notwendige psychische Trennung von den Eltern.

Außerdem wird (vorwiegend im klientenzentrierten Ätiologiekonzept) angenommen, dass die Eltern das Reinlichkeitstraining zu früh beginnen und dabei sehr unterdrückend und wenig wertschätzend vorgehen. Sie hemmen damit die spontanen Bemühungen der Kinder zur eigenständigen Blasenkontrolle und fördern den Aufbau einer chronischen *Inkongruenz-* bzw. *internen Konfliktsituation* zwischen dem organismischen Streben der Kinder nach einer freiwilligen, selbstbestimmten Blasenkontrolle und den von den Eltern übernommenen Forderungen nach einer fremdbestimmten Kontrolle. Der Konflikt zwischen diesen beiden Tendenzen verursacht Spannungen, Lernhemmungen, Abwehrmechanismen und eine generelle emotional-kognitive Labilisierung (s. Kap. 6.2 u. 6.3). Er kann beim zusätzlichen Vorliegen von biologischen und familiären Risikofaktoren zur Ausbildung einer primären oder sekundären Enuresis führen.

Als **familiäre Risikofaktoren** für die Ätiologie einer Enuresis gelten: ● ein feindseliges, missachtendes Beziehungsverhältnis zwischen Eltern und Kind; ● häufige Streitigkeiten zwischen den Eltern; ● ein strafender und gewalttätiger Erziehungsstil; ● eine Trennung oder Scheidung der Eltern; ● eine Krankheit eines Elternteils und ● ein häufiger Wohnortwechsel (vgl. Rutter, 1989).

Haug-Schnabel (1994) nimmt zudem eine deutliche Korrelation zwischen kummer- und stressauslösenden Tagesereignissen und dem Einnässen an. Diese Hypothese wird durch die Beobachtung gestützt, dass das Einnässen außerhalb des familiären Umfeldes oder an Tagen eines harmonischen Familienlebens häufig unterbleibt.

Als weiterer familiärer Belastungsfaktor ist im Sinne einer sekundären Verursachung die Störung selbst anzusehen. Ihre Auswirkung z. B. in Form einer Schamreaktion der Eltern erhöht den Druck auf das Kind und damit seine Stressbelastung. Der *elterliche Druck* dürfte noch größer sein, wenn ein Elternteil häufig mehrmals nachts die Bettwäsche wechseln muss und dem Kind gegenüber eine Mischung aus Schuld- und Wutgefühlen entwickelt hat. In diesem Fall dürfte die durch das Wäschewechseln entstandene enge negative Eltern-Kind-Symbiose eine große Belastung für alle Betroffenen sein.

Als **sozioökologische Belastungsfaktoren** werden eine Armut der Eltern, niedrige soziale Schicht, zu kleine Wohnung und große Geschwisterschar (mehr als zwei Kinder) angesehen. Die Wirkung dieser Risikofaktoren auf die Ausprägung der Störung wird damit erklärt, dass die geschilderten Lebensbedingungen die Eltern daran hindern, ein angemessenes Fürsorge- und Erziehungsverhalten zu zeigen, sodass die vernachlässigten Kinder Reifungs- und Entwicklungsdefizite erwerben können.

18.2 Behandlungsmaßnahmen

Die Behandlung der Enuresis erfolgt nach einer ausführlichen medizinischen und psychologischen Diagnostik (vgl. Quaschner & Mattejat, 1997; Petermann & Petermann, 2000). Gemäß den Ergebnissen der Diagnostik sollten zuerst die biomedizinischen Ursachenfaktoren therapiert werden und dann, wenn die Störung weiterhin vorliegt, die personalen, familiären und sozioökologischen Faktoren. Nach Davison und Neale (1996, S. 506 f) wird in den Vereinigten Staaten etwa *ein Drittel* der an Enuresis leidenden Kinder mit **Medikamenten** behandelt, die die Reaktivität der am Urinieren beteiligten Muskulatur herabsetzen (Imipramin) oder den Urin in der Blase konzentrieren (Desmopressin-Azetat). Obwohl durch die Medikamente eine unmittelbare positive Wirkung festzustellen ist, erleidet die Mehrzahl der Kinder einen Rückfall, wenn die Medikamente abgesetzt werden (vgl. Petermann & Petermann, 2000). Aus diesem Grunde sollten Medikamente nur zur *Krisenintervention* gegeben werden.

Der Schwerpunkt der Enuresisbehandlung sollte auf der Anwendung von psychologischen Interventionsmaßnahmen liegen. In Abhängigkeit von der Schwere und Dauer der Symptomatik, einer möglichen Komorbidität sowie von vorhandenen oder nicht-vorhandenen psychosozialen Belastungsfaktoren kann man sich dabei auf das behavioral-kognitive, klientenzentrierte oder tiefenpsychologische Basisverfahren stützen. Dabei ist unabhängig vom gewählten Basisverfahren auf die notwendige Verzahnung der kind- bzw. jugendlichenzentrierten Maßnahmen mit den familienzentrierten Interventionen zu achten. Ohne eine enge Kooperation der Eltern und des Patienten mit dem Therapeuten ist eine erfolgreiche Enuresisbehandlung nicht möglich.

Im Weiteren sollen zuerst die **kind- bzw. jugendlichenzentrierten Maßnahmen** dargestellt werden. Liegt die Störung bereits über viele Jahre vor und ist der Leidensdruck so angewachsen, dass schnelle Erfolge zur Motivationssteigerung notwendig sind, dann sollte nach einer Verringerung der familiären Belastungsfaktoren und einer signalisierten Mitarbeitsbereitschaft zumindest eines Elternteiles das *behavioral-kognitive* Therapieverfahren zur Symptomreduktion gewählt werden. Hierbei hat sich die Kombination eines Klingelapparates mit einem Einhalte- und Reinlichkeitstraining als sehr wirksam erwiesen. Diese Breitbandtherapie weist nach einer zehnwöchigen Behandlungszeit *Erfolgsquoten* von ca. 80–90 % auf, wobei jedoch eine Rückfallquote von ca. 25 % häufig eine Nachbehandlung erforderlich macht. Die Therapiemaßnahmen sollen im Folgenden kurz beschrieben werden:

Behavioral-kognitive Maßnahmen zur Psychotherapie der Enuresis

Bei der Maßnahme des **Klingelapparates** wird zwischen einem *Kontaktkissen* (oder einer *Kontakthose)* und einem *Wecker* eine elektrische Verbindung hergestellt. Wird das Kissen oder die Hose feucht, läutet der Wecker und das Kind erwacht. Das Kind soll dann das Harnlassen beenden, den Wecker ausstellen und zur Toilette gehen. Danach soll es das Bett-Tuch wechseln und die Startbedingungen des Klingelapparates wieder herstellen. Während der Behandlung wird die Anzahl der trockenen Nächte, die Häufigkeit des Einnässens, der Zeitpunkte des Einnässens sowie der Durchmesser des feuchten Fleckes auf dem Bett-Tuch kontrolliert (vgl. Stegat, 1996).

Die Wirksamkeit der Maßnahme wird durch die Lerntheorie des klassischen Konditionierens erklärt, nach der das Kind durch die Kombination mit dem Weckton (als unkonditioniertem Reiz) lernen soll, wie es die Ausdehnungsfähigkeit der Harnblase (als konditionierte Reaktion) erweitern und bei Harndrang auch während des Schlafens aufwachen kann. Auf Grund einer Literaturübersicht von Moffatt (1997) stellt sich bei ca. 66 % der so behandelten Therapiekinder nach mindestens vier Wochen ein *Therapieerfolg* ein. Kritisch ist zur *Ökonomie* der Methode festzustellen, dass der Zeitaufwand für die Kinder und Eltern sehr groß ist und dass das Klingelgeräusch bei kleinen Wohnungen für andere Familienmitglieder eine unangenehme Belästigung darstellt. Außerdem ist die *Rückfallquote* von ca. 40 % im Zeitraum eines Jahres relativ hoch.

Mit der Maßnahme des **Urin-Einhaltetrainings** soll die Blasenkapazität erweitert werden. Die Trainingssitzung wird damit begonnen, dem Kind nach einem Toilettengang einen halben Liter Flüssigkeit zum Trinken zu geben und es zu bitten, möglichst lange die Harnentleerung aufzuschieben. Jede erfolgreiche Verzögerung des Harnlassens wird gelobt. In der Folge wird die Durchführung des Zurückhaltetrainings auf die Eltern übertragen. Das Training bewirkt in der Regel *keine* vollständige Störungsbewältigung, sondern ist als wichtiger Behandlungsbaustein des oben genannten Breitbandtherapieprogrammes anzusehen.

Ein weiterer Behandlungsbaustein des Breitbandprogrammes ist das **Reinlichkeitstraining**. Es soll das Kind befähigen, nach erfolgtem Einnässen selber den Pyjama zu wechseln, das nasse Bett-Tuch abzuziehen und dieses in die Schmutzwäsche zu legen. Danach muss ein neues Bett-Tuch aufgelegt und der Klingelapparat wieder angestellt werden (vgl. Moffatt, 1997).

Alle dargestellten behavioral-kognitiven Therapiemaßnahmen kommen im Breitbandprogramm des **Dry-Bed-Trainings** zur Anwendung. Dieses besteht nach Petermann und Petermann (2000, S. 398 f) aus einem *Intensivtraining*, einer *Kontrolle der Trainingseffekte* und einer *Normalisierungsphase* nach sieben aufeinander folgenden „trockenen Nächten". Das Programm hat den Nachteil, dass es sehr zeitintensiv ist und eine disziplinierte Mitarbeit der Eltern erfordert. Deshalb ist die *Abbruchquote* mit ca. 35–60 % relativ hoch.

Wird die Störung der „Nichtorganischen Enuresis" von Defiziten in der Selbst- und Sozialentwicklung begleitet sowie von gehemmten und ängstlichen Verhaltensweisen, dann kann eine **klientenzentrierte** oder **tiefenpsychologische Kindertherapie** als Basisverfahren verordnet werden. Beide Therapieverfahren haben das Ziel, die Entwicklungsdefizite der Kinder abzubauen, ihr Selbstkonzept zu stärken, ihre Autonomie zu fördern und ihre Kompetenzen zur Bewältigung interner Konflikte (bzw. Inkongruenzen) zu verbessern. Durch die enge Verzahnung der Kindertherapie mit der begleitenden Familientherapie soll zudem die Eltern-Kind-Bindung verbessert und der erzieherische Druck auf das Kind reduziert werden.

Haben sich im Verlauf der klientenzentrierten oder tiefenpsychologischen Enuresisbehandlung zwar die zu Grunde liegenden personalen Belastungsfaktoren, jedoch noch nicht die Symptome gebessert, dann sollte aus dem Repertoire des behavioral-kognitiven Verfahrens eine symptomreduzierende Methode, z. B. in Form des Klingelapparates, importiert werden. In Analogie zu diesem Vorgehen ist bei einem wiederholten Rückfall oder einem Abbruch der verhaltenstherapeutischen Basisbehandlung eine klientenzentrierte oder tiefenpsychologische Therapie zu empfehlen. Beide Therapieverfahren sind in ihrer klassischen nicht-direktiven Anwendungsform (s. Kap. 11 u. 12) einzusetzen, damit sich das Autonomieverhalten voll entwickeln kann (vgl. Jürgens-Jahnert, 1997).

Da es das Ziel der klientenzentrierten und tiefenpsychologischen Psychotherapie ist, Verdrängungs-, Regressions- und Fixierungsprozesse abzubauen, entsteht bei den Kindern häufig relativ schnell das spontane Bedürfnis, die Enuresisstörung aufzugeben und von den Eltern unabhängiger zu werden. Diese Unabhängigkeit wird im behavioral-kognitiven Verfahren wegen der intensiven Kontrolltätigkeit der Eltern nur in beschränkter Weise gefördert.

Auch bei der Enuresistherapie hat die Sanierung der familiären Belastungsfaktoren einen herausragenden Stellenwert. Dieses Ziel wird im Rahmen einer **Familientherapie** angestrebt; egal, ob die Behandlung nach dem verhaltenstherapeutischen, klientenzentrierten oder tiefenpsychologischen Verfahren durchgeführt wird. Generell wird in der Familienbehandlung zum Abbau der Enuresisstörung darauf geachtet, dass die oben genannten zahlreichen familiären Risikobedingungen abgebaut werden. Auch bemüht man sich vorrangig in der klientenzentrierten und tiefenpsychologischen Familientherapie darum, eine stärkere Grenzziehung zwischen der Eltern- und Kindergeneration zu veranlassen, um die häufig vorhandenen Eltern-Kind-Vermischungen bzw. malignen Dreiecke zu beseitigen.

Außerdem sollte die Sauberkeitserziehung der Eltern korrigiert und das Beziehungsverhältnis zum Kind verbessert werden. Wichtig ist auch eine Entstressung der Schulsituation, falls die dortigen Belastungen zu groß sind. Generell sollte eine zu starre Konzentration auf die Symptomatik und deren Interpretation als

„Bösartigkeit" oder „Trotz" des Kindes abgebaut werden. Des Weiteren sollte die Verantwortung für die Bewältigung des Symptomverhaltens sehr schnell in die Hand des Kindes oder Jugendlichen gelegt werden. Bestehen bei den Eltern und beim Patienten darüber hinaus intensive verdeckte Beziehungswünsche, dann sollten diese Wünsche in offene Beziehungsaktivitäten überführt werden, sodass sie sich nicht mehr im Symptomverhalten (oder in dessen gemeinsamer Bewältigung) ausdrücken müssen.

Resümierend ist festzustellen, dass das *klientenzentrierte* und *tiefenpsychologische* Therapieverfahren einen hohen Stellenwert bei der Enuresisbehandlung hat, weil die genetisch angelegte Vulnerabilität der Kinder und Jugendlichen in der Regel durch personale und familiäre Belastungsfaktoren zur Störungsmanifestation führt. Dies gilt insbesondere für die Auslösung der sekundären Enuresis. Treten zusätzlich zur Symptomatik noch Defizite in der Selbst- und Sozialentwicklung auf sowie Gehemmtheiten und Angststörungen, dann können das klientenzentrierte oder tiefenpsychologische Behandlungsverfahren ihr Heilungspotenzial gut entfalten. Es muss jedoch durch Importe aus dem behavioral-kognitiven Verfahren ergänzt werden, wenn sich die Symptome nicht vollständig zurückgebildet haben.

Eine *medikamentöse Behandlung* sollte nur kurzfristig als Krisenintervention oder in Stress-Situationen vorgenommen werden. Sie darf kein Ersatz für eine psychologische Therapie sein. Letztere sollte immer aus einer kind- bzw. jugendlichenzentrierten Behandlung und einer Familientherapie bestehen.

Das *behavioral-kognitive* Therapieverfahren sollte dann als Basistherapie eingesetzt werden, wenn die Symptomatik (z. B. bei einem Jugendlichen) bereits über viele Jahre besteht und so verfestigt ist, dass die spontanen Heilungsbemühungen des Patienten nicht zum Erfolg geführt haben. Da das behavioral-kognitive Therapieverfahren ein großes Maßnahmenrepertoire zur Symptombehandlung besitzt, kann es relativ gut an die Erfordernisse des Patienten und seiner Eltern angepasst werden. Um die Eltern-Kind-Beziehung nicht allzu sehr zu belasten und die Abbruchquote zu verringern, sollten die Eltern nur kurzfristig als Kotherapeuten eingesetzt werden.

19 Psychotherapie von Angststörungen

Angststörungen werden nach der ICD-10 bzw. dem DSM-IV nicht in eine einzige Kategorie, sondern in verschiedene Unterkategorien aufgeteilt. Aus diesem Grunde ist es schwer, sie einheitlich und überschaulich zu definieren. Nach der ICD-10 gehören die Angststörungen zur Oberkategorie: „Neurotische, Belastungs- und somatoforme Störungen". Aus dieser Oberkategorie werden folgende Unterkategorien zu den Ängsten gezählt: „Phobische Störungen" (Agoraphobie, soziale Phobie etc.), „Sonstige Angststörungen" (Panikstörung, generalisierte Angststörung etc.), „Zwangsstörungen" und „Reaktionen auf schwere Belastungen und Anpassungsstörungen" (akute Belastungsreaktion, posttraumatische Belastungsstörung etc.).

Zu diesen Störungen kommen aus der weiteren ICD-10 Oberkategorie „Verhaltens- und emotionale Störungen mit Beginn in der Kindheit und Jugend" folgende Störungen aus der Unterkategorie „Emotionale Störungen des Kindesalters" hinzu: ● „Emotionale Störung mit Trennungsangst", ● „Phobische Störung des Kindesalters" und ● „Störung mit sozialer Ängstlichkeit des Kindesalters". Im DSM-IV gibt es vergleichbare Störungsbenennungen, jedoch weniger Störungsklassen. Obwohl bisher noch nicht endgültig geklärt worden ist, ob die verschiedenen Unterklassen der Angststörungen ätiologisch zusammenhängen, sollen sie in diesem Kapitel gemeinsam besprochen werden.

Versucht man das Wesentliche der unterschiedlichen Angstaspekte herauszustellen, so kann man mit Davison und Neale (1996, S. 508) von einem **überkontrollierten Verhalten** sprechen, an dem gewöhnlich das (der) von der Störung betroffene Kind (bzw. Jugendliche) leidet. Die Patienten klagen häufig über quälende Befürchtungen und Spannungen, fühlen sich schüchtern, unglücklich, unbeliebt und anderen Kindern oder Jugendlichen unterlegen. Ihre Symptome sind denen angstgestörter Erwachsener ähnlich. Sie bestehen in der Regel aus einer *situativen Komponente*, in denen die Angst bzw. Phobie auftritt (z. B. Furcht vor Menschenmengen, Plätzen, Fahrstühlen etc. wie im Falle einer Agoraphobie) und aus *psychophysiologischen Beschwerden*, von denen eine bestimmte Anzahl (zwischen zwei bis vier Symptomen) für einen Mindestzeitraum vorhanden sein muss. Die Beschwerden lauten im Einzelnen:

Psychophysiologische Beschwerden von Angststörungen

(a) **Vegetative Symptome:** ● Palpitationen, Herzklopfen oder erhöhte Herzfrequenz; ● Schweißausbrüche; ● fein- und grobschlägiger Tremor; ● Mundtrockenheit.

(b) **Symptome, die Thorax- und Abdomen betreffen:** ● Atembeschwerden; ● Beklemmungsgefühl; ● Thoraxschmerzen oder -missempfindungen; ● Nausea oder abdominelle Missempfindungen.

(c) **Psychische Symptome:** ● Gefühl von Schwindel, Unsicherheit, Schwäche oder Benommenheit; ● Gefühl, Objekte seien unwirklich oder man selbst sei weit entfernt oder nicht wirklich hier; ● Angst vor Kontrollverlust, verrückt zu werden oder „auszuflippen"; ● Angst zu sterben.

(d) **Allgemeine Symptome:** ● Hitzewallungen oder Kälteschauer; ● Gefühllosigkeit oder Kribbelgefühle.

Nach Bernstein et al. (1996; s. a. Petermann et al., 2000) beträgt die **Prävalenz** von Angststörungen bei Kindern und Jugendlichen ca. 10–15 %. Am häufigsten lassen sich die „Trennungsangst" (ca. 4 %) und die „Generalisierte Angststörung" (ca. 1–3 %) beobachten. „Soziale Phobien" weisen Prävalenzraten von ca. 1–3 % auf, „Panikstörungen" haben eine Auftretenswahrscheinlichkeit von ca. 1 % und „Posttraumatische Belastungsstörungen" von ca. 2–6 %.

Für die Praxis wichtig ist die Erkenntnis, dass Angstsymptome aus verschiedenen Störungsklassen häufig zusammen auftreten und dass die **Komorbiditätsrate** mit irgendeiner anderen psychischen Störung nach Lewinsohn et al. (1993) bei ca. 60 % liegt, mit einer Depressionserkrankung bei ca. 50 % und mit „Hyperkinetischen Störungen" oder einer „Störung des Sozialverhaltens" bei ca. 13 %. Berichtet werden auch Komorbiditäten mit „Umschriebenen Entwicklungsstörungen schulischer Fertigkeiten", „Somatoformen Störungen" und „Nichtorganischer Enuresis".

Angststörungen haben einen **stabilen Verlauf** und weisen eine *niedrige Remissionsrate* auf. Nach Keller et al. (1992) sind bei ca. 46 % der angsterkrankten Kinder die Ängste auch noch nach acht Jahren feststellbar. Durch die lange und schwere Erkrankung entwickeln die Kinder im Laufe der Zeit eine Reihe von psychosozialen Beeinträchtigungen, die sich auf die Kontakte mit Freunden, Bezugspersonen und Sport- und Freizeitkameraden sowie auf die schulischen und beruflichen Leistungen auswirken (vgl. Bowen et al., 1990).

19.1 Ätiologie

Für die Entstehung von Ängsten wird ein multidimensionales Geschehen angenommen. In ihm haben biologische, familiäre, sozioökologische und personale Belastungsfaktoren eine zentrale Bedeutung. Zu den **biologischen Risikofaktoren** zählen im Wesentlichen *genetische Faktoren*, die durch Ergebnisse aus Zwillingsstudien belegt worden sind. So haben Thapar und McGuffin (1995) beim Vergleich der Übereinstimmungsraten von eineiigen Zwillingen für verschiedene Angststörungen (u. a. Trennungsangst, Überängstlichkeit, manifeste Angst) einen durchschnittlichen Konkordanzwert von 59 % gefunden. Wegen der Heterogenität der Angststörungen ist dieser relativ hohe Wert einer genetischen Belastung nur mit Einschränkung zu betrachten. Er gilt mit Sicherheit nicht für jede Art von Ängsten.

Der genetische Einfluss dürfte sich über **neurophysiologische Prozesse** auf die Angstentstehung auswirken. So konnten Kagan et al. (1988) nachweisen, dass ängstliche Personen in bestimmten Situationen schnell ein *hohes physiologisches Erregungsniveau* erreichen, das zu einer Verhaltenshemmung der Kinder führt. Diese Verhaltenshemmung wird als Grundlage dafür angesehen, dass die Kinder in unvorhersehbaren und unbekannten Situationen häufig Angstreaktionen in Form von *Denk- und Handlungsblockaden* entwickeln (vgl. Petermann et al., 2000, S. 249 f).

Als **familiäre Risikofaktoren** für die Entstehung von Angststörungen werden eine schlechte Bindungsqualität, ein überkontrollierender oder gewalttätiger Erziehungsstil und eine psychische Erkrankung der Eltern genannt. Bezüglich der *Bindungsqualität* hat sich ein elterliches Beziehungsverhalten als belastend erwiesen, das bei den Kindern zu einer unsicher-vermeidenden und unsicher-desorganisierten Bindungsrepräsentation (s. Kap. 4.1.3) führt. Dadurch, dass die Eltern die Kinder in Bedrohungs- und Stress-Situationen nicht beruhigen und durch Körperkontakt schützen können (oder wollen), fällt es den Kindern schwer, ihre Ängste zu bewältigen und Wege zur Überwindung der Bedrohungs- und Stress-Situationen zu finden. Stattdessen zeigen sie in den genannten Situationen ein Vermeidungs- und Rückzugsverhalten. Zusätzlich sind die Kinder mit einer unsicheren Bindungsrepräsentation häufiger als sicher-gebundene Kinder bestrebt, die Nähe von Bindungspersonen aufzusuchen, weil sie befürchten, etwaige Angstsituationen nicht allein bewältigen zu können. Sie entwickeln deshalb häufig ein anklammerndes Verhalten und haben Angst vor Trennungen.

Ein weiterer familiärer Risikofaktor ist ein *überkontrollierender Erziehungsstil*. Er bewirkt, dass Befürchtungen und vermeidende Verhaltensweisen der Kinder und Jugendlichen von den Eltern operant verstärkt werden und dass die Eltern ihre

Kinder nicht ermutigen, angstauslösende Situationen durch den Erwerb von kompetenten Verhaltensweisen zu überwinden. Viele Kinder und Jugendliche werden dadurch in ihrer Entwicklung behindert (vgl. Spence & Dadds, 1996).

Seelisch belastend ist auch ein *gewalttätiger* oder *missbrauchender elterlicher Erziehungsstil* (s. Kap. 5.3.3–5.3.5). Er führt gewöhnlich zu schweren Beziehungsstörungen mit der gewalttätigen Person und in der Folge zu Selbstkonzeptstörungen. Die Symptome der Selbstkonzeptstörungen bestehen in der Regel aus sozialen und existenziellen Ängsten, psychophysiologischen Beschwerden, Angstabwehrmechanismen und Spaltungserlebnissen (s. Kap. 6.3.2). Als weitere familiäre Risikofaktoren können *Angst- oder Depressionserkrankungen der Eltern* genannt werden. Sie haben einen Vorbildcharakter und verstärken häufig den Angst- und Phobienerwerb der Kinder (vgl. Beidel & Turner, 1997; s. a. Kap. 5.3.2).

Als **sozioökologische Risikofaktoren** für die Entstehung von Ängsten sind vorrangig die von den Medien vermittelten *Gewaltdarstellungen* und das gewalttätige *soziale Klima* anzusehen, das insbesondere jüngere Kinder mit Kriegsszenen, Grausamkeitsinformationen und Bedrohungserlebnissen emotional überfordert. Diese belastenden Erfahrungen können relativ frühzeitig zur Ausbildung eines generalisierten Angstmusters führen, das dann die Grundlage einer Vielzahl von spezifischen Angststörungen sein kann (s. Kap. 5.4.4).

Die Konzepte über die **personalen Verursachungsfaktoren** von Ängsten stammen im Wesentlichen aus der psychoanalytischen, klientenzentrierten und behavioral-kognitiven Störungslehre. Die *psychoanalytischen* und *klientenzentrierten* Störungskonzepte sehen die Ursache für die Angstentstehung primär in einer Hemmung der Entwicklungsbedürfnisse der Kinder und Jugendlichen (s. Kap. 6.3.1). Da die Bedürfnisse jedoch energetisch im Unbewussten weiter wirken, „aktivieren sie immer wieder ihre Verwirklichungsansprüche, die jedoch durch Verbote oder Widerstände der Eltern abgewehrt werden. Diese elterliche Abwehrhaltung wird von den Kindern übernommen und führt zur Produktion von Schuldgefühlen, Minderwertigkeitsgedanken, Aggressionshemmungen und Entwicklungsdefiziten. Auf diese Weise entsteht mit der Zeit in der internen Selbstkommunikation ein circulus vitiosus, der zu einem ängstlichen Autonomie-Vermeidungsverhalten führt.

Die *behavioral-kognitive* Störungslehre geht davon aus, dass insbesondere „Phobische Störungen", „Panikstörungen" und „Posttraumatische Belastungsstörungen" nach der zweifaktoriellen Konditionierungstheorie von Mowrer (s. Kap. 6.1.3) gelernt werden. Und zwar wird angenommen, dass ein ursprünglich neutraler Reiz (z. B. ein Ort, eine Person oder ein Gedanke etc.), der zeitgleich mit einer unkonditionierten, Furcht erregenden Reaktion (z. B. einem Gefahrenerlebnis oder einer Krankheitssorge) auftritt, eine konditionierende Qualität erlangen kann, die die Angstreaktion und das Vermeidungsverhalten auslöst. Dieses Vermeidungsverhalten wird dann dadurch verstärkt, dass es die Angstreaktion verringert.

Eine weitere Annahme über die Ursache der Angstentstehung stammt von Seligman (1971). Er nimmt im Rahmen seiner sog. **Preparedness-Theorie** an, dass bestimmte, mit der Angst verknüpfte Reiz-Reaktions-Verbindungen leichter gelernt werden können, weil sie *biologisch vorbereitet* sind. Diese biologische Vorbereitung dürfte im Verlauf der Evolution erworben worden sein. Sie dient dazu, das Überleben der Menschen zu sichern. Indem die Menschen in bedrohlichen Situationen (z. B. großen Höhen oder dunklen Höhlen) oder gegenüber bestimmten Lebewesen (z. B. gefährlichen Tieren) Angstgefühle entwickeln, werden sie zu einem Fluchtverhalten oder vorsichtigen Umgang mit den Situationen und Lebewesen veranlasst, sodass sie mithilfe der angeborenen Angstbereitschaft die bedrohlichen Reize besser bewältigen können (s. Kap. 6.1.3).

Wenn sich die Ängste oder Phobien jedoch *langsam entwickeln*, so ist dieses Geschehen nicht ohne weiteres durch die Konditionierungstheorie von Mowrer zu erklären, sondern durch die Annahme von Prozessen des Modell-Lernens, des Instruktionslernens und der kognitiven Informationsverarbeitung. Als *Modell* können dabei die beobachteten Angstreaktionen anderer Kinder oder diejenigen von Eltern in bestimmten kritischen Situationen dienen, die von den Patienten übernommen und durch Instruktionen der Eltern verstärkt werden. Als Beispiel für solche *Instruktionen* können Warnungen und Anweisungen der Eltern gelten, bestimmte Situationen zu meiden, weil sie gefährlich oder bedrohlich sind. Da die Anweisungen häufig angstmachende Vorstellungsbilder in den Kindern auslösen, bekommen die Kinder Probleme mit ihrer *Informationsverarbeitung* und erlernen kein mutiges Bewältigungsverhalten der kritischen Situationen, sondern ein ängstliches Vermeidungsverhalten.

19.2 Behandlungsmaßnahmen

Obwohl die Prävalenz von Angststörungen mit ca. 10–15 % Auftretenshäufigkeit sehr hoch ist, sind bezüglich der Behandlung von Ängsten noch viele Fragen offen. So kann man beispielsweise noch nicht einschätzen, bei welcher Art von Angststörungen oder in welchen Altersabschnitten der Kinder welche Behandlungsmaßnahmen zu bevorzugen sind (vgl. Schneider, 1996; Remschmidt, 1997 d).

Es scheint sich jedoch anzudeuten, dass ähnlich wie bei der Angsttherapie im Erwachsenenbereich auch bei Kinder- und Jugendlichen die **behavioral-kognitiven** Maßnahmen am differenziertesten einzusetzen sind, wobei Konfrontationstechniken die günstigsten Effekte aufweisen.

Generell sind bei der behavioral-kognitiven Angstbehandlung folgende *Interventionsziele* anzustreben: ● Abbau des Angstvermeidungsverhaltens; ● Förderung von gedanklichen und emotionalen Auseinandersetzungen mit den angstauslösenden Bedingungen; ● Erwerb von angstersetzenden Verhaltensweisen und ● Abbau von hemmenden elterlichen Restriktionen.

Zeigt es sich bei der Störungsdiagnostik (s. Kap. 8.1), dass die Ängste in hohem Ausmaß mit Entwicklungshemmungen, Autonomiestörungen und einem überkontrollierenden elterlichen Erziehungsstil verbunden sind, dann sollten als Basistherapieverfahren **klientenzentrierte** oder **tiefenpsychologische Maßnahmen** eingesetzt werden. In deren Rahmen kann die einfühlsame und wertschätzende Beziehung des Therapeuten zum Patienten genutzt werden, um verdrängte Affekte und Entwicklungsantriebe freizusetzen. Des Weiteren können in Spiel- und Fantasietätigkeiten (z. B. im Rahmen des Katathymen Bilderlebens; s. Kap. 12.1) belastende Situationen in wiederholter Weise so inszeniert werden, dass Denk- und Handlungsblockaden abgebaut werden. Wegen der Restriktionsfreiheit der Spielhandlungen (s. Kap. 11.1) können die Kinder außerdem ihre Durchsetzungsimpulse und verdrängten Autonomiebedürfnisse ausdrücken und damit ihre Hemmungen und Entwicklungsverzögerungen abbauen (vgl. Schmidtchen, 1999 d).

Liegen jedoch *keine* Entwicklungsverzögerungen und Autonomiehemmungen vor, dann sollten *behavioral-kognitive Therapiemaßnahmen* als therapeutisches Basisverfahren zur Angstbehandlung benutzt werden. Zu ihnen zählt der Einsatz von Desensibilisierungstechniken, operanten Konditionierungsmaßnahmen, Konfrontationstechniken und kognitiv orientierte Maßnahmen (s. Kap. 10.1). Die genannten Behandlungstechniken sollen im Folgenden kurz vorgestellt werden (vgl. Petermann et al., 2000):

Behavioral-kognitive Therapiemaßnahmen zur Angstbehandlung

Beim Einsatz der **Desensibilisierungstechniken** wird versucht, den Kindern und Jugendlichen zu zeigen, wie sie sich entspannen können. Mit diesem Wissen sollen sie dann in der *gedanklichen Vorstellung* vorher festgelegte Angsthierarchien, vom niedrigsten Angstgrad ausgehend, abarbeiten. Von der Kombination der Entspannungsreaktionen mit den Angstsituationen wird erwartet, dass die mit den Situationen verbundenen Angstverknüpfungen gelöscht werden können.

Beim Einsatz der **operanten Konditionierungsmaßnahmen** werden die Elemente der positiven Verstärkung, der Verhaltensformung und der Löschung dazu genutzt, Verhaltensweisen zur Angstbewältigung aufzubauen sowie ein Vermeidungsverhalten abzubauen. Mit der *Verstärkung* soll ein angstinadäquates Verhalten belohnt werden; mit der *Verhaltensformung* ein schrittweiser Aufbau des Störungsersatzverhaltens erreicht und durch das *Entfernen von positiven Konsequenzen* das Vermeidungsverhalten gelöscht werden.

Durch die Verwendung von **Angst-Konfrontationstechniken** sollen sich die Kinder und Jugendlichen an das Ertragen der Angstgefühle und Angstgedanken gewöhnen. Dabei sollen sie erleben, dass sich aus dem Zulassen der Angstgefühle und Angstgedanken keine reale Bedrohung ergibt und dass sich die Angstemotionen und -kognitionen sogar verringern. Hilfreich bei der Anwendung von Konfrontationstechniken ist des Weiteren, wenn *angstfreie Begleitpersonen* (dies können Kinder oder Erwachsene sein) bei der Behandlung mithelfen und die auftretenden Ängste und Gedanken in entspannter Weise kommentieren.

Da viele Angstreaktionen im Zentralen Nervensystem in Form von *kognitiven Schemata* neuronal gebahnt sind und sich in komplexer Weise ausgebildet haben, ist die therapeutische Bearbeitung dieser Schemata bzw. neurologischen Muster (s. Kap. 1.1.) sehr notwendig. Dies geschieht im Rahmen von **kognitiv orientierten Therapiemaßnahmen** unter der Verwendung von angstbewältigenden Selbstinstruktions- und Stressimunisierungstechniken sowie Maßnahmen des Modell-Lernens.

Beim Einsatz von **Selbstinstruktionstechniken** werden die Kinder und Jugendlichen darin trainiert, angstauslösende Situationen zu erkennen und sich selbst Anweisungen zu ihrer Bewältigung zu geben. Beim Einsatz von **Stressimmunisierungstechniken** werden die Kinder und Jugendlichen gedanklich auf eine angstauslösende Situation (z. B. einen Zahnarztbesuch) vorbereitet und gebeten, sich vorzustellen wie sie die in der Situation auftretenden Ängste und deren Auslöser (z. B. Behandlungsschmerzen) ertragen können. Dabei sind Erfahrungen mit der Fähigkeit zur Entspannung und Angstkonfrontation von großer Bedeutung.

Beim Einsatz von **Maßnahmen des Modell-Lernens** sollen andere Kinder, Jugendliche oder Erwachsene beobachtet werden, die erfolgreich mit Angstsituationen umgehen können. Dabei sollte das zu erlernende angstabbauende Modellverhalten möglichst auch im Verhaltensrepertoire des Patienten vorhanden sein, damit es umgehend aktiviert werden kann.

Die behavioral-kognitiven Therapiemaßnahmen zur Angstbehandlung haben wegen ihres vielseitigen und symptombezogenen Charakters eine große Verbreitung gefunden. Da sie die Ängste häufig jedoch nicht vollständig beseitigen können und da ihr Einsatz sehr zeitaufwändig ist, stehen sie in Konkurrenz mit Maßnahmen des **klientenzentrierten** oder **tiefenpsychologischen** Therapieverfahrens, die wegen ihrer Breitbandwirkung eine Behandlungsalternative darstellen. Diese Alternative sollte insbesondere beim Vorliegen von Komorbiditäten mit anderen Angststörungen oder anderen seelischen Erkrankungen gewählt werden. Klientenzentrierte oder tiefenpsychologische Maßnahmen sind besonders dann indiziert, wenn die Autonomiebestrebungen von Kindern und Jugendlichen durch einen überkontrollierenden, vernachlässigenden oder gewalttätigen Erziehungsstil der Eltern unterdrückt werden und wenn Entwicklungshemmungen vorliegen (s. Kap. 5.3).

Auf Grund der Empfehlungen der American Academy of Child and Adolescent Psychiatry (1997) kann zur *Milderung von starken Angstattacken* auch eine **Pharmakotherapie** zur Anwendung kommen. Dabei kann die Wirkung folgender Medikamente genutzt werden: ● die entspannenden Effekte von Benzodiazepinen (z. B. Alprazolam oder Clomazepam); ● die Unterdrückung von Panikgedanken und -gefühlen durch Trizyklische Antidepressiva (z. B. Imipramin oder Clomipramin) und ● die Beeinflussung des Serotoninstoffwechsels durch Serotoninwiederaufnahme-Hemmer (z. B. Fluoxetin).

Leider ist der Einsatz von Psychopharmaka z. T. mit erheblichen *Nebenwirkungen* verbunden und bei Mehrfachstörungen, dies ist bei Ängsten ein häufiges Phänomen, in seiner Wirkung eingeschränkt. Aus diesem Grunde sollten angstbeeinflussende Medikamente nur in Krisensituationen verabreicht und mit einer psychologischen Therapie kombiniert werden.

Da die Pathogenese von Angststörungen bei Kindern und Jugendlichen eng mit einem überkontrollierenden Erziehungs- und Kommunikationsverhalten sowie einer autonomie-hemmenden Entwicklungsförderung der Eltern korreliert, sollte die kind- und jugendlichenzentrierte Angstbehandlung immer von einer parallelen Familientherapie begleitet werden. In Abhängigkeit vom gewählten Basistherapieverfahren kann dabei zwischen einer behavioral-kognitiven, klientenzentrierten oder tiefenpsychologischen Familientherapie unterschieden werden.

Wählt man eine **behavioral-kognitive Familientherapie** zur Angstbehandlung, dann sollten die patientenzentrierten Maßnahmen durch folgende drei familienzentrierte *Interventionsschwerpunkte* ergänzt werden (s. Kap. 10.3; Howard & Kendell, 1996; Petermann et al., 2000):

Behavioral-kognitive Familientherapiemaßnahmen zur Angstbehandlung

Im **ersten Interventionsschwerpunkt** sollte die Familie *Hinweise über die Entstehung* von Ängsten bekommen und gebeten werden, eine angstreduzierende Kommunikations- und Erziehungsatmosphäre herzustellen (vgl. Remschmidt, 1997 d). Zu diesem Zwecke können *Entspannungsübungen* und *Rollenspiele* zur Kommunikationsverbesserung durchgeführt werden.

Im **zweiten Interventionsschwerpunkt** sollte der gemeinsame familiäre Umgang mit Ängsten aller Art besprochen und geübt werden. Zu diesem Zweck sollten Angstgefühle und deren Auslösebedingungen *bewusst* gemacht und *Angstbewältigungstechniken* erlernt werden.

Da die Stabilität von Angststörungen insbesondere durch *unangemessene Selbstbekräftigungsprozesse* sowie ein gemeinsames familiäres *Vermeidungsverhalten* aufrecht erhalten werden kann, ist die Beseitigung dieser Verhaltensweisen ein **dritter Interventionsschwerpunkt**. Um den Freiraum zum Erwerb von autonomiefördernden angstfreien Verhaltensweisen zu vergrößern, sollten die häufig vorhandenen gegenseitigen *Kontrollbemühungen* abgebaut werden.

Wählt man zur Angstbehandlung ein klientenzentriertes oder tiefenpsychologisches Basisverfahren, dann sollten die oben skizzierten patientenzentrierten Maßnahmen durch folgende familientherapeutische Vorgehensweisen ergänzt werden (vgl. Voll, 1996; Rudolf, 1996; Schmidtchen, 1999 a, c).

Klientenzentrierte Familientherapiemaßnahmen zur Angstbehandlung

Im **ersten Interventionsschwerpunkt** sollte durch die *Vermittlung von Informationen* der Zusammenhang zwischen der Angstentstehung und einem abwertenden und unterdrükkenden Beziehungs- und Kommunikationsverhalten dargestellt werden. Zur Verbesserung des diesbezüglich belastenden elterlichen Verhaltens sollte in erfahrungsschaffenden *Rollenspielen* eine wertschätzende, partnerschaftliche und autonomiefördernde Kommunikation eingeübt werden.

Im **zweiten Interventionsschwerpunkt** sollte das elterliche *Entwicklungsförderungsverhalten analysiert und verbessert* werden. Zu diesem Zwecke sollten die Entwicklungsstagnationen der Kinder und Jugendlichen aufgedeckt und kompensiert werden, um die Grundlagen zur Angstentstehung und Autonomievermeidung abzubauen.

Im **dritten Interventionsschwerpunkt** sollten allen Familienmitgliedern (also Eltern und Kindern) *prozessleitende Hilfen* zur Angstbewältigung gegeben werden. Zu diesem Zwecke sollten angstauslösende Gedanken und Situationen gemeinsam analysiert und mit der Zielsetzung besprochen werden, dass sich die Familienmitglieder gegenseitig bei der Überwindung der ängstigenden Gedanken und Situationen helfen können. Die diesbezüglichen Gespräche sollten durch *Rollenspielübungen* und *Hausaufgaben* ergänzt werden (vgl. Kap. 11.3).

Tiefenpsychologische Familientherapiemaßnahmen zur Angstbehandlung

Im **ersten Interventionsschwerpunkt** sollte durch *Erklärungen* auf den Zusammenhang zwischen nicht befriedigten kindlichen Entwicklungsbedürfnissen, Hemmungen und der Entstehung eines ängstlichen Vermeidungsverhaltens hingewiesen werden. Außerdem sollten die Familienmitglieder über die tiefenpsychologische Konflikttheorie *informiert* werden, in der die Entstehung von ängstlichen Einstellungen und Abwehrmechanismen beschrieben wird (s. Kap. 6.3.2).

Im **zweiten Interventionsschwerpunkt** sollte im Sinne von Stierlin et al. (1985) am Eltern-Kind (Jugendlichen) – Interaktionsverhaltens *deutend* und *verändernd* gearbeitet werden. Dabei sollte eine bezogene Individuation gefördert, ein etwaiges Ausstoßungs- oder zu enges Bindungsverhalten korrigiert und eine belastende Delegation elterlicher Wünsche an die Kinder oder Jugendlichen abgebaut werden.

Im **dritten Interventionsschwerpunkt** sollten mithilfe des *Psychodramas* oder *Katathymen Bilderlebens* soziale Konfliktsituationen reproduziert und klärend bearbeitet werden, die zur Auslösung der Ängste des Patienten und seiner Eltern geführt haben. In dieser *fokalen Familienarbeit* können auch Vorschläge zur Angstüberwindung gegeben werden (vgl. Kap. 12.3).

Resümierend ist zur Angsttherapie festzustellen, dass in Abhängigkeit von der Komplexität und dem Schweregrad der Ängste sowie der Komorbidität und dem Alter der Kinder eine kombinierte individuums- und familienzentrierte Angsttherapie indiziert ist. Diese kann auf der Grundlage des behavioral-kognitiven, klientenzentrierten oder tiefenpsychologischen Basistherapieverfahren vorgenommen werden, wobei jeweils Maßnahmenimporte aus den nicht berücksichtigten Verfahren erforderlich sind.

Importe für das *behavioral-kognitive* Basistherapieverfahren sind dann vorzunehmen, wenn das elterliche Beziehungs-, Kommunikations- und Entwicklungsförderungsverhalten gegenüber den Kindern und Jugendlichen gestört ist. Im Rahmen der Importe sollten vorrangig wertschätzende und unterdrückungsfreie Kommunikations- und Interaktionsformen vermittelt werden. Außerdem sollten angstauslösende Konflikte bzw. Inkongruenzen abgebaut und autonomiefördernde Entwicklungsprozesse unterstützt werden.

Importe für das *klientenzentrierte* oder *tiefenpsychologische* Basistherapieverfahren sind dann notwendig, wenn deren Behandlungsmaßnahmen zu keinem deutlichen Symptomabbau geführt haben. Im Rahmen der Importe sollten verhaltenstherapeutische Angstreduzierungstechniken zur Anwendung kommen.

Wegen des hohen Chronifizierungsgrades von Ängsten und der Neigung zur Komorbiditätsbildung sollte mit der Angstbehandlung möglichst frühzeitig begonnen werden. Da die Einnahme von *Medikamenten* keinen dauerhaften Charakter haben kann, sollten diese symptommildernden Maßnahmen nur in Ausnahmefällen (z. B. in Krisensituationen) eingesetzt und immer mit einer psychologischen Angsttherapie kombiniert werden.

IV Ausblick auf die Entwicklung der Allgemeinen Psychotherapie für Kinder, Jugendliche und Familien

Überträgt man das in der Einleitung des Buches skizzierte Entwicklungskonzept biologischer Systeme auf die Entwicklung der Allgemeinen Psychotherapie für Kinder, Jugendliche und Familien, dann dürfte die APT-KJF zunehmend in das Stadium gekommen sein, in dem man nach einer fast 50-jährigen Ausdifferenzierung und Abgrenzung der kinder- und jugendtherapeutischen Therapieschulen eine *Integration* des entstandenen Wissens und Könnens vornehmen kann. Dieses Unterfangen lässt sich durch das im Wirtschafts- und Kommunikationswesen vorherrschende Globalisierungsstreben unterstützen, indem durch eine Bündelung aller Kräfte die notwendigen *Synergieeffekte* zur Modernisierung und Verbesserung der APT-KJF erlangt werden.

Die Verbesserung sollte sich vorrangig auf den Ausbau einer schulenübergreifenden Gesundheits-, Störungs-, Ziel- und Interventionslehre beziehen sowie auf die Schaffung einer einheitlichen Psychotherapiediagnostik. Sie sollte aber auch das **Ausbildungs-** und **Gesundheitswesen** insbesondere in der Bundesrepublik Deutschland betreffen. Es ist nicht zu vertreten, dass bisher immer noch eine schulenspezifische Ausbildung die Regel ist und dass wichtige allgemein gültige wissenschaftliche Informationen nicht in die Ausbildungsordnungen der einzelnen Therapierichtungen aufgenommen worden sind. Diese Kritik betrifft besonders *die* Therapieverfahren, in denen der historische Bezug auf die Ideologien und Fantasien der Therapiegründer wichtiger ist, als die Integration eines jahrzehntelang vorliegenden empirisch fundierten Therapiewissens.

Die Verbesserung im Gesundheitswesen der Bundesrepublik Deutschland sollte vorrangig darauf ausgerichtet sein, den Mangel an psychotherapeutischen Versorgungseinrichtungen und Dienstleistern zur Behandlung seelischer Störungen von Kindern und Jugendlichen zu beheben, denn von den ca. 10–20 % seelisch erkrankten Kindern und Jugendlichen werden in Deutschland nur ca. 3 % behandelt. Die restlichen Kinder und Jugendlichen suchen keine Behandlungsinstitution auf.

Leider werden von diesen 3 % nur ca. 1,5 % fachkompetent durch einen medizinischen oder psychologischen Psychotherapeuten betreut. Der Rest wird in allgemeinmedizinischen Praxen oder von einem Pädiater behandelt. Um diesen versorgungspolitischen Notstand zu lindern, müssten die Ausgaben für psychologisch-psychiatrische Beratungs- und Therapieangebote erheblich erhöht werden, sodass mehr Psychotherapeuten zugelassen und mehr gemeindenahe psychologisch-psychiatrische Versorgungseinrichtungen gegründet werden können.

Als weitere zukunftsorientierte Aktion wird empfohlen, das **Anerkennungsver-fahren für die Wissenschaftlichkeit und Güte** von Psychotherapiemaßnahmen in der Bundesrepublik Deutschland zu verändern. Das diesbezügliche Verfahren im dazu zuständigen Wissenschaftlichen Beirat sollte nicht mehr schulenspezifisch, sondern *maßnahmenspezifisch* durchgeführt werden. Anhand von wissenschaft-lich kontrollierten Studien sollten – ähnlich wie bei der Zulassung von Medika-menten – *die* Maßnahmen ausgewählt werden, mit denen bestimmte psychische Störungen und Störungskombinationen am effektivsten und kostengünstigsten behandelt werden können. Diese Maßnahmen sollten dann in das Repertoire eines schulenunabhängig ausgebildeten und arbeitenden Psychotherapeuten auf-genommen werden. Damit dessen Maßnahmenpool beständig verbessert werden kann, sollte für die Aufnahme von neuen Maßnahmen allein der Nachweis einer gesundheits-, entwicklungs- und störungsspezifischen Wirkung genügen.

Als weiteres Zukunftsziel ist der Ausbau einer **Psychotherapie für Jugendliche** anzustreben. Hier mangelt es in allen Bereichen der Gesundheits-, Störungs-, Ziel- und Interventionslehre an fundierten Theorien und Forschungsbefunden. Der Ausbau ist erforderlich, da sich die Störungsbilder und Selbstheilungsmaßnahmen von Jugendlichen sehr von den seelischen Erkrankungen und Heilungsbemühun-gen unterscheiden, die sich auf Kinder und Erwachsene beziehen. Eine verbesserte Psychotherapie für Jugendliche dürfte auch das häufig erwähnte *Desinteresse* von Jugendlichen an einer psychologischen Behandlung ihrer psychischen Störungen sowie die in der Literatur genannte hohe *Abbruchquote* von Psychotherapien für Jugendliche vermindern.

In gleichem Maße mangelt es im Moment an einem fundierten Wissen über eine *familienbezogene Psychotherapie* von seelischen Störungen bei Kindern und Jugendlichen. Dieser Mangel bezieht sich insbesondere auf die Entwicklung effektiver familientherapeutischer Maßnahmen zur Behandlung bestimmter see-lischer Störungsbilder sowie auf die Abstimmung von individuums- und familien-bezogenen Maßnahmen beim Behandlungsvorgang. So ist bisher z.B. wissenschaftlich nicht geklärt, bei welchen Gesundheits-, Entwicklungs- und Störungsproblemen welche individuums- und familienzentrierte Maßnahmen in welcher Kombination einzusetzen sind.

Des Weiteren ist der gesamte Bereich der **Psychotherapiediagnostik** unterentwik-kelt. Dieser Entwicklungsmangel gipfelt in der momentanen Tatsache, dass in den für Deutschland geltenden Psychotherapie-Richtlinien des Bundesausschusses der Ärzte und Krankenkassen keine dezidierte Psychotherapiediagnostik gefordert wird und dass in allen psychotherapeutischen Ausbildungsplänen wichtige thera-piediagnostische Aspekte vernachlässigt werden. Da eine optimale Gesundheits-, Entwicklungs- und Störungsklassifikation, Ätiologieerfassung, Zielsetzung, The-rapieplanung und Effektevaluation ohne eine detaillierte Psychotherapiediagnostik jedoch nicht möglich ist, führt der diesbezügliche Mangelzustand zu einem deutlichen *Qualitätsverlust* von psychotherapeutischen Dienstleistungen. Diese Aussage gilt sowohl für die Psychotherapie von Kindern, Jugendlichen und Familien als auch für die von Erwachsenen.

Vergegenwärtigt man sich abschließend die aufgezählten Argumente für eine Modernisierung, Vereinheitlichung und verbesserte wissenschaftliche Fundierung der Psychotherapie für Kinder, Jugendliche und Familien, dann erscheint es erforderlich, dass die erwähnten Ziele *unverzüglich* angestrebt werden. Da dieses Bemühen einer Bündelung der Kräfte aller Psychotherapeuten, Psychotherapieforscher und Gesundheitspolitiker bedarf, sollten sich die genannten Berufsgruppen gemeinsam um eine Zielerreichung bemühen. Insbesondere sollten sie darauf achten, den hohen Prozentsatz an unbehandelten seelischen Erkrankungen von Kindern und Jugendlichen zu verringern. Die Erreichung dieses Zieles setzt u. a. voraus, dass durch *Aufklärungsaktionen* die Schwellenangst von Eltern, Jugendlichen und Kindern vor dem Aufsuchen eines psychologischen oder medizinischen Psychotherapeuten gesenkt wird und das vermehrt gemeindenahe psychotherapeutische Versorgungseinrichtungen gegründet werden.

Von der verbesserten Zusammenarbeit von Wissenschaftlern und Praktikern im Felde der Kinder- und Jugendlichenpsychotherapie wird zudem erwartet, dass statt der Produktion von weiteren Abgrenzungen gemeinsame Anstrengungen unternommen werden, um *verbesserte Behandlungsmaßnahmen* für die unterschiedlichsten Formen von psychischen Störungen bei Kindern und Jugendlichen zu entwickeln. Dabei sollte die Behandlung der Gesundheits- und Entwicklungsdefizite sowie der multidimensionalen Pathogenesefaktoren genauso wichtig sein wie die der Störungssymptome.

Um eine **rahmengebende Struktur** für die entsprechenden Forschungsbemühungen und konzeptuellen Diskussionen zu geben, sind die hier skizzierten Grundlagen einer Allgemeinen Psychotherapie für Kinder, Jugendliche und Familien erstellt worden. Diese Grundlagen bedürfen selbstverständlich einer beständigen Erweiterung und Erneuerung. Sollte dieser Prozess kurzfristig nur im Rahmen der bisherigen Therapieschulen möglich sein, so sollte er in der Hoffnung geschehen, dass langfristig das Streben nach einer Optimierung des Psychotherapeutenberufes und einer Verbesserung der Patientenversorgung größer sein wird, als das Festhalten an ineffektiven Behandlungsformen und unbefriedigenden Versorgungsleistungen für seelische Störungen von Kindern und Jugendlichen.

Literaturverzeichnis

A

Abidin, R. (1995). *Parenting Stress-Index (PSI)*. Göttingen: Testzentrale.

Ackerman, N. W. (1958). *The psychodynamics of familiy life*. New York: Basic Books.

Alfermann, D. (1996). *Geschlechtsrollen und geschlechtstypisches Verhalten*. Stuttgart: Kohlhammer.

Als, H., Duffy, F. H., McAnulfy, G. B. & Badian, M. (1989). Continuity of neurobehavioral functioning in pre-term and full-term newborns. In M. H. Bornstein & M. A. Krasnegor (Eds.), *Stability and continuity in mental development* (3–28). Hillsdale, New York: Erlbaum.

Ambühl, H. & Strauß, B. (Hrsg.) (1999). *Therapieziele*. Göttingen: Hogrefe.

American Academy of Child and Adolescent Psychiatry (1997). Practise parameters for the assessment and treatment of children and adolescents with anxiety disorders. *Journal of the American Academy of Child and Adolescent Psychiatry*, 36 (Suppl.10), 69–84.

American Psychiatric Association (Ed.) (1994). *Diagnostic and statistical manual of mental disorders: DSM-IV*. Washington: American Psychiatric Association. Deutsche Bearbeitung: Sass, H. U. Wittchen & M. Zaudig (1998). Göttingen: Hogrefe.

Amminger, G. P. (1997). Psychopharmakotherapie im Kindesalter. In T. Reinelt, G. Bogyi & B. Schuch (Hrsg.), *Lehrbuch der Kinderpsychotherapie* (174–179). München: Reinhardt.

Amthauer, R., Brocke, B. & Liepmann, D. (1998). *Intelligenz-Struktur-Test 2000 (I-S-T 2000)*. Göttingen: Hogrefe.

Andersen, T. (Hrsg.) (1990). *Das reflektierende Team*. Dortmund: Modernes Lernen.

Arbeitsgruppe Deutsche Child Behavior Checklist (1998 a). *Elternfragebogen über das Verhalten von Kindern und Jugendlichen*. Köln: Robert-Koch-Straße 10.

Arbeitsgruppe Deutsche Child Behavior Checklist (1986 b). *Fragebogen für Jugendliche*. Köln: Robert-Koch-Straße 10.

Arnold, S., Joraschky, P. & Cierpka, M. (1996). Die Skulpturverfahren. In M. Cierpka (Hrsg.), *Handbuch der Familiendiagnostik* (339–367). Berlin: Springer.

Aster, M. von, Reitzle, M. & Steinhausen, H. C. (1994). Differenzielle therapeutische und pädagogische Entscheidungen in der Behandlung von Kinder und Jugendlichen. *Psychotherapeut*, 39, 360–367.

Auckenthaler, A. (1983). *Klientenzentrierte Psychotherapie mit Paaren*. Stuttgart: Kohlhammer.

Axline, V. (1997; engl. 1942). *Kinder-Spieltherapie im nicht-direktiven Verfahren*. München: Reinhardt.

B

Bäcker, A. & Neuhäuser, G. (1997). Neurophysiologische Störungen. In F. Petermann (Hrsg.), *Fallbuch der Klinischen Kinderpsychologie* (252–271). Göttingen: Hogrefe.

Balint, M. (1966). *Die Urformen der Liebe und die Technik der Psychoanalyse*. Stuttgart: Klett.

Bandura, A. (1979). *Sozial-kognitive Lerntheorie.* Stuttgart: Klett-Cotta.

Barkley, R. A. (1997). Behavioral inhibition, sustained attention and executive functions: Constructing a unifying theory of ADHD. *Psychological Bulletin,* 121, 65–94.

Barkley, R. A., DuPaul, G. J. & McMurray, M. B. (1990). Comprehensive evaluation of attention deficit disorder with and without hyperactivity as defined by research criteria. *Journal of Consulting and Clinical Psychology,* 58, 757–789.

Barnett, R. J., Docherty,J. & Frommelt, G. M. (1991). A review of child psychotherapy research since 1963. *Journal of the American Academy of Child and Adolescent Psychiatry,* 30, 1–14.

Bastine, R. (1993). *Klinische Psychologie. Band 2.* Stuttgart: Kohlhammer.

Bastine, R. (1998). *Klinische Psychologie. Band 1.* Stuttgart: Kohlhammer.

Baumann, U. (1996). Wissenschaftliche Psychotherapie auf der Basis der wissenschaftlichen Psychologie. *Report Psychologie,* 21, 9, 686–699.

Baumann, U. (1998). Gesundheitsversorgung. In U. Baumann & M. Perrez (Hrsg.), *Lehrbuch Klinische Psychologie – Psychotherapie* (320–345). Bern: Huber.

Baumann, U. & Perrez, M. (Hrsg.) (1998). *Lehrbuch Klinische Psychologie – Psychotherapie.* Bern: Huber.

Beauchamp, T. L. & Childress, J. F. (1989). *Principles of biomedical ethics.* Oxford: Oxford University Press.

Beidel, D. C. & Turner, S. M. (1997). At risk for anxiety. Psychopathology in the offspring of anxious parents. *Journal of the American Academy of Child and Adolescent Psychiatry,* 36, 918–924.

Beck, A. T., Rush, A. J., Shaw, B. F. & Emery, G. (1981; 5. Aufl. 1996). *Kognitive Therapie der Depression.* Weinheim: Psychologie Verlags Union.

Becker, P. (1995). *Seelische Gesundheit und Verhaltenskontrolle.* Göttingen: Hogrefe.

Becker, P. (1997). *Psychologie der seelischen Gesundheit.* Göttingen: Hogrefe.

Beckmann-Herfurth, E. (1996). Die Person des Therapeuten – Ihre Bedeutung in der personzentrierten Kindertherapie. In C. Boeck-Singelmann, B. Ehlers, T. Hensel, F. Kemper & C. Monden-Engelhardt (Hrsg.), *Personzentrierte Psychotherapie mit Kindern und Jugendlichen* (195–215). Göttingen: Hogrefe.

Benninghoven, D., Cierpka, M. & Thomas, V. (1996). Die familiendiagnostischen Fragebogeninventare. In M. Cierpka (Hrsg.), *Handbuch der Familiendiagnostik* (431–451). Berlin: Springer.

Bernstein, G. A., Borchardt, C. M. & Perwin, A. R. (1996). Anxiety disorders in children and adolescents: A review of the past ten years. *Journal of the American Academy of Child and Adolescent Psychiatry,* 35, 1110–1119.

Bettighofer, S. (1998). *Übertragung und Gegenübertragung im therapeutischen Prozess.* Stuttgart: Kohlhammer.

Biermann-Ratjen, E. M., Eckert, J. & Schwartz, H. J. (1995, 7. Aufl.) *Gesprächspsychotherapie.* Stuttgart: Kohlhammer.

Bittner, G. (1996). *Problemkinder. Zur Psychoanalyse kindlicher und jugendlicher Verhaltensauffälligkeiten.* Göttingen: Vandenhoeck & Ruprecht.

Boeck-Singelmann, C., Ehlers, B., Hensel,T., Kemper, F. & Monden-Engelhardt,C. (Hrsg.) (1996; 1997). *Personzentrierte Psychotherapie mit Kindern und Jugendlichen (Band 1 u. 2).* Göttingen: Hogrefe.

Bogyi, G. (1997). Variationen des therapeutischen Handelns. In T. Reinelt, G. Bogyi & B. Schuch (Hrsg.), *Lehrbuch der Kinderpsychotherapie* (189–206). München: Reinhardt.

Bondy, C., Cohen, R., Eckert, D. & Lüer, G. (1975). *Testbatterie für geistig behinderte Kinder (TBGB).* Göttingen: Testzentrale.

Borchert, J. (Hrsg.) (2000). *Handbuch der Sonderpädagogischen Psychologie.* Göttingen: Hogrefe.

Borg-Laufs, M. (1997). *Aggressives Verhalten.* Tübingen: Deutsche Gesellschaft für Verhaltenstherapie.

Borg-Laufs, M. (1999). Verhaltenstherapie mit Kindern und Jugendlichen. Grundlagen, Methoden, Entwicklungen. In H. Reinecker (Hrsg.), *Lehrbuch der Verhaltenstherapie (455–484).* Berlin: Springer.

Boscolo, L., Cecchin, G., Hoffman, L. & Penn, P. (1988). *Familientherapie – Systemtherapie. Das Mailänder Modell.* Dortmund: Modernes Lernen.

Bowen, R., Offord, D. R. & Boyle, M. H. (1990). The prevalence of overanxious disorders and seperation anxiety disorders. Results from the Ontario Child Health Study. *Journal of the American Academy of Child and Adolescent Psychiatry*, 29, 753–758.

Bowlby, J. (1975). *Bindung.* München: Kindler.

Bowlby, J. (1983). *Verlust.* Frankfurt: Fischer.

Brack, U. B. (1997). Verhaltenstherapeutische Förderung entwicklungsgestörter Kinder. In F. Petermann (Hrsg.), *Kinderverhaltstherapie* (311–330). Hohengehren: Schneider.

Brandeis, D. (2000). Psychophysiologie der hyperkinetischen Störungen. In H. C. Steinhausen (Hrsg.), *Hyperkinetische Störungen bei Kindern, Jugendlichen und Erwachsenen (55–86).* Stuttgart: Kohlhammer.

Brähler, E. (1992). *Der Gießener Beschwerdebogen für Kinder und Jugendliche (GBB-KJ).* Göttingen: Testzentrale.

Brähler, E. & Scheer, J. W. (1995). *Gießener Beschwerdebogen (GBB).* Göttingen: Testzentrale.

Breidenstein, G. & Keller, H. (1998). *Geschlechteralltag in der Schulklasse.* Weinheim: Juventa.

Brem-Gräser, L. (1995). *Familie in Tieren.* Göttingen: Testzentrale.

Bründel, H. (1993). *Suizidgefährdete Jugendliche.* Weinheim: Juventa.

Bründel, H. & Hurrelmann, K. (1994). *Gewalt macht Schule.* München: Droemer Knaur.

Bullinger, M. & Kirchberger, I. (1994). *Der FS-36 Fragebogen zum Gesundheitszustand.* Göttingen: Testzentrale.

C

Carey, G. & Goldman, D. (1997). The genetics of antisocial behavior. In D. M. Stuff, J. Breiling & J. D. Maser (Eds.), *Handbook of antisocial behavior* (243–254). New York: Wiley.

Carlson, E. A. & Sroufe, L. A. (1995). Contribution of attachment theory to psychopathology. In D. Cicchetti & D. J. Cohen (Eds.), *Developmental Psychopathology. Theory and methods.* (Vol. 1, 581–617). New York: Wiley.

Cicchetti, D. (1999). Entwicklungspsychopathologie: Historische Grundlagen, konzeptuelle und methodische Fragen, Implikationen für Prävention und Intervention. In R. Oerter, C. von Hagen, G. Roeper & G. Noam (Hrsg.), *Klinische Entwicklungspsychologie* (11–44). Weinheim: Psychologie Verlags Union.

Cierpka, M. (Hrsg.) (1996a). *Handbuch der Familiendiagnostik.* Berlin: Springer.

Cierpka, M. (1996b). Familiendiagnostik. In M. Cierpka (Hrsg.), *Handbuch der Familiendiagnostik* (1–24). Berlin: Springer.

Cierpka, M. & Frevert, G. (1995). *Die Familienbögen (FB).* Göttingen: Testzentrale.

Cordes, R. & Petermann, F. (1997). Autistische Störung. In F. Petermann (Hrsg.), *Fallbuch der Klinischen Kinderpsychologie* (191–212). Göttingen: Hogrefe.

Corman, L. (1995). *Der Schwarzfuß-Test (SF Test).* Göttingen: Testzentrale.

Crick, N. R. & Dodge, K. A. (1994). A review and reformulation of social information processing mechanisms in children's social adjustment. *Psychological Bulletin*, 115, 74–101.

D

Davison, G. C. & Neale, J. C. (1996; 4. Aufl.). *Klinische Psychologie.* Weinheim: Psychologie Verlags Union.

Degener, G., Dietel, B., Hamster, W., Koch, C., Matthaei, R., Nödl, H., Rückert, N., Stephani, U. & Wolf, E. (1997). *Tübinger Luria-Christensen Neuropsychologische Untersuchungsreihe für Kinder (TÜKI).* Göttingen: Testzentrale.

Denecke, H. & Kröner-Herwig, B. (2000). *Kopfschmerz-Therapie für Kinder und Jugendliche.* Göttingen: Hogrefe.

Deutsche Gesellschaft für Psychologie (1998). *Ethische Richtlinien.* Münster: Hollandstraße.

Dilling, H., Mombour, W. & Schmidt, M.H. (Hrsg.) (1993). *Internationale Klassifikation psychischer Störungen (ICD-10; Kap. V (F)).* Bern: Huber.

Dodge, K. A. & Schwartz, D. (1997). Social information processing mechanisms in aggressive behavior. In D. M. Stoff, J. Breiling & J. D. Maser (Eds.), *Handbook of antisocial behavior* (171–180). New York: Wiley.

Döpfner, M. (1997). Verhaltenstherapie mit Kindern und Jugendlichen – Konzepte, Ergebnisse und Perspektiven der Therapieforschung. In F. Petermann (Hrsg.), *Kinderverhaltenstherapie* (331–366). Hohengehren: Schneider.

Döpfner, M. (2000 a). Hyperkinetische Störungen. In F. Petermann (Hrsg.), *Lehrbuch der Klinischen Kinderpsychologie und -psychotherapie* (151–186). Göttingen: Hogrefe.

Döpfner, M. (2000 b). Zwangsstörungen. In F. Petermann (Hrsg.), *Lehrbuch der Klinischen Kinderpsychologie und -psychotherapie* (271–289). Göttingen: Hogrefe.

Döpfner, M. & Lehmkuhl, G. (1998). *Diagnose- und Symptom–Checklisten zur Erfassung psychischer Störungen im Kindes- und Jugendalter nach ICD-10 und DSM-IV (DISYPS-KJ).* Bern: Huber.

Döpfner, M., Lehmkuhl, G., Petermann, F. & Scheithauer, H. (2000). Diagnostik psychischer Störungen. In F. Petermann (Hrsg.), *Lehrbuch der Klinischen Kinderpsychologie und -psychotherapie* (95–130). Göttingen: Hogrefe.

Döpfner, M., Schürmann, S. & Frölich, J. (1997). *Therapieprogramm für Kinder mit hyperkinetischem und opositionellem Problemverhalten (THOP).* Weinheim: Psychologie Verlags Union.

Dohrenwend, B. P. & Dorenwend, B. S. (1977). Soziale und kulturelle Einflüsse auf psychopathologische Erscheinungen. In F. Petermann & C. Schmook (Hrsg.), *Grundlagentexte der Klinischen Psychologie* (Band 1; 66–105). Bern: Huber.

Dornes, M. (1995). *Der kompetente Säugling.* Frankfurt: Fischer.

Dornes, M. (1998). *Die frühe Kindheit.* Frankfurt: Fischer.

Douglas, V. (1989). Can Skinnerian theory explain attention deficit disorder? A reply to Barkley. In L. M. Blumingdale & J. M. Swanson (Eds.), *Attention deficit disorders Vol. IV* (235–254). Oxford: Pergamon.

Dührssen, A. (1956; 15. Aufl. 1992). *Psychogene Erkrankungen bei Kindern und Jugendlichen.* Göttingen: Vandenhoeck & Ruprecht.

Dührssen, A. (1960; 1980 6. Aufl.). *Psychotherapie bei Kindern und Jugendlichen.* Göttingen: Vandenhoeck & Ruprecht

Dührssen, A. (1995). *Dynamische Psychotherapie.* Göttingen: Vandenhoeck & Ruprecht.

Durlak, J. A., Fuhrman, T. & Lampman, C. (1991). Effectivness of cognitive behavior therapy for maladapting children: A meta-analysis. *Psychological Bulletin*, 110, 204–214.

D'Zurilla, T. J. & Goldfried, M. R. (1971). Problem solving and behavior modification. *Journal of Abnormal Psychology*, 78, 107–126.

E

Eckert, J. (1996). Gesprächspsychotherapie. In C. Reimer, J. Eckert, M. Hautzinger & E. Wilke (Hrsg.), *Psychotherapie* (124–191). Berlin: Springer.

Eckert, J. & Wuchner, M. (1994). Frequenz – Dauer – Setting in der Gesprächspsychotherapie heute. *GwG Zeitschrift*, 25, 95, 17–24.

Eckert, J., Höger, D. & Linster, H. W. (Hrsg.) (1997). *Praxis der Gesprächspsychotherapie*. Stuttgart: Kohlhammer.

Egger, Y. (2000). Möglichkeiten von Diätbehandlungen bei hyperkinetischen Störungen. In H. C. Steinhausen (Hrsg.), *Hyperkinetische Störungen bei Kindern, Jugendlichen und Erwachsenen* (117–126). Stuttgart: Kohlhammer.

Ehlers, B. (1981). Die Personenzentrierte Gruppentherapie mit Kindern. In H. Goetze (Hrsg.), *Personenzentrierte Spieltherapie* (44–63). Göttingen: Hogrefe.

Ehlers, B., Ehlers, T. & Markus, H. (1978). *Marburger Verhaltensliste*. Göttingen: Hogrefe.

Ellis, A. (1962). *Reason and emotion in psychotherapy*. New York: Stuart.

Endres, M. & Biermann, G. (Hrsg.) (1998). *Traumatisierung in Kindheit und Jugend*. München: Reinhardt.

Erikson, E. H. (1950; dt. 1976). *Kindheit und Gesellschaft*. Stuttgart: Klett-Cotta.

Erikson, E. H. (1978). *Kinderspiel und politische Fantasie*. Frankfurt: Bullstein.

Erikson, E. H. (1981). *Identität und Lebenszyklus*. Frankfurt: Suhrkamp.

Ermert, C. (1997). *Scenotest*. Bern: Huber.

Essau, C. A. & Petermann, U. (2000). Depression. In F. Petermann (Hrsg.), *Lehrbuch der Klinischen Kinderpsychologie und -psychotherapie* (291–322). Göttingen: Hogrefe.

Esser, G., Schmidt, M. H., Blanz, B., Fätkenheuer, B., Fritz, A., Koppe, T. Laucht, M., Rensch, B. & Rothenberger, W. (1992). Prävalenz und Verlauf psychischer Störungen im Kindes- und Jugendalter. *Zeitschrift für Kinder- und Jugendpsychiatrie*, 4, 232–242.

Esser, G. & Wyschkon, A. (2000). Umschriebene Entwicklungsstörungen. In F. Petermann (Hrsg.), *Lehrbuch der Klinischen Kinderspsychologie und -psychotherapie* (409–429). Göttingen: Hogrefe.

F

Faber, F. R. & Haarstrick, R. (1991). *Kommentar Psychotherapie-Richtlinien*. Neckarsulm: Jungjohann.

Fahrig, H. (1996). Psychotherapie bei Kindern und Jugendlichen. In G. Rudolf (Hrsg.), *Psychotherapeutische Medizin* (382–391). Stuttgart: Enke.

Fegert, J. M. (1993). Therapeutische und pädagogische Hilfen nach der KJHG-Novellierung. *Zeitschrift für Kinder- und Jugendpsychiatrie*, 21, 260–265.

Fengler, J. & Jansen, G. (Hrsg.) (1999). *Handbuch der Heilpädagogischen Psychologie*. Stuttgart: Kohlhammer.

Fichter, M. & Warschburger, P. (2000). Ess-Störungen. In F. Petermann (Hrsg.), *Lehrbuch der Klinischen Kinderspychologie und -psychotherapie* (561–585). Göttingen: Hogrefe.

Figdor, H. (1997). *Scheidungskinder – Wege der Hilfe*. Weinheim: Psychosozial.

Fisseni, H. J. (1997). *Lehrbuch der psychologischen Diagnostik*. Göttingen: Hogrefe.

Fröhlich-Gildhoff, K. & Hanne, K. (1996). Frühe Beziehungsstörungen bei Kindern und Jugendlichen. In C. Boeck-Singelmann, B. Ehlers, T. Hensel, F. Kemper & C. Monden-Engelhardt (Hrsg.), *Personzentrierte Psychotherapie mit Kindern und Jugendlichen* (297–317). Göttingen: Hogrefe.

Freud, A. (1927; 1970). *Einführung in die Technik der Kinderanalyse*. München: Reinhardt.

Frevert, G., Cierpka, M. & Joraschky, P. (1996). Familiäre Lebenszyklen. In M. Cierpka (Hrsg.), *Handbuch der Familiendiagnostik* (163–194). Berlin: Springer.

G

Gehring, T. M. (1998). *Familiensystemtest (FAST)*. Göttingen: Testzentrale.

Gendlin, G. (1981). *Focussing. Technik der Selbsthilfe bei der Lösung persönlicher Probleme*. Salzburg: Müller.

Gil, E. (1996). *Die heilende Kraft des Spiels. Spieltherapie mit missbrauchten Kindern*. Mainz: Matthias Grönewald Verlag.

Gontard, A. von & Lehmkuhl, G. (1997). Enuresis nocturna – Neue Ergebnisse zu genetischen, pathophysiologischen und psychiatrischen Zusammenhängen. *Praxis der Kinderpsychologie und Kinderpsychiatrie*, 46, 709–726.

Grawe, K. (1994). Psychotherapie ohne Grenzen – Von den Therapieschulen zu einer Allgemeinen Psychotherapie. *Verhaltenstherapie und psychosoziale Praxis*, 26, 357–370.

Grawe, K. (1998). *Psychologische Therapie*. Göttingen: Hogrefe.

Grawe, K., Donati, R. & Bernauer, F. (1994). *Psychotherapie im Wandel – Von der Konfession zur Profession*. Göttingen: Hogrefe.

Greenberg, L., Elliott, R. & Lietaer, G. (1994). Research on experiential psychotherapies. In H. E. Bergin & S. L. Garfield (Eds.), *Handbook of psychotherapy and behavior change* (509–539). New York: Wiley.

Greenberg, L., Watson, J. & Lietaer, G. (1998). *Handbook of experiental psychotherapy*. New York: Guilford Press.

Grimm, H. (1999). *Störungen der Sprachentwicklung*. Göttingen: Hogrefe.

Groen, G. & Petermann, F. (1998). Depression. In F. Petermann, M. Küsch & K. Niebank (Hrsg.), *Entwicklungspsychopathologie* (327–361). Weinheim: Psychologie Verlags Union.

Grosse, S. (1991). *Bettnässen: Diagnostik und Therapie*. Weinheim: Psychologie Verlags Union.

H

Hahlweg, K. (1996a). Interaktionelle Aspekte psychischer Störungen. In A. Ehlers & K. Hahlweg (Hrsg.), *Grundlagen der Klinischen Psychologie. Enzyklopädie der Psychologie* (585–648). Göttingen: Hogrefe.

Hahlweg, K. (1996b). *Fragebogen zur Partnerschaftsdiagnostik (FPD)*. Göttingen: Testzentrale.

Hahlweg, K., Dürr, H. & Müller, U. (1995). *Familienbetreuung schizophrener Patienten. Ein verhaltenstherapeutischer Ansatz zur Rückfallprophylaxe*. Weinheim: Psychologie Verlags Union.

Haley, J. (1977). *Direktive Familientherapie. Strategien für die Lösung von Problemen*. München: Pfeiffer.

Harnach-Beck, V. (1997) *Psychosoziale Diagnostik in der Jugendhilfe*. Weinheim: Juventa.

Haug-Schnabel, G. (1994). *Enuresis. Diagnose, Beratung und Behandlung bei kindlichem Einnässen*. München: Reinhardt.

Hautzinger, M. (1996). Verhaltenstherapie und kognitive Therapie. In C. Reimer, J. Eckert, M. Hautzinger & E. Wilke (Hrsg.), *Psychotherapie* (192–272). Berlin: Springer.

Hautzinger, M. (1997). Depression. In F. Petermann (Hrsg.), *Fallbuch der Klinischen Kinderpsychologie* (147–158). Göttingen: Hogrefe.

Havighurst, R. J. (1982). *Developmental task and education*. New York: Longman.

Heckhausen, H. (1987). Emotional components of action: Their ontogeny as reflected in achievment behavior. In D. Görlitz & J. F. Wohlwill (Eds.) *Curiosity, imagination and play* (326–348). Hillsdale, New York: Erlbaum.

Heekerens, H. P. (1993). Behavioral-systemische Ansätze bei der Behandlung von Verhaltensstörungen. In F. & U. Petermann (Hrsg.), *Angst und Aggression bei Kindern und Jugendlichen* (77–90). München: Quintessenz.

Heekerens, H. P. (1997). Elterntraining und Familientherapie. Gemeinsamkeiten trotz Unterschiedlichkeiten. *Kindheit und Entwicklung, 6*, 84–89.

Hellbrügge, T. (1994). *Münchener Funktionelle Entwicklungsdiagnostik (MFD)*. Göttingen: Testzentrale.

Hermann, F. (1998). *Jugendhilfeplanung als Balanceakt*. Frankfurt: Luchterhand.

Hennig, C. & Knödler, U. (1995). *Problemschüler – Problemfamilien*. Weinheim: Psychologie Verlags Union.

Hentschel, U., Kießling, M. & Wiemers, M. (1998). *Fragebogen zu Konfliktbewältigungsstrategien (FKBS)*. Göttingen: Testzentrale.

Herpertz-Dahlmann, B. (1997). Dissozialität, Delinquenz und Verwahrlosung. In H. Remschmidt (Hrsg.), *Psychotherapie im Kindes- und Jugendalter* (392–401). Stuttgart: Thieme.

Heubrock, D. & Petermann, F. (2000). *Lehrbuch der Klinischen Kinderneuropsychologie*. Göttingen: Hogrefe.

Hildeschmidt, A. (1995). Schulversagen. In R. Oerter & L. Montada (Hrsg.), *Entwicklungspsychologie* (990–1005). Weinheim: Psychologie Verlags Union.

Holler, B. & Hurrelmann, K. (1990). Gesundheitliche Beschwerden und soziales Netzwerk bei Jugendlichen. In I. Seiffge-Krenke (Hrsg.), *Jahrbuch der medizinischen Psychologie. Band 4: Krankheitsbewältigung bei Kindern und Jugendlichen* (59–79). Berlin: Springer.

Horn, W. (1972). *Begabungstestsystem (BTS)*. Göttingen: Testzentrale.

Howard, B. L. & Kendall, P. C. (1996). Cognitive-behavioral familiy therapy for anxiety-disordered childern: A multiple-baseline evaluation. *Cognitive Therapy and Research, 20*, 423–443.

Hug-Helmut, H. von (1913). Zur Technik der Kinderanalyse. *Internationale Zeitschrift für ärztliche Psychoanalyse, 1*, 470–495.

Hurrelmann, K. (1988). *Sozialisation und Gesundheit. Somatische, psychische und soziale Risikofaktoren im Lebenslauf*. Weinheim: Juventa.

Hurrelmann, K. & Settertobulte, W. (2000). Prävention und Gesundheitsförderung im Kindheits- und Jugendalter. In F. Petermann (Hrsg.), *Lehrbuch der Klinischen Kinderpsychologie und -psychotherapie* (131–148). Göttingen: Hogrefe.

I

Innerhofer, P. (1977). *Das Münchener Trainingsmodell. Beobachtung, Interaktionsanalyse, Verhaltensänderung*. Berlin: Springer.

Izard, C. E. (1994). *Die Emotionen des Menschen. Eine Einführung in die Grundlagen der Emotionspsychologie*. Weinheim: Psychologie Verlags Union.

J

Jaede, W., Wolf, J. & Zeller-König, B. (1997). *Gruppentraining mit Kindern aus Trennungs- und Scheidungsfamilien*. Weinheim: Psychologie Verlags Union.

Jäger, R. S. & Petermann, F. (Hrsg.) (1995). *Psychologische Diagnostik*. Weinheim: Psychologie Verlags Union.

Jahoda, M. (1958). *Current concepts of positive mental health*. New York: Basic Books.

Jones, M. C. (1924). A laboratory study for fear. The case of Peter. *Paedagogical Seminary, 31*, 308–315.

Jürgens-Jahnert, S. (1997). Enuresis. In J. Eckert, D. Höger & H. W. Linster (Hrsg.), *Praxis der Gesprächspsychotherapie* (163–187). Stuttgart: Kohlhammer.

Jongbloed-Schurig, U. & Wolff, A. (Hrsg.) (1998). *Beiträge zur Psychoanalyse des Kindes- und Jugendalters*. Frankfurt: Brandes & Apsel.

K

Kagan, J., Reznick, J. S. & Snidman, M. (1988). Biological basis of childhood shyness. *Science, 240*, 167–173.

Kampmann-Elsas, C. (1997). Katathymes Bilderleben. In H. Remschmidt (Hrsg.), *Psychotherapie im Kindes- und Jugendalter* (92–96). Stuttgart: Thieme.

Kanfer, F. H., Reinecker, H. & Schmelzer, D. (1996). *Selbstmanagement-Therapie*. Berlin: Springer.

Kastner-Koller, U. & Deimann, P. (1998). *Der Wiener Entwicklungstest (WET)*. Göttingen: Testzentrale.

Kazdin, A. E. (1990). Effectiveness of psychotherapy with children and adolescents. *Journal of Consulting and Clinical Psychology, 59*, 785–798.

Keller, H. (Hrsg.) (1997). *Handbuch der Kleinkindforschung*. Bern: Huber.

Keller, H. (Hrsg.) (1998). *Lehrbuch Entwicklungspsychologie*. Bern: Huber.

Keller, M. B., Lavori, P. W., Wunder, J., Beardlee, W. R., Schwartz, C. E. & Roth, J. (1992). Chronic course of anxiety disorders in children and adolescents. *Journal of the American Academy of Child and Adolescents Psychiatry, 31*, 596–599.

Kemper, F. (1997). Personzentrierte Familientherapie. In C. Boeck-Singelmann, B. Ehlers, T. Hensel, F. Kemper & C. Monden-Engelhardt (Hrsg.), *Personzentrierte Psychotherapie mit Kindern und Jugendlichen. Band 2* (71–134). Göttingen: Hogrefe.

Klein, M. (1932; 1971). *Die Psychoanalyse des Kindes*. München: Reinhardt.

Klitzing, K. (Hrsg.) (1998). *Psychotherapie in der Frühen Kindheit*. Göttingen: Vandenhoeck & Ruprecht.

Knölker, U. (1997 a). Körperliche Untersuchung und ergänzende Diagnostik. In U. Knölker, F. Mattejat, & M. Schulte-Markwort (Hrsg.), *Kinder- und Jugendpsychiatrie systematisch* (81–89). Bremen: UNI-MED.

Knölker, U. (1997 b). Kinder- und Jugendpsychiatrie und Recht. In U. Knölker, F. Mattejat & M. Schulte-Markwort (Hrsg.), *Kinder- und Jugendpsychiatrie systematisch* (92–217). Bremen: UNI-MED.

Knölker, U. (1997 c). Entwicklungsstörungen. In U. Knölker, F. Mattejat & M. Schulte-Markwort (Hrsg.), *Kinder- und Jugendpsychiatrie systematisch* (220–254). Bremen: UNI-MED.

Knölker, U. (1997 d). Psychopharmakotherapie. In U. Knölker, F. Mattejat & M. Schulte-Markwort (Hrsg.), *Kinder– und Jugendpsychiatrie systematisch* (180–188). Bremen: UNI-MED.

Knölker, U., Mattejat, F. & Schulte-Markwort, M. (Hrsg.) (1997). *Kinder- und Jugendpsychiatrie systematisch*. Bremen: UNI-MED.

Kohlberg, L. (1974). *Zur kognitiven Entwicklung des Kindes*. Frankfurt: Suhrkamp.

Kohlberg, L. & Power, C. (1981). Moral development, religious thinking and the question of a seventh stage. In L. Kohlberg (Ed.), *Essays on moral development, Vol. I: The Philosophy of moral development* (311–372). San Francisco: Harper & Row.

König, K. (1996). *Abwehrmechanismen*. Göttingen: Vandenhoeck & Ruprecht.

Körner, W. & Hörmann, G. (Hrsg.) (1998; 2000). *Handbuch der Erziehungsberatung. Band 1 u. 2*. Göttingen: Hogrefe.

Krause, R. (1997; 1998). *Allgemeine psychoanalytische Krankheitslehre. Band 1 u. 2*. Stuttgart: Kohlhammer.

Kriz, J. (1994). Personzentrierter Ansatz und Systemtheorie. *Personzentriert, 1*, 17–70.

Krucker, W. (1997). *Spielen als Therapie – Ein szenisch-analytischer Ansatz zur Kinderpsychotherapie*. München: Pfeiffer.

Kubinger, K. (1996). *Einführung in die psychologische Diagnostik*. Weinheim: Psychologie Verlags Union.

Kusch, M. & Petermann, F. (2000). Tief greifende Entwicklungsstörungen. In F. Petermann (Hrsg.), *Lehrbuch der Klinischen Kinderpsychologie und -psychotherapie* (431–452). Göttingen: Hogrefe.

Kutter, P. (1999). Spezielle Indikationen für psychotherapeutische Behandlungsverfahren. In G. Nissen (Hrsg.), *Verfahren der Psychotherapie* (11–26). Stuttgart: Kohlhammer.

L

Lambeck, S. (1992). *Diagnoseeröffnung bei Eltern behinderter Kinder.* Göttingen: Hogrefe.

Langenmayer, A. (1997). *Sprachpsychologie.* Göttingen: Hogrefe.

Lauth, G. W. & Schlottke, P. F. (1997). *Training mit aufmerksamkeitsgestörten Kindern.* Weinheim: Psychologie Verlags Union.

Leixnering, W. & Bogyi, G. (1997). Fragen der Ethik. In T. Reinelt, G. Bogyi & B. Schuch (Hrsg.*), Lehrbuch der Kinderpsychotherapie* (20–25). München: Reinhardt.

Leuner, H., Holl, G. & Klessmann, E. (1990). *Katathymes Bilderleben.* München: Reinhardt.

Lewinsohn, P. M., Hops, H., Roberts, R. E., Seely, H. R. & Andrews, J. A. (1993). Adolescent psychopathology: Prevalence and incidence of depression and other DSM-III-R disorders in high school students. *Journal of Abnormal Psychology,* 1, 133–134.

Liebeck, H. (1996). Problemlösetraining. In M. Linden & M. Hautzinger (Hrsg.), *Verhaltenstherapie* (245–251). Berlin: Springer.

Lienert, G. A. & Raatz, U. (1998). *Testaufbau und Testanalyse.* Weinheim: Psychologie Verlags Union.

Linden, M. (1996). Entspannungstraining. In M. Linden & M. Hautzinger (Hrsg.), *Verhaltenstherapie* (135–138). Berlin: Springer.

Linden, M. & Hautzinger, M. (1996; 2000). *Verhaltenstherapie.* Berlin: Springer.

Loeber, R. & May, D. (1997). Key issues in the development of aggression and violence from childhood to early adulthood. *Annual Review in Psychology,* 48, 371–410.

Loeber, R. & Farrington, D.&P. (Eds.) (1998). *Serious and violent juvenil offenders. Risk factors and successful interventions.* Thousand Oaks: Sage.

Lohl, W. (1997). *Aufbau der Qualitätssicherung.* Bonn: Deutscher Psychologen Verlag.

Lude, W. (1997). Personzentrierte Gruppenpsychotherapie mit Kindern. In C. Boeck-Singelmann, B. Ehlers, T. Hensel, F. Kemper & C. Monden-Engelhardt (Hrsg.), *Personzentrierte Psychotherapie mit Kindern und Jugendlichen. Band 2* (135–156). Göttingen: Hogrefe.

M

Marcia, J. E. (1980). Identity in adolescence. In: J. Adelson (Ed.), *Handbook of adolescent psychology* (159–187). New York: Wiley.

Martin, M. (1997). Stationäre Psychotherapie. In H. Remschmidt (Hrsg.), *Psychotherapie im Kindes- und Jugendalter* (430–438). Stuttgart: Thieme.

Massing, A., Reich, G. & Sperling, E. (1994), *Die Mehrgenerationen Familientherapie.* Göttingen: Vandenhoeck & Ruprecht.

Mattejat, F. (1997a). Indikationsstellung und Therapieplanung. In H. Remschmidt (Hrsg.), *Psychotherapie im Kindes- und Jugendalter* (18–44). Stuttgart: Thieme.

Mattejat, F. (1997b). Qualitätssicherung. In H. Remschmidt (Hrsg.), *Psychotherapie im Kindes- und Jugendalter* (69–77). Stuttgart: Thieme.

Mattejat, F. (1997c). Familientherapie. In H. Remschmidt (Hrsg.), *Psychotherapie im Kinder- und Jugendalter* (148–174). Stuttgart: Thieme.

Mattejat, F. (1997d). Diagnostik. In U. Knölker, F. Mattejat & M. Schulte-Markwort (Hrsg.), *Kinder- und Jugendpsychiatrie systematisch* (58–119). Bremen: UNI-MED.

Mattejat, F. (1997e). Therapie. In U. Knölker, F. Mattejat & M. Schulte-Markwort (Hrsg.), *Kinder- und Jugendpsychiatrie systematisch* (122-188). Bremen: UNI-MED.

Mattejat, F., Jungmann, J., Meusers, M., Moik, C., Nölkel, P., Schaff, C., Scholz, M., Schmidt, M. H. & Remschmidt, H. (1998). Das Inventar zur Erfassung der Lebensqualität bei Kindern und Jugendlichen (ILK) – Eine Pilotstudie. *Zeitschrift für Kinder- und Jugendpsychiatrie,* 26, 174–182.

Mattejat, F. & Lisofsky, B. (Hrsg.) (1998). *Nicht von schlechten Eltern.* Bonn: Psychiatrie Verlag.

Mattejat, F. & Remschmidt, H. (2000). *Fragebögen zur Beurteilung der Behandlung (FBB)*. Göttingen: Testzentrale.

Mattejat, F. & Scholz, M. (1994). *Das Subjektive Familienbild (SFB)*. Göttingen: Testzentrale.

Meis, R. (Neubearbeitung von J. Poerschke) (1997). *Duisburger Vorschul- und Einschulungstest (DVET)*. Göttingen: Testzentrale.

Merchel, J. (Hrsg.) (1998). *Qualität in der Jugendhilfe. Kriterien und Bewertungsmöglichkeiten*. Münster: Votum.

Mertens, B. (1992; 1993; 1993). *Einführung in die psychoanalytische Therapie. Band 1, 2 u. 3*. Stuttgart: Kohlhammer.

Minuchin, S. & Fishman, N. H. (1983). *Praxis der strukturellen Familientherapie*. Freiburg: Lambertus.

Möller, H. J., Müller E. W. & Volz, H. P. (2000). *Psychopharmakotherapie*. Stuttgart: Kohlhammer.

Moffatt, M. E. K. (1997). Nocturnal enuresis: A review of the efficacy of treatments and practical advise for clinicans. *Developmental and Behavioral Pediatrics*, 18, 49–56.

Monden-Engelhardt, C. (1997). Zur Personzentrierten Psychotherapie mit Jugendlichen. In C. Boeck-Singelmann, B. Ehlers, T. Hensel, F. Kemper & C. Monden-Engelhardt (Hrsg.), *Personzentrierte Psychotherapie mit Kindern und Jugendlichen. Band 2 (9–70)*. Göttingen: Hogrefe.

Montada, L. (1995 a). Fragen, Konzepte, Perspektiven. In R. Oerter & L. Montada (Hrsg.), *Entwicklungspsychologie (1–83)*. Weinheim: Psychologie Verlags Union.

Montada, L. (1995b). Die geistige Entwicklung aus der Sicht Jean Piagets. In R. Oerter & L. Montada (Hrsg.), *Entwicklungspsychologie (518–560)*. Weinheim: Psychologie Verlags Union.

Montada, L. (1995 c). Moralische Entwicklung und moralische Sozialisation. In R. Oerter & L. Montada (Hrsg.), *Entwicklungspsychologie (862–894)*. Weinheim: Psychologie Verlags Union).

Mowrer, O. H. (1969). *Learning theory and behavior*. New York: Wiley.

Mühlig, S., Breuker, D. & Miller, S. (1997). Kopfschmerz. In F. Petermann (Hrsg.), *Fallbuch der Klinischen Kinderpsychologie (355–371)*. Göttingen: Hogrefe.

Müller, R. (1990). *Diagnostischer Rechtschreibtest für 1. Klassen (DRT 1)*. Göttingen: Testzentrale.

Müssig, R. (1991). *Familien-Selbst-Bilder. Gestaltende Verfahren in der Paar- und Familientherapie*. München: Reinhardt.

N

Neuhäuser, G. (1996). Neuropsychologische Störungen. In F. Petermann (Hrsg.), *Lehrbuch der Klinischen Kinderpsychologie (381–401)*. Göttingen: Hogrefe.

Neuhäuser, G. & Steinhausen, H. C. (Hrsg.) (1999). *Geistige Behinderung*. Stuttgart: Kohlhammer.

Niebank, K. & Petermann, F. (2000). Grundlagen und Ergebnisse der Entwicklungspsychopathologie. In F. Petermann (Hrsg.), *Lehrbuch der Klinischen Kinderpsychologie und -psychotherapie (57–94)*. Göttingen: Hogrefe.

Niebergall, G. (1997). Gruppenpsychotherapie, Psychodrama und Rollenspiel. In H. Remschmidt (Hrsg.), *Psychotherapie im Kindes- und Jugendalter (134–147)*. Stuttgart: Thieme.

Nissen, G. (Hrsg.) (1999). *Verfahren der Psychotherapie*. Stuttgart: Kohlhammer.

Nordmann, E. & Kötter, S. (1996). Standardisierte Formen des Familieninterviews. In M. Cierpka (Hrsg.), *Handbuch der Familiendiagnostik (369–380)*. Berlin: Springer.

Novaco, R. W. (1996). Stressimpfung. In M. Linden & M. Hautzinger (Hrsg.), *Verhaltenstherapie (299–302)*. Berlin: Springer.

O

Oerter, R. (1995 a). Kultur, Ökologie und Entwicklung. In R. Oerter & L. Montada (Hrsg.), *Entwicklungspsychologie* (84–127). Weinheim: Psychologie Verlags Union.

Oerter, R. (1995 b). Kindheit. In R. Oerter & L. Montada (Hrsg.), *Entwicklungspsychologie* (249–309). Weinheim: Psychologie Verlags Union.

Oerter, R. (1995 c). Motivation und Handlungssteuerung. In R. Oerter & L. Montada (Hrsg.), *Entwicklungspsychologie* (758–822). Weinheim: Psychologie Verlags Union.

Oerter, R. (1997). *Psychologie des Spiels*. Weinheim: Psychologie Verlags Union.

Oerter, R. (1999). Klinische Entwicklungspsychologie: Zur notwendigen Integration zweier Fächer. In R. Oerter, C. von Hagen, G. Röper & G. Noam (Hrsg.), *Klinische Entwicklungspsychologie* (1–10). Weinheim: Psychologie Verlags Union.

Oerter, R. & Dreher, E. (1995). Jugendalter. In R. Oerter & L. Montada (Hrsg.) *Entwicklungspsychologie* (310–395). Weinheim: Psychologie Verlags Union.

Oerter, R. & Dreher, M. (1995). Entwicklung des Problemlösens. In R. Oerter & L. Montada (Hrsg.), *Entwicklungspsychologie* (561–621). Weinheim: Psychologie Verlags Union.

Oerter, R. & Montada, L. (Hrsg.) (1995). *Entwicklungspsychologie*. Weinheim: Psychologie Verlags Union.

Oerter, R., von Hagen, C., Röper, G. & Noam, G. (Hrsg.) (1999a). *Klinische Entwicklungspsychologie*. Weinheim: Psychologie Verlags Union.

Oerter, R., Schneewind, K. A. & Resch, F. (1999b). Modelle der Klinischen Entwicklungspsychologie. In R. Oerter, C. von Hagen, G. Röper & G. Noam (Hrsg.), *Klinische Entwicklungspsychologie* (79–118). Weinheim: Psychologie Verlags Union.

Opp, G., Fingerle, M. & Freytag, A. (Hrsg.) (1999). *Was Kinder stärkt. Erziehung zwischen Risiko und Resilienz*. München: Reinhardt.

Orlinsky, D. E. & Howard, K. J. (1986). Process and outcome in psychotherapy. In S. L. Garfield & A. E. Bergin (Eds.), *Handbook of psychotherapy and behavior change* (311–381). New York: Wiley.

P

Papoušek, M. (1998). *Vom ersten Schrei zum ersten Wort*. Göttingen: Hogrefe.

Papoušek, M. (1999). Regulationsstörungen der frühen Kindheit. Enstehungsbedingungen im Kontext der Eltern-Kind-Beziehungen. In R. Oerter, C. v. Hagen, G. Röper & G. Noam (Hrsg.), *Klinische Entwicklungspsychologie* (148–169). Weinheim: Psychologie Verlags Union.

Perrez, M. (1998 a). Wissenschaftstheoretische Grundlagen der klinisch-psychologischen Intervention: In U. Baumann & M. Perrez (Hrsg.), *Lehrbuch Klinische Psychologie – Psychotherapie* (46–62). Bern: Huber.

Perrez, M. (1998b). Psychologische Faktoren: Einflüsse der Sozialisation. In U. Baumann & M. Perrez (Hrsg.), *Lehrbuch Klinische Psychologie – Psychotherapie* (215–245). Bern: Huber.

Perrez, M. (1998 c): Prävention und Gesundheitsförderung. In U. Baumann & M. Perrez (Hrsg.), *Lehrbuch Klinische Psychologie – Psychotherapie* (366–391). Bern: Huber.

Petermann, F. (Hrsg.) (1996). *Lehrbuch der Klinischen Kinderpsychologie*. Göttingen: Hogrefe.

Petermann, U. (1996). *Entspannungstechniken für Kinder und Jugendliche*. Weinheim: Psychologie Verlags Union.

Petermann, F. (Hrsg.) (1997 a). *Kinderverhaltenstherapie*. Hohengehren: Schneider.

Petermann, F. (Hrsg.) (1997 b). *Fallbuch der Klinischen Kinderpsychologie*. Göttingen: Hogrefe.

Petermann, F. (1997 c). Methoden und Anwendungsgebiete der Kinderverhaltenstherapie. In F. Petermann (Hrsg), *Kinderverhaltenstherapie* (10–21). Göttingen: Schneider.

Petermann, F. (Hrsg.) (1997 d). *Patientenschulung und Patientenberatung.* Göttingen: Hogrefe.

Petermann, F. (1998). Verhaltens- und Entwicklungsstörungen bei Kindern und Jugendlichen: Intervention. In U. Baumann & M. Perrez (Hrsg.), *Lehrbuch Klinische Psychologie – Psychotherapie* (969–981). Bern: Huber.

Petermann, F. (Hrsg.) (2000 a). *Lehrbuch der Klinischen Kinderpsychologie und -psychotherapie.* Göttingen: Hogrefe.

Petermann, F. (2000 b). Grundbegriffe und Trends der Klinischen Kinderpsychologie und Kinderpsychotherapie. In F. Petermann (Hrsg.), *Lehrbuch der Klinischen Kinderpsychologie und -psychotherapie* (9–26). Göttingen: Hogrefe.

Petermann, F. & Kusch, M. (1993). Entwicklungspsychopathologie und Verhaltensstörungen im Kindes- und Jugendalter. In F. Petermann & U. Petermann (Hrsg.), *Angst und Aggression bei Kindern und Jugendlichen* (31–54). München: Quintessenz.

Petermann, F. & Petermann, U. (1996 a). *Training mit sozial unsicheren Kindern.* Weinheim: Psychologie Verlags Union.

Petermann, F. & Petermann, U. (1996 b). *Erfassungsbogen für aggressives Verhalten in konkreten Situationen.* Göttingen: Hogrefe.

Petermann, F. & Petermann, U. (1997 a). Grundlagen kinderverhaltenstherapeutischer Methoden. In F. Petermann (Hrsg.), *Kinderverhaltenstherapie* (22–85). Hohengehren: Schneider.

Petermann, F. & Petermann, U. (1997 b). *Training mit aggressiven Kindern. Einzeltraining, Kindergruppe, Elternberatung.* Weinheim: Psychologie Verlags Union.

Petermann, F. & Petermann, U. (1997 c). Aggression. In F. Petermann (Hrsg.), *Fallbuch der Klinischen Kinderpsychologie* (15–34). Göttingen: Hogrefe.

Petermann, U. & Borg-Laufs, M. (1997). Enuresis und Enkopresis. In F. Petermann (Hrsg.), *Fallbuch der Klinischen Kinderpsychologie* (317–336). Göttingen: Hogrefe.

Petermann, F., Kusch, M. & Niebank, K. (Hrsg.) (1998). *Entwicklungspsychopathologie.* Weinheim: Psychologie Verlags Union.

Petermann, F. & Scheithauer, H. (1998). Aggressives und antisoziales Verhalten im Kindes- und Jugendalter. In F. Petermann, M. Kusch & K. Niebank (Hrsg.), *Entwicklungspsychopathologie* (243–295). Weinheim: Psychologie Verlags Union.

Petermann, F. & Petermann, U. (1999a). *Training mit Jugendlichen. Förderung von Arbeits- und Sozialverhalten.* Weinheim: Psychologie Verlags Union.

Petermann, F. & Petermann, U. (1999b). Entwicklungspsychopathologische Grundlagen zur Planung einer Kinderverhaltenstherapie. In R. Oerter, C. v. Hagen, G. Röper & G. Noam (Hrsg.), *Klinische Psychologie* (400–420). Weinheim: Psychologie Verlags Union.

Petermann, F. & Warschburger, P. (Hrsg.) (1999). *Kinderrehabilitation.* Göttingen: Hogrefe.

Petermann, F. & Petermann, U. (2000). Störungen der Ausscheidung: Enuresis und Enkopresis. In F. Petermann (Hrsg.), *Lehrbuch der Klinischen Kinderpsychologie und -psychotherapie* (381–407). Göttingen: Hogrefe.

Petermann, F., Döpfner, M., Lehmkuhl, G. & Scheithauer, H. (2000a). Klassifikation und Epidemiologie psychischer Störungen. In F. Petermann (Hrsg.), *Lehrbuch der Klinischen Kinderpsychologie und -psychotherapie* (29–56). Göttingen: Hogrefe.

Petermann, U., Essau, C. A. & Petermann, F. (2000 b). Angststörungen. In F. Petermann (Hrsg.), *Lehrbuch der Klinischen Kinderspsychologie und -psychotherapie* (227–270). Göttingen: Hogrefe.

Petzold, H. (Hrsg.) (1997). *Frühe Schädigungen, späte Folgen? Psychotherapie und Babyforschung.* Paderborn: Jungfermann.

Petzold, H. & Ramin, G. (Hrsg.) (1987). *Schulen der Kinderpsychotherapie.* Paderborn: Jungfermann.

Piaget, J. (1923; 1972). *Sprechen und Denken des Kindes.* Düsseldorf: Schwan.

Piaget, J. (1926; 1992). *Das Weltbild des Kindes.* München: DTV.

Piaget, J. (1932; 1983). *Meine Theorie der geistigen Entwicklung.* Frankfurt: Fischer.

Piaget, J. (1969). *Nachahmung, Spiel und Traum.* Stuttgart: Klett.

Piaget, J. (1972). *Theorien und Methoden der modernen Erziehung.* Wien: Molden.

Podeswick, A., Ehlert, U., Altherr, P. & Hellhammer, D. (1995). Verhaltenstherapie bei Kindern und Jugendlichen: Eine versorgungsepidemiologische Untersuchung. *Zeitschrift für Kinder- und Jugendpsychiatrie,* 21, 149–160.

Poerschke, J. (1997). *Duisburger Vorschul- und Einschulungstest (DVET).* Göttingen: Testzentrale.

Prigogine, I. & Stengers, I. (1981). *Dialog mit der Natur.* München: Piper.

Probst, P. (2000). Review: Elterntrainings im Rahmen der Rehabilitation autistischer Kinder: Konzepte und Ergebnisse. *Zeitschrift für klinische Psychologie, Psychiatrie und Psychotherapie,* 49,1.

Pulverich, G. (1997). *Psychologie und Therapie bei Kindern und Jugendlichen.* Bonn: Deutscher Psychologen Verlag.

Q

Quaschner, K. & Mattejat, F. (1997). Enuresis und Enkopresis. In H. Remschmidt (Hrsg.), *Psychotherapie im Kindes- und Jugendalter* (305–321). Stuttgart: Thieme.

R

Rahm, D. (1997). *Integrative Gruppentherapie mit Kindern.* Göttingen: Vandenhoeck & Ruprecht.

Rapaport, D. (1973). *Die Struktur der psychoanalytischen Theorie. Versuch einer Systematik.* Stuttgart: Klett.

Rauschenbach, T. & Schilling, M. (Hrsg.) (1997). *Die Kinder- und Jugendhilfe und ihre Statistik.* Band 1 u. 2. Frankfurt: Luchterhand.

Rauh, H. (1995). Frühe Kindheit. In R. Oerter & L. Montada (Hrsg.), *Entwicklungspsychologie* (167–248). Weinheim: Psychologie Verlags Union.

Rauh, H. (1999). Entwicklungsprognose am Beispiel der Entwicklung von Kindern mit Down-Syndrom. In R. Oerter, C. von Hagen, G. Röper & G. Noam (Hrsg.), *Klinische Entwicklungspsychologie* (195–217).Weinheim: Psychologie Verlags Union.

Reich, G., Massing, A. & Cierpka, M. (1996). Die Mehrgenerationsperspektive und das Genogramm. In M. Cierpka (Hrsg.), *Handbuch der Familiendiagnostik* (224–258). BerlIn Springer.

Reimer, C. (1996 a). Tiefenpsychologisch orientierte Psychotherapie. In C. Reimer, J. Eckert, M. Hautzinger & E. Wilke (Hrsg.), *Psychotherapie* (9–77). Berlin: Springer.

Reimer, C. (1996 b). Krisen und Krisenintervention. In C. Reimer, J. Eckert, M. Hautzinger & E. Wilke (Hrsg.), *Psychotherapie* (497–503). Berlin: Springer

Reimer, C. (1996 c). Psychotherapie und Psychopharmaka. In C. Reimer, J. Eckert, M. Hautzinger & E. Wilke (Hrsg.), *Psychotherapie* (509–524). Berlin: Springer.

Reimer, C. (1996 d). Ethische Aspekte der Psychotherapie. In C. Reimer, J. Eckert, M. Hautzinger & E. Wilke (Hrsg.), *Psychotherapie* (536–554). Berlin: Springer.

Reinecker, H. (Hrsg.) (1999 a). *Lehrbuch der Verhaltenstherapie.* Tübingen: Deutsche Gesellschaft für Verhaltenstherapie.

Reinecker, H. (Hrsg.) (1999 b). Grundlagen verhaltenstherapeutischer Methoden. In H. Reinecker (Hrsg.), *Lehrbuch der Verhaltenstherapie* (87–146). Tübingen: Deutsche Gesellschaft für Verhaltenstherapie.

Reinecker, H. (1999 c). Methoden der Verhaltenstherapie. In H. Reinecker (Hrsg.), *Lehrbuch der Verhaltenstherapie* (147–333). Tübingen: Deutsche Gesellschaft für Verhaltenstherapie.

Reinelt, T., Bogyi, G. & Schuch, B. (Hrsg.) (1997). *Lehrbuch der Kinderpsychotherapie.* München: Reinhardt.

Reiter-Theil, S. (1998). Ethik in der Klinischen Psychologie. In U. Baumann & M. Perrez (Hrsg.), *Lehrbuch Klinische Psychologie – Psychotherapie* (63–79). Bern: Huber.

Remschmidt, H. (1996). Grundlagen psychiatrischer Klassifikation und Psychodiagnostik. In F. Petermann (Hrsg.), *Lehrbuch der Klinischen Kinderpsychologie* (3–52). Göttingen: Hogrefe.

Remschmidt, H. (Hrsg.) (1997a). *Psychotherapie im Kindes- und Jugendalter.* Stuttgart: Thieme.

Remschmidt, H. (1997b). Definition, Klassifikation und Anwendungsprinzipien. In H. Remschmidt (Hrsg.), *Psychotherapie im Kindes- und Jugendalter* (3–10). Stuttgart: Thieme.

Remschmidt, H. (1997c). Kombinierte Behandlung. In H. Remschmidt (Hrsg.), *Psychotherapie im Kindes- und Jugendalter* (191–195). Stuttgart: Thieme.

Remschmidt, H. (1997d). Angstsyndrome. In H. Remschmidt (Hrsg.), *Psychotherapie im Kinder- und Jugendalter* (198–219). Stuttgart. Thieme.

Remschmidt, H. (1997e). Sexueller Missbrauch und sexuelle Misshandlung. In H. Remschmidt (Hrsg.), *Psychotherapie im Kindes- und Jugendalter* (411–418). Stuttgart: Thieme.

Remschmidt, H. (Hrsg.) (1998). *Praxis der Psychotherapie mit Kindern und Jugendlichen.* Köln: Deutscher Ärzte-Verlag.

Remschmidt, H. & Mattejat, F. (1979). Psychotherapieforschung. In H. Remschmidt (Hrsg.), *Psychotherapie im Kindes- und Jugendalter* (45–68). Stuttgart: Thieme.

Remschmidt, H. & Mattejat, F. (1994). *Kinder psychotischer Eltern.* Göttingen: Hogrefe.

Remschmidt, H. & Schmidt, M. (Hrsg.) (1994). *Multiaxiales Klassifikationsschema für psychische Störungen des Kindes- und Jugendalters nach ICD-10 der WHO.* Bern: Huber.

Remschmidt, H. & Quaschner, K. (1997). Tiefenpsychologisch fundierte Psychotherapie. In H. Remschmidt (Hrsg.), *Psychotherapie im Kindes- und Jugendalter* (80–91). Stuttgart: Thieme.

Remschmidt, H. & Warnke, A. (1997). Behandlung im natürlichen Millieu (home-treatment). In H. Remschmidt (Hrsg.), *Psychotherapie im Kindes- und Jugendalter* (451–457). Stuttgart: Thieme.

Resch, F. (1996). *Entwicklungspsychopathologie des Kindes- und Jugendalters.* Weinheim: Psychologie Verlags Union.

Resch, F. (1999). Beitrag der Klinischen Entwicklungspsychologie zu einem neuen Verständnis von Normalität und Pathologie. In R. Oerter, C. v. Hagen, G. Röper & G. Noam (Hrsg.), *Klinische Entwicklungspsychologie* (606–622). Weinheim: Psychologie Verlags Union.

Richter, H. E. (1963). *Eltern, Kind, Neurose.* Reinbek: Rowohlt.

Richter, D. & Goldschmidt, H. (1999). Enuresis – Diagnostik und Therapie in der stationären Rehabilitation. In F. Petermann & P. Warschburger (Hrsg.), *Kinderrehabilitation* (205–221). Göttingen: Hogrefe.

Rieder, O. (1991). *Allgemeiner Schulleistungstest für 2. Klassen (ASFT 2).* Göttingen: Testzentrale.

Rogers, C. R. (1973; engl. 1961). *Entwicklung der Persönlichkeit.* Stuttgart: Klett.

Rogers, C. R. (1974). *Lernen in Freiheit.* München: Kösel.

Rogers, C. R. (1987; engl. 1959). *Eine Theorie der Psychotherapie, der Persönlichkeit und der zwischenmenschlichen Beziehungen. Entwickelt im Rahmen des klientenzentrierten Ansatzes.* Köln: GwG-Verlag.

Romeike, G. & Imelmann, H. (Hrsg.) (1999). *Hilfen für Kinder.* Weinheim: Juventa.

Rotthaus, W. (1997). Stationäre systemische Kinder- und Jugendpsychiatrie – Psychotherapie. In G. Klosinski (Hrsg.), *Stationäre Behandlung psychischer Störungen im Kindes- und Jugendalter* (120–129). Bern: Huber.

Rudolf, G. (1969). *Psychotherapeutische Medizin.* Stuttgart: Enke.

Rutter, M. (1977). Classification. In : M. Rutter & L. Hersov (Ed.), *Child psychiatry. Modern approaches* (359–384). Oxford: Blackwell.

Rutter, M. (1989). Isle of Wright revisited: Twenty-five years of child psychiatric epidemiology. *Journal of the American Academy of Child and Adolescent Psychiatry*, 28, (633–653).

Rutter, M. (1990): Psychosocial resilience and protective mechanisms. In J. Rolf, A. S. Masten, D. Cicchetti, K. H. Nuechterlein & S. Weintraub (Eds.), *Risk and protective factors in the development of psychopathology* (181–214). New York: Cambridge University Press.

S

Sachse, R. (1999). *Lehrbuch der Gesprächspsychotherapie*. Göttingen: Hogrefe.

Sanders, M. R. (1998). Verhaltenstherapeutische Familientherapie. Eine Public-Health Perspektive. In K. Hahlweg, D. H. Baucom, R. Bastine & H. J. Markman (Hrsg.), *Prävention von Trennung und Scheidung – Internationale Ansätze zur Prädiktion und Prävention von Beziehungsstörungen* (273–288). Stuttgart: Kohlhammer.

Sarimski, K. (1997). *Entwicklungspsychologie genetischer Syndrome*. Göttingen: Hogrefe.

Saß, H., Wittchen, H. U. & Zaudig, M. (Hrsg.) (1998). *Diagnostisches und Statistisches Manual Psychischer Störungen. DSM-IV*. Göttingen: Hogrefe.

Satir, V. (1990). *Kommunikation, Selbstwert, Kongruenz*. Paderborn: Jungfermann.

Satir, V. & Baldwin, M. (1988). *Familientherapie in Aktion*. Paderborn: Jungfermann.

Satir, V., Banmen, J., Gerber, J. & Gomori, M. (2000). *Das Satir-Modell. Familientherapie und ihre Erweiterung*. Paderborn: Jungfermann.

Schellhorn, W. (1999). *Jugendhilferecht*. Neuwied: Luchterhand.

Schaefer, C. E. (1996). What is play and why is it therapeutic? In C. E. Schaefer (Ed.), *The therapeutic powers of play*. New Yersey: Jason Aronson.

Scheithauer, H. & Petermann, F. (2000). Aggression. In F. Petermann (Hrsg.), *Lehrbuch der Klinischen Kinderpsychologie und -psychotherapie* (187–226). Göttingen: Hogrefe.

Schiepek, G. (1999 a). *Familientherapie*. Heidelberg: Asanger.

Schiepek, G. (1999 b). *Die Grundlagen der systemischen Therapie*. Göttingen: Vandenhoeck & Ruprecht.

Schlippe, A. v. & Schweitzer, J. (1998). *Lehrbuch der systemischen Therapie und Beratungen*. Göttingen: Vandenhoeck & Ruprecht.

Schmidt, A. (1999). Gesprächspsychotherapie nach Rogers. In G. Nissen (Hrsg.), *Verfahren der Psychotherapie* (93–111). Stuttgart: Kohlhammer.

Schmidt, M. H. (2000). Psychische Störungen in Folge von Intelligenzminderungen. In F. Petermann (Hrsg.), *Lehrbuch der Klinischen Kinderpsychologie und -psychotherapie* (359–380). Göttingen: Hogrefe.

Schmidtchen, S. (1995). Klientenzentrierte Ätiologie und Diagnostik von psychischen Erkrankungen im Kindesalter. In S. Schmidtchen, G. W. Speierer & H. Linster (Hrsg.), *Die Entwicklung der Person und ihre Störung* (181–228). Köln: GwG Verlag.

Schmidtchen, S. (1996). Neue Forschungsergebnisse zu Prozessen und Effekten der Kinderspieltherapie. In C. Boeck-Singelmann, B. Ehlers, T. Hensel, F. Kemper & C. Monden-Engelhardt (Hrsg.), *Personzentrierte Psychotherapie mit Kindern und Jugendlichen* (99–139). Göttingen: Hogrefe.

Schmidtchen, S. (1997). Anpassungsstörungen. In J. Eckert, D. Höger & H. W. Linster (Hrsg.), *Praxis der Gesprächspsychotherapie* (149–162). Stuttgart: Kohlhammer.

Schmidtchen, S. (1999 a). *Klientenzentrierte Spiel- und Familientherapie*. Weinheim: Psychologie Verlags Union.

Schmidtchen, S. (1999 b). Möglichkeiten und Grenzen der klienten- bzw. personzentrierten Spieltherapie mit Kindern. In H. Viquerat (Hrsg.), *Klinische Kinder- und Jugendlichenpsychologie* (181–246). Bonn: Deutscher Psychologen Verlag.

Schmidtchen, S. (1999 c). Spieltherapie für Kinder: Prozesse und Effekte. In G. Romeike & H. Imelmann (Hrsg.), *Hilfen für Kinder* (83–101). Weinheim: Juventa.

Schmidtchen, S. (1999 d). Spieltherapie als entwicklungsorientierte Intervention. In R. Oerter, C. v. Hagen, G. Röper & G. Noam (Hrsg.), *Klinische Entwicklungspsychologie* (381–399). Weinheim: Psychologie Verlags Union.

Schmidtchen, S., Hennies, S. & Acke, H. (1993). Zwei Fliegen mit einer Klappe? – Evaluation der Hypothese eines zweifachen Wirksamkeitsanspruches der klientenzentrierten Spieltherapie. *Psychologie in Erziehung und Unterricht,* 40 (34–42).

Schmidtchen, S., Speierer, G. W. & Linster, H. (Hrsg.) (1995). *Die Entwicklung der Person und ihre Störung.* Köln: GwG Verlag.

Schmidtchen, S. & Hirsch, A. (2000). Beratung. In M. Linden & M. Hautzinger (Hrsg.), *Verhaltenstherapie* (68–74). Berlin: Springer.

Schneewind, K. A. (1999). *Familienpsychologie.* Stuttgart: Kohlhammer.

Schneider, H. J. (1994). *Kriminologie der Gewalt.* Stuttgart: Hirzel.

Schneider, S. (1996). Psychische Störungen des Kindes- und Jugendalters. In J. Margraf (Hrsg.), *Lehrbuch der Verhaltenstherapie. Band 2* (373–361). Berlin: Springer.

Schneider, S., Unnewehr, S. & Margraf, J. (1998). *Kinder-DIPS.* Berlin: Springer.

Schorr, A. (1995). Gesundheit und Krankheit: Zwei Begriffe mit getrennter Historie? In R. Lutz & N. Mark (Hrsg.), *Wie gesund sind Kranke?* (53–69). Göttingen: Verlag für Angewandte Psychologie.

Schulte, D. (1998). Psychische Gesundheit, psychische Krankheit, psychische Störung. In U. Baumann & M. Perrez (Hrsg.), *Lehrbuch Klinische Psychologie – Psychotherapie* (19–32). Bern: Huber.

Schulte, D. (1999). Verhaltenstherapeutische Diagnostik. In R. Reinecker (Hrsg.) (1999), *Lehrbuch der Verhaltenstherapie* (45–85). Berlin: Springer.

Schulte-Markwort, M., Dipold, B. & Resch, F. (Hrsg.) (1998). *Psychische Störungen im Kindes- und Jugendalter.* Stuttgart:Thieme.

Schwarzer, R. (Hrsg.) (1997). *Gesundheitspsychologie.* Göttingen: Hogrefe.

Seiffge-Krenke, I. (1986). *Psychoanalytische Therapie Jugendlicher.* Stuttgart: Kohlhammer.

Seiffge-Krenke, I., Boeger, A., Schmidt, C., Kollmar, F., Floss, A. & Roth, M. (1996). *Chronisch kranke Jugendliche und ihre Familien.* Stuttgart: Kohlhammer.

Seitz, W. & Rausche, A. (1992). *Persönlichkeitsfragebogen für Kinder zwischen 9 und 14 Jahren (PFK 9–14).* Göttingen: Testzentrale.

Seligman, M. E. P. (1971). Phobias and preparedness. *Behavior Therapy,* 2, 307–320.

Selvini Palazzoli, M., Boscolo, L., Cecchin, G. & Prata, G. (1977). *Paradoxon und Gegenparadoxon.* Stuttgart: Klett.

Shadish, W. R., Ragsdale, K., Glaser, R. R. & Montgomery, L. M. (1995). The efficacy and effectivness of marital and family therapy: A perspective from meta-analysis. In W. Pinsof & L. Wynne (Eds.), *Familiy therapy effectivness. Current research and theory* (345–360). Washington D. C.: American Association for Mariage and Family Therapy.

Smith, M. L., Glass, G. V. & Miller, T. I. (1980). *The benefits of psychotherapy.* Baltimore: John Hopkins University Press.

Snijders, J. Th., Tellegen, P. J. & Laros, J. A. (1997). *Snijders – Oomen Non-verbaler Intelligenztest (SON-R 5 1/2).* Göttingen: Testzentrale.

Spangler, G. & Zimmermann, P. (1995). *Die Bindungstheorie.* Stuttgart: Klett-Cotta.

Spangler, G. & Zimmermann, P. (1999). Bindung und Anpassung im Lebenslauf: Erklärungsansätze und empirische Unterlagen für Entwicklungsprognosen. In R. Oerter, C. v. Hagen, G. Roeper & G. Noam (Hrsg.), *Klinische Entwicklungspsychologie* (170–194). Weinheim: Psychologie Verlags Union.

Spence, S. H. & Dadds, M. R. (1996). Preventing childhood anxiety disorders. *Behavior Change,* 13, 241–249.

Spiegel, R. (1998). Psychopharmakotherapie. In U. Baumann & M. Perrez (Hrsg.), *Lehrbuch Klinische Psychologie–Psychotherapie* (507–522).Bern: Huber.

Speck, O. (1999). *Die Ökonomisierung sozialer Qualität. Zur Qualitätdiskussion in Behindertenhilfe und sozialer Arbeit.* München: Reinhardt.

Spitz, R. (1946). Hospitalism: A follow-up report. *Psychoanalytic Study of the Child*, 2,113–117.

Srole, L., Langner, T. S., Michael, S. T., Oppler, M. K. N. & Rennie, T. A. C. (1962). *Mental health in the metropolis: The Midtown Manhattan Study.* New York: McGraw Hill.

Sroufe, L. A. (1997). Psychopathology as an outcome of development. *Development and Psychopathology*, 9, 251–268.

Sroufe, L. A. & Rutter, M. (1984). The domain of developmental psychopathology. *Child Development*, 55, 17–29.

Statistisches Bundesamt (Hrsg.) (1997). *Datenreport.* Bonn: Bundeszentrale für politische Bildung.

Stegat, H. (1996). Die apparative Verhaltenstherapie der Enuresis. *Geistige Behinderung*, 35, 95–98.

Steinhausen, H. C. (1996). *Psychische Störungen bei Kindern und Jugendlichen. Lehrbuch der Kinder- und Jugendpsychiatrie.* München: Psychologie Verlags Union.

Steinhausen, H. C. (2000). Klinik und Konzept der hyperkinetischen Störungen. In H. C. Steinhausen (Hrsg.), *Hyperkinetische Störungen bei Kindern, Jugendlichen und Erwachsenen* (9–37). Stuttgart: Kohlhammer.

Steinhausen, H. C. & v. Aster, M. (1999). *Verhaltenstherapie und Verhaltensmedizin bei Kindern und Jugendlichen.* Weinheim: Psychologie Verlags Union.

Stern, W. (1914). *Psychologie der frühen Kindheit bis zum 6. Lebensjahr.* Leipzig: Quelle & Meier.

Stern, D. (1992). *Die Lebenserfahrung des Säuglings.* Stuttgart: Klett-Cotta.

Stern, D. (1998). *Die Mutterschaftskonstellation. Eine vergleichende Darstellung verschiedener Formen der Mutter-Kind-Psychotherapie.* Stuttgart: Klett-Cotta.

Stierlin, H. (1975). *Von der Psychoanalyse zur Familientherapie.* Stuttgart: Klett.

Stierlin, H. (1978a). *Delegation und Familie.* Frankfurt: Suhrkamp.

Stierlin, H. (1978b). Ko-Evolution und Ko-Individuation. In H. Stierlin, F. Simon & I. Schmidt (Hrsg.), *Familiäre Wirklichkeiten* (126–138). Stuttgart: Klett-Cotta.

Stierlin, H., Rücker-Emden, I., Wetzel, N. & Wirsching, M. (1985). *Das erste Familiengespräch.* Stuttgart: Klett-Cotta.

Strotzka, H. (1975). Was ist Psychotherapie? In H. Strotzka (Hrsg.), *Psychotherapie: Grundlagen, Verfahren, Indikationen.* München: Urban & Schwarzenberg.

Streeck-Fischer, A. (1992). Analytisch orientierte Psychotherapie bei Kindern und Jugendlichen. *Münchener Medizinische Wochenschrift*, 134, 42, 38–44.

Streeck-Fischer, A. (Hrsg.) (1998). *Adoleszenz und Trauma.* Göttingen: Vandenhoeck & Ruprecht.

Swildens, H. (1991). *Prozessorientierte Gesprächpsychotherapie.* Köln: GwG-Verlag.

Sydow, K. v. (1996). Familien- und Paartherapie. In C. Reimer, J. Eckert, M. Hautzinger & I. Wilkens (Hrsg.), *Psychotherapie* (296–323). Berlin: Springer.

T

Tannock, R. (1998). Attention deficit hyperactivity disorder: Advances in cognitive, neurobiological, and genetic research. *Journal of Child Psychology and Psychiatry*, 39, 65–99.

Tausch, R., Eppel, H., Fittkau, B. & Minsel, W.R. (1969). Variablen und Zusammenhänge in der Gesprächspsychotherapie. *Zeitschrift für Psychologie*, 176, 93–102.

Tewes, U. (1985). *Hamburg-Wechsler-Intelligenztest für Kinder – Revision 1983 (HAWIK-R).* Göttingen: Testzentrale.

Thapar, A. & McGuffin, P. (1995). Are anxiety symptoms in childhood heritable? *Journal of Child Psychology and Psychiatry*, 36, 439–447.

Tönnies, S., Plöhn, S. & Krippendorf, U. (1996). *Skalen zur psychischen Gesundheit (SPG)*. Göttingen: Testzentrale.

Trott, G. E. & Wirth, S. (2000). Die Pharmakotherapie der hyperkinetischen Störungen. In H. C. Steinhausen (Hrsg.), *Hyperkinetische Störungen bei Kindern, Jugendlichen und Erwachsenen* (208–227). Stuttgart: Kohlhammer.

V

Van den Boom, D. & Hoeksma, J. B. (1994). The effect of infant irritability and mother infant interactions: A growth-curve analysis. *Developmental Psychology*, 30, 581–590.

Vieth, M. & Schmidtchen, S. (2001). Delinquenzprophylaxe durch klientenzentrierte Spiel- und Familientherapie. In U. Jaumann-Graumann & S. Mrochen (Hrsg.), *Schule in Not – Öffnung von Schule für Netzwerke* (235–265). Bad Heilbronn: Klinkhardt.

Vogel, H. (1999). Qualitätssicherung. In H. Reinecker (Hrsg.), *Lehrbuch der Verhaltenstherapie* (499–518). Berlin: Springer.

Voll, G. (1996). Paar- und Familientherapie. In G. Rudolf (Hrsg.), *Psychotherapeutische Medizin* (374–381). Stuttgart: Enke.

W

Wagner, R. F. & Becker, P. (Hrsg.) (1999). *Allgemeine Psychotherapie*. Göttingen: Hogrefe.

Walper, S. (1991). Finanzielle Belastungen und soziale Beziehungen. In H. Bertram (Hrsg.), *Die Familie in Westdeutschland. Stabilität und Wandel familiärer Lebensformen (351–386)*. Opladen: Leske & Budrich.

Walter, R. (1997). Psychotherapiebedarf. In H. Remschmidt (Hrsg.), *Psychotherapie im Kindes- und Jugendalter* (11–17). Stuttgart: Thieme.

Warnke, A. (1997). Elterntraining. In H. Remschmidt (Hrsg.), *Psychotherapie im Kindes- und Jugendalter* (175–190). Stuttgart: Thieme.

Warnke, A. (1999). Psychotherapie im Kindes- und Jugendalter. In G. Nissen (Hrsg.), *Verfahren der Psychotherapie* (150–167). Stuttgart: Kohlhammer.

Warnke, A. & Quaschner, K. (1997). Psychotherapie im teilstationären Bereich. In H. Remschmidt (Hrsg.), *Psychotherapie im Kindes- und Jugendalter* (439–450). Stuttgart: Thieme.

Warschburger, P. & Petermann, F. (2000). Belastungen bei chronisch kranken Kindern und deren Familien. In F. Petermann (Hrsg.), *Lehrbuch der Klinischen Kinderpsychologie und -psychotherapie* (479–511). Göttingen: Hogrefe.

Watson, J. B. & Rayner, R. (1920). Conditioned emotional reactions. *Journal of Experimental Psychology*, 3, 1–14.

Watzlawick, P., Beaven, J. H. & Jackson, D. D. (1969). *Menschliche Kommunikation: Formen, Störungen, Paradoxien*. Bern: Huber.

Webster-Stratton, C. H. (1998). Preventing conduct problems in head start children: Strengthening parenting competences. *Journal of Consulting and Clinical Psychology*, 66, 715–730.

Weisz, J. R., Weiss, B., Han, S. S., Granger, D. A. & Morton, T. (1995). Effects of psychotherapy with children and adolescents revisited: A meta-analysis of treatment outcome studies. *Psychological Bulletin*, 117, 450–468.

Werner, E. E. (1993). Risk, resilience and recovery: Perspective from the Kauai longitudinal study. *Development and Psychopathology*, 5, 503–515.

Wieczerkowski, W., Nickel, H., Janowski, A., Fittkau, B. & Rauer, W. (O. J.) *Angstfragebogen für Schüler (AFS)*. Göttingen: Testzentrale.

Wilke, H. (1991). *Systemtheorie*. Stuttgart: Fischer.

Wilke, E. (1996). Katathym-imaginative Psychotherapie – Eine spezielle Form tiefenpsychologisch fundierter Psychotherapie. In C. Reimer, J. Eckert, M. Hautzinger & E. Wilke (Hrsg.), *Psychotherapie* (77–124). Berlin: Springer.

Wilken, B. (1998). *Methoden der Kognitiven Umstrukturierung.* Stuttgart: Kohlhammer.

Wilker, F. W. (Hrsg.) (1999). *Supervision und Coaching. Aus der Praxis – für die Praxis.* Bonn: Deutscher Psychologen Verlag.

Willi, J. (1985). *Koevolution. Die Kunst gemeinsamen Wachsens.* Reinbek: Rowohlt.

Winnicott, D. W. (1974). *Reifungsprozesse und fördernde Umwelt.* München: Kindler.

Winsch, H. (1998). *Gelebte Kindertherapie.* München: Reinhardt.

Wirsching, M. (1990). Familientherapie. Neuere Entwicklungen und Ausblicke. *Zeitschrift für Psychosomatische Medizin, 36,* 127–130.

Wolke, D. (1999). Interventionen bei Regulationsstörungen. In R. Oerter, C. von Hagen, G. Röper & G. Noam (Hrsg.), *Klinische Entwicklungspsychologie* (351–380). Weinheim: Psychologie Verlags Union.

Wottawa, H. & Thierau, H. (1998). *Lehrbuch Evaluation.* Göttingen: Hogrefe.

Wuchner, M. & Eckert, J. (1995). Frequenz-Dauer-Setting in der Gesprächspsychotherapie heute. Teil 2: Klientenzentrierte Einzelpsychotherapie bei Kindern und Jugendlichen. *GwG Zeitschrift, 97,* 17–20.

Y

Yalom, I. D. (1975). *The theory and practice of group psychotherapy.* New York: Basic Books.

Z

Zander, U. (1998). *Welche zentralen Themenbereiche wählen 7–9jährige Kinder als Basis ihrer selbständigen Spielgestaltung im Rahmen einer klientenzentrierten Spieltherapie?* Hamburg: Diplomarbeit am FB Psychologie.

Zentner, M. R. (1998). *Die Wiederentdeckung des Temperaments.* Frankfurt: Fischer.

Zobel, M. (1999). *Kinder aus alkoholbelasteten Familien.* Göttingen: Hogrefe.

Zuber, J., Weis, J. & Koch, U. (1998). Psychologische Aspekte der Rehabilitation. In U. Baumann & M. Perrez (Hrsg.), *Lehrbuch Klinische Psychologie – Psychotherapie* (485–506). Bern: Huber.

Zulliger, H. (1952). *Heilende Kräfte im kindlichen Spiel.* Stuttgart: Klett.

Sachwortregister

A

Abbau der Störungssymptome 122-123
Abbau des gestörten psychischen Verhaltens 113
Abbruchquote 146, 226
Abbruchrate 173
Abgrenzungsverhalten 110
Ablehnung in der Peergruppe 83
Abwehrmechanismen 68, 103-105, 184
adaptive Indikation 133, 200
adaptive Therapieplanung 198
administrative Prävalenz 41
Adoleszenz 62, 119
Affekt
– isolierung 104
– motive 179
– motivierte Entwicklung 183
– regulation 73
– system (Emotions-) 73
aktuelle krisenhafte Einflüsse 15
aktuelle krisenhafte Ereignisse 68
allein erziehende Mutter 78-79, 81, 110
allgemeine Aktualisierungstendenz 93-94, 96
Altersgenossen 61
Ambivalenz 103
ambulante
– Psychotherapie 150
– Therapie 4
– Therapiesettings 197
American Academy of Child and Adolescent Psychiatry 211, 233
anale Phase 101
analoge Information 112
analytische Psychotherapie 3, 26, 34
Anamnese 130
Angststörung 13, 38, 45, 160, 198, 227, 229
Anorexia nervosa 22, 40, 59

Antidepressiva 197-198
Antikonvulsiva 197
Äquifinalität 2, 44, 130
Arbeitslosigkeit 64, 81, 83
Armut 64, 81, 83
außerfamiliäre Bezugspersonen 59, 119
Aufgaben der Elternschaft 108
auftauchendes Selbstempfinden 50
Auftraggeber 10
Ausbildung 200
– swesen 236
autoaggressive Störungen 76
autopoietische Organisation 107
autopoietische Systeme 192

B

Balintgruppe 180
Basis
– psychotherapie 133
– therapie 134, 143, 200, 204, 206, 219, 235
– verfahren 142
Bedeutungsgebung 89
Begegnungsmodell 189-191
Behandlungs
– bedarf 42
– bedarfs-Prävalenz 41
– programm 213
– settings 145
– system 176
– team 147, 153, 163
– verfahren 142
behavioral-kognitive
– Familientherapie 221, 233
– Kindertherapie 157
– Psychotherapie für Familien 162, 159, 156

verhaltenstherapeutische Familienthera-
pie 176
Verhaltenstherapie 3, 26, 34, 90, 123, 151,
153, 157, 212
Verletzlichkeiten 97
Vernachlässigung 78-79
Versorgungseinrichtung (-institution) 4, 35,
41-43, 236
versorgungspolitische Leitlinien 3-4
Visualisierungstechniken 195
Vorschulalter 57, 59, 63, 119, 214
Vulnerabilitäten 7, 68, 77, 114, 122

W

Widerstandskräfte 47, 130
Widerstandsverhalten 116
Wiederholungszwang 188

Z

zentrales Nervensystem 8, 11, 43, 70, 135,
199
Zielsetzung 121
zirkuläre Fragen 194
Zone der nächsten Entwicklung 172
Zwei Reflektierende Therapeuten-
teams 193
Zwei-Faktoren-Modell 230
Zwei-Kammern-Modell 193